中国社会科学院创新工程学术出版资助项目
中国哲学社会科学学科发展报告·当代中国学术史系列

当代中国基督宗教史研究

CONTEMPORARY STUDIES OF CHINESE CHRISTIANITY HISTORY

当代中国近代史研究系列　中国社会科学院近代史研究所主编

赵晓阳　著

中国社会科学出版社

图书在版编目(CIP)数据

当代中国基督宗教史研究/赵晓阳著.—北京：中国社会科学出版社，2016.1（2018.5重印）

ISBN 978-7-5161-7173-8

Ⅰ.①当… Ⅱ.①赵… Ⅲ.①基督教史—研究—中国—现代 Ⅳ.①B979.2

中国版本图书馆 CIP 数据核字（2015）第 283117 号

出 版 人	赵剑英
责任编辑	郭沂纹
特约编辑	刘志兵
责任校对	董晓月
责任印制	李寡寡

出　　版	中国社会科学出版社
社　　址	北京鼓楼西大街甲 158 号
邮　　编	100720
网　　址	http://www.csspw.cn
发 行 部	010-84083685
门 市 部	010-84029450
经　　销	新华书店及其他书店
印　　刷	北京君升印刷有限公司
装　　订	廊坊市广阳区广增装订厂
版　　次	2016 年 1 月第 1 版
印　　次	2018 年 5 月第 2 次印刷
开　　本	710×1000　1/16
印　　张	24
字　　数	408 千字
定　　价	86.00 元

凡购买中国社会科学出版社图书，如有质量问题请与本社营销中心联系调换
电话：010-84083683
版权所有　侵权必究

《中国哲学社会科学学科发展报告》编辑委员会

主　任　　王伟光

副主任　　蔡　昉（常务）　李培林　李　扬

编　委　（以姓氏笔画为序）

卜宪群	马　援	王国刚	王建朗	王　巍	邢广程
刘丹青	杨　光	李　平	李汉林	李向阳	李　林
李　周	李培林	李　薇	吴恩远	张宇燕	张顺洪
陆建德	陈众议	陈泽宪	卓新平	周　弘	郑秉文
房　宁	赵剑英	郝时远	唐绪军	黄　平	黄群慧
朝戈金	程恩富	谢地坤	蔡　昉	裴长洪	潘家华

总策划　　赵剑英

总　序

当今世界正处于前所未有的激烈的变动之中，我国正处于中国特色社会主义发展的重要战略机遇期，正处于全面建设小康社会的关键期和改革开放的攻坚期。这一切为哲学社会科学的大繁荣大发展提供了难得的机遇。哲学社会科学发展目前面对三大有利条件：一是中国特色社会主义建设的伟大实践，为哲学社会科学界提供了大有作为的广阔舞台，为哲学社会科学研究提供了源源不断的资源、素材。二是党和国家的高度重视和大力支持，为哲学社会科学的繁荣发展提供了有力保证。三是"百花齐放、百家争鸣"方针的贯彻实施，为哲学社会科学界的思想创造和理论创新营造了良好环境。

国家"十二五"发展规划纲要明确提出："大力推进哲学社会科学创新体系建设，实施哲学社会科学创新工程，繁荣发展哲学社会科学。"中国社会科学院响应这一号召，启动哲学社会科学创新工程。哲学社会科学创新工程，旨在努力实现以马克思主义为指导，以学术观点与理论创新、学科体系创新、科研组织与管理创新、科研方法与手段创新、用人制度创新为主要内容的哲学社会科学体系创新。实施创新工程的目的是构建哲学社会科学创新体系，不断加强哲学社会科学研究，多出经得起实践检验的精品成果，多出政治方向正确、学术导向明确、科研成果突出的高层次人才，为人民服务，为繁荣发展社会主义先进文明服务，为中国特色社会主义服务。

实施创新工程的一项重要内容是遵循哲学社会科学学科发展规律，完善学科建设机制，优化学科结构，形成具有中国特色、结构合理、优势突出、适应国家需要的学科布局。作为创新工程精品成果的展示平台，哲学社会科学各学科发展报告的撰写，对于准确把握学科前沿发展状况、积极推进学科建设和创新来说，是一项兼具基础性和长远性的重要工作。

中华人民共和国成立以来，伴随中国社会主义革命、建设和改革发展的历史，中国特色哲学社会科学体系也处在形成和发展之中。特别是改革开放以来，随着我国经济社会的发展，哲学社会科学各学科的研究不断拓展与深化，成就显著、举世瞩目。为了促进中国特色、中国风格、中国气派的哲学社会科学观念、方法和体系的进一步发展，推动我国哲学社会科学优秀成果和优秀人才走向世界，更主动地参与国际学术对话，扩大中国哲学社会科学话语权，增强中华文化的软实力，我们亟待梳理当代中国哲学社会科学各学科学术思想的发展轨迹，不断总结各学科积累的优秀成果，包括重大学术观点的提出及影响、重要学术流派的形成与演变、重要学术著作与文献的撰著与出版、重要学术代表人物的涌现与成长等。为此，中国社会科学出版社组织编撰"中国哲学社会科学学科发展报告"大型连续出版丛书，既是学术界和出版界的盛事，也是哲学社会科学创新工程的重要组成部分。

"中国哲学社会科学学科发展报告"分为三个子系列："当代中国学术史"、"学科前沿研究报告"和"学科年度综述"。"当代中国学术史"涉及哲学、历史学、考古学、文学、宗教学、社会学、法学、教育学、民族学、经济学、政治学、国际关系学、语言学等不同的学科和研究领域，内容丰富，能够比较全面地反映当代中国哲学社会科学领域的研究状况。"学科前沿研究报告"按一级学科分类，每三年发布，"学科年度综述"为内部出版物。"学科前沿研究报告"内容包括学科发展的总体状况，三年来国内外学科前沿动态、最新理论观点与方法、重大理论创新与热点问题，国内外学科前沿的主要代表人物和代表作；"学科年度综述"内容包括本年度国内外学科发展最新动态、重要理论观点与方法、热点问题，代表性学者及代表作。每部学科发展报告都应当是反映当代重要学科学术思想发展、演变脉络的高水平、高质量的研究性成果；都应当是作者长期以来对学科跟踪研究的辛勤结晶；都应当反映学科最新发展动态，准确把握学科前沿，引领学科发展方向。我们相信，该出版工程的实施必将对我国哲学社会科学诸学科的建设与发展起到重要的促进作用，该系列丛书也将成为哲学社会科学学术研究领域重要的史料文献和教学材料，为我国哲学社会科学研究、教学事业以及人才培养作出重要贡献。

王伟光

序 一

中国社会科学出版社计划出版"中国哲学社会科学学科发展报告",这对传承我国学术史研究的历史传统,繁荣发展哲学社会科学具有重要的意义。

一

"中国哲学社会科学学科发展报告"(以下简称"报告")是近几年中国社会科学出版社吸取了我国哲学社会科学界专家学者的建议,经过广泛深入的学术咨询和学术研讨,才确定的重要出版项目。

"报告"涉及历史学、考古学、文学、哲学、美学、宗教学、逻辑学、法学、教育学、民族学、经济学、国际政治学、国际关系学、敦煌学、语言学、简帛学等不同的学科和研究领域,内容丰富,能够比较全面地反映当代中国哲学社会科学领域的研究状况。"报告"执笔者均为国内知名的学科带头人,在相关领域有长期深入的研究,这支作者队伍是"报告"质量的重要保证,也折射出中国社会科学出版社对这套"报告"立项的重视。

"报告"包括三部分内容:一、当代中国学术史;二、年度综述;三、前沿报告。最近出版的是当代中国学术史的部分成果,展示了新中国特别是改革开放以来哲学社会科学相关领域建设与发展的状况,是对该时期相关学科发展历程与收获的检阅与巡礼,反映了中国哲学社会科学各个学科进步的内在动力和创造,实际上是一部规模恢弘的中国哲学社会科学学科发展史,必将为中国哲学社会科学的学科发展奠定良好基础,有力促进其繁荣与发展。

二

在我国，学术史撰写具有悠久的历史传统和鲜明的特色。"学术"一词，先秦典籍已有（如《礼记》等），有时被简称为"学"，如"世之显学，儒墨也"（《韩非子·显学》）、"论学取友"（《礼记·学记》）等。"学术"概念的内涵，历来学者们多有探讨。在中国学术史上，人们对"学术"的理解和界定是多元的，很难用一种固定的含义来把握，但是又具有相对稳定和明晰的意义。"学术"自然含有"学"与"术"两方面的内容，用今天话说既有理论意义，又有实践作用；"学"与"术"在中国传统学术观念中是不可分割的，所以被《庄子·天下》称作"道术"。梁启超、钱穆先生各自都撰有学术史著作，其"学术"比较接近班固《汉书·艺文志》的某些内容，相当于今天我们所说的"观念文化"，涵盖哲学、经学、史学等的思想观点、理论体系和研究方法。梁启超曾在《学与术》一文中，根据体用原则对"学"与"术"的关系作了发挥，认为"学者术之体，术者学之用。二者如辅车相依而不可离。学而不足以应用于术者，无益之学也；术而不以科学上之真理为基础者，欺世误人之术也"（《饮冰室文集》之二十五下），就具有近现代学术的基本风貌和精神，体现了学术史的时代性。

先秦时期的《庄子·天下》、《荀子·非十二子》（当然，也有学者根据《韩诗外传》所引，认为是《非十子》，如章学诚等）、《尸子·广泽》、《吕氏春秋·不二》、《韩非子·显学》等都是我国古代学术史的经典作品。

《庄子》称"道未始有封"（《齐物论》）、"道术无乎不在"（《天下篇》）、"无所不在"（《知北游》），都在强调道具有普遍性和无限性，并且寓于万物中，不能瞬息离开万物。《天下篇》还简明扼要地勾勒了先秦学术史的演变脉络，即"神巫之学"、"史官之学"到"百家之学"的过程，"天下多得一察焉以自好"、"道术将为天下裂"正反映了春秋战国时期学术分化、发展与演进的史实，即由"官师合一之道"、"官守学业"到"私门著述"（章学诚《校雠通义·原道》）的变化历程。这些论述都具有深邃的学术视野，有助于后人研究先秦时期的学术史。

还有，《荀子·非十二子》集中论述了先秦它嚣魏牟、陈仲史䲡、墨翟宋钘、慎到田骈、惠施邓析、子思孟轲共十二子的学术内容与弊端，表彰仲尼子弓、舜禹之道，主张"上则法舜禹之制，下则法仲尼子弓之义，以务息十二子之说，如是则天下之害除，仁人之事毕，圣王之迹著矣"。《吕氏春秋·不二》指出"老聃贵柔，孔子贵仁，墨翟贵廉（疑应为'兼'），关尹贵清，子列子贵虚，陈骈贵齐，阳生贵己，孙膑贵势，王廖贵先，兒良贵后"的学术差异，希望能够从不同的学术见解中找出其相同点。《韩非子·显学》比较详细地描述了儒墨两派显学的发展状况，保留了"儒分为八，墨离为三"的儒墨学派演变的资料，为后人研究指出了方向。不过，韩非重点批评的是"愚诬之学"，认为"无参验而必之者，愚也；弗能必而据之者，诬也"，强调"参验"的重要性。

从先秦学术史资料中可以看出，"和"是有差别（矛盾）的统一性，而"同"则是无差别的统一性。孔子明确地指出，他自己主张"和"而反对"同"。在以孔子为代表的儒家思想的影响下，中国古代学术史要求从不同的学术思想派别中找到它们的统一性，这个目标促使中国古代学术思想既重视研究事物的相异面，又要找到它们之间的统一性，这是中国古代学术史能够持续发展的方法论和认识论的理论依据。

《史记·太史公自序》载司马谈《论六家要旨》，从《易大传》"天下一致而百虑，同归而殊途"开端，分述阴阳、儒、墨、名、法、道德六家学术要旨，认为它们都有共同的目标，只不过出发点不同，理论的深浅有别。在分类上，以各家各派的派别名称取代具体的代表人物，是学术史发展的必然趋势，评论褒贬有度，反映了当时学术发展的趋势。西汉末刘歆《七略》，也是重要的学术史作品，后被吸收进《汉书·艺文志》中。《汉书·艺文志》历来受到学者们的重视，曾被清代学者章学诚称为"学术之宗，明道之要"（《校雠通义·汉志六艺》）。《七略》、《汉书·艺文志》最重学术源流，对后世学术史影响很大。我国古代正史中的《艺文志》（或《经籍志》）、《儒林传》等包含了丰富的学术史内容，成为学术史研究的重要资料。

从宋代开始，出现了以学派为主的学术史典籍，如南宋朱熹《伊洛渊源录》（这是学案体学术史的开创之作），明代周汝登《圣学宗传》，明末清初孙奇逢《理学宗传》等，均具备以学派为主勾勒学术思想演变的雏形。《伊洛渊源录》收录周敦颐、二程、邵雍、张载及程门高足的传记与时人评价，贯穿着洛学学派的学术思想，邵、张仅被视为洛学的羽翼，这一点未必准确。《圣学宗传》欲会通儒释，后被黄宗羲等批评。《理学宗传》虽网罗学派较多，但以程朱、陆王为主贯穿学术史。可见在学术史上真正会通各个学派并不是一件轻而易举的工作。

清朝初年，黄宗羲《明儒学案》和黄宗羲、全祖望等《宋元学案》则是学案体学术史的集大成者。《明儒学案》是一部系统的成熟的学案体学术思想史著作，侧重分析各家学术观点，"为之分源别派，使其宗旨历然"（《明儒学案·序》），体例上以"有所授受者分为各案，其特起者，后之学者，不甚著者，总列诸儒之案"（《明儒学案·发凡》），按照人物学术思想异同划分学派归属，处理学案分合。《宋元学案》出于多人之手，经历曲折，但卷帙浩大，资料丰富，注重人物之间的师承关系，并将其作为认定学派的主要依据。这种注重学术宗旨、学派传承的研究方法，对清代江藩《国朝汉学师承记》、《国朝宋学渊源录》等都多有影响。

在我国近代，有些学者自己撰述学术史著作，其中有些成为传世之作，如梁启超《中国近三百年学术史》、《清代学术概论》，钱穆《中国近三百年学术史》等。他们所阐述的"学术"，包含对中国传统思想文化的理解，也包括关于现实政治思想的评价等，具有综合性的特色。20世纪末、21世纪初，我国学人力图恢复这个传统，在新的起点上进行关于中国学术史著作的撰述。

今天我们看到以"学术史"命名的著作已有若干种，有的偏重于中国文明起源的研究，有的着重典章制度源流演变的探讨，还有的侧重历史文献和出土文献的考察。这些毫无疑问都属于"学术"范畴，从不同的角度和学科去研究具体学科的演变，总结学术经验与教训，为学科学术的未来发展提供借鉴，无疑是一件有意义的事情。

三

我国历史上的学术史传统源远流长，它是中华文化的智慧结晶和文化宝藏。无论是序跋体、传记体、目录体、笔记体、学案体、章节体、学术编年体等，中国学术史的优秀传统大体上可以归纳为：

1. 重视文献资料考订，坚持"明道之要"的学术原则。学术史著作重视文献资料考订，将学术史建立在可靠的资料基础上，这是学术史研究的基础。前贤在梳理学术史时，除强调实事求是，斟酌取舍，重视无征不信外，还主张"学"与"术"的结合，既重视文献资料的整理爬梳，又重视文化意义与学术精神的彰显弘扬。这就是学术史著作有关于"明道之要"（《校雠通义·原道》、《校雠通义·补校汉艺文志》）的原因。《明儒学案》主张学术史研究要努力反映各种学术体现"道"的宏大与无所不包，"学术之不同，正以见道体之无尽"，并以大海与江河等关系为例："夫道犹海也，江、淮、河、汉以至泾、渭蹄涔，莫不昼夜曲折以趋之，其各自为水者，至于海而为一水矣。"（《明儒学案·序》）江淮河汉虽各有曲折，但都同归于海；学术虽有学派的不同，但都是道的体现。

2. 注重学术变迁的源流和发展脉络考察。"辨章学术，考镜源流"（《校雠通义·焦竑误校汉志》）一直是学术史的传统。如在《庄子·天下》、《荀子·非十二子》以及《史记》史传作品的影响下，探讨学术流变的传承变化，成为学术史的重要内容和特色，《七略》、《汉志》重学术源流后成为学术史著作的通例。

3. 重视对于学术史中不同学派特色的研究，揭示它们在中国学术史上的独特贡献。在对学派学术特色把握的基础上，重视研究不同学派间思想的差异与融合，则是学术繁荣和发展的生命。战国时期诸子百家之学的争辩交融，汉唐宋元时期儒、道、佛三教的发展与融合，明清时期中学与西学的会通，均深藏着相反而相成的学术精神。清初，黄宗羲、全祖望撰《宋元学案》，以理学家为主干，但并不排斥其他学派的学者，如永嘉学派的陈亮、叶适，王安石新学，苏氏蜀学，强调不同学派的交流影响，相反相成，正如黄宗羲主张的："有一偏之见，有相反之论，学者于其不同处，正宜着眼理会，所谓一本而万殊也。以水济水，岂是学问！"（《明儒学案·发凡》）

4. 继往开来，重视学术创新与进步。中国古代学术著作，在梳理学术流变的过程中，侧重学术的继往开来，袭故弥新，"以复古为解放"（《清代学术概论》）。不夺人之美，不隐人之善，否则，将被视为"大不德"（《清代学术概论》）。《四库全书总目》在一定程度上吸收了当时的研究成果，订正某些缺失，提要穷本溯源、辨别考证，展现了学术史的发展脉络和成果。正是这种订正增补，反复斟酌，使学术史长河滔滔不息，绵延两千多年而不绝，即使在民族遭遇重创的危机关头，中华文化中卓著的学术精神依然能够鼓励世人勇挑重担，成为民族发展的脊梁，正因为如此，学术兴替往往被视作民族精神生死存亡的大事。

5. 学术史带有明显的整体性、综合性、学术性，力求将学术思想、政治、经济、文化思想等熔于一炉，避免支离破碎。《庄子·天下》说："后世之学者，不幸不见天地之纯，古人之大体，道术将为天下裂。"《天下篇》的作者看到关于天地的整体学术被分裂为各个不同的部分，"譬如耳目鼻口，皆有所明，不能相通"，这很有见地。古代因为还没有现代意义的学科观念，传统的经史子集提供了更多融通交流的机会和可能，使传统的学术史研究能够注重整体性、综合性、学术性，并具有浓郁的民族文化的特色，又有很强的时代性。

四

中国古代学术史是我们宝贵的思想文化财富，在新时代如何吸收其优长，从更加开阔的学术视野出发，不仅看到思想史上学派间的差异，更加着力研究"差异"是如何转化为"融合"、"会通"的。如果我们能够在这方面进行细致的梳理研究，找出"融合"的关节点，以及"会通"与"创新"的关系，也许这是克服学术史研究中某些概念化、公式化的有效途径，使学术史研究更加具体、实在，逐步接近于学术史的原貌。

中国古代学术史重综合、完整与学术的特征在今天仍然具有时代意义。虽然现在的哲学社会科学主要是分门别类的研究，当然这是学科分化与发展的标志，但是由此而带来的学科分离与隔绝，则是学者们需要关注的问题。学科间的会通，是学科发展特别是交叉学科、跨学科、新兴学科产生和发展的关键。在西方，自文艺复兴以后，人文社会科学的发展，得益于经济学、社会学、地理学、人类学、心理学、人口学、语言学等学科的交流和相互借鉴，而且与自然科学的发展紧密相关，这个经验值得借鉴。

我国哲学社会科学的发展，需要学科间的交融（交叉融合），为此，可首先从不同学科的学术史研究着手，任何一门学科的学术史必然与其他学科有关，因此，对于学术史的研究，无疑为哲学社会科学各门学科之间的交叉与融合奠定了基础。可喜的是，当代中国学人已成功撰写了不少学术史著作，为我国哲学社会科学理论创新体系的建设提供研究成果。

"中国哲学社会科学学科发展报告"的出版，肯定会为我国哲学社会科学的繁荣和发展作出新的贡献。

2010 年 7 月 16 日

序　二

何为中国近代史？这一发问如果是在20年前，甚至在10年前，回答是不同的。有关中国近代史的起止时间，在相当长的时间内，人们的认识是不一致的。在绝大多数的研究机构、高校与教科书中，1919年被视为中国近代史的终点，那以后的历史被称为"中国现代史"。近代史研究所率先把1840—1949年间的历史作为自己的研究对象，打破了1919年的藩篱。如今，多数人都会同意，中国近代史是1840—1949年间的中国历史。近代史时限的变迁，在某种程度上反映了近代史研究的深入，反映了人们对"近代"认识的深化。

"当代中国近代史研究系列"是对中华人民共和国建国以来中国近代史研究之研究，它以对1840—1949年间的历史的研究为考察对象，而无论这段历史研究在当时是被称为"近代史研究"，还是"现代史研究"。

民国年间，对于中国近代史的研究已经起步，但近代史学科获得迅速发展并成为系统的科学的研究则是在中华人民共和国建国之后。在以往学人的认知中，研究距离太近的历史难称学问，因为这一研究既可能包含着执笔人难以摆脱的情感倾向，又受制于历史结果还没有充分显现的现实困境，其研究结果便难以避免不够客观和不够准确的风险。因此，过近的历史是不宜研究的。"厚今薄古"的倡导，改变了这一状况，近代史研究受到前所未有的重视，获得空前发展。应该说，近代史研究的发展不仅仅是一项人为的政策的推动，实际上是适应了一个变动的社会的需求。社会发展对重新解释新近的历史提出了要求，人们需要认识刚刚过去的历史，肯定未来的发展方向。简言之，社会需要造成了中国近代史研究的大踏步发展。

近代史研究的发展进程大致与共和国的发展同步：当社会发展呈现繁荣景象时，学术发展亦呈现勃勃生机；当社会发展遭遇曲折时，学术研究亦出现曲折。因此，新中国成立以来的近代史研究亦大致可以1978年为界，分为两个大的发展时期。倘若细分，这两个大的时期内又可分为几个各具特色的发展阶段。对此，本丛书并未强求统一，而由各卷根据各自的学科发展特点来做分期研究。

总体而言，在前一阶段，中国近代史学科完成奠基并获得蓬勃发展。中国近代史作为一门独立的学科得到确认，并日益发展为历史研究中的显学。研究者以马克思列宁主义为指导来观察近代中国的发展过程，建立起比较系统的马克思主义近代史学科体系，并对近代史上的若干重大问题展开了实证性研究，形成了近代史研究的初步繁荣景象。

任何学术都难以避免时代的影响。社会发展对于近代史研究的需求，形成了强大的学科发展推动力，其利弊兼而有之。一方面，它促进了近代史研究的空前发展，另一方面，它的工具性要求，又不可避免地对近代史研究造成了困扰，这种困扰在前17年中便已存在，而在"文化大革命"中达到极致，其弊端彻底显现。"影射史学"一度使近代史研究在很大程度上沦为路线斗争的阐释性工具，沦为空头政治的奴婢，失去了自己的独立性，失去了自己的科学性。

"文化大革命"结束后的拨乱反正，使中国社会进入到一个新时期，也使近代史研究进入到一个新时期。社会的开放、思想的解放，为学术发展创造了一个宽松的环境，新论新知不断涌现，近代史研究的各个领域都出现了大发展，这一发展不仅表现在人们以新的视角来看待历史进程，观念和结论不断更新，还大量表现在对历史细节的还原上，各类史实的更正俯拾皆是。可以说，你很难找到一个原封不动停滞不前的领域。若干史实的重现和基本观念的拨乱反正，大大推动了近代史学科的发展，使人们对于近代史的认识更加接近历史的真实。

近代史的研究领域也大为开阔，由比较偏重政治史的局面，发展成多领域百花盛开的局面，形成了门类齐全的完整的近代史研究体系。传统的政治史、外交史、军事史研究新作迭出；原先基础较薄弱的文化史、思想史、经济史、社会史、民族史、边疆史研究有了极大发展；以往几近空白的人口史、灾荒史、观念史等新的研究领域不断开拓。在传统学科经历着知识更新的同时，新学科的发展势头迅猛，近代史研究整体呈现出蓬勃发展的局面。

改革开放以来近代史研究的发展，不仅得益于人们的思想解放，也得益于对外学术交流的拓展。不同文化之间的交流与借鉴是社会发展的重要途径，也是文化发展的重要途径。社会的开放，打开了人们的眼界，使人们看到了一个真实的而不是书本中的世界，造就了健康的理性的平等的世界观。人们不再一概以戒惧之心看待海外学术，而是以开放的胸怀取其精华。频繁的国际学术交流，缩小了中国史学与世界史学之间的距离，促进了中国近代史研究的繁荣。正所谓："文明因交流而多彩，文明因互鉴而丰富，文明因包容而发展"，诚哉斯言！

我们看到，学术发展与社会发展之间的关系绝不是被动的单向影响，而是互有影响互为促进。一方面，社会发展不断向学术研究提出新的命题，无论人们赞成与否，社会热点与需求总是要反映到学术研究中来；另一方面，学术研究的成果又影响了社会的认识。即使是一些在某些方面领先或超越了社会认识的成果，起初或许不能为社会所理解所接受，但数年或若干年后，它们逐渐为社会接受，成为社会认识，推动了社会的发展。这样的例子在改革开放以来的近代史研究中并不少见。

常有人感叹，今日之研究再无往日之"大师"再现。也有人忧虑，史学的"碎片化"及"多元化"正侵蚀着学科的发展。我以为，尽管这些现象确实存在，应该引起我们足够的注意，但却不必过于忧虑。或许是学科分工的过于精细，今日已很少得见过去那种百科全书式的大师，然而，与往日相比，更多的更为精深的研究在今天并不少见。科学研究本身就是一个探索的过程，既会有谬误的存在，也会有"无意义的碎片"的存在。正是在不断的切磋与争论中，谬误得以纠正，碎片得以扬弃与整合，科学得以向前推进。以此而观，今天的近代史研究仍然行进在健康发展的道路上，仍处于繁荣与可持续发展期。

史学的繁荣，并不在于观念或结论的一统，而恰恰在于学术论争所呈现出来的科学精神和求实态度的倡行。关于这一点，有关革命史范式和现代化范式的论争颇具典型意义。尽管两种范式的论争并没有结束，也很难得出孰优孰劣的结论，但越来越多的人认为，历史是丰富多彩的，对于历史的观察也应该是多视角多方位的，不必以一个范式否定另一个范式，实际上也不可能以一个范式取代另一个范式，不同范式的相互补充与共存，则更能展现历史的多重面相。革命史范式与现代化范式的讨论，对近代史研究的推动作用是显而易见的，它开阔了人们的视野，丰富了近代史研究。

正如改革开放的成果不只是体现在物质生活的极大改善，更为长远的是体现在人的思想变革上一样，近代史研究的繁荣，不仅是体现在科研成果的数量丰富上,这是外在的、有形的,而更为长远的无形的变化是,人们摒弃了非此即彼的思维方式,以更为宽广的视野更为宽容的态度来从事研究,以平等的态度来进行学术对话。这一思想方式的变化,影响深远,是近代史研究得以持续发展的长久性的保证。

知识的发展总是在前人知识积累的基础上进行的,历史学便是一门立于巨人肩膀之上的学问。近代史研究也是如此,它是在不断的积累和更新中发展的,今天的成就是一代代学者努力的结果。为进一步推动近代史研究的深入发展,回顾建国以来近代史研究各分支学科的发展过程,把握学科的前沿动态,由此而明确今后的发展方向,是一项很有意义的基础性工作。2012年夏,在中国社会科学出版社赵剑英、郭沂纹等诸位先生的积极推动下,近代史研究所启动了"中国哲学社会科学学科发展报告·当代中国近代史研究系列"的撰写工作,于今已三年有余。

本丛书按专题分卷,分别为《当代中国近代史理论研究》《当代中国晚清政治史研究》《当代中国近代经济史研究》《当代中国近代思想史研究》《当代中国近代社会史研究》《当代中国近代文化史研究》《当代中国近代中外关系史研究》《当代中国民国政治史研究》《当代中国现代化史研究》《当代中国革命史研究》《当代中国台湾史研究》《当代中国抗日战争史研究》《当代中国近代史料学的轨迹和成果》《当代中国基督宗教史研究》《当代中国口述史研究》,另有《当代中国近代史研究》1卷,计16卷。

这些专题涵盖了近代史研究的主要领域,本所各研究室(编辑部)负责人及资深学者分别担纲相关各卷,全所同事广泛参与。杜继东及科研处的同事们承担了丛书的繁琐的组织工作,中国社会科学出版社的编辑人员承担了繁重的编校工作。在此,谨向为本丛书撰写和出版付出各种努力的同事们朋友们致以谢意。

三年时间,转瞬即逝,甚感仓促,丛书中各种疏漏定然难免,我们期待着学界同行的指正。因受本所学科构成所限,丛书16卷并不能覆盖近代史研究的所有重要领域。我们设想,待未来时机成熟时,我们将邀请所外学者来共同参与这一工作,以形成一个更为完整的中国近代史学科前沿报告系列。

王建朗
2015年11月19日

目 录

第一章 基督宗教教会史研究 …………………………… (1)
第一节 景教史 …………………………………………… (2)
　　一　景教史总论 ………………………………………… (2)
　　二　景教在内蒙古、泉州、扬州和西北 ……………… (4)
第二节 天主教会史 ……………………………………… (7)
　　一　蒙元时期天主教 …………………………………… (9)
　　二　明清天主教的本土化 ……………………………… (10)
　　三　礼仪之争与中国文化 ……………………………… (12)
　　四　耶稣会在华历史 …………………………………… (15)
　　五　中梵关系 …………………………………………… (21)
　　六　华人天主教徒 ……………………………………… (22)
第三节 东正教史 ………………………………………… (23)
第四节 基督新教史 ……………………………………… (25)
　　一　基督新教通史研究 ………………………………… (25)
　　二　自立运动和合一运动 ……………………………… (28)
　　三　本色化与本土化 …………………………………… (31)
　　四　本土教派 …………………………………………… (37)
　　五　中国基督教神学思想和神学家 …………………… (39)
　　六　华人基督徒 ………………………………………… (42)

第二章 基督宗教区域史和民族史研究 …………………… (44)
第一节 华北地区的基督宗教传播 ……………………… (45)
　　一　基督宗教在北京 …………………………………… (46)

二　基督宗教在内蒙古 …………………………………………（47）
　　三　基督宗教在河北和山西 ……………………………………（49）
第二节　东北地区的基督宗教传播 ………………………………（50）
　　一　在东北地区的历史 …………………………………………（50）
　　二　基督教与朝鲜族 ……………………………………………（51）
第三节　华东地区的基督宗教传播 ………………………………（53）
　　一　基督宗教与上海 ……………………………………………（53）
　　二　基督宗教在江苏、浙江、安徽 ……………………………（54）
　　三　基督宗教在福建 ……………………………………………（56）
　　四　基督宗教与山东 ……………………………………………（58）
第四节　华中地区的基督宗教传播 ………………………………（59）
　　一　基督宗教与河南和江西 ……………………………………（59）
　　二　基督宗教与湖北和湖南 ……………………………………（61）
第五节　华南地区的基督宗教传播 ………………………………（62）
　　一　基督宗教与广东以及客家人 ………………………………（62）
　　二　基督宗教与广西和海南 ……………………………………（65）
　　三　交叉学科与基督宗教研究 …………………………………（66）
第六节　西南地区的基督宗教传播 ………………………………（68）
　　一　基督宗教与云贵川 …………………………………………（68）
　　二　基督宗教与西南少数民族 …………………………………（70）
　　三　基督宗教与西藏和藏族 ……………………………………（76）
第七节　西北地区的基督宗教传播 ………………………………（79）
　　一　基督宗教与新疆和少数民族 ………………………………（79）
　　二　基督宗教与甘肃和青海 ……………………………………（81）
　　三　基督宗教与陕西和宁夏 ……………………………………（83）
第八节　台湾、香港、澳门地区的基督宗教传播 ………………（84）
　　一　基督宗教与澳门和土生葡人 ………………………………（85）
　　二　基督宗教与台湾和原住民 …………………………………（86）
第九节　基督宗教与华人华侨和外侨 ……………………………（89）
　　一　基督宗教与东南亚华人华侨 ………………………………（90）
　　二　基督宗教与北美华人华侨 …………………………………（91）
　　三　基督宗教与外国侨民 ………………………………………（92）

第三章　基督宗教与中国宗教和文化 …………………………… (94)
第一节　基督宗教与儒学 …………………………………… (96)
　　一　明末清初天主教与儒学 ……………………………… (97)
　　二　晚清儒耶对话和会通 ………………………………… (99)
第二节　基督宗教与佛教 …………………………………… (102)
　　一　景教、也里可温教与佛教 …………………………… (102)
　　二　明末天主教与佛教之间 ……………………………… (103)
　　三　晚清佛耶对话和佛教学者的回应 …………………… (105)
第三节　基督宗教与伊斯兰教 ……………………………… (109)
　　一　外来宗教的中国命运对比 …………………………… (110)
　　二　明末清初时期的沟通 ………………………………… (111)
　　三　晚清民国基督教与伊斯兰教 ………………………… (111)
第四节　基督宗教与民间宗教 ……………………………… (115)
第五节　基督宗教与道教 …………………………………… (117)

第四章　基督宗教与近代中国政治 …………………………… (119)
第一节　教案和反洋教研究 ………………………………… (120)
　　一　帝国主义侵略和文化冲突 …………………………… (120)
　　二　官府与教案 …………………………………………… (123)
　　三　乡绅与教案 …………………………………………… (124)
第二节　基督教与太平天国 ………………………………… (127)
　　一　太平天国的宗教属性 ………………………………… (127)
　　二　太平天国的宗教活动 ………………………………… (130)
第三节　基督教与义和团 …………………………………… (132)
第四节　非基督教运动 ……………………………………… (134)
　　一　中国共产党与非基督教运动 ………………………… (137)
　　二　国共合作下的非基督教运动 ………………………… (138)
第五节　政教关系：国家与宗教政策 ……………………… (140)
　　一　清朝的基督教政策 …………………………………… (140)
　　二　国民政府与基督教 …………………………………… (142)
　　三　抗日战争与伪满洲国、日本教会 …………………… (143)

四　基督教与中国共产党的关系 …………………………… (146)
　第六节　国共政治人物与基督教 …………………………………… (148)
　　一　陈独秀、恽代英、李大钊 ……………………………… (148)
　　二　孙中山、蒋介石、冯玉祥 ……………………………… (150)

第五章　基督宗教与文化事业 …………………………………… (153)
　第一节　《圣经》翻译 …………………………………………… (154)
　　一　《圣经》汉语及方言译本 ……………………………… (154)
　　二　《圣经》少数民族文字译本 …………………………… (159)
　　三　赞美诗研究 …………………………………………… (160)
　第二节　基督宗教与出版事业 ………………………………… (161)
　　一　基督教出版刊物 ……………………………………… (162)
　　二　出版机构 ……………………………………………… (167)
　第三节　基督宗教与中国现代文学 …………………………… (168)
　　一　基督宗教与中国现代作家 …………………………… (168)
　　二　中国基督教文学 ……………………………………… (171)
　第四节　传教士与汉学研究 …………………………………… (172)
　　一　汉籍研究与中学西传 ………………………………… (173)
　　二　西学东渐与社会变迁 ………………………………… (176)
　　三　传教士汉学著述 ……………………………………… (180)
　　四　传教士汉学家 ………………………………………… (183)
　第五节　民国文化名人与基督宗教 …………………………… (190)

第六章　基督宗教与教育事业 …………………………………… (193)
　第一节　基督宗教教育 ………………………………………… (195)
　　一　教育事业的理论探讨 ………………………………… (195)
　　二　教会教育的社会参与问题 …………………………… (199)
　第二节　教会高等教育研究 …………………………………… (203)
　　一　教会大学研究与学术范式 …………………………… (203)
　　二　新教教会大学研究 …………………………………… (209)
　　三　天主教大学研究 ……………………………………… (211)
　第三节　教会大学与近代教育近代化 ………………………… (212)

一　教会大学与近代中国大学 …………………………………（213）
　　二　教会大学制度建设与发展 …………………………………（215）
　第四节　教会中小学教育研究 ……………………………………（216）
　　一　新教中等教育研究 …………………………………………（217）
　　二　天主教中等教育机构 ………………………………………（218）
　第五节　特殊教育和职业教育 ……………………………………（219）
　　一　新教机构与中国特殊教育、职业教育 ……………………（219）
　　二　少数民族近代教育发展 ……………………………………（220）
　　三　新教教育机构和活动 ………………………………………（221）
　第六节　基督宗教教育人物 ………………………………………（224）
　　一　教育传教士 …………………………………………………（224）
　　二　华人教育家 …………………………………………………（227）
　第七节　收回教育权运动 …………………………………………（229）

第七章　基督宗教与近代医学 ………………………………………（231）
　第一节　基督宗教与近代医疗卫生 ………………………………（233）
　　一　医学与传教 …………………………………………………（233）
　　二　医学传教与中国医学近代化 ………………………………（236）
　第二节　医学传教在民族区域 ……………………………………（239）
　　一　西南地区及少数民族医学传教 ……………………………（240）
　　二　以汉族为主要对象的医学传教 ……………………………（241）
　第三节　医学传教与近代医学教育和机构 ………………………（246）
　　一　医学传教与中国医学教育发展 ……………………………（246）
　　二　医学传教机构活动和影响 …………………………………（250）
　第四节　传教士及西医学科发展 …………………………………（253）
　　一　医学传教士个案 ……………………………………………（253）
　　二　医学传教与中国西医发展 …………………………………（255）
　第五节　中西医关系及其他研究 …………………………………（256）
　　一　传教士对中医学的认识及中西医关系 ……………………（256）
　　二　天主教在华医疗事业 ………………………………………（258）

第八章　基督宗教与社会经济 (261)
第一节　基督宗教与经济活动 (261)
一　天主教经济活动 (263)
二　基督新教经济活动 (265)
三　基督教乡村建设 (268)
第二节　基督宗教与社会服务 (269)
一　基督教与灾荒 (269)
二　慈善救济与社会改良 (271)
第三节　基督宗教与近代科技 (275)
一　天主教传教士与科技东传 (276)
二　基督教与科技传播和运用 (278)
第四节　基督教与近代体育 (280)
第五节　西方宗教传入与中外人士生活变化 (282)

第九章　基督宗教与艺术 (287)
第一节　建筑艺术 (288)
一　中国教堂建筑 (289)
二　教会大学建筑及中国传统建筑的复活 (290)
第二节　音乐艺术 (291)
一　天主教音乐 (291)
二　基督新教音乐 (292)
第三节　美术绘画 (295)

第十章　基督宗教史研究的学术史 (297)
第一节　文史资料和基督宗教史研究 (298)
第二节　方志与基督宗教史研究 (301)
第三节　国家社科基金项目分析 (305)
第四节　研究专著的出版分析 (310)
第五节　重点期刊论文分析 (315)
第六节　博士硕士学位论文分析 (322)
第七节　学术史研究综述现状 (326)

第八节　活跃研究学者的分析 …………………………… （330）
第九节　学术合作与未来展望 …………………………… （336）
　　一　区域和人群的研究存在不均和空白 ………………… （336）
　　二　教派、宗派、人物的研究不够均衡 ………………… （337）
　　三　《圣经》及其他典籍研究 …………………………… （338）
　　四　多外语学科合作研究 ………………………………… （339）
　　五　民族语言文献中的基督宗教史料 …………………… （342）
　　六　内地外文基督教史研究及非汉字基督宗教文献 …… （345）
　　七　重视史料档案的整理出版 …………………………… （346）

主要参考书目 ……………………………………………… （349）

后记 ………………………………………………………… （359）

第 一 章

基督宗教教会史研究

在中国历史学研究中，中国基督宗教史一向处于边缘的地位，除了众所周知的意识形态的原因外，基督徒在中国总人口中占微小的比例，很可能也是造成其历史被忽视的重要因素之一。

不过这种情况在 20 世纪 80 年代改革开放以后有了很大变化，在 2010 年的中国政府白皮书中提到，中国信仰各种宗教的人口已经达到 1 亿之众，这种现实使得研究者不应该忽视对宗教的研究，其中也包括基督宗教在内的研究。据中国基督教会宣布，2013 年中国新教基督徒已经达到 2600 万人，其中还有一些未在政府注册的家庭教会的信教人数未统计入内；天主教徒则达到 600 万人。这一切都可以说明，基督宗教已经成为中国宗教之一。

基督宗教传入中国，最早可追溯到唐朝，前后共有四次传入。16 世纪以后，随着西方工业革命的兴起，基督宗教各派在殖民主义的裹挟下，以前所未有的势头第三度东来，历经曲折后，最终在中国扎下了根。鸦片战争后，西方传教士凭借不平等条约，更是活动频繁。他们步步深入，活跃在中国剧变的历史舞台上，"成为中国社会的一种特殊势力"①。从唐初至 1955 年最后一批西方传教士被逐出中国大陆地区，数百年来，西方传教士对中国社会产生了广泛而复杂的影响，引起了研究者经久不衰的兴趣。

中国学者对历史的研究起步较晚，梁廷枏《海国四说》中的一说为《耶稣教难入中国说》，这是最早有关基督宗教的研究。这里也提到一

---

① 陈旭麓：《序言》，载顾长声《传教士与近代中国》，上海人民出版社 1981 年版，第 1 页。

些天主教在华传教的情况，对新教则全无记载。魏源的《海国图志》也提到一些天主教的传教情况。最早的关于新教传教士在华活动情况的中文著述，应该是王元琛的《圣道东来考》。王元琛曾是郭士立（Karl Friedrich August Gützlaff）创立的福汉会的成员，后随德国礼贤会传教士罗存德传教。他于1899年撰写的《圣道东来考》是本小册子，1907年在香港出版。此书以叙述礼贤会在广东的活动为主，对其余各派在华早期活动也有所涉及，虽然极其简略，但很有价值。

1908年，上海商务印书馆出版了谢洪赉撰写的《中国耶稣教会小史》，作为《布道小丛书》的第四种。作者以近一半的篇幅追溯景教和天主教在华传教史，然后分四个阶段简单地叙述了1807—1907年新教在中国传播的经过。这是第一本关于新教在华活动的专著，由于它对景教和天主教的传教史也有记录，可以将其看作中国最早的基督宗教通史著作。它的意义在于从历史学的角度，开启了20世纪基督教修史的风气。

第一节　景教史

景教是汉文史籍中对唐代传入中国的基督教聂斯托利派的称谓，以其创始人为聂斯托利而得名。因在耶稣基督人神二性上被对立派说成"二位二性说"，在431年的以弗所宗教会议上被斥为异端。该派在与基督教正统派别分裂后，为罗马教皇所驱逐，信徒流亡东方，由叙利亚传入波斯，亦称叙利亚教会。于唐太宗贞观九年（635），叙利亚人阿罗本将其传入中国。这是基督宗教第一次传入中国。

景教研究是中国基督教史和中国中西交通史研究的一个重点。对景教的研究肇始于明末天启间大秦景教流行中国碑的发现及对碑文的解读。自19世纪末20世纪初以来，随着敦煌、吐鲁番、内蒙古、泉州等地景教遗物的发现，其研究渐趋深入，中国景教的研究是随着景教遗物的出土而前进的。1931年，冯承钧就发表了《景教碑考》。

一　景教史总论

最早的专著是朱谦之先生的《中国景教》，该书写成于1966年，直至1993年才由东方出版社出版，该书是对前期研究的一大总结。其关于景教的介绍，以中国的情况为主，也用了不少笔墨述及其他地区，引用了诸家之学说。它的内容架构、课题的提出、论证的方式，已足资后来者所用。①

20世纪80年代以来，随着新的景教遗物的发现和考订，中国大陆地区的景教研究又出现了一个高潮。首先是江文汉的《中国古代基督教及开封犹太人》，该书包括《景教》《元朝的也里可温》《中国的犹太人》三个独立的部分。《景教》部分介绍了西方文献中唐以前基督教传入中国的传说，指出那只是传说不是史实，介绍了唐太宗的宗教政策，主要部分是对景教碑的研究，著录了景教碑的汉文部分并做了翻译，另外附录了敦煌文献中的七篇景教文献，并稍作注解。②

1996年出版了翁绍军校勘并注释的《汉语景教文典诠释》，该书对《大秦景教流行中国碑颂》《序听迷诗所（诃）经》《一神论》《宣元至本经》《大圣通真归法赞》《志玄安乐经》《三威蒙度赞》《尊经》这八种唐代的景教文献做了比较详细的注释，很有新意和贡献，可惜有些地方未注出处，且书末也未附索引。③他还认为阿罗本文典中尽管有佛道名词，但在福音宣讲和教义传述上，基本忠实于景教原典精神，具有原典化神学的类型特征。但在景净文典中，无论在理念的传述或语言的表达上，佛、道两教思想浓重，明显具有本土化神学的类型特征。由阿罗本文典的原典化传述类型转向景净文典的本土化传述类型，导致了教法义理逐渐暗淡湮没，这是唐代景教失败的重要原因。④

林悟殊的《唐代景教再研究》并非全面系统论述唐代景教，而是在既往研究的基础上，针对一些有争议的问题和误区，提出自己的见解；对学界经常使用的景教资料重新考察和解读，对误解者提出纠正，对赝造疑品加以考辨；作者把景教在唐代中国传播失败的根本原因，归咎于唐代宗教政策的变化。书中还提供了300年来海内外学者有关景教研究的中文、日文、西文完整书目。⑤

---

① 参见朱谦之《中国景教》，东方出版社1996年版。
② 参见江文汉《中国古代基督教及开封犹太人》，知识出版社1982年版。
③ 参见翁绍军《汉语景教文典诠释》，三联书店1996年版。
④ 参见翁绍军《论汉语景教经文的传述类型》，《世界宗教研究》1996年第4期。
⑤ 参见林悟殊《唐代景教再研究》，中国社会科学出版社2003年版。

牛汝极的《十字莲花：中国元代叙利亚文景教碑铭文献研究》收集了几乎所有在中国境内发现的元代叙利亚文景教写本和碑铭文献，首次进行了比较全面的整理和研究，不仅是相关学科最为关注的资料集，其研究亦有不少新收获。此书虽是对叙利亚文景教碑铭的解读、注释，但对研究景教在元代的发展有着极大的参考价值，也是景教碑铭研究的权威著作。①

二 景教在内蒙古、泉州、扬州和西北

汪古部的景教信仰是中国景教研究的一项重要内容，汪古部的主体成员是来自西域的回鹘人，随着他们向东迁徙，也将景教带到新的居处，在其活动中心（今内蒙古自治区达尔罕茂明安联合旗，简称"达茂旗"一带）发现了许多景教遗物。盖山林介绍了汪古部地区景教遗迹的概况，包括达茂旗敖伦苏木古城及附近的古叙利亚文石碑和汉、蒙、叙三体残碑。还论及汪古部以景教世家为中心，并结合景教徒组成政权机构来统治人民，以及元朝廷为了拉拢汪古部的统治势力，对汪古部的景教采取了保护和扶植等问题。②多位学者还详细介绍了新疆和内蒙古等北方草原地带发现的元代基督教遗迹，并结合文献阐明了产生这些遗迹的历史背景，对元代基督教徒在东西文化交流中的作用予以肯定，盖文介绍的元代基督教遗迹主要是景教遗迹。③张莉莉分析了基督教为汪古、克烈、乃蛮三部所信奉的原因，认为这三部曾是操突厥语族语言的突厥—回纥部落，而突厥—回纥部落曾接受聂斯托利教，另一原因是当时蒙古各部信奉萨满教，萨满教具有包容性的特点，在教义上与基督教有某种程度的契合，这两点成为三部接受基督教的良好的基础条件。④

---

① 参见牛汝极《十字莲花：中国元代叙利亚文景教碑铭文献研究》，上海古籍出版社 2008 年版。
② 参见盖山林《元代汪古部地区的景教遗迹与景教在东西文化交流中的作用》，载黄盛璋主编《亚洲文明》第 1 集，安徽教育出版社 1992 年版；盖山林《元"耶律公神道之碑"考》，《内蒙古社会科学》1981 年第 1 期；正茂《元代汪古部基督教浅探》，《内蒙古社会科学》1993 年第 6 期。
③ 参见盖山林《中国北方草原地带的元代基督教遗迹》，《世界宗教研究》1995 年第 3 期；张松柏《内蒙古赤峰市松山区出土的也里可温瓷质墓碑》，《海交史研究》1994 年第 1 期；张松柏、任学军《赤峰市出土的也里可温瓷质碑》，《内蒙古文物考古文集》，中国大百科全书出版社 1994 年版。
④ 参见张莉莉《基督教在早期蒙古部落中的传播》，《北京师范大学学报》1999 年第 1 期。

泉州因海上丝绸之路的关系，也曾是景教发展的地方。夏鼐考释了1940年出于泉州城墙的一方汉文、叙利亚字母突厥文墓碑，推测墓主是远宦泉州的信仰景教的汪古部官员，并提到泉州设教长一事。① 杨钦章在对1984年前泉州出土的景教遗物做了总体考察之后，认为景教初传泉州在元初，其来源有海路和陆路两方面，而信奉者多为波斯人、中亚人和蒙古人。② 多位学者对泉州城发现的多件文物进行了考释，提出泉州为景教的主教管区，且存在一个活跃的景教会的看法。③ 牛汝极的《福建泉州景教碑铭的发现及其研究》对泉州发现的叙利亚文、回鹘文、八思巴文景教铭文等多种文字的景教遗存，进行了首次系统、全面的解读、考证和译释，说明这批石刻多是元代色目人，尤其是畏吾儿人的遗存。④

扬州自唐代以来一直是对外贸易、文化交流的重要地区。杨钦章还描述了镇江、扬州、温州、刺桐（泉州）四地景教的状况，认为在1313年以前东南地区已经存在严密的景教会，并形成了主教管辖区，此外又分析了景教与中国旧有思想习惯妥协的问题。⑤ 朱江对元代景教传入的史实做了概要的描述。多位学者对扬州发现的景教遗物进行了介绍和考释。⑥ 牛汝极运用多种语言和文献，考证了在扬州地区的景教发现，对此做了拉丁字母标音、转写、词语诠释和汉文、英文译释。⑦ 他还认为泉州发现元代叙利亚文景教碑铭已有半个多世纪，其文字的解读虽经中外学者的不懈努

---

① 参见夏鼐《两种文字合璧的泉州也里可温（景教）墓碑》，《考古》1981年第1期。
② 参见杨钦章《泉州景教石刻初探》，《世界宗教研究》1984年第4期；杨钦章、何高济《泉州新发现的元代也里可温碑述考》，《世界宗教研究》1987年第1期。
③ 参见杨钦章《南中国"刺桐十字架"的新发现》，《世界宗教研究》1988年第4期；吴幼雄《福建泉州发现的也里可温（景教）碑》，《考古》1988年第11期；牛汝极《泉州叙利亚：回鹘双语景教碑再考释》，《民族语文》1999年第3期；林悟殊《泉州"摩尼教墓碑石"为景教墓碑石辨》，《文物》1988年第8期。
④ 参见牛汝极《福建泉州景教碑铭的发现及其研究》，《海交史研究》2007年第2期。
⑤ 参见杨钦章《元代南中国沿海的景教会和景教徒》，《中国史研究》1992年第3期。
⑥ 参见朱江《扬州发现元代基督教徒墓碑》，《文物》1986年第3期；王勤金《元延四年也里世八墓碑考释》，《考古》1989年第6期；朱江《基督教文化东传扬州史略》，《海交史研究》1985年第2期。
⑦ 参见牛汝极《扬州出土突厥语、汉语、叙利亚语合璧景教徒墓碑研究》，《学术集林》卷10，上海远东出版社1997年版；《维吾尔古文字与古文献导论》，新疆人民出版社1997年版；《叙利亚文和回鹘文景教碑铭在中国的遗存》，载余太山主编《欧亚学刊》第1辑，中华书局1999年版；《中国突厥语景教碑铭文献概说》，《民族语文》2000年第4期；《从出土碑铭看泉州和扬州的景教来源》，《世界宗教研究》2003年第2期。

力，但因碑铭上的文字和语言属不同体系和来源，不得要领，无果而止。他经多年研究，终于找到了解读这种铭文的钥匙，使扑朔迷离的叙利亚碑铭之谜得以揭开，泉州和扬州的景教传播及其来源得见天日。文章认为，元代泉州和扬州的景教徒大多为回鹘后裔畏吾儿人。①

景教之传入中国西北部当早于唐贞观九年（635），且对其影响亦大于中国内地。刘迎胜在详细考证的基础上叙述了景教在畏兀儿地区、阿力麻里、海押力、哈喇鲁部、虎思窝鲁朵地区、可失哈儿、鸭儿看、撒麻耳干诸地的分布。高永久《西域景教考述》述及自6世纪至14世纪景教在西域的传播。高永久首先认为景教产生于5世纪初，其次认为许多著作中所持的景教于5世纪初叶就开始在中亚传播的观点是不正确的，提出5世纪末叶景教才开始在西域传播的看法。②牛汝极认为，蒙元时期由于统治者采取了宽容的宗教政策，景教在七河地区臻于极盛，与其他宗教一起形成了多元化宗教的局面。14世纪中叶，随着突厥语部族改宗伊斯兰教，景教逐渐趋于湮灭。通过对考古资料和文献资料的研究可知，七河地区基督徒的日常用语主要是中世纪突厥语方言。③

在中国境内存在的景教寺院遗迹较为罕见，房山的十字寺便为其中之一。但有关十字寺在佛教与景教之间的身份转换问题，始终困扰着国内学界。唐晓峰除介绍十字寺的概况及遗迹外，还对学界多年来对于房山十字寺的研究进行了总结和评析，并在此基础上，结合现有史料提出了有关十字寺之景教身份的三种假设。④济宁路在元代是景教重镇，这里长期存在着景教寺院和教徒群体。张佳佳通过碑刻资料的考证，说明按檀不花家族在济宁路当政期间，曾经兴修景教寺宇，复建阙里孔廷，甚至参与道教庙宇的建设，展现了元代景教徒与中国本土文化与宗教的交融与互动。⑤宗

---

① 参见牛汝极《从出土碑铭看泉州和扬州的景教来源》，《世界宗教研究》2003年第2期。
② 参见刘迎胜《蒙元时代中亚的聂思脱里教分布》，《元史及北方民族史研究集刊》第7辑，1983年；高永久《西域景教考述》，《西北史地》1994年第3期；高永久《景教的产生及其在西域的传播》，《世界宗教研究》1996年第3期；刘仲康《景教在新疆的传播及其影响》，《新疆社会科学研究》1988年第11期。
③ 参见牛汝极《中亚七河地区突厥语部族的景教信仰》，《中国社会科学》2012年第7期。
④ 参见唐晓峰《北京房山十字寺的研究及存疑》，《世界宗教研究》2011年第6期；徐蘋芳《北京房山十字寺也里可温石刻》，《中国文化》1992年第2期。
⑤ 参见张佳佳《元济宁路景教世家考论：以按檀不花家族碑刻材料为中心》，《历史研究》2010年第5期。

亦耘还比较了元代景教与天主教传播的异同，认为元代传入中国的基督教有景教和罗马天主教两部分，它们在传播目的、传播方式、传播地域上都不同，导致其传播效果也有很大不同：表现在经典文本翻译多少的不同、墓葬形式和墓葬碑铭风格的不同及文化领域传播程度的不同。通过比较，我们发现虽然罗马天主教在中国有一定程度的本土化，但景教表现得更丰富，更具有典型性。景教的本土化是其能在中国传播的一个很重要的因素，这种对中土文化的亲近和接受，导致了景教虽然没有像天主教有组织地传教，但其传播范围与影响却远远大于天主教。①

第二节 天主教会史

中国天主教史的研究，由于在语言、史料掌握方面的优势和对教会史研究的现实需要，最早是从天主教会内部开始的。尤其在20世纪上半叶，天主教史的研究基本呈现出通史研究的倾向。

最早对中国天主教史料进行研究的是华人耶稣会士黄伯禄神父，他的《正教奉褒》列有晚清各地地方官府针对天主教发布的告示，现在已经成为研究清末教会的重要资料。民国年间，华人耶稣会士萧静山司铎的《天主教传行中国考》，可称为最早的中国天主教通史。另一部是徐宗泽神父的《中国天主教史概论》，是将他发表于他主编的《圣教杂志》中的论文整理成一本通史，在中西文资料运用方面，独具一格。②徐宗泽的《明清间耶稣会译著提要》举书215部，依四库全书体例，从内容提要、版本情况、出版时间、序跋等方面进行了研究和介绍，是唯一一部中国天主教文献目录著作。③

20世纪以来，历史学界在天主教传华史研究方面贡献最大的是陈垣先生，他早年与天主教人士过从甚密，曾"发愿著中国基督教史"。1917年，他发表了成名作《元也里可温考》（《东方杂志》卷3、4、5号，

---

① 参见宗亦耘《比较元代景教与天主教传播的异同》，《世界宗教研究》2011年第5期。
② 参见萧静山《天主教传行中国考》，献县天主堂1937年版；徐宗泽《中国天主教史概论》，上海圣教杂志社1938年版。
③ 参见徐宗泽《明清间耶稣会译著提要》，中华书局1949年初版，中华书局1989年再版。

1918年3、4、5月），此后又陆续发表了一系列有关明清天主教史的学术论著。尤其他在北平任辅仁大学校长期间（1926—1952），成果最为丰富。其中，《休宁金声传》《泾阳王徵传》《雍乾间奉天天主教之宗室》《从教外典籍看明末清初的天主教》《汤若望与木陈忞》《吴渔山晋铎二百五十年纪念》等文，开启了中国天主教史的研究。

民国时期，中国学者在研究中西交通时，也多涉及明末清初的天主教。治中西交通史的专家如张星烺、向达、冯承钧先生，均曾研习过明清天主教传华史。如张星烺先生的《中西交通史料汇编》六册，第一册的《古代中国与欧洲交通》收集了明末耶稣会士来华的基本史料。在他所著的《欧化东渐史》中，对于天主教入华与中西文化交流情况，均有概述。向达先生在欧洲考察时，也收集了许多教会史料，他所著的《中西交通史》《中外交通小史》两书，虽然篇幅较小，但"对公教传入中国历史，叙述简明"。冯承钧先生"毕生致力于西洋汉学著作的翻译工作"，尤以法文著作为多。他于1938年将耶稣会士费赖之著的《1552—1773年中国传教区耶稣会大列传及著述》部分定名为《入华耶稣会士列传》（商务印书馆1938年版），成为中国天主教史研究的经典。

当时兼攻明清天主教史的还有陈受颐、陈观胜、张维华、朱谦之等。如陈受颐的《明末清初耶稣会的儒教观及其反应》（《国学季刊》第5卷第2期，1936年）、《明末天主教徒和他们的信仰》（《新北辰》1935年第1卷2期）、《西洋汉学与中国文明》（《独立评论》198号，1936年4月26日）；陈观胜的《利玛窦对中国地理学之贡献及其影响》（《禹贡》第5卷3—4合刊，1936年）、《论利玛窦之万国全图》（《禹贡》第1卷第7期，1934年）；张维华的《南京教案始末》（《燕京学报专刊》第7号，1934年）、《明史佛郎机吕宋和兰意大里亚四传注释》（《经世季刊》第1—2卷，1941年）、《明清之际西洋天文历算诸学传入中国之经过》（《经世季刊》第3—4卷，1941年）。其中，朱谦之的专著《中国思想对于欧洲文化之影响》独辟蹊径，对17—18世纪中国文化在西方社会所产生的深远影响进行了深入探讨。

教会内部的方豪先生则是中国天主教史的专家。他在教会中撰写历史，虽然不脱护教心态，但能充分运用许多罕见的中外文资料，故能旁征博引，成为继陈垣先生之后在此研究上的佼佼者。他将其研究结集成了《中外文化交通史论丛》（重庆独立出版社1944年版），《中国天主教史论丛》（商务印书馆 1944 年版）和《方豪文录》（北平上智编译馆 1948 年版）。

一 蒙元时期天主教

中国最早开始进行蒙元天主教研究的当推陈垣先生，因其卓越的成绩在学界被公认为"大师"。自 1917 年撰写《元也里可温考》后，其研究便开创出一个新局面。在中国天主教史的研究方面，他不同于天主教会内部的研究人员基本仅用教会内部的各种语言文字的资料，更多的是运用散见的诗文别集、书画题跋中的资料来研究天主教。他还提出了运用教外典籍来研究天主教能够补教史之不足、正教史之偶误，从反对口中可得到反证等著名观点。其门人叶德禄于 1943 年整理出版了《民元以来天主教史论丛》一书，收录了陈垣的论文 16 篇。其中《从教外典籍看明末清初的天主教》《泾阳王徵传》《休宁金声传》《吴渔山晋铎二百五十年纪念》等，颇具学术功力，综述展示了陈垣在诗文别集、书画题跋中梳理史料的独特考证功夫。陈垣的这些天主教研究奠定了他在学术界的位置，也奠定了蒙元天主教的研究。

天主教会与中国的接触始于蒙元时期，又可分为两个阶段：13 世纪中后期罗马教廷数次向哈剌和林蒙古王廷遣使，14 世纪前期则在中国内地建立了真正的教区。随着 1368 年明朝的建立，这些成果很快被湮没无存，并且一断就是两百多年。①

邱树森从基督教群体太小、未能走向中国化、在高层中缺少支持、内部教派之争和与其他宗教的争斗等五个方面探讨了元亡以后基督教在中国湮灭的原因。还有学者探讨了唐武宗"灭佛"后，景教在中国内地灭绝，景教徒纷纷迁居中亚地区，并在漠北蒙古地区继续传教的情况，以及蒙古兴起并统一漠北各部后，景教开始在蒙古各部中流传的情况，其中汪古部、克烈部和乃蛮部乃是真正信仰了基督教。②

王瑞明探讨了著名传教士孟高维诺（Giovannida Montecorvino）东来

---

① 参见张国刚、吴莉苇《蒙元时代西方在华宗教修会》，《海交史研究》2003 年第 1 期。
② 参见邱树森《元代基督教在蒙古克烈、乃蛮、汪古地区的传播》，《内蒙古社会科学》2002 年第 2 期；张莉莉《基督教在早期蒙古部落中的传播》，《北京师范大学学报》1999 年第 1 期。

的原因。蒙古统治者为巩固其统治,对宗教产生了浓厚的兴趣,采取"兼容并蓄,广事利用"的政策,在经济上宽厚,在政治上则严峻。在佛、道、伊斯兰与也里可温中,独崇佛教,但也明确指出"基督教是最真最好的宗教",佛教尚寂,道教崇玄,基督教传播基督福音、深入现实生活各个领域、奉公守法,这是孟高维诺能顺利东来并在中国扎下根的原因。①

二 明清天主教的本土化

江文汉的《中国古代基督教及开封犹太人》和《明清间在华的天主教耶稣会士》是20世纪80年代最早研究早期基督教和明清耶稣会士的专著,这是他撰写中国基督教通史专题中的前两项,后续著述因其病逝而未见。顾裕禄的《中国天主教的过去和现在》也是较早面世的中国天主教史著,三本书虽然都较简略,但文字流畅,叙述平实,对历史过程有大致的勾勒。② 顾卫民2003年出版了《中国天主教编年史》,以编年体对三百余年天主教大事进行了整理。③

清代前期正处于天主教在华本土化的关键阶段。历经长时期的传播,此时期天主教已经逐渐融入中国社会,成为中国宗教的一个重要组成部分。清代前期天主教在华本土化过程中,形成了若干值得学术界重视的特点。明清时期是一个多宗教的发展时期,既有长久以来就存在而被视为异端的佛道回回,又有被视为邪教的各种民间宗教团体。这时期新入华的天主教因为各方面的因素,地位大致徘徊于佛道回回与各种邪教民间宗教之间。④

张先清利用清代官方禁教文献,分析清代前期天主教在华传播所具有的传教持续性、传播家族性、习教自立性等重要特征。⑤ 他还论证了清中叶后,随着清政府正式确立严厉禁教政策,儒学知识界对天主教的否定批

---

① 参见王瑞明《孟高维诺东来的历史背景》,《世界宗教研究》1994年第3期。
② 参见江文汉《中国古代基督教及开封犹太人》,知识出版社1982年版;江文汉《明清间在华的天主教耶稣会士》,知识出版社1987年版;顾裕禄《中国天主教的过去和现在》,上海社会科学院出版社1989年版。
③ 参见顾卫民《中国天主教编年史》,上海书店2003年版。
④ 参见陈青松《明清之际天主教在华地位问题略论》,《宗教学研究》2010年第4期。
⑤ 参见张先清《清前期天主教在华传播特点分析》,《世界宗教研究》2006年第3期。

判，极大地影响了天主教在华的本土化取向和路线，促使其走向一条与民间传统相结合的道路，形成了三个基本特点：传教的社会底层性、习教的自立自传与宗教仪式的民间性。这种本土化路线和模式使天主教深深植入了中国社会，成为中国宗教的有机组成部分，同时也在相当程度上模糊了天主教与其他民间宗教的界限，使中国的天主教染上了民间化的色彩。这与晚明时期，基本上走着一条儒化天主教的本土化道路即以天（主教）补儒的道路不同，而是倡导与儒家文化的调和而呈现出完全不同的取向。过去的研究中，基本上都是夸大礼仪之争之后对天主教融入中国社会的障碍，较少看到清中叶后天主教与民间社会结合方式的本土化程度。而这种本土化在某种程度上已使在华天主教呈现出失去了自身独立性的严重民间化。①

张先清的专著《官府、宗教与天主教》是在他获得全国百优的学术论文的基础上修改而成的。该书从区域社会文化史的角度，对明清时期闽东福安县的乡村天主教发展进行了系统的研究。认为明清时期当地乡村宗教对天主教的信仰，是天主教能够深入福安乡村社会传播发展的根本原因。天主教信仰与依靠地方宗族的力量不断发展壮大，直至成为对当地民间社会生活具有深刻影响的一种区域性主流宗教。明清之际天主教入华传播，对东、西方社会均产生了一定程度的影响，梁启超认为这是学术史上值得"大笔特书"的公案。该书另辟蹊径，将天主教的传播问题置于明清以来地方社会历史发展的脉络中加以考察，结合人类学的田野调查及历史学的文献分析，力图重建17—19世纪天主教在闽东福安的传播历史；从区域社会文化史的角度，系统深入地探讨了地方官府、宗族与乡村教会发展三者之间的关系。②

马戛尔尼使团访华，是18世纪中英关系史上最为重要的事件之一，也是中英通使的开端，黄兴涛对使团提出的传教问题进行了考察。③ 夏伯嘉通过对崇祯朝龙华民山东传教的几个问题的梳理和分析，对天主教与明末社会的状态和处境进行了描述。明末崇祯朝年间，意大利人龙华民以济南与青州为活动范围在山东传教。龙华民分别接触了明宗室、宦官、士大

---

① 参见张先清《清中叶天主教在华的本土化问题》，《厦门大学学报》2006年第1期。
② 参见张先清《官府、宗教与天主教》，中华书局2009年版。
③ 参见黄兴涛《马戛尔尼使华与传教士和传教问题》，《清史研究》1993年第3期。

夫、穆斯林经师与民间秘密宗教的领袖。透过龙华民传教报告与中文文献，可以看出天主教教义在明末危机重重的社会背景下对各社会阶层的吸引力，以及龙华民和利玛窦在对待儒家学说上的差异。清兵入鲁后，明地方宗室遭到致命打击，山东天主教务亦逐渐息微。①

吴飞以华北一个天主教村庄的田野调查为基础，重新理解宗教究竟是否可能影响伦理生活。天主教徒只是在仪式和组织上形成了一种天主教群体，并未在伦理层面上有异于普通当地农民。但在义和团或"文化大革命"中，天主教徒有异于普通农民的身份，使他们受到不同的遭遇，导致了这些天主教徒的集体认同是通过对苦难的叙述而形成的。②

三 礼仪之争与中国文化

"中国礼仪之争"是中国天主教史上的一件大事，也是欧洲神学、哲学、伦理思想争论的一环。1610年利玛窦去世后不久，耶稣会内部这场围绕着可否用"天"或"上帝"来翻译天主教中的主宰真神，敬天、祭祖、祀孔的各种仪式是纯世俗性的还是带有宗教性，有无迷信成分，教徒能否参加等内容展开，影响深远。到1742年罗马教皇本笃十四世颁布《自上主圣意》，对礼仪之争做出最终裁决，整整延续了一个多世纪。它是中西交往史上的一件大事，罗马教廷七位教皇、清廷两代皇帝康熙和雍正，葡萄牙、西班牙、法国等国国王，罗马教廷宗教裁判所、传信部枢机团，哲学家伏尔泰、莱布尼兹等，都卷入了这场纷争。为了平息争论，裁定是非，罗马教皇曾屡颁谕旨。在欧洲各国，不同修会的神父和神学家都参与了这场辩论，各阶层的有识之士也纷纷发表意见和观点，撰写的文章如汗牛充栋，不计其数。而参与其中的各修会的神职人员，则始终坚持要保持教会没有任何污垢和缺陷，保持神圣和纯洁。

这场争论的结果意味着天主的虔诚信徒和大清国的良民成了对立面，不能两全，康熙皇帝下令禁止天主教的传播，但在欧洲却为中国儒家经典和思想的输入提供了契机，为欧洲了解来自中国的大量有关信息、为当地

---

① 参见夏伯嘉《天主教与明末社会：崇祯朝龙华民山东传教的几个问题》，《历史研究》2009年第2期。

② 参见吴飞《麦芒上的圣言：一个乡村天主教群体中的信仰和生活》，宗教文化出版社2013年版。

启蒙思想家和哲学家送去了东方的精神食粮，促进了欧洲启蒙时代的到来。天主教传教士为了取得争论的胜利，将中国经典"四书五经"翻译成西方语言，撰写了有关中国历史、政治、宗教、文化、地理、语言等译著和专著，如曾德昭（Alvaro Semedo）的《中华帝国史》、卫匡国（Martino Martini）的《中国上古史》、柏应理（Philippe Couplet）的《中国哲学家孔子》等。

礼仪之争表面上是由于传教士之间存在着两种不同的策略和方法所引起的，即：一派主张要在具有悠久历史和文化的民族中传播基督宗教，必须适应和宽容，不能以欧洲的眼光来看待中国的事情，这一派坚持利玛窦的方针和策略；另一派主张基督宗教的唯一正确性，强调天主教神学的权威性和纯洁性，不容有一丝一毫的违背和变化，不仅要求中国教徒全盘接受基督教教义，而且还要强迫教徒遵守欧洲的宗教法规和风俗。其根本原因还是各修会和传教团体争夺对华传教势力范围，都想单独掌握中国人"通向天国大门"的钥匙。

李天纲的《中国礼仪之争：历史、文献和意义》是迄今为止面世的唯一以礼仪之争为专题的中文专著，秉承了中西文化差异的思路，认为罗马教廷使者铎罗出使之后礼仪之争才由文化冲突转变为政治冲突。①

在整个"礼仪之争"中，多明我会传教士黎玉范（P. Juan B. Morales）是个著名人物，他第一次在闽东传教区针对现实中的礼仪问题系统地调查，并受命将托钵修会关于礼仪问题的疑问亲自呈交罗马教廷，从而打破了半个多世纪以来中国传教区里只有耶稣会一种声音的局面。而这种打破使中国礼仪问题从原来的远东传教会内部的争端扩大到欧洲教会，引发了问题的进一步扩大，以及对礼仪问题的多方关注。张先清《多明我士黎玉范与中国礼仪之争》细致的描述则填补了这方面的空白。②

在礼仪之争的过程中，康熙皇帝是最为关键的人物。西方传教士的记录中有大量的描述，吴伯娅的专著《康雍乾三帝与西学东渐》从清代档案中寻找出大量关于传教士的资料，细述在整个争论过程中，康熙以宽容相信、亲自调解，采用各种方式来缓解相互之间的矛盾，虽然最后下令禁教，但他始终对传教士采取的都是容留和利用的态度，只是在传教问题

---

① 参见李天纲《中国礼仪之争：历史、文献和意义》，上海古籍出版社1998年版。
② 参见张先清《多明我士黎玉范与中国礼仪之争》，《世界宗教研究》2008年第3期。

上，要求传教士们能遵守"利玛窦规矩"，这种"度量宏大"的态度对当时社会的中西交往是极其重要的。①

康熙年间的礼仪之争一直是研究的重点，论文非常丰富。杭州教案爆发为在华西教士提供了促使清廷解除康熙八年（1669）禁教令、重新考虑天主教政策的历史契机。在多方因素影响下，康熙三十一年（1692）宽容天主教诏令终于颁布。该诏令不仅为天主教在华活动创造相对宽松的传教环境，而且引起欧洲天主教社会的较广泛关注，刺激了欧洲向中国拓展传教事业。许多年后，容教诏令还成了法使喇萼呢与两广总督耆英谈判时，胁迫清廷同意弛禁天主教的一个重要筹码。②

康熙中叶，中国天主教徒已有几十万之众，尽管他们和礼仪息息相关，但因传世材料极少，世人很难了解他们对这场争论的感受和想法。虽然这场争论是以天主教在中国的本土适应为讨论焦点，是天主教会如何对待中国的礼仪，但中国却远不是争论的中心。加之随之而来的一个多世纪的禁教，遗存的中文资料的确是少之又少，对中文资料在研究中的运用则更少。吴旻和韩琦以罗马耶稣会档案馆馆藏的有关中文信件证词等，与当时西文出版物的比较，使得中国天主教史呈现更清晰的脉络，表现了中国天主教徒的声音和形象，虽然他们是那么的无助。③

一直以来，研究者都更多地将礼仪之争定义为中西文化之间的争论，或宗教与世俗之间的争论，对天主教内部修会之间的权力争论研究不足。吴莉苇则细密梳理史料，细述耶稣会士与托钵修会、耶稣会士与巴黎外方传教会、耶稣会在欧洲的敌人、罗马教皇对耶稣会态度的转变等几方面的力量和利益的争夺与博弈，说明传教士之间的派系斗争、传教士与罗马教会的矛盾、耶稣会士在欧洲的敌对势力如何助长争论恶化，认为在"礼仪之争"的过程中，权力之争甚至可能超过中西文化之间差异的争论。④

---

① 参见吴伯娅《康雍乾三帝与西学东渐》，宗教文化出版社 2002 年版；《礼仪之争爆发后康熙对传教士的态度》，《历史档案》2002 年第 3 期。

② 参见安双成《礼仪之争与康熙皇帝（上）》，《历史档案》2007 年第 1 期；张先清《康熙三十一年容教诏令初探》，《历史研究》2006 年第 5 期。

③ 参见吴旻、韩琦《礼仪之争与中国天主教徒：以福建教徒和颜的冲突为例》，《历史研究》2004 年第 6 期；《"礼仪之争"中教徒的不同声音》，《暨南史学》第 2 辑。

④ 参见吴莉苇《文化争议后的权力交锋："礼仪之争"中的宗教修会冲突》，《世界历史》2004 年第 3 期。

王庆成则通过对康、雍、乾、道、咸朝若干稀见文献考释,描述了外来宗教在清朝所处的环境,使它们得以生存、发展或遭到抵制,这是重要而复杂的问题。① 中国奉教的士大夫由于身兼教徒和儒士两重身份,在礼仪之争中具有双重的人格和极其复杂的心理。他们始终在天学和儒学之间游荡徘徊,时而以孔孟卫士的面目出现,时而以虔诚教徒自诩,时而又以中间派身份出现。总体而言,在对待争论的具体问题上,涉及祭祖祭孔这个根本问题时,他们是竭力维护儒家,维护自己的安身立命和功名前途之根本,而对于那些无关宏旨的礼俗,他们则表现得相当灵活,更多倾向于宗教一边。他们提出的那些建议,既希望基督宗教在中国广泛传播,又不希望中国变成西洋;既要捍卫儒家思想的正统性,又要忠于外来信仰的神圣性,只好提出了所谓本性与超性互为依存的理论,把原来各自独立发展起来的东、西方不同文化,看成必然的有机联系,或努力让其互相融合。②

天主教徒是否能祭祖是礼仪之争的焦点之一。王美秀对明末清初罗马天主教对祭祖从宽容到禁止的过程进行了研究,阐述了1939年罗马教廷取消禁令的复杂原因和政治背景,说明禁令之取消与日本军事政治压力密切相关;最后扼要说明今天中国天主教徒祭祖礼仪的变化是教会礼仪本地化的要素之一,有利于天主教在文化传统层面上与中国传统习俗的融合,有利于中国教徒与其他信仰的人们的交往与和谐。③

四 耶稣会在华历史

16世纪中叶,欧洲宗教改革运动风起云涌之时,为了反对宗教改革运动、重振天主教、维护罗马教皇的绝对权威和利益,1534年,西班牙人依纳爵·罗耀拉(Ignace de Loyola,1491—1556)创建了耶稣会。该修会采取中央集权的管理方式,其组织结构形同金字塔,上级对下级具有绝对的管理和控制权力。耶稣会强调服从精神,并特别重视对其成员的科技文化方面的培养,它很快就发展成为天主教修会中十分强有力的修会。它是对中国天主教产生最大影响的天主教修会。

---

① 参见王庆成《清代西教在华之环境:康雍乾道咸朝若干稀见文献考释》,《历史研究》1997年第6期。
② 参见林金水《明清之际士大夫与中西礼仪之争》,《历史研究》1993年第2期。
③ 参见王美秀《天主教对中国祭祖的认识过去与现在》,《世界宗教文化》2010年第5期。

明清之际大批欧洲耶稣会士来华,是中西文化交流史上的一件大事,一直受到国内外学者的关注重视,研究成果颇多。1949年以前,陈垣、陈受颐、阎宗临等学者曾多有研究。中华人民共和国成立后,除朱谦之先生在《新建设》《哲学研究》等刊物上发表了几篇文章外,由于众所周知的原因,其他文章基本将来华耶稣会士定性为"西方殖民者配合其军事、政治、经济侵略的一支先遣队"。

许明龙的《试评18世纪末以前来华的欧洲耶稣会士》,是较早论述耶稣会历史的文章。此文将来华耶稣会士的历史进行了分期,即第一期从罗明坚进入中国内地(1580)到南怀仁去世(1687),此阶段代表人物为利玛窦、庞迪我、熊三拔、金尼阁、艾儒略、汤若望、卫匡国、柏应理、南怀仁等;第二期从白晋等五名法国耶稣会士抵达北京(1687)到钱德明去世(1793),代表人物为白晋、张诚、马国贤、郎世宁、宋君荣、蒋友仁、傅圣泽、钱德明等;第三期为1834年耶稣会士再度来华。并对他们来华目的、活动内容和作用进行了概述,尤其对耶稣会士传授西学进行了肯定。①

与19世纪中叶后中国人努力睁眼看世界极不相同的是,16—18世纪中西文化有过一段互相交流的时期。一方面,中国文化在文艺复兴和启蒙时代的欧洲有一定的传播;另一方面,在明万历到清乾隆时期,中国人对于西方文化也有了初步的认识。中、西方首次出现了双向交流的局面。而这一局面的主动者是来华的以耶稣会士为主的天主教传教士,而思想的契合、学术的切入和伦理的示范是耶稣会将基督教信仰融入中国社会与文化的有效途径。耶稣会来华传教的成功亦在一定程度上说明只要沟通和传播手段恰当,不同类型的文化之间完全可以进行平等的对话与融合。②

张铠的《庞迪我与中国》则可视为对天主教传教士研究的代表作。他不但从中文文献入手,还以当时的耶稣会面向全球的传教方面作为背景,来考察庞迪我(Didaco Pantoja)与当时耶稣会的对华传教策略和方法,以及最终的影响。尤其令人注意的是作者研究视野的扩展,从整个世界近代史的角度来观察外来宗教传入中国这个问题。这个视野的转移与扩

---

① 参见许明龙《试评18世纪末以前来华的欧洲耶稣会士》,《世界历史》1993年第4期。
② 参见梁丽萍《天主教耶稣会与基督宗教在中国社会的扎根》,《宗教学研究》2004年第1期。

大有助于新的结论和新的成果，推动研究的进一步深入。① 林金水的《利玛窦与中国》侧重于传教士方面，将方豪先生的一些研究方法加以扩展，不仅仅将中国基督教史的研究局限于基督教史这个领域，更应该将其放入中国近代史、中国思想史中加以考察。该书对利玛窦在明末中国的活动进行了详细的考订，凝聚了作者十余年的功力，可视为我国在利玛窦研究上取得的成果代表。②

来华耶稣会士从国籍上可能来自不同的国家，如法国、西班牙、葡萄牙，但在宗教上他们都属于同一个修会。耶稣会士虽然都号称罗耀拉的门徒，本应该相互配合，共同推进天主教在中国的传播，但由于早期葡萄牙掌握着"保教权"，后期法国掌握着"保教权"，致使耶稣会内部也分为多派，难以和平相处。葡萄牙自 1493 年从罗马教皇亚历山大六世那里获得了远东地区传教的"保教权"，便控制了在东方的传教活动。所有东来的欧洲各国传教士不仅必须得到葡萄牙国王的批准、宣誓效忠葡萄牙国王及乘坐葡萄牙的船只、在经费上受葡萄牙国王的资助，而且还要经过一番"葡萄牙化"改造，如传教士之间的交流与写作要用葡萄牙语，到达澳门后改用葡萄牙语姓名等。而这些矛盾在礼仪之争上则表现得更为激烈和尖锐，也是错综复杂的。有不同修会之间的矛盾，也有同一修会不同国籍之间的矛盾，还有同一国籍而所属不同修会之间的矛盾。归根结底，都是西方殖民地国家争夺远东利益和罗马教廷与殖民主义世俗争夺东方教权这两大矛盾。③

李晟文两篇论文非常集中地研究讨论了明清时期法国耶稣会士在华的事迹。法国耶稣会士是耶稣会士中最具代表性的优秀人物，我们熟悉的冯秉正、宋君荣、蒋友仁、钱德明、洪若翰、雷孝思、白晋、张诚等均为法国耶稣会士。清代是中西文化直接开始交流的时代，也是西方天主教在中国全面开始传播的时代。在这个时代，法国作为天主教国家，扮演了非常重要的角色。无论是派遣传教士的数量，还是进入清宫廷的人数、接近清

---

① 参见张铠《庞迪我与中国》，北京图书馆出版社 1997 年版。
② 参见林金水《利玛窦与中国》，中国社会科学出版社 1996 年版。
③ 参见赵永生《"保教权"的来历和侵略作用》，《信鸽》1964 年第 1 期；李师洲《帝国主义列强在华保教权的沿革》，《山东大学学报》1990 年第 2 期；周萍萍《清初法国对葡萄牙"保教权"的挑战》，《中国社会科学院研究生院学报》2002 年第 6 期；赵俊《葡萄牙和西班牙的远东"保教权"之争》，《中国社会科学院研究生院学报》2007 年第 6 期。

皇帝的程度，其他国家的天主教传教士都无法与法国传教士所起到的作用相比。这与他们从一开始就感受到中国这个具有悠久文明和深厚传统的古老国家的强大力量有关，而这一感受迫使他们采取面对现实而灵活的态度。他们采用了尽量适应中国的历史文化环境，调和中、西两大文化体制的冲突，达到西方天主教在"无争"中"中国化"，然后为中国社会所接受的目的。这一态度与法国传教士在北美印第安人中推行的"西化"或"法国化"政策完全不同。为此，他们在礼仪习俗、语言文字方面尽量"中国化"，努力地学习中国语言和文化，不但能说能看，还能著书立说，这使得他们成为欧洲最早的汉学家。更进一步地，他们还努力构建《圣经》与儒家学说相联系的活动和言论，努力在中国传统经典中梳理研究，寻找出中西文明同源说。他们努力传播西方科技文明，这更使他们获得了中国士大夫乃至皇帝的信任。明清时期来到中国的法国耶稣会士在当时来华的整个西方耶稣会士中占有突出的地位，这不仅因为他们人数众多、自成体系，还因为他们深入中国社会的不同阶层之中，行动活跃、策略灵活，对当时基督教在中国的传播及中西文化交流都产生了较大的影响。法国耶稣会士善于采用"上层路线"，利用自身的科技文化的长处接近明清宫廷，这是导致法国耶稣会士在华更为"得势"、其影响更大的重要原因。他们为皇帝讲授科学知识，绘制《皇舆全图》，而这一切，不但是法国耶稣会士的生存传播之道，是整个耶稣会士在中国的生存传播之道，也是耶稣会士名垂青史的最重要原因之一。这一切使他们最终可以与葡萄牙系耶稣会士分庭抗礼并最终取代其地位。他们在中国世俗社会的历史上留下了大量的建筑遗址，如圆明园获得了康熙皇帝书写的赞扬天主教的对联（此对联中国天主教会至今多处可见），直到 1700 年，张诚成为在华法国耶稣会士第一任会长，法国耶稣会士独立于葡萄牙耶稣会，权力和势力更增。[1] 他们的矛盾甚至体现在最后的归宿——墓地中，而这些遗存至今的墓地已经成为融合中西墓葬文化和艺术文化的国家级和市级文物。[2]

法国耶稣会士集中采用"上层路线"是他们获得更大成功的最重要

---

[1] 参见李晟文《清代法国耶稣会士在华传教策略》，《清史研究》1995 年第 3 期；李晟文《明清时期法国耶稣会士来华初探》，《世界宗教研究》1999 年第 2 期；朱静《康熙皇帝和他身边的法国耶稣会士》，《复旦学报》1994 年第 3 期；柯兰尼、李岩《白晋的索隐派思想体系》，《国际汉学》2009 年第 1 期。

[2] 参见王和平《明清来华天主教传教士北京墓地考略》，《历史档案》2004 年第 2、3 期。

原因之一。朱静描述了他们围绕在热爱科技文化的康熙皇帝身边，为其授课、著书、治病，甚至参与外交谈判等多项事务。随着其他地方教案的发生，各地官员对天主教在中国社会的传播多持否定性意见，也导致了康熙皇帝对天主教传播始终持谨慎态度。① 梁丽萍特别阐述了耶稣会采用融入中国社会和文化的传教策略与路径。他们通过附会的方法将基督教义与儒学融合在一起，而且还借助儒学来对抗佛教，以达到传播天主教的目的。② 柯毅霖认为，面对强大的中国传统文明和文化，在传播天主教时，本土化是他们采用的最根本的方法，它不仅仅是一种策略性的手段，或只是方便和妥协，而是基督精神的本质所要求的。他们通过在生活方式、思想观念、道德规范和教理仪式上的改变等，以及直接布道和通过科技文化间接布道的方法实践了天主教本土化的历程。耶稣会士在这些问题上都做了积极的探索和努力。③ 明末来华耶稣会士在与中国社会上层的接触中，其触角也涉及一个特殊的社会阶层——宦官。耶稣会士初入中国曾受到宦官的伤害和刁难，但随着传播宗教的需要，传教士们在接触官绅时也注意利用宦官这一权势集团，其后亦有少数宦官信奉了天主教。④

利玛窦的传教方式是明末天主教本土化的主要内容。郭熹微认为明末来华的耶稣会传教士利玛窦借助伦理哲学和自然科学传教的方式，深受欧洲文艺复兴和宗教改革时代精神的影响，利玛窦首先在非基督教文明中找到中西方共同的人文价值，以此为传播天主教打下基础。利玛窦及其后继者通过交友和理性论辩等途径，使一部分中国士大夫皈依了天主教。在利玛窦的传教方式中，手段与目的之间达到了统一与和谐。⑤

林金水对艾儒略的研究引人注目，他研究了继利玛窦之后来华在福建活动达25年之久、有"西来孔子"之称的著名意大利耶稣会士艾儒略（Julio Aleni）的传教策略与方法。他借用中国儒家思想和传统思想，力求使基督教信仰与之相适应；充分利用自己广博的知识，把一些复杂抽象

---

① 参见朱静《康熙皇帝和他身边的法国耶稣会士》，《复旦学报》1994年第3期。
② 参见梁丽萍《天主教耶稣会与基督宗教在中国社会的扎根》，《宗教学研究》2004年第1期。
③ 参见柯毅霖《本土化：晚明来华耶稣会士的传教方法》，《浙江大学学报》1999年第1期。
④ 参见康志杰《明末来华耶稣会士与宦官交往评析》，《世界宗教研究》2000年第1期。
⑤ 参见郭熹微《试论利玛窦的传教方式》，《世界宗教研究》1995年第1期。

的信仰问题转化为简单具体通俗的现实世界中的常识问题。尤其突出的是，他针对不同的教义和不同的传教对象，采用不同的传教方式，并且着力于与士大夫交朋友，发展信徒，通过他们来阐扬基督教的故事和教义教理。而他的努力使元代以后一度沉寂的天主教重在福建得以传播和发展，为中西文化交流做出了贡献。① 福建天主教传播策略上，采取中外天主教徒合作撰写天主教教义礼仪文章书籍，通过合作以达到文字传教的目的。②

中国和日本的天主教历史密不可分。沙勿略（St. Francois Xavier）是基督教东传的先驱者与奠基人，但他与中国的关系及其为进入中国所做的努力却很少有人注意。戚印平利用日译耶稣会文献中的有关记录，考察了沙勿略对中国的了解以及进入中国所做的努力与具体准备。③ 范礼安（Alessandro Valignano）由于其出色的才干，1573年出任耶稣会远东巡视员，视察东方教务，指定并规划传教策略，成为耶稣会先驱沙勿略后对远东传教事业影响最大的人物。在他的安排下，罗明坚（Michele Ruggieri）、巴范济（Francesco Pasio）、孟三德（Duarte de Sande）等先后来到中国。他还促使罗马教廷向明朝派遣使节，建立一种正常途径的外交关系。他在传教策略方面，将中国和日本统一起来考虑，开展了"文化适应"传教方略，还竭力开始培养中国籍神职人员，开始了天主教中国本土化的道路，而这些策略和方法对天主教在中国的传播产生了最为关键和重要的影响。此外，他还将科技传入日本和中国，以吸引民众对天主教的关注，如他曾将欧洲的活字印刷机器传入日本等。为了维持在远东地区的传教事业，解决教会的经费问题，他还决定允许耶稣会士组织并参与远东的国际贸易。作为耶稣会早期远东传教政策的制定人，他完善了由沙勿略提出的"文化适应"思想，并使之具体化、策略化。他派遣到中国和日本的耶稣会士，则奠定了早期耶稣会在这两个国家的传教事业。最重要的是，他认识到天主教会必须尊重当地文化的多样性和积极作用，这成为早期天主教在远东国家发展顺利的最重要原因。④

---

① 参见林金水《试论艾儒略传播基督教的策略与方法》，《世界宗教研究》1995年第1期。
② 参见陆芸《艾儒略与张赓：明末清初天主教在福建的传教策略》，《福建论坛》2008年第3期。
③ 参见戚印平《沙勿略与耶稣会在华传教史》，《世界宗教研究》2001年第1期。
④ 参见顾卫民《范礼安与早期耶稣会远东（中国与日本）传教》，《史林》2001年第2期。

除耶稣会外，天主教其他修会的研究的确呈现出严重不足的局面，这与其他研究需要更多更小语种的外语知识有着密切的关系。崔维孝的《明清之际西班牙方济会在华传教研究（1579—1732）》对明清之际来华的天主教一个修会——方济会进行了长达150余年的分析和论述，填补了这一研究领域的空白。在16世纪末至18世纪中叶天主教入华和中西文化发生激烈碰撞的历史进程中，无论是耶稣会还是托钵修会都在其中发挥了重要的作用。作为托钵修会之一的方济会是继耶稣会之后入华的第二大修会。①

五 中梵关系

顾卫民的《中国与罗马教廷关系》是最早论述中国和罗马教廷关系的专著，它从论述罗马教廷与蒙古帝国、明清朝廷之间的关系开始，一直持续到20世纪初期中国天主教的本土化、抗战和内战时期中国与教廷之间的关系。② 顾卫民还对刚恒毅（Cardinal Celso Costantini）来华对中国天主教本土化的作用进行了探讨。1922年，罗马教廷宗座代表刚恒毅来到中国，揭开了20世纪天主教本土化的新的一页。刚恒毅于1924年召开的天主教全国主教会议，以及于1926年亲率六名中国主教赴罗马参加由教宗亲自主持的祝圣仪式，提高了中国籍神职人员在教会中的地位，并迎合了当时教会内部的民族主义思潮。同时，刚恒毅提倡利玛窦的"文化适应"传教方式，促进天主教文化与中国传统文化的对话和沟通，主张用本土民族的哲学语言和艺术形式表达天主教的信仰，无疑在近代中西文化交流史上开辟了一条新的途径。③

刘国鹏的专著《刚恒毅与中国天主教的本地化》是研究中梵关系的力作。以首任驻华宗座代表刚恒毅在华教务活动为经，以同时期中国天主教的"本地化"运动为纬，在进一步使用了大量一手文献和最新披露的教廷档案、秘密文件、书信的基础上，以多语种文献、多元研究视觉为解读进路，综合、立体地勾勒了20世纪20—30年代中国天主教"本地化"

---

① 参见崔维孝《明清之际西班牙方济会在华传教研究（1579—1732）》，中华书局2006年版；《明清时期方济会与耶稣会在华传教客体对比分析》，《历史档案》2007年第2期。
② 参见顾卫民《中国与罗马教廷关系》，东方出版社2001年版。
③ 参见顾卫民《刚恒毅与近代中西文化交流》，《世界宗教研究》1996年第4期。

运动的挑战、问题和阶段性成果，详尽地描述了1924年召开的天主教第一届中国教务会议的缘由、过程、内幕及其影响和意义。围绕20世纪20年代在华天主教"本地化"运动的首要事件——第一届中国教务会议，从宏观和微观两个角度予以全方位的描述和观察。①

六 华人天主教徒

在华人天主教徒研究中，徐光启的研究是最为丰富的。徐光启是一位出身寒微但却有着显赫功名的士绅，又是一位引进西方科学、神学，为中国文化学术作出巨大贡献的学者。尽管明、清两代的中西文化交流孕育了不少杰出人才，但像徐光启这样一身数任的人物，在此后以迄民国的历史上都是空前绝后的。研究者早期更多关注的是他的科学、军事、政治、经济贡献。20世纪90年代后，学者们开始关注他的宗教信仰，将他的宗教信仰与政治理想结合起来，考察他试图运用天主教信仰来重振晚明社会、以天学来挽救晚明社会的理念。1616年，南京礼部侍郎沈㴶上三份《参远夷疏》，掀起晚明以来首次大规模教案。奉教士人徐光启挺身而出，撰写《辨学章疏》《具揭》等，不只是为保护西洋传教士，也是为个人的信仰与政治理想辩护。尽管四名传教士遭驱逐，天主教传教事业被迫转入地下，但徐光启从未放弃过对扭转局面的努力，直至最终获胜。②刘耘华以徐光启的姻亲脉络为线索，分析后来的天主教徒，他们的内心世界已很少有"两头蛇"的强大张力，也不复有对天主教"惟一真道"的执着，故相应增加了对别种教派的宽容，其人生指南往往由多种价值理念和宗教关怀杂糅而成。③

作为曾经的耶稣会神父，马相伯受天主教的影响超过一般信徒。在他的思想及活动过程中，他的宗教活动始终占据重要位置。尤其近年来一些

---

① 参见刘国鹏《刚恒毅与中国天主教的本地化》，社会科学文献出版社2011年版；《第一届中国教务会议的召开、程序与结果》，《世界宗教研究》2010年第4期。

② 参见吴德铎《试论徐光启的宗教信仰与西学输入者的理想》，《社会科学战线》1983年第4期；刘建《简论徐光启的宗教思想》，《世界宗教研究》1987年第4期；李天纲《徐光启与明代天主教》，《史林》1988年第2期；董少新《论徐光启的信仰与政治理想：以南京教案为中心》，《史林》2012年第1期。

③ 参见刘耘华《徐光启姻亲脉络中的上海天主教文人：以孙元化、许乐善二家族为中心》，《世界宗教研究》2009年第1期。

学者的介入，使得马相伯的宗教思想及活动研究展现出新的面貌。研究包括：马相伯与教内外人士的交往与交游；马相伯领导中国天主教本色化运动；马相伯在清末民初政治活动中为争取信仰自由所作的斗争和努力。如方豪的《民初马相伯、英敛之、陈援庵三先生之交往》和《于右老与马相伯先生》，黄书光的《马相伯宗教价值观与天主教中国化探索》，刘义的《基督徒与民初宪法上的信教自由：以定孔教为国教之争为中心（1912—1917）》，顾卫民的《国难与中国基督徒》，孙邦华的《试论北京辅仁大学的创建》。其中，李天纲的《信仰与传统：马相伯的宗教生涯》对他的宗教生涯及活动贡献做了全面的评述，认为马相伯等人上书罗马教宗强烈要求中国天主教摆脱列强政府和法国"保教权"的干预，打破"主教区域制"，主张用中国话传教等，都极大地推动了中国天主教本色化，反映了20世纪初民族主义对中国教徒的影响，表现了马相伯的爱国主义精神。①

陆徵祥是清末民初著名的基督徒和天主教徒。他1892年任驻俄、德、奥、荷四国大使许景澄的译员，随许景澄驻俄国圣彼得堡；1906年任驻荷公使。陆徵祥后半生的思想行为轨迹，是与许景澄生前多年来对他的耳提面命之教和他对这位恩师的感佩服膺之情紧密联系在一起的。许景澄作为一位尽忠清廷而又思想开明的外交官，非常难得地能够在客观而清醒地承认西方资本主义国家兴盛强大的同时，意识到其背后的精神文化传统。②

第三节　东正教史

中国关于俄国东正教使团的最早研究应该是何秋涛的《朔方备乘》，

---

① 参见方豪《民初马相伯、英敛之、陈援庵三先生之交往》，《东方杂志》1973年第9期；方豪《于右老与马相伯先生》，《方豪六十自定稿》，台北学生书局1969年版；黄书光《马相伯宗教价值观与天主教中国化探索》，《学术界》2004年第1期；刘义《基督徒与民初宪法上的信教自由：以定孔教为国教之争为中心（1912—1917）》，《东岳论丛》2005年第1期；顾卫民《国难与中国基督徒》，《史林》1995年第2期；孙邦华《试论北京辅仁大学的创建》，《世界宗教研究》2004年第4期；李天纲《信仰与传统：马相伯的宗教生涯》，载朱维铮主编《马相伯传略》，复旦大学出版社2005年版。

② 张新鹰：《"入穴探虎　扬名显亲"：从致刘符诚书信中所见之晚年陆徵祥》，《世界宗教文化》2005年第3、4期。

这是晚清一部研究俄国及中俄边界问题的名著,书中对俄罗斯馆在北京的设立、俄罗斯学的发展等方面做了简略的叙述和研究。民国年间的中俄关系著作中都较少涉及这个问题,这种现象一直持续到20世纪70年代。

自70年代开始,逐渐有学者研究东正教使团问题,研究者多从政治史、外交史的角度出发,强调近代史上俄国与中国的侵略和被侵略关系,但这种带有强烈政治色彩的研究在一定程度上影响了对两国关系的全面认识。①《沙俄侵华史》《沙俄利用宗教侵华简史》等书中,都将驻北京使团称为"披着宗教外衣的奸细"、"俄国商业资本的坐探"、"挂着汉学家招牌的文化特务"。②

最早真正有学术研究意义的研究专著是1986年出版的张绥的《东正教和东正教在中国》,该书内容丰富,从宏观考察世界基督教的角度,按照从东、西教会分裂到东正教的发展这一顺序来论述世界东正教,其中专辟章节阐述东正教在中国的历史,基本上是以沙俄对华政策和对华传教政策为主线,介绍了俄罗斯东正教北京传道团的政治活动和汉学研究,东正教的传入及1917年前每一届布道团来华的时间、成员,1917年后哈尔滨、上海、天津、新疆等教区的基本情况。③乐峰的《东正教史》从宏观的角度论述了世界东正教的建立、发展和命运沉浮,简明扼要地概述了东正教在中国的历史变迁。该书至今仍是我国东正教研究者案头所必备的工具书。④20世纪90年代,蔡鸿生的《俄罗斯馆纪事》一书,对俄罗斯馆的体制、汉学研究、在中俄贸易方面所起到的作用等方面都加以细致的研究,充分利用了中文史料中关于使团的记载。⑤

陈开科的《巴拉第与晚清中、俄关系》,主要叙述了巴拉第的汉学研

---

① 参见蔡鸿生《老沙皇尊孔侵华的吹鼓手:评瓦西里耶夫学派的政治倾向》,《中山大学学报》1974年第4期;蔡鸿生《太平天国时期俄国驻北京布道团的侵华活动》,《中山大学学报》1976年第4期;方秀《沙俄的侵华工具:俄国东正教布道团》,《历史研究》1975年第3期;顾平旦《十七、十八世纪沙俄在北京的东正教会真相》,《北方论丛》1981年第6期;何桂春《中俄不平等条约与沙俄传教士团的侵华活动》,《福建师大学报》1983年第2期;杨玉林《沙俄传教士团与中俄外交关系》,《齐齐哈尔师范学院学报》1987年第2期。

② 参见中国社会科学院近代史研究所《沙俄侵华史》,人民出版社1978年版;黄心川《沙俄利用宗教侵华简史》,辽宁人民出版社1980年版。

③ 参见张绥《东正教和东正教在中国》,学林出版社1986年版。

④ 参见乐峰《东正教史》,中国社会科学出版社1999年版。

⑤ 参见蔡鸿生《俄罗斯馆纪事》,广东人民出版社1994年版。

究成就、他与晚清中俄经济贸易和外交之间的关系。作者广泛利用了相关的各类第一手档案资料,扎实而有据地描述了一位生活在中国30余年的东正教传教士对中国文化的认识和研究,以及对当时的外交等方面的作用。①

1715—1898 年第一届到第十八届"俄国东正教驻北京传道团",其使命远不是传教,而是从事间谍活动和履行外交使命,从而影响了东正教在中国的正面形象,这也导致东正教在中国宗教发展远不如天主教和基督新教。更重要的是俄国东正教驻北京传教士团是中外关系史上的特殊历史现象,其在缘起与沿革、构成与换班、给养与经费、组织与管理、使命与职能等许多方面都具有与西方来华传教士完全不同的特征。俄国东正教驻北京传教士团是1917年以前中俄文化交流的主要渠道,中俄间举凡宗教、哲学、文学、历史学、地理学、医学等领域的交流无一不是以传教士团体为主要媒介。历届传教士在中、俄两国间的文化交流活动,主要体现在翻译中国及俄国著作、编撰工具书、从事中国学研究等方面。在近代历史上,对于中、俄两国间的文化交往,东正教和东正教会起到了一个极其特殊和重要的作用。②

第四节 基督新教史

一 基督新教通史研究

福建协和大学教授王治心的《中国基督教史纲》,是中国学者所撰写的第一本,也是影响极大的中国基督教通史著作。他当年应基督教青年会的吴耀宗邀请,将其15年来的研究成书,于1940年出版。这部著作摒弃了宗派的成见,从唐代的景教传入中国讲起,叙述了元代天主教的传入以及新教的传播,还涉及了基督教与中国社会的紧密联系,如太平天国与基督教的关系。他将基督教在中国的传播视为中国进入现代化进程中的一个

---

① 参见陈开科《巴拉第与晚清中、俄关系》,上海书店出版社2008年版。
② 参见乐峰《东正教在中国传播的几个特点》,《中国社会科学院研究生院学报》1987年第6期;肖玉秋《论俄国东正教驻北京传教士团的特殊性》,《俄罗斯研究》2008年第1期;林精华《东正教之于中国:一种声音微弱的正面诉求》,《东方丛刊》2009年第2期。

重要环节。本书的写作模式和基本观点，对以后的基督教研究产生了深远的影响。作为一部中国基督教通史，全书各章单独看来，均显单薄，但为后来的研究者提供了一个入手的途径。①

20世纪五六十年代，中国基督教会曾经为撰写通史进行过努力，但在当时的政治环境下未能成功。此后一直到20世纪80年代前，都不曾出现过类似通史性的基督教专著。

直到20世纪80年代以后，在整个社会的"文化热"中，"宗教是文化"的观念得到社会认同，对传教运动的研究从一概抹杀发展为"政治活动加文化交流"的两分法，出现了向中西交流或所谓文化传播范式的转移。1981年出版的顾长声的《传教士与近代中国》，的确为当时的基督教研究带来了一阵新颖之风。他大量引用了当时国内罕用的外文资料，并跳出了集中讨论教案反洋教的传统套路，令人耳目一新。全书论述了自17世纪天主教再次传入中国，到1949年前基督新教在华活动的过程，强调传教士及其活动具有帝国主义侵略本质的同时，还突出了传教士活动具有引进西学的作用，从而为重新评价在华传教士的作用开了头。由于该书对"文化大革命"后学术界起到了填补空白的作用，所以影响极大，其对传教运动的研究和对在华传教士的评价模式影响长达十多年之久。据顾长声回忆，他于1978年得到罗竹风和陈旭麓的支持，开始在过去资料整理的基础上，完成周恩来1956年交代的写作任务——《帝国主义利用基督教侵略中国史》，写成后将书名改为比较中性的《传教士与近代中国》。② 因此，此书一经出版，就受到学术界的欢迎，分别于1983年、1989年、1993年、2012年修订后再版重印。

1996年，顾卫民也出版了《基督教与近代中国》，从唐元的基督教说起，直至1949年，可以看作一部中国基督教通史。作者从"社会史的角度"来研究传教史，收集了丰富的史料，在对问题的分析论述上也有自己的特色，并在一定程度上反映了中国内地、香港、台湾地区以及国外的研究成果。较之顾长声一书，在学术上有所进展，但基本架构未有大的突破。该书以大量史实为基础，既指出传教士在不平等条约保护下犯下的错

---

① 参见王治心《中国基督教史纲》，青年协会书局1940年初版、上海古籍出版社2007年再版。

② 参见顾长声《传教士与近代中国》，上海人民出版社1981年版。

误，又积极评价他们在近代西学东渐及维新改革中所起的作用，不再将西方与中国对立起来，这是一个很大的突破，在一定程度上弥补了中国基督教研究领域缺乏一部通史的缺憾。该书最大贡献是能突破以往的政治局限，参阅国内外论著，以翔实的史料将基督教在华历史表现出来。① 韩国人李宽淑1995年在韩国出版、1998年修改成中文出版的《中国基督教史略》，对了解基督教在华历史有一些参考价值，但学术水准还需进一步提高。② 2000年，郭卫东出版了《中土基督》，研究内容和叙述方式与前多有类似。③

在不长的时间里，大陆教会史的研究开始迅速发展，甚至有从"险学"到"显学"的夸张说法。可以肯定的是，中国大陆教会史研究已经进入"重新诠释"的阶段，出现了一些更新的成果。

王立新的《美国传教士与晚清中国现代化》虽然是一本研究基督新教在现代化方面积极努力的专著，但却是基督宗教传教史的现代化范式研究的代表作，它与中国近代史研究的转型呈现出一致性。该书以现代化范式为依据，探讨了美国传教士与晚清中国现代化之间的关系、贡献和局限，对传教士涉及晚清重大政治历史活动的问题做深入的探讨。将美国传教士来华与美国对华扩张政策之间的联系与区别、合作与矛盾，传教士在中西文化交流和推动晚清中国现代化过程中所起的积极作用和局限性，都放在19世纪中国从封闭走向开放的历史过程中加以综述评论。对传教士身份的二元性（既是西方文化的传播者，又是西方殖民势力的一员）和他们对中国社会影响的双重性（既有积极意义，又有局限性），做了详尽的论证。④

中国基督教青年会是中国基督教历史上存在时间最长（超过百年）的宗教和社会团体，对中国基督教传播和中国近代社会进程产生过相当积极的影响。赵晓阳的《基督教青年会在中国》是国内第一部从全国范围内研究基督教青年会的专著，以极为丰富的史料为基础，细致而全面地梳理出基督教青年会在中国的组织机构之演变和著名人物之系谱，并对其神

---

① 参见顾卫民《基督教与近代中国》，上海人民出版社1996年版。
② 参见［韩］李宽淑《中国基督教史略》，社会科学文献出版社1998年版。
③ 参见郭卫东《中土基督》，云南人民出版社2000年版。
④ 参见王立新《美国传教士与晚清中国现代化》，天津人民出版社1997年版。

学思想活动,与中国近代早期体育、平民教育、劳工问题与其他各项社会事业等的历史关系,进行了深入的分析和探讨,综合地揭示了它的历史面貌。① 左芙蓉的《社会福音、社会服务与社会改造:北京基督教青年会历史研究(1906—1949)》,以社会学和跨文化理论为视角,以北京基督教青年会为例,探讨青年会在社会福音影响下的社会改良和改造事业。②

二 自立运动和合一运动

作为外来宗教的基督宗教,一旦进入中国,则必然面临如何本土化的问题。而中国基督教会的自立问题,则是最为重要的必须解决的问题。20世纪初期,义和团运动后,国民的民族意识空前高涨,国家民族的"自治自立"成为一时之尚。以传教士为中心、建立传教机构管理和资助下的教会、雇用本地助手从事传教活动的旧模式被否定,建立以中国人信徒为主体,进行自立管理的新理论和模式逐渐形成。这种由西方传教理论家和来华传教士逐渐发展起来的理论,主张中国教会应走自立的道路,建立与中国社会和文化相融合的自立教会。19世纪下半叶至20世纪上半叶,在中国曾出现过持续久远的基督教自立运动。在20世纪中国民族主义运动日益高涨的背景下,中国基督教会的自立运动逐渐开展起来。

就自立运动而言,大致可以分为三类:一是差会控制下的主流教会的自立运动,1922年后逐渐明确为本色化运动;二是脱离差会控制的自立教会,由中国信徒承担传教经费,担任传道人,自己进行管理;三是土生土长的教会,它们在信仰上追求属灵,组织上独立于主流教派体系,也不与自立教会发生联系。

自立教会的成长和中国教会寻求本色化的历程是20世纪上半叶中国基督教发展的主要成就,但实际上,一个无法回避的事实是,使中国教会走向自立和本色化,也是欧美在华各传教机构的一套具有历史性意义的传教战略。在相当长的一段时期,传教机构和传教士在中国教会的自立和本色化方面充当了倡导者,甚至具体组织者的角色。他们认为,中国基督教

---

① 参见赵晓阳《基督教青年会在中国:本土和现代的探索》,社会科学文献出版社2008年版;《美国学生海外志愿传教运动与中华基督教学生立志传道团》,《宗教学研究》2008年第3期。

② 参见左芙蓉《社会福音、社会服务与社会改造:北京基督教青年会历史研究(1906—1949)》,宗教文化出版社2005年版。

的发展，应该从以传教士为中心的时代走向以本土教会为中心的时代，中国教会应当从依赖传教士走向自养、自治、自传，应当成为融入中国社会、在中国本土的文化背景中得到表达的宗教。

基督教中国化进程以及自立运动的准备始于19世纪，分析传教士中国助手在最初的圣经翻译和传教活动中的作用，正如沃尔（Andrew Walls）说过的每个文明必须有自己对基督教的翻译和理解一样，当这些中国助手把基督教带到乡村时，已经"无意识"地把福音翻译成书面的和口头的、对自己同胞更具意义的信息了。因此，尽管中国当时还没有建立自治自养的教会团体，但基督教中国化已经启动了。

最早发表研究自立运动论文的基本都是基督教会内部的人士。1982年，沈以藩和曹圣洁基本概述了自19世纪末期至20世纪50年代不同时代的各种各类自立运动下，所创建的自立教会和人物，指出自立运动是中国基督徒的爱国行动，是在民族主义高涨下中国基督徒对自我认识的一种表达。①

对于中国基督教会来讲，反省的主要策略是中国基督教会的自立问题。凡讨论中国基督教自立问题，总要述及中国耶稣教自立会。以上海俞国桢为首的"中国耶稣教自立会"影响最大、持续时间最长，张化对它进行了重点研究。她利用上海档案馆的详细档案，首次对中国耶稣教自立会的产生、发展、变化、结局、组织状况、经济状况等，进行了全面描述。她解析了已有中国基督徒会这样的自立组织后，俞国桢为什么还会成立耶稣教自立会。这一切说明当时中国基督徒，在教会已经培养了一些人才，已有一些经济能力兴办自立组织，希望通过自立组织来消弭"教案"，更多融入中国社会的愿望。这一探索模式为20世纪50年代我国实行的基督教"三自"运动提供了前期借鉴，是一脉相承的。②

自立运动在20世纪初期的四川也有强烈的回应和实践。陈建明讨论了四川地区自立运动的发展过程。一般来讲，自立运动最为高涨的时期是中国社会民族主义最高涨的20世纪20年代。20世纪30年代初在成都出现了以中华基督教改进会为代表的思想非常激进的基督教自立运动，其机

---

① 参见沈以藩、曹圣洁《中国基督教的自立运动》，《社会科学》1982年第3期。
② 参见张化《中国耶稣教自立会述评》，《史林》1998年第1期；《中国耶稣教自立会发起原因研究》，《传教运动与中国教会学术研讨会论文集》，2006年。

关刊物《改进》半月刊刊登了大量文章宣传反对帝国主义和外国差会。该运动产生在1922—1927年风靡全国的非基督教运动平息之后，因而是一个值得注意的历史现象。①

广东是中国最早传入基督教的地区，其信徒的数量位居第二。广东地区的自立运动出现得十分早，19世纪下半叶在个别地区已经初见端倪，这以陈梦南为代表。进入20世纪后，广东也是自立运动最活跃的地区，规模也大于其他地区。广东华人基督徒的自立意识和经济能力都超过其他地区，特别是还有海外华人信徒的支持，都是这里自立运动活跃的重要原因。浸信会是广东地区较大的差会，华人信徒也相对较多，曾出现了12个华人自立教会。② 吴义雄对自立与本色化运动的总体战略转变进行了概述，并指出虽然已经有所转变，但传教机构和传教士仍然扮演着重要的角色。③ 叶农对1904—1925年华人自立浸信会兴起时期，1926—1938年发展时期的历史情况、人数、脉络、职业、性别进行了基本的概述。④

"自立"与"合一"是20世纪上半叶中国基督教会中最为重要的两股潮流。在自立运动发展的同时，基督新教的合一运动也日渐发展。基督新教的"因信称义"说，为教派的自由发展提供了很大空间。世界基督新教中教派林立、各自为政，来华的各国和各宗派自行其道。基督新教来华的各差会和传教团体，竟有130多个，即使同一个宗教如长老会，还有英国长老会、美国长老会、加拿大长老会，美国还因南北战争而形成了南长老会和北长老会。同一个监理宗，还有监理会、美以美会、循理会、美道会等之分。中国基督教人士认为，这种狭隘的宗派主义，在中国只会削弱教会、危害教会的存在和发展。在神学观点上的争吵不休，以至教会教务反而没有人注意。

1922年基督教全国大会的召开，以及中华基督教协进会的创建，则是20世纪各宗派教会合一运动的结果。合一运动是在主流教会的倡导下，

---

① 参见陈建明《四川基督教自立运动的激进团体：中华基督教改进会》，《宗教学研究》2008年第4期。
② 参见雷雨田《论岭南基督教会的自立运动》，《广州师院学报》2000年第12期。
③ 参见吴义雄《自立与本色化：19世纪末20世纪初基督教对华传教战略之转变》，《中山大学学报》2004年第4期。
④ 参见叶农《20世纪上半叶广州华人浸信自立教会的兴起与发展》，《暨南学报》2006年第1期。

力求摆脱外国差会宗教的束缚，进行各教会之间的协作。张永广的《20世纪上半叶中国基督教会合一运动述评》则较早地对此进行了全面的评述，指出虽然合一运动淡化之前的宗派分割，各教会之间的合作有所加强，但基督教义的神学差异和追求不同，因此而产生的基要派和现代派之间的纷争不断，导致了宗派之间永远的争端与困境。①

三 本色化与本土化

20世纪上半叶，中国基督教进入新的发展时期。面对义和团、新文化运动、非基督教运动等中国社会不断出现的反基督教浪潮，一些具有民族正义感的基督教人士，开始反思基督教在中国传教的得失，探索基督教在中国的发展道路。由中国基督教提倡的本色教会运动，主张在神学思想上去除西方文化色彩，使基督教的教义、礼仪与中华民族的传统文化相结合，使基督教与中国思想文化传统发生更多关系。这是一个不断探索、逐步推进的过程。与此同时，在中国社会也出现了一些土生土长的教派，强调世界的苦难和空虚，强调个人的属灵和得救，在一定程度上迎合了社会底层民众的需要，因而得到较大发展。浸透着浓厚西方文化色彩的基督教在传入的同时，也遇到同各民族文化的冲突和抵制。基督教在思想上、组织上或礼仪上等各方面，都与中国的本土文化格格不入，甚至相互抵触，这种隔阂也阻碍了基督教在中国的发展，这是一个不争的事实。因此，去掉基督教的西洋化色彩的本色化运动不仅为中国教会领袖所提倡，在早期传教士中也有人提出过本色化口号，并尝试用中国传统的儒家思想来解释基督教。

梳理20世纪中国基督徒知识分子的本色化思想，他们都倾向于把基督教的本质简约为伦理，伦理的最大表现是耶稣的道德人格，这就是基督教的核心。但这并不是纯粹的"化约论"，而是以"托古改制"的方式，旨在还原基督教信仰的根本精神，因此，还原主义和复原主义成为保守主义华人教会本色化的两个指导观念。在传统深厚的中国农村，民间信仰借助基督教神秘主义向其渗透并与之结合，使基督教得到很大发展，这正是历史中矛盾的丰富性。

---

① 参见张永广《20世纪上半叶中国基督教会合一运动述评》，《宗教学研究》2010年第4期。

本色化，英文为"indigenization"，原意为事物显示其自身固有特色的过程。具体到基督教会历史过程的"本色化"，则是特指一种异质文化融入某一文化社会系统中，在那里生根、开花、结果、转化的过程。由于基督教是一种积极向外传播的世界性宗教，在传播过程中，必然会不断地与异域异质文化和文明发生相遇和融合，这种融合和转化就是"本色化"的过程。

20世纪初期，中国基督教会兴起了"本色教会运动"。所谓"本色教会运动"，按中华全国基督教协进会总干事诚静怡的说法，其目的就是"一方面求使中国信徒担负责任，另一方面发扬东方固有的文明"。所谓由中国信徒担负责任，就是指"自理自养自传，在经济上行政上工作上，都是以中国信徒为主体，西国教士可以退处于辅佐地位"。发扬东方固有的文明，是指将基督教与中国文化相结合，使基督教具有中国文化的"本色"。其实质则在于，由中国教会全面接收外国差会的事业，将来华外国差会主导的基督教会，改造成由华人自治、自传、自养的教会，使教会摆脱"洋教"的"丑号"，成为真正的中国教会。除了基督教会自身的觉醒和要求外，本色教会的成立、发展，与当时整个中国社会日益高涨的民族主义浪潮联系在一起，与基督教民族认同的加强、融入国家社会生活主流的过程具有非常紧密的联系。

按基督教著名人士刘廷芳的观点，所谓本色化就是"中华信徒接受了这些舶来礼物，必须自己去从混杂的结合品中，把基本要素提出来，与自己的民族与国家的历史与经验，凭着神的指导，重新配合，成为中国本色的基督教义才能算自己的教义。教会的典章、仪节、礼式、组织，都是一样的"。从表现上讲，必须建立经济上自立，形式上符合中国的礼仪习俗，行动上与中国的现实结合的自治、自养、自传的基督教会。从深层次来讲，即需要缔造与中国文化和民族心理相契合的中国基督教神学思想。因此，近代中国基督教会的本色化具有脱离西方差会的控制而独立，同时还有建立适合我国国情民情的神学礼仪、组织结构、传教方式等双重甚至多重任务。

段琦的《奋进的历程：中国基督教的本色化》，是本色化视角下的第一本基督教研究专著。基督教传入中国如果从唐代的聂斯托里派算起，前后有四次。此书从本色化的角度，总体叙述了中国基督教史的过程，每个时期遇到的问题和难节。它从本色化的角度呈现了基督教与中国相遇、在中国传播的艰难历程，时间上横跨 19 世纪和 20 世纪，贯穿基督教入华以来的所有时间。中国基督徒的民族认同和宗教信仰之间的关系一直是学术界关注的焦点。在历史上，"多一个基督徒，就少了一个中国人"这一言论，成为中国基督徒身上不可承受的压力，而抗日战争这一中华民族历史上最大的"民族危亡时刻"，则为历史提供了一个很好的观察场景。在段琦的研究中，将基督教会的活动总结为救济难民、军人服务、救国运动、国外宣传与联络工作、边疆服务五大方面。从这五个方面叙述了中国基督教会和基督徒为国努力奋斗的历程，抗日战争的经历和对民族国家的深入思考与努力，成为许多中国基督徒政治观点和人生经历的转折点。①

在这样的环境和局势下，全国各地有许多教会纷纷成立了自己的基督教会。其中广东作为最早传入基督教的地区和基督徒最多的地区之一，其自立和本色化运动也是最早开展起来的。中华基督教会是由基督教 15 个教派的华人教会共同组成的全国性的合一教会组织，广东协会是其中成立最早、最有影响的一个教会。它成立于 1926 年，其前身中华基督教会广东协会成立于 1919 年。这是广东本色化运动最大的成果，为基督教本色化提供了最有力的组织保障。广东协会在数十年的时间中经历了比较快速的发展，也遇到过不少挫折，尤以抗战时期所受的损失为重。协会目的在于使教会摆脱外国传教差会的控制，从而建立和发展真正意义上的本色化的合一教会。它的成立和发展，不仅是基督教在华传播和发展的历史趋势的体现，也是基督教会适应日益蓬勃发展的民族主义思想和运动的结果。中华基督教会是 20 世纪"本色教会运动"的重要成果和组成部分，有着完整的组织体系，建立了从上到下的教会行政机构。经过半个多世纪的发展，到 20 世纪前期，华南循道会已经发展到相当可观的规模。从 19 世纪末开始，华南循道会就开始了建立自养、自治和自传的本色教会的尝试。在此过程中，英国传教士群体发挥了积极作用。他们既在传教实践中推动了这一趋势，也从理论上进行了认真论证。他们与英国循道会海外传教差会之间产生的冲突与矛盾，也是围绕着本色教会的建立问题而展开的。②

唐逸认为外来观念体系在本土文化中植根的过程是一个语义适应过

---

① 参见段琦《奋进的历程：中国基督教的本色化》，商务印书馆 2004 年版。
② 参见吴义雄《中华基督教会广东协会与本色教会运动》，《世界宗教研究》2002 年第 2 期。

程，只有当外来观念体系与本土语境之间找到可通约的语义前设时，外来体系才成为本土话语中可理解、可接受、活泼而有生命的文化价值。佛教入华的过程便是如此。在这个前设基础上，他提出了一种语义采纳、观念折衷、价值完成三层次的理论模型，来说明基督信仰如何在中国语境中本土化但未最终完成的情况。①

在本土化的过程中，本土布道员、华人牧师的命运也是学者关注的一方面，需要从这些先行者的失败和失误中走向成熟。孔祥涛认为本土布道员处于中西民族矛盾和文化冲突的焦点位置。他们与"吃教"者不同，入教乃是出于真正的信仰，经过了理性的选择，故能成为中国基督教的基石。②李向平考察了海派基督教通过社会化的过程来实现本土化的路径，基督教会成为公共性的社会组织，进一步地祛除了"洋相"，与整个社会的发展和转型紧密联系在一起，成为地方文化的一种特殊的色彩。③

抗战时期，沦陷区的基督教会受到日伪的严密监视和控制，尤其在太平洋战争爆发后，大量英美传教士被捕，英美传教士被从教会里清洗出去，失去了控制权和主导权。在外国教会力量被清除和削弱后，中国教会力量反而因此延续了战前自立、合一、本色的发展方面，虽然中国教会在战争时期承受了种种政治经济方面的压力，但中国教会仍然艰难坚持，最终迎来了战后的本土化进程，也为新中国成立后的"三自"运动打下了坚实基础。④

"三自"的观念最早是由外国传教士提出来的，顾梦飞运用了大量的外文资料，对遵守"三自"原则的传教士们的观念进行历史考察。姚民权将自立运动视为"三自"爱国运动的前奏，20世纪50年代的"三自"运动与20世纪20年代的自立运动具有一脉相承的承继性，认为只有按

---

① 参见唐逸《中国基督信仰本土化之类型》，《世界宗教研究》1999年第2期。
② 参见孔祥涛《两难之间：在华基督教差会早期的本土布道员》，《世界宗教研究》1997年第3期。
③ 参见李向平《"本色化"与社会化：近代上海"海派基督教"的社会化历程》，《上海大学学报》2004年第3期。
④ 参见 Timothy Brook, "Toward Independence: Christianity in China under the Japanese Occupation, 1937–1945", in Daniel H. Bays (ed.), *Christianity in China from the Eighteenth Century to the Present*, Stanford: Stanford University Press, 1996。

"三自"原则才能办好中国的基督教会。①

倪维思（John Livingstone Nevius）是一位富有远见的来华传教士，早在19世纪80年代就提出了"三自"的传教方法。王美秀详细分析阐述了他的"三自"原则的意义，并就他的"三自"主张在中国之未实现与在韩国却付诸实践的原因做了比较全面深刻的分析。他认为，倪维思"三自"主张的提出是他适应现实、解读圣经的结果，它未能在中国实现的原因是复杂多样的，其中中西文化和宗教的差异应当为此承担主要的责任。传入中、韩两国后，韩国的传统文化已处于衰落状态，没有那么多士绅阶层为维护国家的尊严和文化传统及自身权威地位，而与洋教及其代表传教士进行抗争。加之，基督教传入韩国时，并不受美韩条约的保护，传教士行事谨慎，尽量多做"好事"，基督教在韩国不像在中国那样频繁发生"教案"而导致整个社会的普遍抵触。② 胡晓娣对中韩基督教本土化问题进行了比较研究，特别叙述了基督教传入两国不同的殖民主义特权影响下，晚清中国的众多教案和韩国的极少教案，使得两国民众和政府对基督教有着极大不同的看法和认识。同时，韩国基督教会也极力采取和落实倪维思的本土化策略，使基督教在韩国的本土化的道路更为顺利和融合，韩国民众信仰基督教的人数成为一股不可忽视的力量。③

民初的中国基督教改革运动在中国基督教发展史上具有重要的地位，这次改革运动奠定了今日中国基督教的基本框架。但长期以来，很少有人能从中国近代思想史的角度对这一运动给予说明和评判。张西平从改革运动的基本内容、基本特征入手，采用对比的方法将这次运动纳入整个中国思想史的视野，说明它在中国近现代思想史上的地位和价值。他的这种视野不仅将中国基督教史的研究提升到一个新的境界，而且也大大拓宽了中国近现代思想史的研究。④

王美秀根据第一手文字资料，对20世纪初以来中国基督徒努力要实现的基督教的中国化事业做了分析，并把基督教中国化事业置于中国社会

---

① 参见顾梦飞《来华传教士关于中国教会三自的探讨》，《金陵神学志》2010年第2期；姚民权《自立、三自爱国运动、按三自原则办好教会》，《金陵神学志》1996年第3期。
② 参见王美秀《倪维思的"三自"主张及其反响》，《世界宗教研究》1998年第1期。
③ 参见胡晓娣《中韩基督教本土化问题的比较研究》，《韩国研究论丛》1998年第1期。
④ 参见张西平《论民初中国基督教改革运动的思想史价值》，《世界宗教研究》1998年第2期。

历史进程的大背景中作了分析,论证了它的成败所在,说明了影响这一事业的社会因素和文化因素,同时提出了它在当前和今后所面临的一些难点。①

传教士来到中国,无论他们采用哪种传教的手段和方法,其目的就是一个——希望这些崇拜偶像的异教徒,能信仰拯救世界的唯一真神的基督教。有的人采取了文化传教方法,积极将中国经典译成外文,互相了解彼此的文化。他们认为,一个称职的传教士,应该对他所传教的对象及其思想文化和道德传统的形成有一定的知识背景和了解,这成了部分传教士终身追求的目的;构建西方视野中的中国传统文化经典的研究认识,这形成了早期汉学的最初基础。另一些传教士则为了吸引中国人,做了大量将外国经典译成中文的工作,觉得这是最能立即让中国知识分子信服的西学新学,客观上起到了西学东渐的作用。还有一些传教士则是采用了"直接布道"的方法,深入山区落后之处,直接面向最基本的民众,抛开文化和民俗的障碍,进行传教活动。段怀清通过以理雅各、麦都思和戴德生为例,讲述了19世纪新教来华传教士为了实现宣教和基督化中国的目的,采取了各种"适应"中国的宣教策略。本文以理雅各的"中国经典"翻译为主,兼及麦都思的西学新学翻译和戴德生的"融入本土"的宣教策略,对上述三种策略的历史形成予以勾勒澄清。②

自养是"三自"的重要一环,也是至今未能完全解决的问题之一。多年以来,无论学者还是基督教教会,讨论自立、自治、自传的为多,讨论自养的少,而自养却是自立最为基本的条件和前提。如果自养没有做到,真正意义上的自立、自治都是谈不上的。这也是中国基督教会探索和实践"三自"或本土化以来,在很长时间里误入歧途、不能坚持的原因之一。

有学者借鉴历史言说和理论,结合今天的采访调查,为今天的中国基督教会自养现状加以分析,并提出了思考和建议。陈建明的《中国基督教会自养问题刍议》即一例,访谈案例所涉及的主要是四川和贵州省内

---

① 参见王美秀《基督教的中国化及其难点》,《世界宗教研究》1996年第1期。
② 参见段怀清《晚清英国新教传教士"适应"中国策略的三种形态及其评价》,《世界宗教研究》2006年第4期。

的教会，尚缺乏全国性的广泛调研，故称为刍议。①

段德智在尝试解答中国基督宗教自养问题的这一历史之谜中，从抵制宗教渗透的角度，依次对"有限自养"说法的提出、政治实质和历史启示作出说明，强调"有限自养"说的政治实质是"他治"，走全面自养之路、反对宗教干涉主义才是中国基督宗教的历史正道。只有达到了全面自养的程度，才是实现自立或自治的必经之道。宗教是一种文化形态，也是一种意识形态。作为上层建筑中的一部分，它的形成和作用也是受经济基础决定并服务于一定社会的经济基础的，所谓"宗教超政治说"和"三自运动是裂教"的言论，其目的都是控制中国的基督宗教。②

四 本土教派

中国基督教本色化的道路是艰难的。19—20世纪，正是借助"主归中华"的特殊路径，基督教才成功打开了中国的大门，站稳了脚跟，在新的历史时期寻找到了与中国社会和文化的新契合点。由于基督教在华传播过程中，与政治外交建立起来的不可回避的特殊关系，20世纪上半叶，一定数量的基督徒和基督教会也主动与政治结合起来。中华民国建立后，个别基督徒成为国民党中高官显要，彰显了基督教的社会身份，也促使他们进一步走近主流社会。基督教会通过医学、教育、新闻出版、社会救济等多方面来达到传教目的，使基督教会具有浓重的世俗化色彩，也使基督教与中国社会有了最为广泛的联系。通过这些西学的传入，尤其在中国社会由传统向现代转型的过程中，作为广义西方文化的基督教思想和观念，也逐渐进入中国社会的主流之中。面对强大的中国传统文化时，他们还援儒引儒，借用儒、释、道的形式和内容来比附，用儒学观念附会基督教教义，以中国式的家庭伦理建设教会的基本组织形式。如1921年敬奠瀛在山东泰安创办的耶稣家庭、1922年倪柝声在福州创办的基督徒聚会处就是一例子。1917年，魏恩波在北京创办的真耶稣教会，就是以道教赶鬼、祷告、治病的方式来吸引群众。最为著名的则是，挪威来华的传教士艾香德在南京创办的景风山，则是最为著名的佛化基督教的典型。这些看似不

---

① 参见陈建明《中国基督教会自养问题刍议》，《宗教学研究》2010年第2期。
② 参见段德智《论中国基督宗教"有限自养"说的历史背景及政治实质》，《世界宗教研究》2012年第3期。

合乎基督教最基本要道的行为和做法,确实在一定程度上淡化了宗教的色彩,偏离了宣教的宗旨。

但正是这样的偏离,才使基督教进入了中国。这些看似偏离的做法和想法,才是中国人所需要和渴求的。提取了基督教义中的有益精神和思想,填补了中国文化结构中的空白,使中国社会获得了其他文化的补充和资助,更为健全和发展,更有活力和动力,这些正好彰显了基督教作为宗教意义上的"万能"和"普世"。正如耶稣所说,我来不是为了毁灭,而是为了成全,这正是实现了对基督精神的忠诚。在全球化进程中,基督教作为弥补性的因素得到了新的发展空间,成为中国在更新传统价值观念时,可以需要汲取的其他文化的精华,以推动新社会秩序的建设。正是通过"中华归主"的追求和奋斗,才让"主归中华"。

在西方传教士传入的各类差会教派的影响下,中国基督教也产生了结合中国各类传统文化和模式的本土教派,它们以结合最为民间的文化和形式的方式逐渐形成。其中以耶稣家庭、真耶稣教、基督徒聚会处、基督徒会堂最为著名,并产生了一些研究论著。

耶稣家庭是1921年发端于山东泰安马庄的一个基督教社团,到20世纪40年代末已经扩展到七八个省100多个"家庭",直到50年代初期,在基督教"三自"运动的整合下才归于结束。它是以宗教为纽带,与生产组织相结合的"基督教共产主义"团体。在基督教特别宗教信仰和仪式下,实行取消私有财产、共同劳动和生活、集体从事劳动和商品生产、集体过宗教生活和传教活动的一个非常特殊的基督教团体。蒋铁生的《旧中国的一种特殊宗教团体:"耶稣家庭"探微》是最早研究耶稣家庭的论文。该文对创办人敬奠瀛与耶稣家庭的发端,其家庭的发展原因、宗教理论与中国传统文化之间的关系进行了描述,并提出研究基督教与中国民间文化的结合是十分必要的认识。①

陶飞亚的专著《中国的基督教乌托邦:耶稣家庭(1921—1952)》和多篇论文,对耶稣家庭在泰安的形成、发展过程和最终结束,进行了非常深入的研究和讨论,研究信奉五旬节派教义的山东土著教会的社会试验,受到广泛关注。1927—1952年以山东泰安马庄为中心的耶稣家庭,受当

---

① 参见蒋铁生《旧中国的一种特殊宗教团体:"耶稣家庭"探微》,《史学集刊》2001年第1期。

地五旬节派教会神召会活动的影响,将宗教与世俗生活结合起来,并声称按《圣经》中耶稣的教导,在团体中废除私产和血缘家庭,组织信徒在"共产式"的大家庭中共同劳动,过平均主义的集体生活,走上了建设基督徒理想社会的乌托邦道路。虽然在严酷的岁月中这个团体得以维持和发展,但终因其内在矛盾和社会变化而解体,在实践中充分展示了乌托邦道路的魅力与局限。①

对创建于福州的基督教团体"基督徒聚会处"的研究多为中国香港、台湾地区学者和海外学者的著述,不在本研究综述要求选定之列。在大陆地区,对基督徒聚会处的研究论述很少。李少明根据发现的新材料,对福建基督教徒创立的国际性基督教派"基督徒聚会处"的创立时间、主要创始人和教派特点等重新做了考证和分析,同时对基督徒聚会处创立后在国内外传播发展的情况做了扼要的考察。②

五 中国基督教神学思想和神学家

中国基督教神学构建过程实际上就是中国基督教神学本色化的过程。段琦将中国基督教神学的构建分为四个阶段,即20世纪初至1949年、50年代、80年代至90年代初、90年代中后期。作者分析了在这几个不同的历史时期,特别是80年代至90年代初,中国基督教在教义神学上所做的本色化的努力,以适应中国的社会和文化。③

基督教社会主义是19世纪中叶欧美教会人士把基督教的社会原则运用到现代工业生活的思潮或运动。20世纪初随着社会福音神学思潮和各种社会主义学说在中国的传播,中国也有少数基督徒接受了基督教社会主义理论,并在此基础上发展出以张仕章为代表的"耶稣主义"。耶稣主义是在国民革命与救亡图存的大背景下产生的,革命性和时代性很强,但因过分强调救国救世而相对忽略了"救灵"。④

近代中国基督教的本色化无法逃避的一个重要议题就是处理差会和中

---

① 参见陶飞亚《耶稣家庭与中国的基督教乌托邦》,《历史研究》2002年第1期;《中国基督教乌托邦研究:以民国时期耶稣家庭为例》,人民出版社2012年版。
② 参见李少明《对基督徒聚会处若干问题的考证和考察》,《宗教学研究》2006年第2期。
③ 参见段琦《中国基督教神学的构建》,《世界宗教研究》1999年第3期。
④ 参见刘家峰、刘莉《基督教社会主义在近代中国的传播与影响》,《宗教学研究》2009年第3期。

国教会的关系，刘家峰对来华传教士以及中国教会在这方面的观点以及措施进行了考察分析。基督新教入华的第一个百年，传教事业完全在差会和传教士的控制之下，但随着新一代中国教会领袖的成长和传教士"中国教会"意识的增强，到 20 世纪初期，主张差会向"中国教会"移交财产和治权，从"教会在中国"（Church in China）逐渐过渡到"中国教会"（Church of China），已成为传教士和中国信徒的共同理念，虽然实行起来并不容易。①

华人神学家中，最受关注的是赵紫宸这位基督新教历史上获得最高世界声誉的基督教学者。他是 20 世纪上半叶中国为数不多的几位在基督教理论架构上有所建树的基督教思想家。中国基督教协会翻译出版了德国学者古爱华（Winfried Gluer）的博士论文《赵紫宸的神学思想》，2004 年还召开了纪念赵紫宸的学术研讨会，出版了《赵紫宸先生纪念文集》。唐晓峰还研究了赵紫宸的神学思想。② 赵紫宸立足于中国社会和文化的现实，诠释基督教思想，并试图通过这种诠释为中国社会革命和建设提供一种心理、社会和文化的根基；他是中国最早尝试创立"基督教哲学"思想体系的知识分子，如何构建中国教会自己的神学，走具有中华文化特色的基督教思想发展道路，已是中国基督徒所关注和努力以求的重要问题。中国基督教神学的创立，既包括基督教在中国文化氛围中的适应、认同和本色化过程，也不可缺少中华民族对基督教的接受和接纳的过程。③ 石衡潭认为赵紫宸准确地抓住了中国文化的特征，找到了基督教与中国文化的会通点：自然倾向、伦理倾向、艺术倾向、神秘倾向；也论证了二者会通的可能性与必要性。在他自己的文章著述中，从构思立意，到题材内容，乃至体裁、语言，都力图贯彻这一认识，留下了一部熔基督教思想与中国

---

① 参见刘家峰《近代中国基督教运动中的差会与教会关系概论》，《宗教学研究》2006 年第 3 期。
② 参见［德］古爱华《赵紫宸的神学思想》，中国基督教协会 1999 年版；唐晓峰主编《赵紫宸先生纪念文集》，宗教文化出版社 2005 年版；唐晓峰《赵紫宸神学思想》，宗教文化出版社 2006 年版。
③ 参见唐晓峰《中国神学的先驱：赵紫宸》，《世界宗教文化》2006 年第 3 期；卓新平《赵紫宸与中西神学之结合》，《世界宗教研究》1998 年第 1 期；王翔《赵紫宸与〈系狱记〉》，《世界宗教文化》2008 年第 3 期。

文化于一炉的典范。赵紫宸所开创的事业，仍然有待来者继承与发展。①

吴雷川是民国年间著名基督徒、前清翰林、燕京大学第一任华人校长，他在基督教与儒教比较方面的贡献，说明他站在儒家的立场上认识和理解基督教，并提出耶、儒二家可以融合的主张。② 作为著名的基督教教育人士，他在 20 世纪上半叶对于"非基运动"的回应中，形成了以耶稣人格为中心的宗教教育观。吴雷川努力将他的宗教教育观应用于中国救亡图强的实践中，他的宗教教育观是其处境化神学的重要组成部分。③

诚静怡是中国近代一位享誉海内外的教会领袖。刘家峰认为，诚静怡很早就提出了中国教会处于"过渡阶段"的论断，极力提倡建设本色的"中国教会"，并从中国基督教的实际出发，设计了从"差会"到"中国教会"的过渡模式，主张差会逐渐向中国教会移交财产和治权，中国教会也能逐渐承担起全部责任，通过渐进而非激进的变革，来实现真正的中国基督教。④

吴耀宗也是备受关注的华人基督徒，由于他的特殊政治原因和神学观点，大陆地区对他的学术研究并不多，多为海外学者的研究，或大陆学者在海外出版的研究成果，这里不包括在本研究范围之内。大陆地区更多的是纪念文集和回忆录，且基本由中国基督教两会出版发行。⑤ 丁光训作为 20 世纪后半叶大陆地区最为著名的基督教领袖，出版了他的传记等著述，他的"因爱称义"的基督教神学思想非常有特点，也备受关注。⑥

基督宗教在中国兴办教育机构，本质上是为了更好地传播福音，这就

---

① 参见石衡潭《赵紫宸论基督教与中国文化之会通及其实践》，《世界宗教文化》2010 年第 3 期。

② 参见严锡禹《融儒家精神与基督教精神于一身：吴雷川基督教思想研究》，《金陵神学志》2011 年第 3—4 期。

③ 参见李韦《吴雷川的宗教教育观探析》，《宗教学研究》2012 年第 2 期。

④ 参见刘家峰《从差会到教会：诚静怡基督教本色化思想解析》，《世界宗教研究》2006 第 2 期。

⑤ 参见中国基督教三自爱国委员会编《回忆吴耀宗先生》，中国基督教三自爱国委员会 1982 年版；中国基督教三自爱国委员会编《吴耀宗先生逝世十周年纪念文集》，中国基督教三自爱国委员会 1989 年版；中国基督教三自爱国委员会编《吴耀宗生平与思想研讨》，中国基督教三自爱国委员会 1995 年版。

⑥ 参见丁光训《丁光训文集》，译林出版社 1998 年版；刘华俊《天风甘雨：中国基督教领袖丁光训》，南京大学出版社 2001 年版；马佳《爱释真理：丁光训传》，香港：基督教文艺出版社 2006 年版。

要求兴办高水平的神学教育机构、在大学中开展神学教育是一项必需的责任。有关教会神学教育机构的研究主要集中在大学领域，但也开始关注其他方面，但研究成果却很少。

徐以骅的《教会大学与神学教育》是最早研究神学教育的专著，本书由三篇论文组成，其中《教会大学与神学教育》是对本题的综述，《燕京大学宗教学院的盛衰》和《作为传教媒介的圣约翰大学》两文，则是关于燕京大学和圣约翰大学这两所大学神学和宗教教育的个案研究。燕京大学宗教学院和金陵神学院是 1949 年前中国新教教会最重要的神学教育机构，其中一所为大学神学院，一所为独立神学院。两所神学院互争雄长，各领风骚，掌揽着中国新教高等神学教育发展的大势。通过对这两所神学院进行比较，可勾勒出中国新教高等神学教育发展的基本面貌，并且可看出中国新教神学教育的重心发生从大学神学院到独立神学院的迁移，乃是此两类神学发展的必然趋势。①

20 世纪 20 年代初，教会大学的宗教教育陷入了严重的危机。为了摆脱危机，在"巴敦调查团"的建议下，20 世纪 20 年代后，教会大学按照"更加基督化"的方针对宗教教育进行了相应的改革，教会大学的宗教教育也因之得以残喘。然而，受制于文化交流的法则，教会大学宗教教育最终避免不了消亡的命运。② 女性在广义宗教教育中的作用有什么？马燕讨论了在清末民初中国社会大动荡、大起伏的时代，基督教以创立教会女校为发端开展了一场新鲜的、声势浩大的妇女新思潮运动。与伊斯兰教的清真女学相比，两种宗教面对同样博大浩瀚的中国文化，采取了不同的适应策略，也产生了不同的影响和结果。③

六 华人基督徒

王韬是近代历史上较早睁眼看世界之人，他是否是基督徒，他的基督

---

① 参见徐以骅《教会大学与神学教育》，福建教育出版社 1999 年版；《双峰对峙：燕京大学宗教学院与金陵神学院之比较》，《复旦学报》2000 年第 2 期。

② 参见金保华、喻本伐《"巴敦调查团"与教会大学的宗教教育改革》，《华东师范大学学报》（教育科学版）2006 年第 2 期；刘波儿《金陵大学宗教教育述略》，《南京晓庄学院学报》2010 年第 1 期。

③ 参见徐家玲《女性与宗教教育》，《妇女研究论丛》2001 年第 2 期；马燕《女性宗教文化的中国化：清真女学与清末民初基督教会女校之比较》，《回族研究》2009 年第 4 期。

教信仰对他的人生起到了什么影响和作用，过去没有人关注过。杨其民和段怀清对此问题进行了研究，王韬与来华传教士、教会以及基督教之间的关系，时间上以19世纪50年代为中心，并以传教士麦都思的去世为时间与信仰上的一个转折点。此间王韬不仅接替其父王昌桂协助麦都思等完成《圣经》的翻译工作，而且还近于重新改写翻译了《宗主诗篇》，积极参与宣教站宣教材料的编写及传播事务，同时还向麦都思提交了一份与自己"受洗"相关的申请书。①

段炼的《宋耀如与林乐知》一文细述了宋氏三姐妹的父亲宋耀如与美国传教士之间的关系。美国监理会上海布道团负责人林乐知是宋耀如学生时代崇拜的偶像和学习的榜样。1886年1月到达上海后，宋耀如在林乐知手下任巡回传道，由于薪酬问题以及各自理念的不同，两人之间产生了不可调和的矛盾。1892年，宋耀如宣布退出布道团，自愿成为不受教会调派不拿薪水的"本处传道"。自身所遭受的不公正待遇，激发了宋耀如内心的民族主义情绪，加上他在美国所接受的平等、自由、民主的理念，促使他逐渐成为一位职业革命家。但宋耀如对基督教的信仰依然虔诚，终其一生他都是虔诚的基督徒。②

晏阳初是著名平民教育家，终身致力于亚非拉落后地区的平民教育和乡村改造事业。早在1943年，他就被美国百余所大学遴选为现代世界具有革命性贡献的十大伟人之一。晏阳初少年时代便皈依基督教，教会组织、传教士、教会教育对晏氏的家庭、人生、事业等有着巨大而深远的影响。③

---

① 参见段怀清《试论王韬的基督教信仰》，《清史研究》2011年第2期；杨其民《王韬是教徒吗?》，《史林》1997年第3期。
② 参见段炼《宋耀如与林乐知》，《史林》2009年第5期。
③ 参见薛伟强《晏阳初与基督教的不解之缘》，《世界宗教文化》2007年第1期。

第 二 章

基督宗教区域史和民族史研究

中国地域广大，文化多元，民族多样，基督教信仰群体在不同的地域呈现出差异性的表现形式及行为方式，对整个中国基督教史进行一个宏观的描述并非易事。因此，基督教的区域性、个案性研究一直都是中国基督教史研究的主要内容，对学术研究来讲，可能更有"一叶知秋"的启示，更能起到"见微知著"的效果。尤其进入 21 世纪后，随着社会学、人类学方法在宗教学研究领域的进入、渐深，这种多学科视野下的宗教学研究和调研作为中国基督教研究的路径更为明显。

据李志刚考证，中国基督教区域史研究最早可追溯到 1899 年王元琛所著的《圣道东来考》，此书主要叙述了伦敦会、浸礼会、长老会等外国差会进入广东的历史，这既是基督教早期来华的历史，也可以看作基督教区域史的研究。

1949—1977 年，有关基督宗教在中国不同地区和不同民族间传播状况的研究，多数以"教案"为研究对象和切入点，基本没有涉及这些地区的传教状况和历程。本章主要针对 1978 年以后中国大陆地区学术界对于基督宗教在中国各地和不同族群之间的传播研究成果进行分析，主要以期刊学术论文为主，兼及少量学术辑刊论文。论文以通史类研究为主，各种专类研究，如相关各章节讨论。据笔者不完全统计，1978—2012 年，大陆地区各类学术期刊发表有关基督宗教在各区域发展状况研究的论文大约为 420 多篇，其中区域研究 280 余篇，涉及中国内地七大行政区域，港、澳、台地区，以及海外华人地区；族群研究 140 篇左右，涉及综合研究及藏族、蒙古族、苗族、彝族等近 30 个族群。基督宗教在中国的传播，涉及中国境内大部分民族。除汉族以外，少数民族对于基督宗教的接受也各有特点，甚至成为部分民族的主流信仰。本章主要讨论以少数民族为视角的有关基督宗教在华历史的文章。据笔者不完全统计，载至 2012 年底，此类研究文章有 120 余篇，涉及 20 多个民族。

30 年来，大陆地区基督教区域史已经不再是边缘化的历史，逐渐受到学术界的关注，相关的研究成果层出不穷，特别是 20 世纪 90 年代以来，基督教区域史研究的内容也更加丰富多样，不仅局限于对基督教在各地区传播历史的简单探讨，对基督教在各地区的活动也有深入，还涉及基督教教育、医疗、出版、慈善等社会活动，这些方面在本书中有专章细述，本章则重点讲述基督教在区域方面的传播。

有关基督宗教 1949 年以前在中国地区的传播发展史研究，是学者关注的重点，但 1979 年以前的研究出发点仍多基于帝国主义侵略角度，从反洋教或教案的角度进行探讨，认为帝国主义惯于使用两种部队对中国进行侵略，其中一种是执行牧师职能的和平的部队。而基督教对中国社会、文化的现实影响缺乏关注。1979 年前，在这方面的主要论文有章开沅的《一九〇〇年前后湖北地区的反洋教斗争》和戴学稷的《西方殖民者在河套鄂尔多斯等地的罪恶活动：帝国主义利用天主教侵略中国的一个实例》[1]。1978 年以后有关研究逐渐增多，2000 年以后，与其他有关基督宗教研究一样，基督宗教的区域研究有成为"热点"的势头。这其中，针对华东地区的研究最多，其次为西南、华北、华南、西北、华中地区，有关东北地区的研究最少。笔者认为这主要与基督宗教在当地历史传播状况和学术研究关注点的差异相关。

第一节　华北地区的基督宗教传播

华北地区包括北京、天津、河北、山西、内蒙古五省（直辖市、自治区）。基督宗教在华北地区的传播，从历史和范围看，都是比较悠久和广泛的。同时由于其在中国的政治、文化中心地位，对基督宗教在中国的

---

[1] 参见章开沅《一九〇〇年前后湖北地区的反洋教斗争》，《理论战线》1960 年第 5 期；戴学稷《西方殖民者在河套鄂尔多斯等地的罪恶活动：帝国主义利用天主教侵略中国的一个实例》，《历史研究》1964 年第 5—6 期合刊；廉立之、王守中《帝国主义利用基督教（新教）对近代山东的侵略》，《齐鲁学刊》1980 年第 2 期。

发展产生过决定性的影响。从天主教、东正教和新教三大派别看，因为其政治中心地位所在，华北地区都被视为其重要的传教区域，值得中国基督教史学界关注的问题非常多。

一 基督宗教在北京

作为近代中国政治中心的北京，对于有关基督宗教传播发展的通史性的深入研究并不多。最早开始进行通史研究的当数王毓华，她于1995年编写出版的《北京基督教史简编》，可以说是北京基督教史的奠基之作，采用教会史的研究路径，利用了基督教在北京的很多教会档案、出版物和口述资料，更多反映的是教会的传教活动，涉及教会的社会活动方面较少。① 陈月清、刘明翰的《北京基督教发展述略》，对基督宗教三大系统的天主教、新教、东正教在北京的传播与发展，进行了综合历史的考察，叙述平实，但主题不突出，资料档案也没有太多新意。② 左芙蓉的《基督教与近现代北京社会》，主要探讨了新教传入北京直至21世纪初的历史，时间跨度很大，以1949年为界分为两部分，前部考察基督教在北京的传播和活动，后部探讨基督教与社会主义相适应和构建社会主义和谐的努力。③ 吴梦麟和熊鹰的《北京地区基督教史迹研究》，运用考古学和历史的方法，以北京现存的基督教史迹和文物为对象，考察其现状。④ 余三乐的《早期西方传教士与北京》，主要叙述了明末清初在北京的天主教传教士的各种活动，以及与北京地方历史发展的关系。⑤

其他还见一些叙述北京基督教和东正教方面的论文，叙述了总体的历史过程，但都欠深入。⑥ 除此以外多数文章都是有关不同领域的专题研究。加强对于北京地区基督宗教历史的研究，如同所谓"北京学研究"一样，除北京市所属学术机构和学者参与以外，还需要更多的中央级研究

---

① 参见王毓华《北京基督教史简编》，北京基督教三自爱国运动委员会1995年版。
② 参见陈月清、刘明翰《北京基督教发展述略》，首都师范大学出版社1998年版。
③ 参见左芙蓉《基督教与近现代北京社会》，巴蜀书社2009年版。
④ 参见吴梦麟、熊鹰《北京地区基督教史迹研究》，文物出版社2010年版。
⑤ 参见余三乐《早期西方传教士与北京》，北京出版社2001年版。
⑥ 参见佟洵《基督教新教在北京的传播及其演进历程》，《北京联合大学学报》2000年第1期；佟洵《试论东正教在北京的传播》，《北京联合大学学报》1999年第2期；何岩巍《清代中前期北京的天主教士：以遣使会士为中心》，载吴建雍主编《北京历史文化研究：北京史专题研究》，燕山出版社2007年版。

机构和京外机构、学者关注并参与，才能更好地提升其研究水准。

南开大学教授肖玉秋研究俄国东正教驻北京传教士团多年，出版了专著《俄国传教团与清代中俄文化交流》。从书名即可知这是一本侧重文化交流的研究专著，对东正教的传教研究并不是重点。作者指出，俄罗斯传教团是中外关系史上的特殊历史现象，其在缘起与沿革、构成与换班、给养与经费、组织与管理、使命与职能等许多方面都具有与西方来华传教士完全不同的特征。东正教在中国的传播除信教人群特征外，传播区域主要以北京、东北三省、新疆和上海为主。其中东正教驻北京传教士团是其在华官方机构，存续数百年，有关这一机构的研究，在一定程度上是衡量"东正教在中国"研究水平的重要标志之一。这其中肖玉秋的有关研究结果，更为接近宗教史和近代史研究相结合的范式，是比较深入的。①

专门讨论满族基督宗教信仰的通史性文章尚未见到，但有涉及清廷、皇室及满族人物与基督教关系的论文，如崔立军和吴伯娅都研究了清宗室人物苏努家族天主教信仰。②

二 基督宗教在内蒙古

内蒙古地区一直是天主教在中国的重要传教区域。张彧、汤开建对晚清时期圣母圣心会在内蒙古的传教工作进行了研究，认为圣母圣心会在这里进行了长期的传教工作，获得了持续、稳定的发展。教会的成功既在于其传教方法得当，也在于天主教会拥有较多的社会资源。③ 宜今的《基督教在呼和浩特地区的传播》围绕呼和浩特地区，概述了基督宗教的传播历史。④

唐戈以个案形式讨论了东正教进入中国以后，由于教徒人数较少、分布局限，与汉民族交错分布所产生的一种"本土化"形式。指出作为中

---

① 参见肖玉秋《俄国传教团与清代中俄文化交流》，天津人民出版社2009年版；《论俄国东正教驻北京传教士团的特殊性》，《俄罗斯研究》2008年第1期。

② 参见崔立军《清初苏努家族信仰天主教探析》，《郧阳师范高等专科学校学报》2012年第4期；吴伯娅《苏努研究》，载张先清编《史料与视界：中文文献与中国基督教史研究》，上海人民出版社2007年版。

③ 参见张彧、汤开建《晚清圣母圣心会中蒙古教区传教述论》，《中国边疆史地研究》2007年第2期。

④ 参见宜今《基督教在呼和浩特地区的传播》，《内蒙古大学学报》1988年第4期。

国东正教徒分布最为集中的地区，额尔古纳地区由于长期与俄罗斯本土隔绝，加之受汉族宗教信仰的影响，其东正教已呈现出若干特点，主要表现在一定程度上与汉族宗教信仰的结合，部分东正教特质的丧失。①

蒙古族与基督宗教的接触可以上溯至元代，历史上蒙古族曾经信仰过基督教聂思托利派（景教）和天主教。罗马教廷与蒙古部落、蒙元政权之间曾有过多种联系。明朝初年后的200年间，基督教在中国内地一度销声匿迹，在内蒙古也呈淡化和衰退之势。大部分基督教徒在这一时期改变了信仰，20世纪40年代，只有鄂尔多斯地区的厄尔呼特氏族（即"也里可温"一词的不同转写）人，仍保留了聂思托利派的一些习俗。目前学界针对蒙古地区基督教传播过程的研究，多于有关对蒙古族本身所产生影响的研究。邢亦尘的《试论基督教在蒙古民族中的传播》，最早全面叙述了基督教不同时期在蒙古地区的传播情况，并对近代之后基督教传播陷入困境的原因进行了分析。② 宝贵贞的《蒙古族与基督教：历史与现状》对于蒙古族基督教接受史进行了系统回顾，指出蒙古族接触基督教的年代可上溯到蒙元时期。早在13—14世纪就有部分蒙古人信奉基督教，当时被蒙古人称为"也里可温教"。随着蒙元帝国的衰亡，蒙古人中的基督信仰也基本绝迹。时至近代，随着西方教会势力进入中国内地，基督教再次传入内蒙古地区，又有部分蒙古人信奉了基督教。③ 乌恩的《基督教在蒙古族中传播的若干问题》，对蒙古族信仰基督教、蒙元政权与罗马教廷的交往、蒙元政权对基督教的政策和管理都进行了介绍分析，还介绍了蒙古族相关的基督教文献、典籍和历史遗迹，十分有利于深化对内蒙古地区基督教史的研究。④

在针对蒙古族基督教史的研究文献中，有一部分是以蒙古文发表的研究论文，对于这部分论文的研究特色，由于语言所限，无法进行详细评述。现将近年来主要蒙古文论文存目如下，希望能引起关注：贾宝维、包春喜《蒙古帝国的建立与基督教的再度东传》（《内蒙古社会科学》蒙古文版2010年第6期）、明·额尔敦巴特尔《察哈尔万户八大鄂托克之一：

---

① 参见唐戈《简论额尔古纳地区东正教的特点》，《湖南工业大学学报》2008年第4期。
② 参见邢亦尘《试论基督教在蒙古民族中的传播》，《内蒙社会科学》1990年第6期。
③ 参见宝贵贞《蒙古族与基督教：历史与现状》，载牟钟鉴、刘宝明主编《宗教与民族》第4辑，宗教文化出版社2006年版。
④ 参见乌恩《基督教在蒙古族中传播的若干问题》，《蒙古学信息》2003年第2期。

乃蛮及其宗教》(《内蒙古社会科学》蒙古文版 2010 年第 4 期)、佟双喜《关于金丹道"反洋教之说"之我见》(《内蒙古大学学报》蒙古文版 2011 年第 4 期)和包金玲《19 世纪末至 20 世纪初影响满蒙问题的国外因素》(《中国蒙古学》蒙古文版 2010 年第 5 期)。

三 基督宗教在河北和山西

河北地区是天主教在中国传播力度最大的地区之一，在中国近代史上，有关河北地区基督宗教与中国文化、民众之间冲突，无论其数量，还是所造成的影响，都居于中国近代历史前茅。李晓晨的《近代河北乡村天主教会研究》是一部较全面系统研究近代河北乡村天主教会的著作。作者从区域社会史的角度，探索了天主教在河北地区的开端、教区的建立和发展的历史。尤其探索了乡村教会历史发展，以及与当地社会的融合和冲突，并对信徒皈依进行了系统分析，揭示了天主教对中国社会和民众生活形成的宗教心灵和社会作用的客观影响。[①]

尚海丽通过对河北地区的研究，指出近代基督教、天主教传入中国内地的时间及其社会背景、传播路线、传播方式等各不相同，别具特色。二者以不同的策略及方式在教会的本位化和本土化建设方面都各自做出了努力，取得了成效。[②] 侯杰、林绪武通过对基督教在近代华北地区特别是保定地区传播的考察与分析，认为传教士在传播基督教的过程中采取了一系列间接传教方式，如办教育、办医院、参与社会赈灾等，适应了世俗社会的某些实际需要，迎合了中国民众功利的宗教心理，从而使部分民众逐渐改变了对基督教的认识，甚至加入了基督教。[③]

山西学术界对于基督宗教在山西的传播历史研究热情较高，涉及领域比较广泛，就通史性研究而言，研究成果比较其他华北地区而言，在数量上是比较多的。王守恩讨论了不同时期山西官方对天主教的态度，指出：1620—1723 年是天主教在山西合法传入的阶段，山西官方在此阶段对天主教的政策是允许传播，甚或支持利用。1724—1859 年，山西官方将天

[①] 参见李晓晨《近代河北乡村天主教会研究》，人民出版社 2013 年版。
[②] 参见尚海丽《近世基督教、天主教在中国内地传播的比较研究：以河北道为例》，《世界宗教研究》2010 年第 5 期。
[③] 参见侯杰、林绪武《基督教与近代华北社会文化变迁：以保定地区为例》，《宗教与民族》2004 年第 3 期。

主教视作邪教加以严禁,但该教禁而不绝,终于在山西扎根立足。1860—1900 年,山西官方对天主教虽然被迫弛禁,但仍极力压抑;这一阶段天主教有外国势力强力支持,山西社会的诸多问题又为其传播提供了历史机遇,因此该教在山西传播日益广泛,并初步发展起来。① 而刘安荣的系列研究从信仰皈依的角度,讨论了天主教在山西的传播过程,指出天主教在山西甚至中国的传播,不仅是传教士宣教、中国人接受教义的过程,而且是中国人按自己的思维模式理解其教义、用当地风俗改变其礼仪的过程;一些传教士采取适应中国文化、环境的传教策略,主动或被动地接受了不少中国文化、习俗,促进了本地教徒的信仰接受过程;分析了民众入教的社会、经济、文化、精神原因。②

第二节　东北地区的基督宗教传播

东北地区包括辽宁、吉林、黑龙江三省。有关东北基督宗教的区域史研究论文,从数量上而言是涉及最少的地区,笔者至今还未见到一本有关研究东北地区的基督教或天主教的中文专著。仅有英文研究专著,如《满洲基督教传教工作史》(Records of the North Manchuria International Christian Workers Fellowship Union, Contemporary Manchuria, Vol. 4, No. 1, Jan. 1940),对东北基督教史进行整体探讨,且附有统计数字和图片。另有富尔顿(Austin Fulton)的《穿越地震、狂风和烈火:满洲的教会和差会(1867—1950)》(Through Earthquake, Wind and Fire: Chruch and Mission in Manchuria 1867 - 1950, The Saint Andrew Press Edinburge, 1967),被称为"西方学术界关于东北基督教史唯一一部研究性专著"。

一　在东北地区的历史

中文方面,仅见邱广军的《基督教与近代中国东北社会》,利用中文

---

① 参见王守恩《17 至 19 世纪山西官方的天主教政策》,《宗教学研究》2009 年第 1 期。
② 参见刘安荣《近代山西教徒入教原因探析》,《宗教学研究》2005 年第 3 期;《试论 1949 年前山西天主教徒对教会发展的作用》,《宗教学研究》2008 年第 4 期;《禁教以来山西天主教徒的信仰特征》,《晋阳学刊》2010 年第 6 期;《1724—1949 山西天主教徒信仰的本土化》,《基督教文化学刊》2010 年第 1 期。

地方档案、方志、报刊等，梳理了基督教各差会在东北的传播方式与发展概况，还系统地描述了近代东北的基督教教育、医疗、慈善等的发展状况，以及如何影响东北社会发展的分析。① 徐炳三以近代中国东北社会变迁和政局变动为背景，以教会发展与政治问题的互动为主线，从政治的角度，揭示了国内外政治对东北基督教传播和发展的深刻影响。近代东北基督教传播变化的历程是基督教中国化的问题，是指以西方为背景的教会和教士为主体，在传教内容、教会礼仪、传教语言、教会组织、教职人员以及社会事业（诸如教育、医疗、慈善、救济）等方面，逐步经历了从无意识到自觉，从被动到主动的中国化进程，是指以具备中国背景的教会和教士及其基督教友好人士为主体，在经历教会和西方近代化观念启蒙后自觉地承担起近代东北基督教传播的历史使命，其诉求和目标更多的是民族独立和国家复兴，其中包括社会治理掌控、道德话语权争夺、社会事业主导权争执等问题。②

邱广军等分别讨论了基督教在东北地区的初始及在辽宁的传播过程，指出第二次鸦片战争以后，营口被开辟为商埠，基督教也开始向东北传播。其传播过程是西方列强坚船利炮对清王朝"教禁"的突破、辽宁社会存在其传播的土壤和传教士传播策略多重作用的体现。邱广军还分析了基督教在近代吉林传播及对当地社会产生的影响。③

高崖和李述笑分析了东正教在黑龙江和哈尔滨的传播历史。由于东正教在中国主要表现为一种侨民宗教，而黑龙江地区，特别是哈尔滨，由于历史原因，曾经是中国历史上俄国人居住数量最多的地区之一，对这些地区东正教历史的研究是中国东正教史的重点。④

二 基督教与朝鲜族

在北方地区少数民族中，朝鲜族是基督宗教信徒比例最高的民族之

---

① 参见邱广军《基督教与近代中国东北社会》，博士学位论文，东北师范大学，2009年。
② 参见徐炳三《近代中国基督教研究：以政教关系为研究视角（1867—1945）》，博士学位论文，华东师范大学，2008年。
③ 参见邱广军、张秋江《基督教传入中国东北历史原因考述》，《长春师范学院学报》2009年第1期；姜德福、刘彬《基督教在近代辽宁的传播策略分析》，《文化学刊》2012年第1期；邱广军《近代吉林基督教传播与发展述论》，《历史教学》2008年第10期。
④ 参见高崖《黑龙江东正教历史钩沉》，《世界宗教研究》1995年第1期；李述笑《俄国东正教哈尔滨教区史概要》，《黑龙江文物丛刊》1983年第1期。

一，基督宗教对于近代朝鲜民族产生过重要的影响。直至今天，朝鲜族基督徒也是最活跃的群体之一，对于朝鲜族基督宗教史研究的现实意义大于历史意义。邱广军指出，基督教在近代吉林朝鲜族中传播始于19世纪中叶，20世纪初发展较快。基督教在近代吉林朝鲜族中的传播，对当地社会产生了一定的影响。① 王若茜的《东北沦陷时期的朝鲜族宗教》探讨了东北沦陷时期，包括基督教在内的现代朝鲜族宗教状况、作用等，对理解基督教在朝鲜民族中的意义有一定启发。② 李海淑的《宗教认同与民族认同的互动：以延边朝鲜族自治州朝鲜族基督教为个案》认为，中国朝鲜族是在19世纪末开始从朝鲜半岛移居到中国东北地区的迁入民族，与朝鲜半岛的韩国和朝鲜同属一个民族，文章通过对基督教在朝鲜族的传播历史与现实分析，讨论了宗教认同与民族认同的互动效果。③

根据相关史料，朝鲜族基督教团体一直是东北地区最活跃的宗教机构，在活动中使用朝鲜语文，形成了一种相对独立的活动团体，具有鲜明的"民族色彩"。有关这一现象的研究，直到目前在汉语文献中还不多见，有关朝鲜语研究文献，也未见有学者评述介绍。

有学者进行了不同民族接受基督教的比较研究。宫玉宽的《中国少数民族基督教会之比较研究：以朝鲜族教会和苗族教会为例》通过对朝鲜族教会和苗族教会的比较分析后，指出两个民族的教会处理基督教文化与民族传统文化的方式不同，主要取决于少数民族传统文化的类型和发育状况。④ 唐戈的《基督教在中国少数民族中的传播：鄂温克族与拉祜族比较研究》指出，东正教在驯鹿鄂温克人中的传播和新教在拉祜族中的传播有着截然不同的方式，代表着两种不同的文化传播类型，其传播的结果和基督教在这两个族群中所发挥的作用也是十分不同的。⑤

---

① 参见邱广军《基督教在近代吉林朝鲜族中的传播》，《黑龙江民族丛刊》2008年第1期。
② 参见王若茜《东北沦陷时期的朝鲜族宗教》，《东北亚论坛》2002年第1期。
③ 参见李海淑《宗教认同与民族认同的互动：以延边朝鲜族自治州朝鲜族基督教为个案》，载牟钟鉴、刘宝明主编《宗教与民族》第4辑，宗教文化出版社2006年版。
④ 参见宫玉宽《中国少数民族基督教会之比较研究：以朝鲜族教会和苗族教会为例》，《中央民族大学学报》2011年第3期。
⑤ 参见唐戈《基督教在中国少数民族中的传播：鄂温克族与拉祜族比较研究》，《世界宗教研究》2010年第5期。

第三节　华东地区的基督宗教传播

华东地区包括山东、江苏、安徽、浙江、福建、上海，是基督教、天主教等在华传播时间最早、传播手段最为广泛、布道活跃度最高的地区之一，也是从世俗角度而言，中国接受基督教文化影响程度最高的地区之一。各高等院校、研究院所、教会研究人员等对基督宗教区域史的关注度相对较高，其学术产出数量是中国各地区中最多的。

一　基督宗教与上海

自利玛窦开教南京以后，天主教在江南地区的发展在全国一直居于领先地位，南京、上海、杭州、松江等地的天主教传播相当繁荣。这主要得益于以下几个方面：明末清初天主教传播的宽松环境，江南地方官绅的支持和帮助，一批素质极高的传教士的不懈努力，利玛窦传教策略的贯彻执行以及适应本土特点的传教方式的不断探索。①

上海是我国基督教新教和天主教的主要传播地区之一，有关其研究，也多以专题研究为主。姚民权的《上海基督教史（1843—1949）》，是最早的一本关于基督新教在上海的通史之作。② 在天主教方面，周立的《上海天主教传教史略》是较早发表的有关天主教上海发展史的文章。③ 在宗教与城市风格文化上，李向平提出一个重要观点，即欧美基督教在近现代上海的社会化，是西方基督教在上海的社会发展中比较突出的"上海现象"之一。它历史地具有上海社会、城市文化的区域特征，构成了"海派基督教"的社会性内涵。④

---

① 参见汤开建、赵殿红《明末清初天主教在江南的传播与发展》，《社会科学》2006 年第 12 期。
② 参见姚民权《上海基督教史（1843—1949）》，基督教三自爱国运动委员会 1994 年版。
③ 参见周立《上海天主教传教史略》，《宗教学研究》1983 年第 4 期。
④ 参见李向平《"本色化"与社会化：近代上海"海派基督教"的社会化历程》，《上海大学学报》2004 年第 3 期。

二 基督宗教在江苏、浙江、安徽

在基督宗教何时进入中国方面，汪维藩依凭东汉交通、历史条件，援引睢宁九女墩、沂南将军冢的画像石为案例，认为刻有五饼二鱼的铜盘是东汉时代的圣体盘等，他确定这些在中国的基督宗教遗存是出自公元86年，即在东汉元和帝时代，力图证明东汉时基督教已传入中国。① 如这一论断被最终证实，基督宗教在华历史则被改写。邱树森的《元代基督教在江苏的传播》考察了基督教在江苏镇江、常州、扬州地区的传播情况，探讨了元代基督教不能广泛传播和元亡后基督教再次在中国内地湮灭的原因。②

有关基督教在江苏的传播是学者关注的重点。江苏是美南长老会传教的主要区域，其传教活动对江苏近现代社会生活和文化生活都产生过重大影响，张春蕾从检索史料入手，首次对长老会在江苏100多年的传教活动进行了梳理。③ 张大华的《八百年镇江基督教》系统研究了800年来基督教在镇江传播、发展的情况，尤其是近现代对镇江社会发展的影响，认为"三自"道路是基督教在当代中国生存发展的唯一正确道路。④ 苏南基督教史的研究是中国基督教史研究中具有典型意义的部分。王国平两篇文章分别论述清政府从禁教到弛禁的政策变化背景下，基督教（新教）向苏州地区的渗透、开教和初期传播过程，揭示了基督教各宗派（英国伦敦会、美国监理会、南长老会、北长老会和南浸会）在苏州的早期传教活动的历史面貌，并对这一时期基督教在苏州地区活动的正、负面影响作出实事求是的评价。并以美国监理会为代表，分析其传教理念对传教的有利影响，揭示其在中国基督教区域传教史研究的意义。⑤

浙江基督教研究是关注的热点，其中基督教内部人士参与研究是其特点之一。龚缨晏的《浙江早期基督教史》是浙江基督教的早期历史，就

---

① 参见汪维藩《东汉基督教遗尘：以江苏睢宁九女墩、山东沂南将军冢为例》，《金陵神学志》2009年第3期。
② 参见邱树森《元代基督教在江苏的传播》，《江海学刊》2001年第4期。
③ 参见张春蕾《美国基督教长老会在江苏的传教活动》，《东南文化》2006年第5期。
④ 参见张大华《八百年镇江基督教》，《金陵神学志》2010年第3期。
⑤ 参见王国平《基督教在苏州的开教和初传》，《苏州大学学报》1996年第4期；《晚清美国监理会在苏州传教活动的若干特点及影响》，《社会科学》2006年第5期。

时间范围而言，上起基督教传教士开始来到浙江，下迄19世纪六七十年代；就空间范围而言，主要围绕着以宁波为中心的浙东地区，因为宁波是近代浙江对外开放最早的城市，也是基督教传教士最为重要的活动基地。本书重点梳理了浙江基督教早期发展的基本过程，发掘了相关资料，提供了文献线索。① 莫法有的《温州基督教史》是第一本城市基督教史专著。②

张敏杰考察了元代浙江基督教状况，认为至元十八年（1281）元军南下攻陷临安，客观上为在浙江传播基督教起到了作用。③ 龚缨晏和陈雪军讨论了浙江天主教的发展与"1692年宽容敕令"出现之间的密切关系，指出康熙皇帝于1692年所批准的允许天主教在中国自由传播的议奏，在欧洲被誉为"1692年宽容敕令"，这也是"鸦片战争以前天主教在华'正教奉传'之惟一官方正式认可之文件"。此后，中国天主教进入"黄金时期"④。夏瑰琦、方志刚讨论了天主教在杭州、温州地区出现、发展的历史过程。⑤

近代中国最早开放的五个商埠中，宁波是传教士最早进入的地区之一。他们在宁波从事传教活动的同时，通过创办新式学校、发行报纸书籍、设医院举慈善等方式传播近代科学文化知识，大大推动了宁波现代化的进程。⑥ 陈丰盛一直关注温州的基督教传播历史，他以中华基督教循道公会七大教区之一的温州循道公会为对象，对其建立后的80年的历史发展和自立运动作一简要勾勒，并以温州主日学为研究对象，梳理了主日学在中国的百年历程。主日学为基督教宗教教育的重要组成部分，有逾230年的悠久历史。中国教会的主日学最早创办于1848年，温州教会的主日学亦有近140年的历史。⑦

---

① 参见龚缨晏《浙江早期基督教史》，杭州出版社2010年版。
② 参见莫法有《温州基督教史》，香港：建道神学院1998年版。
③ 参见张敏杰《元代浙江的基督教》，《浙江学刊》1982年第3期。
④ 参见龚缨晏、陈雪军《康熙"1692年宽容敕令"与浙江》，《浙江社会科学》2007年第2期。
⑤ 参见夏瑰琦《明末天主教杭州开教与活动考述》，《世界宗教研究》1994年第3期；方志刚《温州天主教起源考》，《中国天主教》1989年第3、4期，1990年第3期。
⑥ 参见张亚苹《传教士对近代宁波的贡献》，《宁波广播电视大学学报》2004年第1期。
⑦ 参见陈丰盛《循道公会温州教区发展与自立运动的尝试：中华循道公会温州教区简史（1878—1958）》，《金陵神学志》2011年第1期；陈丰盛《儿童主日学在温州的历史》，《金陵神学志》2012年第1—2期合刊。

涉及安徽地区基督宗教研究的文章较少，翁飞、张勤指出，近代安徽是西方天主教、新教教会势力渗透较严重的地区之一。文章讨论了教会活动对安徽等内陆省份在近代政治、经济、文化发展方面的多重影响。①

三 基督宗教在福建

福建基督教宗教历史研究比较活跃，特别是本省学者和学术刊物对这一问题的持续关注，也是其研究特点之一。这首先与福建地区特别的地理位置、有着中外联系的优势有关。其次是与基督宗教传播时间悠久有着紧密的关系，自元代基督宗教传入泉州后，基督宗教在福建的传播就没有中断过。这也是福建基督教研究更吸引众多中外学者的原因，如伯希和、佐伯好郎、江上波夫、穆尔、德礼贤、张星烺、王治心、朱谦之、夏鼐等，都取得了不俗的成绩。

据笔者所查，1978 年发表在《海交史研究》创刊号上的黄天柱撰写的《关于古基督教传入泉州的问题》一文，是改革开放后第一篇有关基督教区域史的论文。何绵山《略论天主教在福建的传播》对天主教传入福建的六个阶段进行了综合叙述。② 林金水、吴怀民和吴巍巍分别研究了明末艾儒略（Jules Aleni）在泉州和莆田的传教过程，分析了艾儒略对民间信仰的批判，及中西之间的"礼仪之争"最早在莆田呈现过程，及其"西化"的儒学思想对泉州、莆田地区士大夫的影响。③ 天主教的本土化一直是学者关注的焦点。天主教在福建的历史是一部外来文化与福建当地固有文化冲突与互渗的历史，它的传播与发展也经历了一个本土化的过程。陈东认为，天主教与福建社会生活的融合是多元化、多样性的，既有与高层次的儒学为主体的雅文化的结合，也有与低层次的祭祖拜神及至迷信、封建会社、民俗民情的结合。清代天主教与福建社会生活的融合是有局限的，它采取的措施仅仅是外表的本地化，而内容和实质仍然没有与福建当地文化融为一体。④ 而罗群则以明王朝灭亡之后，朱聿键在福建建立的隆武朝廷为对象，分析其对天主教的态度及以艾儒略为主的耶稣会传教

---

① 参见翁飞、张勤《西方传教士在安徽的早期活动》，《安徽史学》1985 年第 6 期。
② 参见何绵山《略论天主教在福建的传播》，《海交史研究》1997 年第 2 期。
③ 参见林金水、吴怀民《艾儒略在泉州的交游与传教活动》，《海交史研究》1994 年第 1 期；吴巍巍《明末艾儒略在莆田的传教活动及其影响》，《莆田学院学报》2010 年第 3 期。
④ 参见陈东《清代福建天主教的传播与本土化》，《闽江学院学报》2002 年第 5 期。

士与隆武朝臣的交往和活动，指出此阶段耶稣会在传教政策上的变化以及隆武朝的政治、军事困境对天主教传播的影响，论述中西文化在这一特殊历史时期的交流与融合状况，并以此透视明末清初天主教兴衰史背后的深层原因。①

在基督教传教史方面，学者的研究指出了福建在近代中国基督教发展历史上的重要地位。陈支平和李少明合著的《基督教与福建民间社会》，是最早研究基督教与区域社会的专著之一，但涉及未深。② 林立强的《美国传教士卢公明与晚清福州社会》，以美国美以美会传教士卢公明为个案，通过叙述他在福州地区所进行的社会活动，说明他对福州社会的影响。研究角度独特，说明历史的发展还是需要引领者。③ 李少明考察论证了福建基督教在近代全国基督教史上所占有的下列两个方面的重要地位：第一，信徒、教牧人员和教堂的数量均居全国前列乃至占绝对优势；第二，闽南中华基督教会在全国所有西来教派中最早开展自立运动并取得最为显著的成效。并分析了近代福建基督教在宣教活动中注意培养本地传道人员等几大特点，使得福建基督教的宣教活动逐渐进入顺利发展阶段，信徒数量开始较快增长。④

在基督教与当地文化方面，基督教长老会在闽台地区传教的过程中，贯穿其中的闽南文化是其发展历史的脉络主线。在教区的地域分划、闽台传教区关系、以闽南方言为传教媒介、宗教精神中的乡土意识等层面，皆深刻体现闽南文化在其间的纽带作用与发展脉络；同时也反映了西方宗教在闽台地区传播进程中不可避免的本土化趋势。⑤ 朱峰以福建美以美会为个案，指出在东南中国，乡村教会是基督教的发展主体。教会的发展一方面受到传统乡村社会结构与信仰态度的影响，另一方面也尝试建立一个新的宗教体系。在部分乡村，基督教会成为社区的生产、生活中心，一些乡村教会知识分子亦有较强的社会触觉，倾向改革。文章就此提出应将乡村

---

① 参见罗群《隆武王朝与天主教》，《江西社会科学》2011年第5期。
② 参见陈支平、李少明《基督教与福建民间社会》，厦门大学出版社1992年版。
③ 参见林立强《美国传教士卢公明与晚清福州社会》，福建教育出版社2005年版。
④ 参见李少明《近代福建基督教的两大重要地位》，《世界宗教研究》2003年第4期；《近代福建基督教宣教活动特点》，《世界宗教文化》2006年第4期。
⑤ 参见吴巍巍《闽台基督教长老会传教史中的闽南文化脉络》，《泉州师范学院学报》2011年第3期。

教会视为地方宗教力量来加以研究的意义。①

莆田和厦门是基督教传播的重点地区。王福梅回顾清至民国时期美以美会在莆田地区的传播与发展概况，分析了莆田基督教会在19世纪70年代至中华人民共和国成立前，处于当时大环境下，在"三自"方面所做的探索和实践活动。② 张予权描述了英国伦敦会在厦门的传教过程。吕云芳则分析了厦门外籍基督徒教师的宗教活动。这些活动分为两部分：一是外籍社群内部的宗教活动，活动的参与者还包括非教师的外籍人士；二是以宗教为桥梁发展与中国人和中国社会的关系的活动。③

在中国，曾经有一些小基督教侨民团体在中国生活，有学者开始注意，如李静蓉对在华亚美尼亚人的研究，指出经商和传教是中世纪的永恒话题，商业和宗教沟通了亚美尼亚人与泉州的联系。亚美尼亚人与来泉州的其他民族共同对泉州的多元文化产生影响，尤其对泉州的基督教事业起到了很大的推动作用。直到近代还有相当数量的亚美尼亚人在哈尔滨等地生活，并有自己的宗教组织。大多数亚美尼亚人信仰的亚美尼亚使徒教会是世界上最早的国家教会，不隶属任何大宗派，有关其在华状况没有人研究。④

四 基督宗教与山东

山东是天主教和基督教重点传教地区，特别是基督教对山东的影响，就全国而言是最重要的地区之一。陶飞亚和刘天路合著的《基督教会与近代山东社会》，是最早研究山东与基督新教之间关系的专著。它全面考察了基督教在山东地区的各项活动，在近代教会教育、教会医疗、近代山东基督教徒、教会自立运动等方面，都有含有新意的探讨。⑤ 孙顺华的

---

① 参见朱峰《基督教与中国东南的乡村社会：以近代福建美以美会为例》，《福建师范大学学报》2005年第3期。

② 参见王福梅《清至民国美以美会在莆田的传播与特点》，《莆田学院学报》2004年第1期；《论近代莆田基督教会的"三自"运动》，《莆田学院学报》2006年第3期。

③ 参见张予权《英国伦敦会传教厦门史略》，《世界宗教文化》2003年第4期；吕云芳《厦门外籍基督徒教师的宗教活动研究》，《世界民族》2010年第5期。

④ 参见李静蓉《试论元代泉州的亚美尼亚人及其对基督教的影响》，《福建师范大学福清分校学报》2012年第1期。

⑤ 参见陶飞亚、刘天路《基督教会与近代山东社会》，山东大学出版社1995年版。

《基督教传播与近代青岛社会文化研究》叙述了基督教在青岛的历史。①

刘志庆对自元朝以后至当代天主教在山东的发展状况进行了概括性的研究。② 王巨新以明末至清康熙初年、康熙初年至雍正初年、雍正初年至鸦片战争前三个阶段，分析了天主教在山东的发展过程和特点，指出除耶稣会外，方济会在山东的传播占据重要地位，山东不仅是方济会中国教区开拓地，而且是中国北方方济会传教中心。③ 夏伯嘉的《天主教与明末社会：崇祯朝龙华民山东传教的几个问题》分析了明末崇祯朝，意大利人龙华民在济南与青州的传教过程，清兵入鲁后，明地方宗室遭到致命打击，山东天主教务亦逐渐息微。④

张立胜以1886年建立的庞庄教堂为例，讨论了美国公理会在德州开展的各项社会、文化活动及对德州社会潜移默化的影响。滕松梅和邓云则分析了自1861年烟台开埠后，各传教机构在当地的传教工作、开办的各项社会文化事业及其影响。⑤

第四节　华中地区的基督宗教传播

华中地区包括湖北、湖南、河南、江西四省，其基督宗教的传播和影响虽不如华东地区兴盛，但仍然比内地其他地区影响大些。

一　基督宗教与河南和江西

河南地区是天主教和基督教在中国发展较快的地区之一。天主教自明末崇祯年间在河南开始传行，经清朝及至民国有了一定的发展。刘志庆和尚海丽分别探讨了近代河南天主教教区的建立过程及以第一个中国籍教区

---

① 参见孙顺华《基督教传播与近代青岛社会文化研究》，中国社会科学出版社2010年版。
② 参见刘志庆《天主教在山东传播史略》，《中国天主教》2012年第6期。
③ 参见王巨新《明末至清前期天主教在山东的传播》，《理论学刊》2009年第8期。
④ 参见夏伯嘉《天主教与明末社会：崇祯朝龙华民山东传教的几个问题》，《历史研究》2009年第2期。
⑤ 参见张立胜《庞庄教堂与西方文化在德州的传播》，《德州学院学报》2011年第3期；滕松梅《基督教会对近代烟台经济、文化的影响》，《史学月刊》2007年第11期；邓云《近代烟台的外国教会与传教士的早期布道活动》，《赤峰学院学报》2010年第2期。

在 1933 年建立的过程，指出中国籍教区的建立是天主教本土化建设的重要成就。① 宋家珩、李巍主编的《加拿大传教士在中国》，主要涉及西方传教士在河南地区的传教状况。在加拿大档案馆的资料基础上，作者还先后几次赴河南进行社会调查，收集了大量地方资料和口述历史资料，是唯一一部叙述加拿大传教士的专著。②

针对基督教在河南相对迅速的传播，有学者对其传播手段及教徒改信动机进行了分析。马晓军分析基督教在近代传入河南后，为了扩大传教效果采取了多种传教方法，主要发展了教职人员本土化、巡回传教、聚会讲道以及行医传教等模式。但由于受西方列强侵略中国的时代背景和中国传统文化强大排斥力的影响，传教效果并不显著。③ 苦难是河南乡村民众人生的危机和生命转折，成为他们反思自我、发现宗教之功能与意义的主要契机。由于佛道衰微及基督徒传教的主动性强，处于社会底层的乡村民众接触基督教进而改信基督教的可能性较大。但面对社会苦难，乡村基督教所能提供的只是赋予苦难以意义，并互相帮助以减轻个体所遭受的苦难。面对造成社会苦难的原因，基督教所能解决的是极其微小的部分。换言之，政府有更大的空间与社会资源来帮助乡村民众应对社会苦难。④

作为内陆省份，江西的近代基督教新教活动往往被各种基督教研究的专著所忽略。1583—1775 年，在耶稣会士进入中国的初期，多位耶稣会士进入江西传播天主教，以江西为跳板，通向京城；教难时期，江西成为大多数传教士的避难所，且在避难期间，江西地区的传教事业也得到拓展。鸦片战争以前江西的天主教活动并非一片空白，有相当长一段历史地位不可忽视。⑤

黄志繁、周伟华指出，美以美会在晚清传入江西后，发展迅速。教会采取了教、学、医三管齐下的传教策略，三者相依相促，形成独具一格的

---

① 参见刘志庆《近代天主教在河南九个教区的形成与发展》，《中国天主教》2005 年第 2 期；尚海丽《近代河南第一个天主教国籍教区的建立与发展》，《天中学刊》2011 年第 1 期；柴俊青《近代外国天主教会在河南活动述略》，《殷都学刊》1994 年第 1 期。
② 参见宋家珩、李巍《加拿大传教士在中国》，东方出版社 1995 年版。
③ 参见马晓军《试析基督教在近代河南的传教方法》，《华北水利水电学院学报》2011 年第 4 期。
④ 参见李华伟《苦难与改教：河南三地乡村民众改信基督教的社会根源探析》，《中国农业大学学报》2012 年第 3 期。
⑤ 参见吴薇《明清江西天主教的传播》，《江西师范大学学报》2003 年第 1 期。

宗教文化，这些举措在客观上促进了江西教育、医疗事业的发展。① 刘家峰则分析了民国年间在江西的特殊案例。1933 年在江西黎川成立的乡村试验区是国民政府与基督教会密切合作的产物，甚至被作为政教关系和谐的典范加以宣传。但从政教分离的角度分析黎川试验区的动作过程以及结果，便发现政府和教会都有失当之处。在政府方面，邀请教会参与乡村建设，旨在淡化这项工作的政治韵味，让教会不自觉地充当了国民政府的政治工具；在教会方面，虽然充分意识到政府密切合作有对政教分离原则的潜在危害，但在实际运作中又过分看重教会与政府合作的重要性，因此，在政教关系的处理上，不能严格持守政教分离的原则而偏离宗教立场。②

二 基督宗教与湖北和湖南

有关湖北地区天主教研究方面，康志杰的研究最为突出。传教士作为一个群体来到中国，其最终目的是传播基督福音，他们把影响扩展到偏远的乡村，因而当中国政府用武力实行禁教的时候，乡村教会成为传教士和基督徒的避难所。明清全国乡村天主教的发展以鄂北的磨盘山最为典型。清朝雍正初年，乡村天主教在清朝禁教期间并没有绝迹，而是一直延续到近代社会。在湖北武昌、安陆、襄阳的部分基督徒为了保持信仰，沿汉水北上进入无人居住的磨盘山区，建立了中国最早的神权社区。康志杰的研究从中寻绎出中国基督教在区域空间发展中的复杂性和多样性。③ 刘芳对早期入鄂境内的传教士做一考察，以期重现这一时期湖北开教的历史。张笃勤指出，历史上天主教、基督教、东正教三派都曾先后传入武汉，其中以天主教传入最早、经济实力最强。④

针对湖南地区的基督宗教传播研究，向常水认为，基督教是近代湖南社会中不容忽视的因素，但 19 世纪后半叶它在湖南的传播遭到了湖南民

---

① 参见黄志繁、周伟华《近代基督教新教江西美以美会研究》，《南昌大学学报》2008 年第 4 期。

② 参见刘家峰《徘徊于政治与宗教之间：基督教江西黎川实验区研究》，《浙江学刊》2005 年第 4 期。

③ 参见康志杰《关于湖北磨盘山神权社会的考察》，《世界宗教研究》2004 年第 3 期；《湖北磨盘山基督徒移民研究》，《暨南史学》2003 年第 3 期。

④ 参见刘芳《论明末天主教在湖北的开教情况》，《中国天主教》2012 年第 1 期；张笃勤《天主教在武汉地区的传播及影响》，《世界宗教研究》1994 年第 1 期。

众顽强的抵制。这与当时湖南民风朴实、相对封闭落后，太平天国运动和"湘军"的影响，地方官绅的极力反对以及迭次教案激起社会的巨大反弹和抵触等不无关系。基督教的这种遭际从一个侧面也反映了近代湖南社会的保守特点。①

第五节 华南地区的基督宗教传播

华南地区包括广东、广西和海南三省。

一 基督宗教与广东以及客家人

广东地区是天主教和基督教最早传入的地方，学术界对此地区的研究也较多，其中不乏有分量的著作。吴义雄的《在宗教与世俗之间：基督教新教传教士在华南沿海的早期活动研究》，是研究基督教在华南一带活动的上乘之作，是在作者获得全国百优博士论文的基础上修改而成的。它利用了大量的中英文资料，特别是对英文《中国丛报》的深入发掘，全面客观地再现了这一时期的华南基督教历史。② 此外，还有赵春晨、雷雨田、何大进合著的《基督教与近代岭南文化》，对基督教与岭南文化的现代转型进行了较深入的研究。③

雷雨田指出，明末清初天主教首先在广东的澳门建立了基地，进而深入肇庆、韶州和广州，然后在北京播种于宫廷、传扬于全国。近代广东得风气之先，在基督教传教活动中发挥了特殊作用。首先由于广东具有优越的博采异域文化的地理位置和古老传统；其次由于岭南文化长期以来所形成的内引外联的开放性；最后，明末清初天主教传教士在广东的居留与考察，为其了解中国国情、确立文化传教和结交上层，从而获得合法传教身

---

① 参见向常水《"铁门之城"是如何锻造的：晚清基督教在湘传播缓慢的原因分析》，《湖南农业大学学报》2006 年第 5 期。

② 参见吴义雄《在宗教与世俗之间：基督教新教传教士在华南沿海的早期活动研究》，广东教育出版社 2000 年版。

③ 参见赵春晨、雷雨田、何大进《基督教与近代岭南文化》，上海人民出版社 2002 年版。

份的方针提供了人文环境。①

在 16 世纪天主教进入中国的过程中，学者将天主教在广东的发展分三个时期，对其传入历程进行了系统探讨。关汉华对 16 世纪后期天主教为何以广东作为在中国传教的入楔点，以及在广东传播的三个阶段（澳门、肇庆、韶州）做了全面的考订和阐述。指出由于传教活动"学术含量"的增大，因而它在文化交流方面的作用就更为显著，广东之所以在中国近代化历程中起先导作用，实与此密切相关。② 邱瑞祥和李明山以利玛窦为对象，对天主教在广东的早期传教活动进行了探讨，指出肇庆是利玛窦中国传教的第一站，后又在韶州传教 6 年。他采用"基督教中国化"的传教方略，从观念与具体方式上主动趋合中国文化，获得本土人士在心理与感情上的沟通和认同，使其取得了传教的初步成功。③

广州及其周边城镇作为广东最大的城市，在近代在华基督教历史上，特别是基督教史方面，具有重要的意义，由基督教组织在广州地区开展的多种社会事业都在中国近代史上有开先河之意。贺璋瑢探讨了 19 世纪初至 20 世纪初基督教在广州的发展概略，她将基督教在广州百余年的发展大致分为两个阶段。1807—1842 年是基督教在广州的艰难草创时期，这一阶段传教士们的主要工作是围绕文字布道、医药布道、个人布道等方面展开的。1842—1910 年是基督教在广州的蓬勃发展时期，这一阶段来广州的传教差会与人数明显上升，且医疗、文字出版、教育、慈善等工作成为传教士们整个传教事业的核心。在中国新旧社会交替的时期，传教士们的这些工作对广州近代社会的发展具有重要的意义。④ 伍玉西认为，广州是基督教入华第一站，在基督教对华传教史上具有十分重要的地位。指出基督教在广州的传播特点表现为：以美国为背景的教会实力最强，医药文化传教手段并没有起到快速增加信徒的效果，利用福音船传教是以广州为

---

① 参见雷雨田《论广东在明末清初传教活动中的地位》，《广州师院学报》1999 年第 10 期。
② 参见叶农《明末天主教在广东地区的传播与发展》，《暨南学报》2001 年第 5 期；关汉华《16 世纪后期天主教在广东的传播与影响》，《中南民族学院学报》2003 年第 1 期。
③ 参见邱瑞祥《利玛窦肇庆传教的文化透析》，《浙江万里学院学报》2003 年第 5 期；李明山《澳门耶稣会向内地发展的重要跳板：利玛窦在韶州的宗教传播和文化交流》，《韶关学院学报》2011 年第 1 期。
④ 参见贺璋瑢《十九世纪初至二十世纪初基督新教在广州之发展》，《世界宗教研究》2001 年第 2 期。

代表的华南地区特有的传教手段和方式。①

胡卫清的《苦难与信仰：近代潮汕基督徒的宗教经验》是研究潮汕地区基督徒的有力之作。19世纪中期，西方传教士陆续进入潮汕，对一个地区有计划的传教活动开始了。潮汕民众原有很浓厚的民间信仰传统，基督教进入后，艰难但是顽强地与潮汕社会传统的信仰体系争夺信众。当地基督教徒的队伍逐渐发展起来，但他们信教的过程充满艰辛和压力，信教后也面临许多问题。同时，教会组织如同任何一个社会组织一样，内部也充满了矛盾和争斗。该书从多方面细致研究了这一过程，尤其着眼于基督徒的个体经验，从个人、地区的角度切入，把教会进入中国后的发展、本土化策略以及实施中的曲折表现得淋漓尽致。②

胡卫清、姚倩璞认为，教会方面单一的普遍主义尺度与中国社会环境极其复杂的多样性，构成了近代基督徒和教会存在的奇特样式。在灵与肉的强大张力之中，近代早期潮汕基督徒由生存而信仰，在努力寻求生存出路的时候，逐渐走向十字架。他们的皈依不只是一种地域性的经验，而是具有某种普遍意义的事件。潮汕地区是中国宗教生态极为丰富的地区之一，民众宗教心理复杂，其中基督徒比例及其社会影响，在中国具有一定的代表性，近年来，关注这一地区基督宗教历史与现状的学者逐渐增多，学术活动相对活跃。③

客家族群是一个特殊的社会群体，在由中原迁徙南方、港台和海外的过程中，历史培育了客家人朴实、勤劳和善良的民族性格。在汉族中，客家人经常被单独作为研究的对象。基督教对在广东的客家人十分关注产生过重要影响。王芳恒指出，由于历史原因，客家人与土著居民曾发生过误解，甚至冲突。19世纪中叶以后，基督教新教大举传入中国，恪守中国优秀文化传统的客家族群，对中国文化与基督教的冲突做出了独特回应，引起了基督教传教士的高度重视，促进了客家文化与基督教文化的互动与整合，提高了客家人的民族精神，并锤炼了一批重要精英。④ 韩小林指出，以梅州为中心的粤东客家地区因其特殊的地理位置和人文环境，成为

---

① 参见伍玉西《基督教新教在广州传播述论》，《韩山师范学院学报》2005年第1期。
② 参见胡卫清《苦难与信仰：近代潮汕基督徒的宗教经验》，三联书店2013年版。
③ 参见胡卫清、姚倩璞《圣俗之间：近代潮汕地区的基督徒与教会》，《韩山师范学院学报》2001年第4期。
④ 参见王芳恒《论客家族群与近代基督教的互动关系》，《广西民族研究》2001年第4期。

近代西方宗教势力发展的重要地区。西方宗教传入粤东客家地区，进一步激化了当地的社会矛盾，同时，他们也为粤东客家地区乃至整个广东的社会经济的发展和进步做出了贡献。西方传教士又把粤东地区的客家文化传入西方各国，在加强中西文化交流和了解方面起到了桥梁和纽带的作用。①

二 基督宗教与广西和海南

广西早期主要是天主教在此地活动，以巴黎外方传教会为主，其传教路径有越南、贵州等地。清末民初，基督教开始进入广西传教，是整个华南地区甚至全国进入最晚的地区之一。有关广西的基督宗教研究是相关研究中较为薄弱的。房建昌的《广西基督教史考略》一文是较早对天主教在广西传播及其发展的历史进行系统梳理的文章，吴宁、汤开建的《清末民初美南浸信会在广西的传教活动》一文则是较早关于新教的论文，指出广西是基督新教在中国进入最晚、布道区最少的省份之一，但其广泛开展的传教活动对广西的社会生活产生了很大影响，其传播的历史是广西近代城市发展史的一个重要组成部分。②

壮族是中国人口最多的少数民族。黄家理和刘祥学叙述了传教士们对于壮族的传教努力，因为壮族是个多宗教信仰的民族，历史上并无统一的宗教。壮族的民族心理与传统文化习惯，使得基督教在壮族地区的传播总体上并不成功。③ 曾志辉梳理了天主教在桂西民族山区、桂中大瑶山区及桂南十万大山三个广西民族山区的传播历史与现状，并分析其传播特点及由此形成的山地民族与传教士共存的"山区教会"的特点。④

---

① 参见韩小林《近代西方教会在粤东客家地区的传播及其影响述略》，《嘉应大学学报》2003年第1期。

② 参见房建昌《广西基督教史考略》，《中国边疆史地研究》1990年第4期；吴宁、汤开建《清末民初美南浸信会在广西的传教活动》，《广西民族大学学报》2007年第5期；黄家理《桂林地区基督教历史问题探讨》，《中南民族学院学报》1990年第3期；刘启强《近代外国传教士在百色活动述略》，《广西右江民族师专学报》2005年第1期。

③ 参见黄家理《基督教传入壮族地区原因试析》，《中南民族学院学报》1988年第6期；刘祥学《论基督教在广西壮族地区的传播及文化冲突》，《宗教学研究》2012年第2期。

④ 参见曾志辉《传教士、山地民族与山区教会：立于广西三个区域堂点历史与现状的研究》，《世界宗教研究》2010年第4期；《晚清巴黎外方传教会在广西民族山区传教活动述论》，《宗教学研究》2010年第3期。

海南岛是中国第二大岛屿，外国传教士很早就注意到这一地区。张先清《传教士、海难与跨文化接触：1583 年海南岛飘风事件分析》指出，1583 年夏季，一艘载着一支天主教方济各会传教团体的帆船由马尼拉前往越南。返航途中遭遇风暴，漂抵海南岛昌化县附近洋面。传教士上岸后被明朝兵丁捕获，并被辗转押送各地，前后羁留在华南地区长达 3 个月之久，最后在 9 月中旬被遣返至澳门。借助记录这次漂流事件的数份西班牙文传教士资料，能够重建这段事件史，并进而考察 16 世纪南中国海地区的传教航行、海难与跨文化接触之间的关系。① 汤开建、袁国客的《明清之际天主教在海南的传播、发展及兴衰》，韦经照的《基督教在海南岛的传播》和王禹的《传教士在海南岛》，分别从多个角度对海南地区基督教传播过程进行了梳理分析。②

三　交叉学科与基督宗教研究

交叉研究是现代科学研究的一种重要趋势。历史学作为一门成熟的科学，有着自己丰富的研究理论与方法，在基督教研究方面如何采用新方法、新手段也是摆在研究者面前的重要问题，如与社会学、哲学、宗教学、语言学、经济学、文学、统计学结合等，有些已经有比较成熟的研究成果，有些领域尚属空白。在有关华南基督宗教区域史研究中，有学者将地理学方法与历史学方法相结合，发表了一批学术成果，对于传统历史学者而言，也是一种很好的借鉴与启发。这些文章利用地理信息系统数据，采用统计学、类聚分析等多种方式，对于基督教在广东、广西的发展模式、传播特征进行了历时、共时性分析，使研究有了实证性结果。

彭静、朱竑以天主教在广西沿北部湾地区的传播、扩散为例，试图揭示其传播、扩散的地理学规律。研究表明，天主教在环北部湾地区的传播分布基本上符合清末年间传教士先从沿海港口登陆，渐次沿交通干道向内陆地区扩散的点轴扩散模式。其中涠洲岛以其地理上的闭合性特征在天主

---

① 参见张先清《传教士、海难与跨文化接触：1583 年海南岛飘风事件分析》，《晋阳学刊》2011 年第 6 期。
② 参见汤开建、袁国客《明清之际天主教在海南的传播、发展及兴衰》，《海南大学学报》2001 年第 4 期；韦经照《基督教在海南岛的传播》，《海南大学学报》1987 年第 4 期；王禹《传教士在海南岛》，《清史研究》1997 年第 2 期。

教进入广西初期扮演了弹跳板和插转台的角色,进而直接影响到广西沿北部湾地区天主教分布格局的形成。① 薛熙明、朱竑通过对广东基督教教案时空演变的研究,直观地反映出基督教文化在广东扩散的历史地理过程。研究从相关历史文献中提取数据,并运用 GIS 图形技术和数理统计方法进行分析,发现 1584—1910 年,广东基督教教案大致经历了初生、多发、高潮和衰退四个时期。其空间分布具有不均衡的特性:珠三角自始至终是教案发生的中心,潮汕地区和粤东客家地区也先后成为教案的分布次中心地。地理集中指数的测算进一步印证了教案分布的这一结构特征。薛熙明、朱竑通过对广东不同历史阶段基督教宣教地的空间分布形态的分析,发现宣教地的分布与广东交通的发展关系密切。基督教与广东地域环境的关系并非仅体现为单向的环境决定论,而是一个双向互动的影响过程。②

　　李凡、司徒尚纪从古地图和历史文献中提取历史时期基本空间数据,以及教堂、寺庵、神庙和祠堂等文化景观地理信息。以教堂景观为视角,通过 GIS 空间分析表明,基督教各教会在佛山空间扩展可以概括为"中心型"和"边缘—中心型"两种类型,基督教循道公会势力最强,表现为从佛山城市边缘向中心扩展的态势,而其他教会则呈现出"中心型"的特征。③ 薛熙明、朱竑、陈晓亮采用宗教扩散模式研究方法,对基督教自 19 世纪初传入广东后的空间扩散形态进行分析,发现存在多种扩散模式。其中,点轴式迁移扩散最为普遍,但中间障碍的存在常常使发展轴线发生变换;等级扩散呈现出按照人口分布规模、交通地重要性和行政等级的特征;传染扩散模式随着媒介的变化而不断演进;依托海岛的跳板式扩散则是沿海地区基督教扩散的特殊形式。④ 薛熙明、马创选取 1920 年和 1990 年两个历史断点,对广东基督教文化区历史演变过程进行对比分析。

---

① 参见彭静、朱竑《天主教在广西沿北部湾地区传播、扩散过程中的海岛效应和点轴模式》,《人文地理》2007 年第 4 期。

② 参见薛熙明、朱竑《广东基督教教案的时空演变(1584—1910)》,《地理研究》2008 年第 3 期;薛熙明、朱竑《交通对基督教空间扩散的影响研究:以广东基督教宣教地的分布为例(1807—1920 年)》,《热带地理》2008 年第 3 期;薛熙明、唐雪琼、朱竑《19 世纪以来基督教新教在广东传播的自然与社会环境》,《热带地理》2009 年第 1 期。

③ 参见李凡、司徒尚纪《清至民国时期基督教在佛山传播的空间透析:以教堂景观为视角》,《热带地理》2009 年第 5 期。

④ 参见薛熙明、朱竑、陈晓亮《19 世纪以来基督教新教在广东的空间扩散模式》,《地理研究》2010 年第 2 期。

研究发现：经过 19 世纪的广泛传播，至 20 世纪 20 年代，广东基督教文化区格局已基本形成。从信徒数量和教堂堂点分布的集中度来看，珠江三角洲及西部沿海地区、潮汕地区和东江—梅江流域是广东基督教文化三大核心区。①

第六节　西南地区的基督宗教传播

西南地区包括四川、云南、贵州、西藏、重庆。有关基督宗教在西南地区传播的研究，从文献数量看，仅次于华东地区。由于西南地区的许多大学、研究院所都设有专门的宗教研究系、所、中心，办有专门的宗教学刊物，同时本地社科学术期刊、大学学报在发表基督教史研究论文方面，也表现出积极的态度。总体来讲，对于西南省份和西南少数民族基督教历史和现状的研究，从 20 世纪 80 年代初就活跃起来，并一直是基督教区域史的重头戏。

一　基督宗教与云贵川

秦和平在西南少数民族和四川基督教研究方面，用力甚勤，出版了很有特色的《基督宗教在四川传播史稿》。他还与申晓虎编辑了《四川基督教资料辑要》。② 陈建明指出，华西浸礼会是近代基督教在四川的较大派别之一。他的《基督教华西浸礼会在四川地区的传教活动》一文对华西浸礼会的传教活动进行了梳理，揭示其在四川基督教传教史中所占的地位。③ 张丽萍、郭勇通过文献资料的发掘和实地考察，整理出清代四川天主教社区分布情况。归纳出教徒社区形成的三种模式：宗族繁衍型社区、乡邻同化型社区、教点扩张型社区。探讨整合社区的伦理、宗教、经济和政治的原则和方法。秦和平指出，乾嘉年间，清政府厉行禁教，然而，天

---

① 参见薛熙明、马创《20 世纪以来广东基督教文化区的形成与演变》，《热带地理》2012 年第 4 期。
② 参见秦和平《基督宗教在四川传播史稿》，四川人民出版社 2006 年版；秦和平、申晓虎编《四川基督教资料辑要》，巴蜀书社 2008 年版。
③ 参见陈建明《基督教华西浸礼会在四川地区的传教活动》，《西南民族学院学报》2001 年第 5 期。

主教活动在四川持续地发展，教徒及中国籍神父的数量均占全国同类数量的第一位，处于举足轻重之地位。以发展教会教育，灌输宗教知识、增强凝聚力和向心力；采取变通方式，积极培养中国籍神职人员，将其推向传教的前台；以及培养传道员选择会长，扩大传教活动的范围，建立健全教会基层组织等着眼，诠释清代中叶四川天主教得到保存与发展的关键之所在。① 郭丽娜、陈静认为，清代中叶负责四川教务的巴黎外方传教会强调造就耶稣的忠实信徒，通过神父和会长对教徒进行双层监管，要求教徒遵守中国礼仪禁令，向教徒灌输宗教思想，并在一定程度上约束教徒的经济行为。这些措施一方面有利于坚定教徒的宗教信仰，增加教会的凝聚力和促进教会发展；另一方面其明显的保守和内敛特征实际上是意图割断教徒与教外群众的政治、文化和经济联系，从而造成民教分离。②

云南是个多民族、多宗教的地区，基督宗教作为最后进入这个地区的宗教，却对它产生了一定的影响。当地学者对基督教和天主教的研究都很有成果，这在其他省份中是很少见的。通史性质的出版了肖耀辉、熊国才的《云南基督教》，肖耀辉、刘鼎寅的《云南基督教史》，刘鼎寅、韩军学的《云南天主教史》。③

贵州地区是历史上基督教传播的主要地区，基督教研究涉及汉族和少数民族地区。关于贵州苗族和彝族的基督教信仰状况在20世纪80年代初便引起了学者的关注。1983年，岑秀文《试论基督教对威宁苗族的影响》是最早的论文，除了对威宁苗族基督教的传入历史及影响有研究外，还对当地的基督教在十一届三中全会后，教堂恢复和信徒情况进行了描述，着重指出当地信徒"灵恩"倾向对于生产和生活的影响。④ 在综合性研究方面，明秀丽讨论了天主教自明末清初传入贵州后，随着清政府对它的政策的改变而呈现出与邻省不同的态势，具有鲜明的特点。另外，同为西方传

---

① 参见杜懋圻《鸦片战争前的四川基督教》，《宗教学研究》1992年第3—4期合刊；秦和平《清代中叶四川天主教传播方式之认识》，《世界宗教研究》2002年第1期。

② 参见郭丽娜、陈静《论清代中叶巴黎外方传教会对四川天主教徒的管理和改造》，《宗教学研究》2008年第1期。

③ 参见肖耀辉、熊国才《云南基督教》，宗教文化出版社2004年版；肖耀辉、刘鼎寅《云南基督教史》，云南大学出版社2007年版；刘鼎寅、韩军学《云南天主教史》，云南大学出版社2005年版。

④ 参见岑秀文《试论基督教对威宁苗族的影响》，《贵州民族研究》1983年第3期。

入的宗教文化,天主教与基督教新教无论是在传播的社会文化背景、传播的途径及方式、对贵州社会的影响等方面都完全不同。① 吕延涛、邹晓辛和高应达分别梳理了基督教和天主教在贵州地区的传播历史,以及少数民族接受基督教和天主教文化的历史背景。②

二 基督宗教与西南少数民族

近代以来,基督宗教在中国南方少数民族中的传播更为活跃,基督宗教已经成为南方部分少数民族的主体信仰之一,如傈僳族、怒族、景颇族、苗族等。有些民族尽管没有接受基督宗教,但其传教过程引起了许多研究者的关注,如藏族等。以下将有关这些民族的研究成果择要叙述。

针对中国少数民族基督宗教信仰的综合性研究方面,西南地区民族的研究占了大部分。这些著作涉及西南各省地,比较全面真实地再现了基督教渗透并融入少数民族地区的历史过程。西南民族基督教研究的一大特色,即都对当地进行了深入的实地采访,多运用了实地调查或民族学、人类学的研究方法。其中,张坦的著作最具代表性,他的《"窄门"前的石门坎:基督教文化与川滇黔边苗族社会》,是最早关注研究少数民族地区基督教传播的研究专著。该书以比较翔实的档案文献和实地调查资料,再现了石门坎个案的历史过程,以及苗族救星英国传教士柏格里的传奇故事。③ 之后,又陆续出版了韩军学的《基督教与云南少数民族》,钱宁主编的《基督教与少数民族文化变迁》,徐永志的《融溶与冲突:清末民初边疆少数民族与基督宗教研究》,东人达的《滇黔川边基督教传播研究(1840—1949)》及秦和平的《基督宗教在西南民族地区的传播史》。东人达和东旻翻译了苗族地区最著名的几位传教士留下的著

---

① 参见明秀丽《天主教在贵州的早期传播》,《贵州社会科学》2002 年第 4 期;《天主教、基督教新教在贵州早期传播异同论》,《贵州社会科学》2003 年第 4 期。
② 参见吕延涛、邹晓辛《基督教的传播与近代贵州少数民族社会变迁》,《中央民族学院学报》1988 年第 6 期;高应达《天主教、基督教在黔东少数民族地区的传播历史探析》,《铜仁学院学报》2008 年第 6 期。
③ 参见张坦《"窄门"前的石门坎:基督教文化与川滇黔边苗族社会》,云南教育出版社 1992 年版。

作《在未知的中国》。①

杨天宏的《救赎与自救：中华基督教会边疆服务研究》，是研究基督教在西南少数民族边疆地区传教的重要专著。从20世纪30年代末开始，中华基督教会全国总会发起了一场"边疆服务"运动，基督教传播也同时展开。中华基督教会全国总会"边疆服务"的出现，标志着旨在进行社会服务和福音传播的服务运动由此开始。在这场运动中，总会同工深入川西北藏、羌山区及凉山彝族聚居地，配合教育、医疗卫生、生计等社会服务工作实施布道，力图构建基督教的"川西圣地"并"复兴"西康地区已呈颓势的教会事业。在广大偏远的少数民族地区开展了生产、教育、医疗卫生、社会调查及福音布道等工作。作者并不借用某种理论作为解释的基础，始终坚持在占有绝对优势的大量历史资料的基础上，采用传统历史学的"历史叙事"方法，让读者自己回到历史现场，重构历史的细节，细细感受历史的发展过程。②

钱宁撰写多篇论文系统分析了基督教在云南一些少数民族中传播的原因、过程及对少数民族的文化和社会生活产生的重大影响。指出基督教作为宗教传播，它首先引起的是少数民族宗教信仰的变化。同时作为一种文化传播，它所携带的异域现代文明信息，会以某种方式传播给它的对象社会。特别是当基督教传教士采用世俗化的传播手段，更多地靠改变人们的日常生活方式和观念来传教时，基督教对少数民族社会的影响、意义就更大。其表现首先是出于宗教信仰和伦理道德观上的对立，在少数民族经济生活的领域，传教士们都反对少数民族生活中受原始宗教意识和文化习俗支配的经济活动和生活陋习，用基督教道德戒律约束人们的行为，对少数民族的经济生活变化起到了积极的作用。其次，基督教的传播，对打破少数民族传统的社会组织和政治结构，扩大社会规模，增加社会交往的机会，也产生了重要影响。再次，基督教对云南少数民族社会文化变迁最重要的影响莫过于民族文字的创制和开办学校教育。传教士基于传教需要，

---

① 参见韩军学《基督教与云南少数民族》，云南人民出版社2000年版；钱宁主编《基督教与少数民族文化变迁》，云南大学出版社1998年版；徐永志《融溶与冲突：清末民初边疆少数民族与基督宗教研究》，民族出版社2003年版；东人达《滇黔川边基督教传播研究（1840—1949）》，人民出版社2004年版；[英]柏格理等《在未知的中国》，东人达、东旻译，云南民族出版社2002年版；秦和平《基督宗教在西南民族地区的传播史》，四川民族出版社2003年版。

② 参见杨天宏《救赎与自救：中华基督教会边疆服务研究》，三联书店2010年版。

先后创制了景颇文等 7 种民族文字，成为在相应民族信教地区通行的社会交往文字；传教士创办的教会学校，就其世俗的社会作用而言，开启了现代教育制度化的模式，为少数民族文化由传统向现代的变迁和更新，注入了新的文化要素。最后，基督教的传播造成少数民族信教群众婚姻家庭制度的变化和生活方式的改变。① 陈建明以传教士在少数民族信徒的帮助下，先后创制和推广了几种少数民族文字为背景，讨论了文字布道在西南少数民族的过程与意义。②

苗族是接纳基督宗教比较成功的民族，其信教人口比例在我国各民族中是比较高的。有关苗族基督教史的研究，发表文章远多于其他民族，而且在 20 世纪 80 年代初即开始。有关苗族基督教的研究，多数集中在黔西北和滇东北，基本上以石门坎地区为中心。1904—1914 年，以贵州威宁偏僻的少数民族山寨石门坎为中心，形成了一个辐射滇、川边，有 6 万多居民信仰基督教的社区。韦启光和伍新福分别对基督教新教传入黔滇川的历史过程进行了系统归纳，基督教传教士在这些传教活动被一些研究者视为文明的象征，如以石门坎教会为代表的传教活动。③ 张恩耀具体描述了内地会在滇东北次方言苗族聚居区和以柏格里为代表的循道公会在石门坎建立教堂、学校的过程。④ 林芊对这种现象进行了分析，认为内生的社会环境构成了它生成的社会基础，如偏远地区少数民族的苦难和贫困，偏远少数民族地区存在远离主体政治权威产生的二元政治，并因此而导致多元权力对立，当地的原始宗教形态较弱。⑤ 自 20 世纪 30 年代开始，石门坎文化现象引起国民政府的重视，各级政府多次派人调查和视察，制定政策对石门坎基督教文化进行改造，通过建立保甲制度和国民党基层党部，开

---

① 参见钱宁《基督教在云南少数民族社会中的传播和影响》，《世界宗教研究》2000 年第 3 期；《云南边疆少数民族信仰基督教的社会历史原因分析》，《中南民族学院学报》1998 年第 3 期；《近代基督教的传播与云南少数民族社会的短缺》，《思想战线》1997 年第 1 期。

② 参见陈建明《传教士在西南少数民族地区的文字创制活动》，《宗教学研究》2010 年第 4 期；《近代基督教在西南少数民族地区的文字布道及其影响》，《世界宗教研究》2011 年第 6 期。

③ 参见韦启光《黔滇川边区苗族信仰基督教试析》，《贵州社会科学》1981 年第 4 期；伍新福《近代基督教在我国苗区的传播和影响》，《中南民族学院学报》1996 年第 4 期。

④ 参见张恩耀《基督教是怎样传入黔西北、滇东北苗族地区的》，《民族研究》1988 年第 1 期。

⑤ 参见林芊《石门坎现象：对清末黔西北苗族地区基督教传播的思考》，《贵州民族研究》2004 年第 3 期。

发石门坎经济，发展文化教育等，推行民族同化政策。①

郎伟还对四川南部苗族数千人信仰天主教和基督教进行了描述，认为"洋教"对近代苗族社会产生了不可低估的影响。②海南岛苗族与苗族主体民族相距遥远，王静的《基督教在海南苗族聚居区传播始末》分析指出，基督教对海南苗民的生活、社会与精神各方面的影响。③

基督教约19世纪末期传入傈僳族后，已经成为该民族的主体信仰之一，基督教影响到傈僳族生活的各个方面，这在中国各民族中是比较少见的。许多学者发表文章从不同角度进行了研究。高志英探讨了20世纪前半期处于不同国家政治与文化场域中的傈僳族基督教发展的背景和特点，并以傈僳族为个案说明宗教认同与民族认同之间的关系以及基督教在重构区域文化中的作用。20世纪前半期，分属不同国家的基督教教会在缅北与滇西傈僳族中形成了多种教会并存的局面，各教会之间相互联系又相互矛盾的关系俨然是当时各西方列强在中国复杂关系的缩影。从总体上看，在中缅傈僳族分布的大三角地带形成了新的以基督教文化为核心的区域文化，这是同一区域内多民族信众的共同选择，也是区域文化传统的延续与重构。20世纪初西方基督教在中缅傈僳族中的迅速发展，一方面基于中国与缅甸先后沦为西方半殖民地、殖民地的历史背景，另一方面也是长期处于迁徙中的傈僳族处在政治管理真空，并在区域内居于弱势地位所致。基督教在20世纪前半期中缅傈僳族中的并存、竞争与消长，伴随各教会国际背景的变化，与西方列强在中国与缅甸势力消长相对应。傈僳族经历了从地域性传统宗教到制度化基督教的变迁，基督教成为傈僳民族认同的重要因素，并重构了以基督教为核心的跨国界、跨民族的区域文化。④

吕偲、申晓虎分析了基督教传入怒江地区后，对傈僳族等少数民族的文化产生了重大的影响，当地少数民族的传统宗教、语言文字、民族习

---

① 参见马玉华《国民政府对贵州石门坎苗民基督教文化的改造政策》，《民国档案》2008年第2期。
② 参见郎伟《天主教、基督教在川南苗族地区传播述略》，《中央民族学院学报》1989年第6期。
③ 参见王静《基督教在海南苗族聚居区传播始末》，《新东方》2002年第5期。
④ 参见高志英《20世纪前半期中缅傈僳族的基督教发展》，《世界宗教文化》2010年第6期。

俗、饮食习惯、民族音乐等都发生了不同程度的变化。① 申晓虎的《怒江傈僳族教会的本土化研究》则指出，20世纪初，基督教内地会传教士，积极推动教会的本土化，创立文字，翻译傈僳文圣经，传播福音；创办短期培训班和雨季圣经学校，积极培养傈僳族传道人；坚持以信徒的奉献作为教会所需资金的唯一来源；教会的日常管理由信徒选举的本民族教牧人员负责。这些做法体现了教会"自传、自养、自治"的原则，从而实现了怒江傈僳族教会的本土化。② 高志英分析指出，藏彝走廊西部边缘为滇藏缅交界多民族聚居地区。历史上，傈僳族在文化交流中处于相对强势，形成同区域内其他民族对傈僳族文化普遍认同的历史传统。20世纪以来，傈僳族、怒族、独龙族等对基督教文化的认同，强化了对傈僳文化的认同趋势。③

基督宗教在部分彝族支系中也发展较快。张坦分析了内地会与循道公会在黔西北苗族、彝族中的传教活动。两派划分传教范围、互不干扰、自谋发展，在苗彝群众中形成了规模较大的"归化基督运动"，分别拥有苗、彝族信徒万数之众。④ 龙海燕指出，基督教的传教活动对川、滇、黔三省彝族社会产生了较深远的影响，一定程度上改善了彝族民众困苦的物质生活；促进彝族教育事业的发展和彝族近代知识分子的培养；促使彝族地区医疗卫生事业的发展；使彝族的宗教观念、生活习俗、社会观念发生了重大改变。针对彝族地区教会的本地化特征，东人达认为，彝族教会在创建与经营过程中表现出鲜明的自立特征，依靠自己的力量建设了小教堂与学校，基本上是自主管理，举办了多项进步社会事业，为日后的"三自"爱国教会奠定了坚实基础。⑤ 东旻对基督教在中国彝族不同地区的传播境遇进行了分析，指出四川凉山彝族抵制，云南、贵州部分彝族皈依但逼迫基督教本土化。其原因在于凉山彝族的自治状态和较完整保留的传统

---

① 参见吕俀、申晓虎《交融与嬗变：基督教与怒江傈僳族文化》，《湖北社会科学》2012年第7期。
② 参见申晓虎《怒江傈僳族教会的本土化研究》，《宗教学研究》2011年第1期。
③ 参见高志英《宗教认同与区域、民族认同：论20世纪藏彝走廊西部边缘基督教的发展与认同变迁》，《中南民族大学学报》2010年第2期。
④ 参见张坦《基督教内地会和循道公会在黔西北苗彝地区传播的比较研究》，《贵州社会科学》1991年第6期。
⑤ 参见东人达《黔西北滇东北彝族教会及其自立特征》，《毕节学院学报》2011年第11期。

文化与家支制度，阶级和民族压迫、传教士的人为因素则促使云贵地区部分彝族接受了基督教。① 有关天主教在彝族地区的传播，蔡华和昂凌以云南石林海邑中寨村天主教传播与发展情况的田野调查为依据，对天主教在石林的传播情况、方式及其影响进行分析；揭示了天主教在初期传播的原因，以及对彝族地区社会文化的影响。②

拉祜族是一个多信仰的民族，基督宗教传入拉祜族后，与原有佛教、特别是传统厄莎信仰产生良好的互动，促进了基督教的传播。苏翠薇、刘劲荣合著的《拉祜族厄莎信仰与基督教的互动整合》指出，厄莎信仰是拉祜族最具生命力的人文系统，是拉祜族得以生存繁衍的精神动力和社会机制。当基督教作为外来文化进入拉祜族社会时，厄莎信仰成为基督教传播的重要载体与平台，为基督教注入了强大的生命力，实现了基督教在拉祜族地区的本土化。基督教的现代理念和手段，有利于拉祜族社区的生产技术、教育卫生、生活观念等的提升，并在厄莎和基督教信仰的基础上共构了一种拉祜族传统的社会和谐。③

基督教进入中国景颇族地区已近120年，景颇作为一个跨境而居的民族，传教士大部分来自美国、缅甸、法国等地，境内外景颇族基督徒比例有一定的差异。黄禾雨以个案研究方式，运用历史学的文献法和民族学的田野调查方法，对广山村景颇族基督教信仰的历史过程进行梳理，分析了景颇族基督教历史。指出德宏州陇川县广山村在历史上一度作为云南省景颇族地区基督教活动的中心，在景颇族基督教传播中具有典型性和代表性。④ 景颇文也是由传教士创制，但从文字活力看，景颇文应用范围是传教士创制文字中最为广泛的。在中国，景颇文报纸、期刊已经连续出版数十年，景颇文期刊《文蚌》曾有历史专栏，其中张么弄的《驻进陇川的天主教士》是国内唯一一篇关于天主教传教士在陇川活动的景颇文

---

① 参见东旻《川滇黔彝族同基督教的冲突与调适》，《毕节师范高等专科学校学报》2003年第2期。
② 参见蔡华、昂凌《云南石林彝族撒尼人的天主教信仰：以海邑中寨村为个案》，《西南民族大学学报》2013年第1期。
③ 参见苏翠薇、刘劲荣《拉祜族厄莎信仰与基督教的互动整合》，《云南社会科学》2006年第1期。
④ 参见黄禾雨《德宏州广山村景颇族基督教信仰的历史及动因》，《德宏师范高等专科学校学报》2012年第2期。

文章。①

周云水指出独龙族大部分人信仰基督教，独龙族的基督教信仰源于生活需要与娱乐消遣，具有不稳定性和弱组织性。他还提出可将独龙族、怒族和傈僳族等居住在"三江并流"地区的少数民族的基督教文化归为同一个宗教文化类型——滇西北山地民族"弱组织强需求"的基督教信仰。② 基督教对于羌族一直影响甚微，耿静指出，19 世纪末至 20 世纪初，外国传教士在羌族地区进行了一系列的活动，最终仍难以根植于羌族社会，但传教士的一些工作对羌族地区的发展有促进作用，而且在文化考察活动中，传教士的一些记录及研究成果具有较高的学术价值。③ 杨佳鑫和李林山分别讨论了哈尼族、佤族的基督教信仰状况。有关怒族的基督教信仰，尚无专文讨论，多与傈僳族、独龙族等一起讨论。④

秦和平的《试论天主教传播布依族社会的部分原因》、陈鸣的《论畲族宗教信仰与基督教的共存与发展》、向丽的《天主教在土家族地区的传播探析》和刘嘉逯的《广西京族教友话今昔》分别研究了基督宗教在布依族、畲族、土家族和京族中的传教个案，其中有些文章严格意义上不能称为规范的历史学论文，但是在此提及，希望未来有学者能对这些民族有所关注，特别是京族，境外则是越南主体民族。越南的天主教活动与中国的关系尚需学者予以关注。⑤

三 基督宗教与西藏和藏族

尽管西藏地区和藏族人中信仰基督宗教人数非常少，但是由于西藏问题研究的"热点"性，针对西藏地区、藏区和藏族人中基督宗教问题研

---

① 参见张么弄《驻进陇川的天主教士》，《文蚌》（景颇文版）1982 年第 3—4 期合刊。
② 参见周云水《略论独龙族的基督教信仰》，《宗教学研究》2009 年第 4 期。
③ 参见耿静《在羌族地区的外国传教士》，《阿坝师范高等专科学校学报》，2006 年。
④ 参见杨佳鑫《红河哈尼族传统宗教与基督教的冲突与调适探析》，《保山学院学报》2012 年第 6 期；李林山《佤族村寨基督教信仰的思考：澜沧县淘金河村基督教信仰调查》，《临沧师范高等专科学校学报》2009 年第 4 期。
⑤ 参见秦和平《试论天主教传播布依族社会的部分原因》，《宗教学研究》2003 年第 4 期；陈鸣《论畲族宗教信仰与基督教的共存与发展：广东畲族乡上、下蓝村宗教信仰田野调查研究》，《广东技术师范学院学报》2010 年第 4 期；向丽《天主教在土家族地区的传播探析：以湖北利川为例》，《湖北民族学院学报》2009 年第 2 期；刘嘉逯《广西京族教友话今昔》，《中国天主教》1990 年第 2 期。

究的论文在数量上并不算少,在此我们则要分析若干从区域角度展开研究的文章。在改革开放初期,对西藏地区基督宗教的研究基本都是从帝国主义侵略的角度来进行的,论述了西藏人民反对洋教的侵略、反对文化侵略的过程等。①

伍昆明的《早期传教士进藏活动史》是研究西藏地区基督宗教的一部力作,也是唯一的一部专著。它描述了16世纪以来西方天主教(主要是耶稣会)传教士在西藏的活动历史。作者在大量拉丁文、意大利文、葡萄牙文和藏文的基础上,论述了早期传教士在古格、日喀则和拉萨三个地区的传教活动,还涉及了莫卧儿帝国的耶稣会士对西藏的调查研究等,弥补了这方面的研究不足。②

房建昌在我国边疆地区基督教史研究中,发表过多篇初始性文章,有关西藏地区方面,其《基督教在西藏传播小史》《西藏基督教史》对基督教在西藏的传播历史进行了系列讨论,为后续研究奠定了基础,并提供了大量学术线索,尤其是外文资料的线索。③

基督宗教在藏族中信仰人数极少,但是对于传教士所开展的活动,倒一直引起学者关注。伍昆明的《西方首批传教士进藏的活动和藏族人民的反抗斗争》分析了17世纪经由印度到达西藏的耶稣会传教士在阿里的活动。④17世纪中叶后,先后到西藏各地传教的有葡萄牙、意大利、比利时、英、法、俄、美、瑞士等国的传教士,但传教效果没有如其所愿,虽然历时一百多年,但受洗者寥寥,以失败告终。⑤董莉英则通过对陆路来华的传教士进藏的背景及其过程的分析,考察至今仍存的天主教情况,以及由传教士记录下来的西藏信息对现代西藏研究的

---

① 参见伍昆明《西方首批传教士进藏的活动和藏族人民的反抗斗争》,《民族研究》1985年第6期;曾文琼《清代我国西南藏区的反洋教斗争及其特点》,《西藏研究》1985年第4期;潘发生《帝国主义在云南藏区的侵略活动》,《西藏研究》1997年第4期。

② 参见伍昆明《早期传教士进藏活动史》,中国藏学出版社1992年版。

③ 参见房建昌《基督教在西藏传播小史》,《青海社会科学》1988年第2期;《西藏基督教史》,《西藏研究》1990年第1期、第2期。

④ 参见伍昆明《西方首批传教士进藏的活动和藏族人民的反抗斗争》,《民族研究》1985年第6期。

⑤ 参见秦和平《近代藏区天主教传播概述》,《中国藏学》1991年第1期;王永红《略论天主教在西藏的早期活动》,《西藏研究》1989年第3期。

意义。①

有关传教士在云南藏族的活动，房建昌对于滇藏边境地区藏族中的天主教传播史进行了梳理。施帝恩、尼玛扎西、刘源指出，19世纪末至20世纪中期，巴黎外方传教会的传教士抵达汉藏交界地带，他们首先在尽可能靠近汉藏边缘的地带定居下来，改变当地人的信仰，为进一步深入西藏做准备。对当地人来说，传教使团代表新型权威，被认为是有领地和居所的新头人。传教士有时也会帮助当地人看病，从而获得一定的认可和名声。一些村落的怒族村民和萨满开始集体皈依，对这些信众而言，反映出传教士在多大程度上可以使他们脱离藏族头人的统治。文章认为在中华文化的边缘地带，基督教对于处于萨满信仰的山区人民十分具有吸引力，他们在与强势民族的接触中处于被压迫地位，基督教使他们感受到长久被压抑的平等和自尊意识。②

对于在康区藏族的传教士活动，杨健吾和徐君论述了基督教和天主教在四川藏区传播的概况，总结了其传播的手段和特点。认为基督教在四川藏区的传播始终是在与各民族传统文化习俗特别是藏传佛教信仰的冲突中进行的，与传教士们长期付出的艰苦努力相比较，基督教在四川藏区的传播是不成功的。产生这种现象的最主要原因是藏族基本上是个全民信仰佛教的民族，而"历史形成的信仰和风习与天主教殊说异道"。藏区民众没有一般弱势民族可能存在的社会价值、伦理道德等短缺问题，因此面对基督教的传播，不会产生从新宗教里汲取或寻求社会价值或伦理道德等心理需求。③

学者们还通过综合与个案分析，分别讨论了基督教在西藏传教失败的原因。尽管基督教在西藏的传播历时两百余年，但传教效果甚微。其原因主要是基督教与藏传佛教这两种宗教文化间存在冲突，传教士们采取了不

---

① 参见董莉英《天主教在西藏的传播（16—18世纪）及其影响：兼论中西文化的碰撞与交流》，《西藏大学学报》2004年第3期；李蓉《17—18世纪天主教在西藏传播概述》，《西藏大学学报》2006年第1期。
② 参见房建昌《简论天主教在滇藏边境地区藏族中的传播》，《中国边疆史地》1989年第4期；施帝恩、尼玛扎西、刘源《"商人型传教士"的新型宗教：法国天主教传教士在滇西北的早期活动（1846—1865）》，《西南民族大学学报》2011年第1期。
③ 参见杨健吾《基督教在四川藏族地区的传播》，《宗教学研究》2004年第3期；徐君《近代天主教在康区的传播探析》，《史林》2004年第3期。

适宜的传教方式,传教活动缺乏足额的财政支持,传教时期西藏的社会环境的影响,清廷在藏之宗教政策的制约,以及西藏地理环境等主、客观因素共同作用的结果。①

罗布的《试论近代西方列强侵略西藏的方式与途径》是比较少见的、涉及传教士在西藏活动的、用藏文发表的学术论文。②

第七节　西北地区的基督宗教传播

西北地区包括宁夏、新疆、青海、陕西、甘肃五省区。基督宗教在西北地区的传播具有不同的特点,如陕西、甘肃地区信教人数较多,而新疆又是东正教较为集中的地区。针对西北地区基督教史的研究,针对不同省区,在数量上差异较大。

一　基督宗教与新疆和少数民族

新疆自古以来就是多种宗教并存之地,基督教在新疆的传播主要开始于近代。基督教在新疆的传播,涉及景教、天主教、新教和东正教多个教派。在汉族地区和少数民族地区也呈现出不同的特点。有关新疆基督教史的研究开始于20世纪80年代,唐世民、魏长洪和于江以通史的形式,讨论了基督教在新疆的不同传播阶段以及各阶段的不同特点,尤其涉及基督教传入新疆的时间考述、瑞典瑞宣会在新疆的传教活动等。③

木拉提·黑尼亚提的《传教士与近代新疆社会》研究了近代新疆天主教和基督教的传教历史,分析了他们的西学传播活动和对少数民族传统文化的研究成果与贡献,并对传教士与新疆社会民族矛盾进行了剖析。指

---

① 参见刘锦涛、蓝琪论《基督教在西藏传播失败的原因》,《中国藏学》2008 年第 2 期;喻天舒《卡普清西藏传教会失败原因申议》,《中国藏学》2008 年第 2 期;南措姐《基督教在西藏传播举步维艰原因之刍议》,《西藏大学学报》2009 年第 2 期。

② 参见罗布《试论近代西方列强侵略西藏的方式与途径》,《西藏大学学报》(藏文版) 2010 年第 2 期。

③ 参见唐世民《基督教在新疆的传播》,《新疆社会科学》1984 年第 4 期;魏长洪《近代西方传教士在新疆》,《新疆大学学报》1989 年第 3 期;于江《近代基督教在新疆的传播与发展》,《新疆社科论坛》1990 年第 2 期。

出传教士对新疆少数民族的传教虽以失败而告终，但对近代新疆社会的影响是多方面的。① 他的另外一篇文章《近代新疆天主教会历史考》则研究了天主教圣母圣心会、圣言会传教士在北疆地区的活动历史，是关于新疆天主教传教士的少数专文之一。② 近代针对新疆维吾尔族等少数民族地区开展的传教活动，主要由瑞典的新疆内地会进行。除周轩、崔延虎的《瑞典传教团在喀什噶尔研究》一篇论文外，其他论文作者均为木拉提·黑尼亚提，其《新疆内地会传教士传教经历及其中外文姓名的勘同》研究了20世纪初内地会传教士在新疆的传教经历、往来途径和在南北疆的传教活动情况，并根据外文史料和中文档案的对比，勘同了传教士的中外文姓名。③ 李福玉的《近代基督教传入新疆及传教失败的原因探析》则指出，由于新疆浓厚的伊斯兰教传统、交通的闭塞、传教士的不光彩角色以及20世纪30年代新疆社会的动荡不安最终导致基督教传教失败。④

在针对基督教在当时新疆社会中的政治状况研究中，木拉提·黑尼亚提的《族群、宗教与国际政治：新疆基督教传教士"间谍案"》分析了1937年后，由于苏联对新疆的全面控制，盛世才为巩固其统治而炮制了"阴谋暴动案"，受此案牵连，大批西方传教士被定为间谍，或被捕，或被驱逐，甚至被杀，教堂教产被充公。本文是目前仅见的涉及此问题的论文，在对此事件历史进行系统梳理后，指出此事件是多种因素、势力互相发挥效力的结果。⑤

俄罗斯族的宗教信仰主要为东正教，是中国唯一以东正教为信仰主体的民族，信仰人口近百年来变化很大，其中在一段时期内，还需要辨析俄罗斯族与在华俄侨之间的关系。姜勇指出，新疆塔城地区的东正教是中国俄罗斯族东正教的一部分，其传播经历了传入、扩展和逐渐衰落三个历史时期。1851年随着俄罗斯商人的到来，塔城开始建立起东正教堂。1917

---

① 参见木拉提·黑尼亚提《传教士与近代新疆社会》，《世界宗教研究》2005年第1期。
② 参见木拉提·黑尼亚提《近代新疆天主教会历史考》，《西域研究》2002年第3期。
③ 参见周轩、崔延虎《瑞典传教团在喀什噶尔研究》，《西域研究》1998年第4期；木拉提·黑尼亚提《新疆内地会传教士传教经历及其中外文姓名的勘同》，《西域研究》2003年第4期。
④ 参见李福玉《近代基督教传入新疆及传教失败的原因探析》，《华北水利水电学院学报》2011年第6期。
⑤ 参见木拉提·黑尼亚提《族群、宗教与国际政治：新疆基督教传教士"间谍案"》，载特木勒主编《多元族群与中心文化交流：基于中西文献的新研究》，上海人民出版社2010年版。

年以后由于俄罗斯人口的增多，俄罗斯人便在人口居住较为集中的地方相继修建了一些东正教教堂，东正教在塔城的传播进入了一个发展的时期。1937 年在伊宁市建成尼柯莱斯基大教堂，并成为全新疆俄罗斯宗教中心。不同时期进入中国的俄国人有数十万之多。这些人带来了东正教，同时吸收中俄通婚的配偶及子女入教，借以扩大东正教的影响。新疆东正教教会于 1925 年成立，由北京东正教总会管辖。中华人民共和国成立后，苏联方面希望中国政府协助苏方开展遣侨工作。在此背景下，不少俄罗斯人相继离开塔城返回了苏联，也有一部分人迁移至其他国家。东正教徒人数迅速缩小，进入衰落时期。目前塔城地区东正教徒总数不超过 300 人，东正教堂已经全部被拆除，尚未重建。① 塚田力还对曾经生活在新疆伊犁地区乌拉斯台村东正教旧礼仪派教徒的生活、迁徙历史进行了分析。②

维吾尔族在历史上信仰过多种宗教，杨富学的《宋元时代维吾尔族景教略论》讨论了景教在维吾尔族中的传播历史。自 9 世纪中叶后，景教传入西域，在诸多因素作用下，高昌成为景教的传播中心之一。主要原因有二：一是来自东、西方的宗教迫害，使景教徒传教、生存的空间大为缩小，对宗教信仰比较宽容的维吾尔地区就成了他们的理想之地。二是在维吾尔人西迁之前，新疆地区就已有了景教的流行。13 世纪初，维吾尔地区归顺蒙古，成为蒙古帝国的一个组成部分。蒙古统治者对境内的各种宗教采取了兼容并蓄、一律加以保护的政策，景教也同其他宗教一样，在蒙元一代大为盛行。③ 努尔买买提·托乎提的《景教文化及其在西域的传播》是一篇以维吾尔文发表的研究景教历史的论文。④ 此外未见讨论近代维吾尔族与基督教其他派别关系的专文。

二　基督宗教与甘肃和青海

天主教和基督教都先后进入甘肃地区。陈才俊的《圣言会甘肃传教史述论》指出，1922 年，圣言会从比利时圣母圣心会手中接管陇西（兰

---

① 参见姜勇《东正教在新疆塔城地区传播的历史及现状》，《新疆师范大学学报》2008 年第 1 期；伊力夏提·艾沙《新疆俄罗斯人与东正教》，《北方文学》2012 年第 11 期。
② 参见塚田力《新疆乌拉斯台村俄侨喀尔扎克人考》，《俄罗斯文艺》2012 年第 1 期。
③ 参见杨富学《宋元时代维吾尔族景教略论》，《新疆大学学报》1989 年第 3 期。
④ 参见努尔买买提·托乎提《景教文化及其在西域的传播》，《新疆社会科学》（维吾尔文版）2012 年第 2 期。

州）代牧区后，先后派遣数十名会士到甘肃传教，建立了几十个传教站，施洗了大批华人教徒。在传播福音的同时，圣言会还在甘肃积极推广现代教育，大力开展社会服务，审慎处理与当地穆斯林及其他宗教信众的关系，对其时中国西北地区的社会文化产生了多重影响。① 汤开建、刘清华的《明清之际甘青地区天主教传教活动钩沉》讨论了明清时期耶稣会、方济各会等多个机构在甘肃、青海地区的传教过程及影响。② 陈声柏的《近代甘南地区的基督教传播》以分析地方志的文献为基础，结合实地调查，勾勒出西方传教士在甘南地区鲜为人知的传教历史。分析了传教士来甘南地区传教的原因，从传教过程、传教方式和传教效果三方面介绍了近代甘南地区的基督教传播情况。③ 段琦利用《中华归主》的有关资料，对20世纪20年代甘肃省基督教状况进行了详细的研究，并与当时基督教发达的省份做了比较，得出了当时甘肃基督教各项事业的发展远落后于中国绝大多数省份的结论，并对今天甘肃基督教的发展具有深刻的影响。④

有关青海基督教历史研究的文章比较少。20世纪80年代最早的三篇文章均为房建昌所写，其最大价值是披露了不少罕见的史料。房建昌对于基督教在青海传播的历史，进行了初步的系统轮廓勾勒。推测唐代景教可能在青海开展过传教活动，元代时曾经到过青海西宁的马可波罗见证了基督教徒的存在。房建昌的《从罗卜藏丹津的生年看西方天主教传教士叶崇贤对青海史地的描写和价值》，根据梵蒂冈图书馆收藏的意大利传教士叶崇贤（Giovanni Battista Maoletti de Serravalle）所绘制的青海与甘肃传教分布图及文字说明，叙述了叶崇贤与罗卜藏丹津的来往等情况，否认了穆经远（Joannes Mourao）是进入青海的第一个天主教神父的说法。⑤ 马明忠分析了作为一种外来宗教文化，基督教在青海的传播特点及其对近代青海社会产生的影响。汤开建与刘建华合著的《明清之际甘青地区天主

---

① 参见陈才俊《圣言会甘肃传教史述论》，《兰州大学学报》2010年第6期。
② 参见汤开建、刘清华《明清之际甘青地区天主教传教活动钩沉》，《兰州大学学报》2007年第5期。
③ 参见陈声柏《近代甘南地区的基督教传播》，《兰州大学学报》2007年第1期。
④ 参见段琦《从〈中华归主〉看20世纪20年代初甘肃基督教的发展状况及原因浅析》，《兰州大学学报》2007年第5期。
⑤ 参见房建昌《从罗卜藏丹津的生年看西方天主教传教士叶崇贤对青海史地的描写和价值》，《青海师范大学学报》1987年第4期。

教传教活动钩沉》通过翔实的中外文资料的互证，考证了明清之际涉足青海的传教士的活动。①

三 基督宗教与陕西和宁夏

有关基督宗教在陕西传播的研究，王雪的《基督教与陕西》是唯一一部基督教在陕西传播的专著，叙述了基督宗教在陕西的大概历史，但略显简单，资料也没有特别之处。②

王雪的《明末清初陕西的天主教》指出，以金尼阁、汤若望、方德望等为代表的天主教传教士运用不同的策略，将向上流社会士大夫阶层的传教和向社会下层民众的传教结合起来，推动了天主教在陕西的发展，使陕西成为天主教在中国内地的一个重要的传教基地。③ 张晓虹的《同治回民起义与陕西天主教的传播》指出，清同治年间，因回民起义军"不杀在（天主）教人"，引发了陕西汉族百姓纷纷皈依天主教以避战乱，天主教在陕西境内迅速扩展。从而揭示出清代末年外来宗教在中国传播的一个独特原因。④

李大海、吴宏岐指出，清末民初是天主教在陕北地区发展的重要阶段。在陕北内蒙古伊克昭盟与山西之间的一片呈东宽西窄的横楔形区域内，形成了一个天主教堂分布的相对集中区，其中又以西部靖边、怀远（今横山）和定边三县为天主教势力集中的重心所在。⑤ 张晓虹的《晚清至民国时期陕西基督教宣教区研究》通过对晚清至民国时期陕西基督教宣教区进行个案研究，指出以功能文化区形式出现的宣教区，其空间结构特征，一方面受制于中国传统的文化地域格局，另一方面，则与各差会在陕西发展的历史过程与权力关系有着密切的联系。上述两篇论文采用历史地理学方法，也为基督教史研究提供了新的视角。⑥ 汤开建、马占军和吕

---

① 参见汤开建、刘建华《明清之际甘青地区天主教传教活动钩沉》，《兰州大学学报》2007年第5期。
② 参见王雪《基督教与陕西》，中国社会科学出版社2009年版。
③ 参见王雪《明末清初陕西的天主教》，《唐都学刊》2007年第1期。
④ 参见张晓虹《同治回民起义与陕西天主教的传播》，《复旦学报》2002年第6期。
⑤ 参见李大海、吴宏岐《清末民初陕北天主教传播过程时空特征分析》，《中国历史地理论丛》2006年第1期。
⑥ 参见张晓虹《晚清至民国时期陕西基督教宣教区研究》，《中国历史地理论丛》2006年第4期。

波、曹平结合文献和档案资料,特别是充分利用《教务教案档》,对天主教在陕北的传播进行了研究分析,展示了教会与当地蒙汉矛盾、上层之间的复杂历史关系,注重考察中国社会的种种因素对基督教传教活动的影响。从某种意义上看,也可以视为对上述采用历史地理学方法研究的历史学印证。①

王欣瑞利用陕西县志史料,指出基督教随着在华的传播潮流传入陕西,与基督教宗教势力的扩张、列强对中国的侵略和近代陕西特殊的社会状况不无关系。经济破产、社会动荡、农民生活日益贫困化,导致"吃教""靠教""因病入教""因上学入教"等现象在近代陕西农村非常普遍。只有综合分析经济、政治、心理等各方面因素,才能对错综复杂的农民入教问题作出合理解释。②

针对宁夏基督宗教历史的研究,主要有房建昌的《宁夏基督教史考略》和《天主教宁夏教区始末》,两文均以外文史料见长,根据耶稣会的历史档案写成,从景教开始的概述性论述,这是最早有关宁夏地区的基督宗教研究,具有开拓性的意义,为后来的研究奠定了基础。③汤开建与马建军合著的《晚清圣母圣心会宁夏传教述论(1874—1914)》,运用了外文史料、档案、地方志梳理了圣母圣心会在宁夏平罗一带的传教活动。④

第八节 台湾、香港、澳门地区的基督宗教传播

台湾、香港和澳门地区的基督教发展,呈现出与内地不同的特点。由于历史原因,1977年以前,内地学术界对于台湾、香港和澳门基督教历史的专门研究基本上是空白。直到今天,研究这些地区更多的仍是台湾和

---

① 参见汤开建、马占军《晚清天主教在陕西三边的传播》,《西北师大学报》2004年第4期;吕波、曹平《榆林地区近代基督教的传播与发展》,《榆林学院学报》2008年第5期。
② 参见王欣瑞《近代基督教传入陕西及陕西农民入教原因探析》,《西北大学学报》2004年第1期。
③ 参见房建昌《宁夏基督教史考略》,《宁夏大学学报》1989年第4期;《天主教宁夏教区始末》,《固原师专学报》1998年第5期。
④ 参见汤开建、马建军《晚清圣母圣心会宁夏传教述论(1874—1914)》,《西北民族研究》2004年第1期、第2期。

香港地区的基督教学者。1978年以后，伴随着政治活动的需要，有关台港澳地区的研究逐渐被重视起来，有关基督宗教史研究也是如此。有关台港澳地区的学术研究，表现出较强的现实功利性和时间性。每当三个地区出现较大的政治事件时，相关研究就显得比较"热"，如香港、澳门回归前后时期。除台湾地区研究外，澳门研究的这个特点也很明显。香港基督宗教史的研究对于内地学者而言，是一个被忽略的领域。

在香港基督宗教史研究方面，雷雨田的《传教士与近代香港的中西文化交流》认为，近代以来，香港和澳门先后成为中西文化交流的基地和枢纽，传教士则起到了穿针引线、铺路搭桥的作用。由于宗主国、传教宗派和地理环境等因素的制约，1840年后香港逐渐后来者居上，与内地基督教的关系更为密切。①

一 基督宗教与澳门和土生葡人

大陆地区学术界关于澳门基督教的研究，相对而言还是比较丰富的。一些大陆地区著名的基督教学者注意到澳门在中国天主教史研究中的意义。卓新平的《澳门学与基督宗教研究》阐述了基督宗教研究在澳门研究中的意义与地位，认为澳门是自明朝以来近代基督宗教在华传播的始点和支撑其传教的据点。无论是天主教传教士利玛窦，还是基督教传教士马礼逊，都以澳门为其入华传教的第一站，并因此而取得了入华传教的成功。② 吴义雄认为，澳门自16世纪以来一直是中西文化交流的桥梁。基督教传教士来华活动的初期，也是将澳门作为重要的活动基地。马礼逊、裨治文、卫三畏等传教士都有在澳门长期居住和活动的经历。基督教传教士所举办的文化事业，许多都与澳门有着密切的关系。他们的许多有着深远影响的著作都是在澳门撰写和出版的，如马礼逊翻译的中文《圣经》、他所编著的《华英词典》和裨治文、卫三畏编辑出版的英文《中国丛报》等。③ 汤开建、田渝论述了澳门在中国甚至远东天主教发展中的地位。明清之际，天主教传入澳门并持续发展。这一时期，澳门主教区成立，天主教各大修会耶稣会、方济会、奥斯定会、多明我会等纷纷驻足澳门。澳门天主教获得

---

① 参见雷雨田《传教士与近代香港的中西文化交流》，《广州师院学报》1997年第3期。
② 参见卓新平《澳门学与基督宗教研究》，《广东社会科学》2010年第4期。
③ 参见吴义雄《基督教传教士在澳门的早期文化活动略论》，《学术研究》2002年第6期。

了空前的发展,澳门成为各修会对中国及远东地区传教的基地,使远东地区天主教事业获得前所未有的发展。[1] 桐藤薰、王明伟讨论了耶稣会传教士及澳门葡萄牙人的作为如何导致"传教士是侵略者"观念的形成。[2]

澳门除华人以外的族群中,最著名的就是"土生葡人"群体,他们主要以信仰天主教为主。两地学者没有针对土生葡人天主教信仰的论文,但是在谈及澳门宗教及土生葡人时,对其宗教都有论及。在特殊历史背景下形成的澳门土生葡人是一个在体质风貌、地域、语言、风俗习惯、文化、宗教信仰以及族群心理上有着鲜明特征的特殊族群。对于这样一个特殊的族群,我们不应该回避。澳门的土生葡人作为中国近现代史上东、西方种族混血、民族融合的一个特例,具有欧亚混血的体质特征,以及欧亚混合的"澳门土语"及谙熟双语的语言能力,中西合璧的风俗习惯,二元化的宗教信仰和根在澳门的族群意识。[3]

他们描述了澳门这个多元文化城市的族群构成、族群边界、族群特征及族群发展趋势。澳门宗教文化具有很强的独特性,分属于东、西方文化系统的多元性特征,与族群的密切关系。[4]

二 基督宗教与台湾和原住民

台湾基督教史的研究工作,最早是由 19 世纪来台的外国传教士开创的。其中,甘为霖(William Campbell)、马偕(George Leslie Mackay)等人,在传教的同时,就努力为历史研究留下资料。新中国成立后至 20 世纪 80 年代,大陆地区在台湾基督教史研究方面基本上处于空白。仅见杨彦杰在《荷据时代台湾史》中,有一节叙述了荷兰在台湾的将基督教传播与行政管理结合起来的传播方式。[5]

随着大陆地区台湾研究的深入,台湾基督教的发展及台湾基督教对台

---

[1] 参见汤开建、田渝《明清之际澳门天主教的传入与发展》,《暨南学报》2006 年第 2 期。
[2] 参见桐藤薰、王明伟《明末耶稣会传教士与佛郎机:传教士是侵略者观念的形成》,《史学集刊》2011 年第 3 期。
[3] 参见徐杰舜、汤开建《民族研究》2000 年第 6 期;徐杰舜《试论澳门土生葡人的人文特征》,《武汉大学学报》2000 年第 5 期。
[4] 参见周大鸣《澳门的族群》,《中国社会科学》1997 年第 5 期;孙九霞《澳门宗教文化的独特性研究》,《华南理工大学学报》2001 年第 4 期。
[5] 参见杨彦杰《荷据时代台湾史》,江西人民出版社 1992 年版。

湾政治的影响等内容逐渐引起学者的关注，出现了一批研究成果，较早期基本以历史叙述为主。基督教最早传入台湾是 1627 年，最早来台的是传教士荷兰人干治士，他在台湾原住民中进行传教。17 世纪天主教进入台湾传播，主要分南、北两个地区，北部是西班牙的传教范围，中南部是荷兰的活动基地。这些传教士初期在台湾采用的传教方法，一是先通过武力扩张为传教开辟道路，然后再用布教巩固已占领的地区；二是创办各类学校，灌输宗教思想，这在当时台湾开发较晚、居民文化程度很低的情形下，传教效果比较明显。但自 17 世纪 50 年代后开始走下坡路，其主要原因是两种文化冲突的结果，在宗教观上，与中国人多神与祖先崇拜发生冲突；在伦理观上，中华文化注重人际关系的协调，而基督文化突出个人利益的重要性。最后随着荷兰殖民者被郑成功赶出台湾，与武力相伴而来的西方宗教也就结束了。[①]

林金水、李颖合著的专著《台湾基督教史》是这一方面的重大成果。该书从明代后期台湾地区社会以及这一时期世界经济、文化交流冲突的新格局着笔，分清代以前、清领时期、日据时期、第二次世界大战以后四个时期详细论述了基督教在台湾的传播历史，全面理清了基督教在台湾的发展脉络，揭示了它对台湾社会产生的社会影响，层次清晰，脉络分明。它将基督教在台湾传播的历史划分为四个时期，并对各个时期的发展态势分别做了论述。林文认为，荷据时期基督教在台湾的传播是中国基督教史上的第一页，开创了在华办学传教的先河。鸦片战争后英国和加拿大传教士以手术刀开创了基督教在台湾传播的新纪元，是基督宗教在台湾基本绝迹 200 年后的复兴。日据时期，基督教在台传播转入低潮。在以上三个时期可以发现，传教士传教手段虽时有变化，但均以武力作为后盾。现实利益是华人入教的基本考量。[②]

针对台湾被日本占领期间的基督教发展状况，王晓云、雷阿勇对此进

[①] 参见林其泉《洋教在台湾的传布和台湾同胞的反洋教斗争》，《厦门大学学报》1986 年第 1 期；林仁川《十七世纪初基督文化在台湾的传播》，《台湾研究集刊》1994 年第 1 期；龙基成《基督教新教在中国的最早传播》，《文史知识》1990 年第 4 期；龙基成《新教来华传播始于台湾高山族地区说》，《民族研究》1994 年第 3 期；谢淑娟《荷兰传教士在台湾创办教会学校的活动》，《宁德师专学报》1994 年第 3 期。

[②] 参见林金水主编《台湾基督教史》，九州出版社 2003 年版；林金水《台湾基督教史述论》，《福建师范大学学报》2003 年第 3 期。

行了分析,并讨论了不同教会派系特别是天主教组织对于信徒的争取方式。天主教是近世台湾社会的一支重要力量。日据时期,天主教会改变传教方法,吸收台湾民众入教,信徒人数不断发展,对台湾社会产生了深远的影响。日据时期教会传教士传教特权的消失,对原住民的吸引力减弱;同时,教会被迫采取的隐忍态度,一定程度上改善了教会与汉人之间的关系,使汉人信徒增加。这一时期天主教在台湾的发展,促进了台湾人信教人数的增加,一定程度上慰藉了在殖民统治下的台湾人心灵,同时它又积极开展慈善事业,兴办孤儿院、医院等机构,对台湾社会的变迁起到了积极的作用。① 林立强重点分析了台湾日据时期,日本统治者对台湾基督教的立场、态度及其施行的相应政策。台湾地区基督教传播同期与大陆地区有较大的差别,其特点主要表现在以下几个方面:(1)不平等条约保护下的传教特权消失。(2)日本人以统治者姿态不容其他列强染指台湾,对传教士采取了诸多限制,传教吸引力弱化。日本控制台湾以后,兴办了一些社会服务机构,带来了台湾风气的改变,使得传教士传统上以兴办医疗或关心公益的方法受到冲击。(3)产生新的"礼仪之争",日本人要求教会在礼拜前,要首先参拜皇宫及神社,这是中国基督教在外来侵略下的必然遭遇,但是这种现象有别于明清时期天主教和基督教在中国所面临的同样问题,基督教成为统治者的政治附庸。在日本占据后期,许多教会没有坚持"政教分离"原则,没有积极参与对日本人的反抗,而是迫于压力屈从于统治者,或出于自身发展需要,向统治者靠拢,在基督教历史上留下不太光彩的记录。② 翁伟志以长老会为中心分阶段考察了日据时期台湾基督教会的政治态度,认为教会在日据初期就认同了日本人的统治,并且在日据50年中一直置身中国人民抗日活动之外。同时翁文进一步指出,教会的这种立场与教会在清代的经验、教会在当时的社会地位以及教会"本土化"水平有关。③

有关中国少数民族一个特殊的领域,是针对台湾地区高山族(原住

---

① 参见王晓云、雷阿勇《日据时期台湾天主教信徒与台湾社会》,《北华大学学报》2009年第5期;《扩张与角逐:日据时期传教势力在台湾的争夺》,《内蒙古农业大学学报》2009年第5期。
② 参见林立强《日据时期台湾基督教的历史发展及其特点论析》,《台湾研究》2010年第1期。
③ 参见翁伟志《日据时期台湾基督教会的政治立场》,《闽江学院学报》2003年第3期。

民）开展的研究，基督宗教对于台湾地区的原住民族有着重要的影响。宇晓讨论了荷兰、西班牙传教士在 17 世纪上半期与台湾原住民的活动过程。荷兰人与台湾高山族开始大规模接触是在 1623 年前后，他们在高山族地区进行的是"宗教政治"性质的活动，包括以下几个方面：受洗教徒，设立学校，从事宗教教育；参与荷兰在台殖民政治系统的行政事务；收集有关台湾土地、物产资源的情报。西班牙人于 1626 年在台湾北部社寮岛上建立起台湾最早的天主教堂。比较荷兰和西班牙传教士在高山族中的传教活动，两者共同处可归结为：伴随着殖民主义者的侵略步伐侵入，传教活动都是在军事镇压基础上进行的，都在传教过程中采取了"土著化"的策略来发展其宗教传播事业。[①]

台湾平埔族皈依基督教是台湾史上一个重要的文化现象。翁伟志指出，清代台湾平埔族大量皈依基督教的这种社会现象不是因为基督教的文化优势，而是在于两者间的互动关系；平埔族社会由于"边缘化"和"短缺化"，使其有着强烈的拯救要求；而基督教的行为对平埔族社会的"边缘化"和"短缺化"做出补偿，并满足其拯救要求。[②] 朱明珍认为，基督教现已成为多数泰雅族人信仰的主要宗教，但传统祖灵的神威护庇力量，仍然对泰雅人产生着影响。[③]

台湾基督宗教特别是新教的一些派别，与光复后台湾各时期政治、社会有着相对密切的关系，大陆地区学界未来有必要加强这方面的研究。

第九节 基督宗教与华人华侨和外侨

在 1949 年以前中国基督宗教史研究中，有关海外中国基督教徒和组织的研究也应包括在内。1949 年以前，华侨的数量大大多于华人的数量。1949 年以后，中国政府出于政治需要，重新明确了国籍政策，此后有关外籍华人与华侨的研究，属于中国史还是外国史范畴，成为一个可以讨论

[①] 参见宇晓《十七世纪荷兰、西班牙传教士在台湾高山族地区的活动及其影响》，《中央民族学院学报》1989 年第 4 期。

[②] 参见翁伟志《对清代基督教在台湾原住民中传播的原因探析》，《喀什师范学院学报》2001 年第 1 期。

[③] 参见朱明珍《台湾原住民泰雅族宗教信仰探讨》，《昆明理工大学学报》2007 年第 2 期。

的问题。本部分涉及文章主要以古代、近代为限，现当代华人基本不涉及。

一 基督宗教与东南亚华人华侨

有关近代海外华人基督宗教信仰的研究，以东南亚地区为主，综合研究方面，朱峰初步勾勒出基督教在近代东南亚华人社会的发展脉络，探讨基督教与海外华人民族认同之间的关系。他认为在近代东南亚华人基督教发展过程中，中国本土社会与殖民统治的变化是影响其发展的两个关键性因素。在发展过程中，东南亚华人基督教拥有西方宗教、移民宗教与海外华人宗教三重身份，反映殖民地背景下华人社会的现实处境，为华人基督教史研究提供了新的认识。① 朱峰在另一篇文章中指出，在近代福建地区，天主教区、华人基督徒、基督教传教士分别参与、发动和组织了当地天主教徒、基督教徒移民非洲、东南亚地区的集体移民活动。近代基督宗教在华人移民海外运动中扮演的角色多元、性质复杂，不仅影响着华侨华人移民运动的发展，也为华人信徒提供了一个普世性的社会流动网络，使基督宗教成为海外华人宗教的重要组成部分。②

西班牙海外扩张的主要动机是攫取东方财富和传播天主教，企图在亚洲建立"东方天主教帝国"，这使得它在海外殖民的过程中所实施的政策与其他殖民国家显著不同，即注重从宗教文化上对殖民地人民进行同化。施雪琴探讨了西班牙在天主教语境下对菲律宾华侨的宗教政策和华侨的反应，以及这种政策所产生的结果。菲律宾是亚洲最大天主教国家，施雪琴是目前我国极少数从事有关研究的学者之一。③

陈凯的《福建兴化美教会与砂捞越"兴化芭"的建立》对1912年兴化美以美会传教士蒲鲁士利用教会网络组织发起了移民到马来西亚砂捞越诗巫、建立"兴化芭"的活动进行了探讨。砂捞越"兴化芭"的建立应属于非强制性移民运动，经济利益是移民的根本动机，"兴化芭"的建立

---

① 参见朱峰《殖民地处境下的华人基督教：以近代东南亚华人社会为例》，《福建师范大学学报》2005年第2期。
② 参见朱峰《基督宗教对海外华人移民活动的影响：近代福建地区的三次集体移民活动述评》，《宗教学研究》2008年第3期。
③ 参见施雪琴《西班牙天主教语境下的宗教政策：16—18世纪菲律宾华侨皈依天主教研究》，《华侨华人历史研究》2002年第1期。

是经济移民的结果，是迁出方与迁入方利益和目标的契合。教会网络的影响伴随着移民活动的全过程，蒲鲁士组织移民活动是以教会作为发动的主要形式，招募对象亦以基督徒为主。这场持续数年的有组织移民，在一定程度上改变了福建侨乡和东南亚华人的空间分布，促进了海外华人社会的建立与发展。①

马来西亚是除中国以外中华文化呈现最为完整的地区，在中国基督教史上也有着特殊的意义，但是尚没有大陆地区学者进行专门研究。张禹东的《马来西亚的华人宗教文化》涉及华人、华侨的基督宗教信仰问题。②印尼是世界上华人、华侨人数最多，居住时间最久的地区之一。孔远志的《印尼华人中的天主教与基督教徒》涉及了华人基督教信仰问题。③

新加坡是目前华人人口比例最高的国家，也与中国近代史有着密切的关系，有关新加坡华人基督教史的研究，成果相对略多。近代新加坡华人基督教的发展与新加坡华人社会的独特性息息相关。新加坡华人社会严重的烟赌恶习是影响华人教会发展的重要因素，教会立场坚定地反对烟赌恶习，反使原已信誉受损的基督教逐渐树立起良好的形象。移民的流动性是影响新加坡华人教会发展的另一独特因素。在华人传统礼俗方面，新加坡华人社会与华人教会均能作出相应的调整，从而缓和了双方之间的矛盾。而新加坡华人私会党对华人的控制与威慑，是20世纪以前阻碍华人教会拓展的又一要因。④

二 基督宗教与北美华人华侨

美国是目前华人基督教最为活跃的地区，近年来呈现出不断上升的态势，据称有超过1/3的华人信仰基督教。但是有关1949年以前历史的研究并不多见。早年在杨国标、刘汉标、杨安尧合著的《美国华侨史》中，对华人基督教会的开创及华人基督教传教的发展有所涉及和论述，但都是

---

① 参见陈凯《福建兴化美教会与砂捞越"兴化芭"的建立》，《海交史研究》2005年第2期。
② 参见张禹东《马来西亚的华人宗教文化》，《华侨华人历史研究》1999年第1期。
③ 参见孔远志《印尼华人中的天主教与基督教徒》，《南洋问题研究》1991年第4期。
④ 参见张钟鑫《华人基督教与近代新加坡华人社会》，《三明学院学报》2010年第3期；张禹东《新加坡华人宗教信仰的基本构成及其变动的原因与前景》，《华侨华人历史研究》1995年第4期；张钟鑫《新加坡华人基督教史初探（1819—1949）》，《福建论坛》2010年第4期。

点到为止，不甚深入。① 在这方面，最具代表性的是普度大学社会学系杨凤岗的《皈信同化叠合身份认同：北美华人基督徒研究》，此书是在他的社会学博士论文基础上修改而成的，研究核心是在华人移民教会内人们的身份认同与建构问题，研究对于研究移民同化、宗教皈信、散居国外华人的身份认同与建构以及少数民族研究等方面也是非常有价值的。②

万晓宏指出，美国华人基督教的历史与华人移民美国的历史几乎一样长。大波士顿地区的华人基督徒出现较早，华人基督教会直到1946年才出现。文章以探讨华人基督教现状为主。③ 黄超指出，由于复杂的历史原因和现实原因，美国华人基督教会形成了一种无根的宗教意识形态。其代表性意识形态分别为三个阶段：种族歧视与宗教歧视（1849—1942年）；清教原教旨主义与福音化中国（1942—1989年）；神权政治与新冷战意识形态（1989年至今）。这三个阶段的意识形态演变突出体现为一种缺乏文化自觉的攀附心态，以及由攀附心态带来的失落感和危机意识。如该文所说，在美国华人教会中，大多数华人基督徒将基督宗教信仰视为一种生活方式，对美国主导的国际宗教自由运动既不认同，也不关心。这种特征实际上也伴随了美国华人移民史的相当长时期。④

三　基督宗教与外国侨民

在中国近代历史上，俄罗斯、美国、英国、法国、西班牙、葡萄牙、意大利、德国等数十个国家的侨民曾经短期或长期生活过。这些侨民大多数来自基督宗教信仰的国家，但是他们的宗教信仰问题尚未见有大陆地区学者专文研究。

这些侨民团体中，有些与中国社会关系密切。如在中国东正教所有信徒中，俄裔为主的外侨占绝大多数，东正教对中国部分区域社会、文化有着重要的影响。中国俄侨东正教文化对黑龙江文化的影响是多元化的、全

---

① 参见杨国标、刘汉标、杨安尧《美国华侨史》，广东高等教育出版社1989年版。
② 参见杨凤岗《皈信同化叠合身份认同：北美华人基督徒研究》，民族出版社2008年版。
③ 参见万晓宏《美国华人基督教会研究：以大波士顿地区为例》，《世界宗教研究》2010年第1期。
④ 参见黄超《美国华人基督教会意识形态的历史演变》，《科学与无神论》2012年第1期。

方位的，使黑龙江在有中国文化传统的同时，又拥有俄国东正教文化的痕迹。① 其他有关外侨在华宗教史的研究多事空白，比如针对外侨的基督教青年会组织的研究，如外侨青年会、香港青年会、有大量俄罗斯人参与的哈尔滨基督教青年会历史都有待研究。

曾经有大量日本、韩国侨民定居中国，有关这些侨民中的基督教研究，已有学者注意，但绝大多数是空白。近代韩国在华侨民成立过许多基督教组织，除服务本民族人士外，甚至在中国开展传教活动，但都缺乏对其系统的研究。同样，除抗战时期以外的日本教会在华活动，也无学者关注。汤开建和吴青指出，万历年间，由于澳门葡萄牙人大量地蓄养倭奴，耶稣会以澳门为基地大批地培养日本基督徒及日本禁教后大批基督徒到澳门避难等原因，澳门聚居着为数不少的日本人。在此期间，澳门爆发了一系列与居澳日本人相关的冲突事件，引起了广东政府的警惕，并在澳门发起了一场持续数年的"驱倭"运动。为了加强对澳门葡人的防范与管理，广东政府在"驱倭"的基础上，制定了一系列办法，将澳门葡人纳入明王朝的有序管理之中。②

中国内地学者对于中国古代、近代基督宗教区域史、族群传播史的研究，正呈现出一种方兴未艾的局面。但是在这类研究中，我们感觉到大部分学者的一项缺陷，就是语言掌握较弱，以英文为主，影响了对不同教派、不同族群研究的广度与深度，如伍昆明、房建昌在其研究中都提到其研究需要涉及多种语言。这也是未来学者需要提高的问题，希望更多掌握英语以外的外国语言、民族语言学者如孔远志先生这样著名的马来文化学者加入研究行列中，以使中国基督宗教史研究更为深入、广泛。

---

① 参见高春雨、郭丽红、高成雷《中国俄侨东正教文化对黑龙江文化的影响研究》，《理论观察》2011年第1期。

② 参见汤开建、吴青《明季寓居澳门的日本基督徒及广东政府的管治与防范》，《中华文史论丛》2008年第1期。

第三章

基督宗教与中国宗教和文化

当基督宗教来华时，他们面对的是一个与西方文明迥异、传承数千年之久的文化体系，这种文化已经形成了以儒家为主导、佛道为辅翼的超稳定结构，对外来文明有着顽强的拒斥力。"中国是世界上最为艰难的传教区"，其中一个重要原因就是，儒佛道为主要信仰的中国宗教和文化在人们生活中占据了非常重要的位置。这一切使得任何外来宗教都必须谨慎处理与中国传统文化的各种关系。

一般来讲，当两种甚至多种异质文化相遇的时候，起初都会出现相互排斥甚至互相打击的现象，但随着交流的逐渐深入，双方都会逐渐认识并认同彼此的互补性。当然，包括宗教在内的文化交流的理想状态是双方的融会贯通，但我们知道，这种理想的境界是要经过千难万险的历史磨难才可能达到的。

宗教与文明之间的对话，是当代世界的热门话题。所谓对话，是在两方或者更多方之间进行的互动性交流。从全世界的和平来讲，"没有宗教间的和平就没有国家间的和平"（著名汉学家、宗教学家孔汉思语）。来华的无论天主教还是新教传教士，只要具备一定的学识和学术能力，均会对中国传统文化和宗教产生浓厚的兴趣。他们阅读、诠释中国经典和文化，关注的焦点常常是其中的宗教因素，如上帝、鬼神、祖先崇拜、宗教仪式、天的属性，等等，提出的问题也带有强烈的西方中心主义和基督教中心主义的色彩：中国人信仰是一神教、多神教、自然宗教，还是无神论？上帝与诸神是主从关系还是平等关系？上帝是真神、唯一之神，还是多神之一？祖先崇拜是否是偶像崇拜？但传教士汉学中体现出的文化殖民心态，以及意识形态对学术研究的强力介入，则需要我们反思与警醒。

从全球化的角度来讲，最早步入全球化进程的不是经济，而是宗教，基督教与伊斯兰教的发展历史最能体现宗教的全球化进程。基督教在中国的传播，是基督教全球化进程的一个环节，在华基督教向穆斯林传教即基督教向伊斯兰教进行传播的一个环节。因此，在考虑各类宗教相遇与冲突和谐的过程中，一定不能忽略全球化的背景和要素。

佛教、伊斯兰和基督宗教三种外来宗教，经历了伴随文化、经济、军事三种方式的传播过程，因而具有不同的特点。佛教传入中国最早，时间最长，对中华文化影响较大，经过长时期的传承交流、相互吸收和影响，佛教文化与儒家文化、道家文化一起构成了中华传统文化的三大基本支柱。伊斯兰教则主要在西北等省区约10个民族中流行，影响较次。基督教传入中国的时间最短，但在全球化的背景下，它凭借西方强大的物质文明和文化扩张力，其影响趋势不可低估。任何外来宗教文化，如果不注意传入地的本土化要求，其结果必然要被完全排拒于传入地的文化之外。佛教和伊斯兰教都具有强烈的本土意识，注意与中国文化相融合并深入民众的生活之中，从而形成了具有中国特色的佛教和伊斯兰教。基督教传入中国时间较短，在这方面还需要加强和努力。三种外来宗教也都具有共同的世俗趋势，注意与本土世俗社会的发展联系起来，办学校、医院以及商业机构等，让宗教理念进入民众的世俗生活中，以便达到更多的传教目的。而在整个历史过程中，中华文化本身的博大、包容和吸纳则是非常重要的原因。

西学东渐是近现代中国思想史光谱中的一个重要特征，而明清之际基督教的传入可以说是西学东渐的起源。法国著名汉学家谢和耐（Jacques Gernet）的《中国与基督教：中西文化的首次撞击》，正是对这一源头进行追溯的思想史专著。其特点在于，它并不去深究天主教耶稣教会的中国基督教传播史，而是将视角转向中国人对这种外来宗教的反应。通过这一视角，作者力图探究一个更为宏大的命题——17世纪中国人的反应，表现出他们与西方人在人生观和世界观上存在哪些基本差异。作者并非单纯罗列中西方思想体系的区别，而是在着墨于历史中的吊诡细节后，再一针见血地指出这种错乱的历史细节后的思想成因。通过中国人和传教士的自述，对比宗教以及社会形态、道德规范、政治、哲学、语言等方面的差异，表现了中西文化在第一次真正接触时所发生的强烈碰撞。特别比较了中国人的伦理与基督教的伦理，中国的天与基督教的上帝的异同，指出基督教士入华传教的困难在于中西文化的激烈冲突。它是研究中西方文化交流领域中极有价值的参考书目。①

秦家懿和孔汉思（Hans Kung）合著的《中国宗教与基督教》，是一部用学术眼光来看待中西宗教和文化之间问题的研究专著，是一位著名的中国学者同一位著名的德国学者就中国宗教问题进行的书面对谈。他们讨论了中国宗教——儒学、道教、佛教的产生、理论、现状和前途，从现代基督教神学观点来看它们的特点，特别是将之同西方基督教进行比较，要阐明的观点是：远东的第三大宗教河系应当出自中国，其中心形象既不是先知也不是神秘主义者，而是圣贤。这是一个哲学宗教。②

第一节　基督宗教与儒学

儒学是中国传统社会统治的思想基础和中国传统教育的核心，基督宗教对中国儒学的态度和认识是非常复杂的。尽管以儒家学说为核心的中国文化与以基督教为核心的西方文化存在着矛盾和冲突，但是，传教士要在中国传播基督宗教，并最终达到以西方基督宗教归化和改变中国的文化、官员、士绅、民众的目的，必须对中国文化所顶礼膜拜的儒家学说有所了解、认识，并采取适当宽容的政策。儒学和儒家经典在中华帝国的至尊地位，也使得传教士对中国宗教的关怀常常聚集在"儒家是否是宗教"这一问题上。

对基督宗教与儒教之间关系的讨论，最早可见1962年发表的陈申如的《外国基督教在华传播及其与儒教的关系》③。在当时的意识形态背景下，认为中外反动势力在政治上实行勾结，由此反映在上层建筑领域，基督教思想和儒教思想也就逐渐从矛盾、斗争转向相互妥协。近代西方基督教与中国传统儒教思想和相互关系发展的过程，体现了中外反动势力在政治上、思想上从斗争到勾结的过程，基督教同儒教思想开始了新的汇合，

---

① 参见［法］谢和耐《中国与基督教：中西文化的首次撞击》，上海古籍出版社2005年版。
② 参见［加］秦家懿、［德］孔汉思《中国宗教与基督教》，吴华译，三联书店1997年版。
③ 参见陈申如《外国基督教在华传播及其与儒教的关系》，《山东大学学报》1962年第1期。

以达到镇压人民的目的。

一 明末清初天主教与儒学

董丛林的《龙与上帝：基督教与中国传统文化》可以说是最早涉及基督教与中国文化的研究专著。孙尚扬的《基督教与明末儒学》，对天主教与儒学的交流和冲突的关键做了重点阐发，是此方面的第一部著作，很有新意。①

基督教在中国的传播首先要求传教士本人实现文化转换，明清之际来华的耶稣会士利玛窦依据中国的现实状况制定了以文化调和为主向，"合儒辟佛"的传教策略，其具体体现则是《天主实义》。陈戎女认为，在《天主实义》中利玛窦把天主教学说以儒生可以接受的形式重新包装，对基督教信仰作出一种调和的解释，证明古儒典籍之上帝即基督教之天主，以证明基督宗教是真正值得中国尊奉的宗教。利玛窦采纳的是一种相当宽容且带有弹性的文化视野，他自愿且顺利地完成了耶儒之间的文化转换。这些非常宽容的宗教思想，体现了他相当宽容的世界性文化视野，而不是建立在"欧洲中心主义"或基督宗教基要主义的偏见上对中国文化全盘否定。这也是他一直以来得到中国人尊重的重要原因。②

李圣华指出，1601 年利玛窦一行以"大西洋陪臣"的名义进京献贡，谋求居京传教的机会。适值京师排斥"异学"风气大盛，传教士被动地卷入了一场学术、宗教夹杂政治迫害的斗争。为远避迫害，利玛窦主动接近冯琦等人，以攻禅辟佛为传教自保手段，修订《天主实义》，撰写《畸人十篇》，宣扬天主教与佛教的根本不同及与儒学的相通之理，从而寻求与上层士大夫的沟通和交流，谋取天主教在中国生存的环境。在攻禅事件中，其传教思想发生了深刻的变化，坚定了与士大夫交往的传教思想，进一步向儒家学说倾斜，以取得中国主流社会的认同与接纳。③

杨廷筠、徐光启和李之藻并列，是被称为中国天主教"三大柱石"

---

① 参见董丛林《龙与上帝：基督教与中国传统文化》，三联书店 1992 年版；孙尚扬《基督教与明末儒学》，东方出版社 1994 年版。
② 参见陈戎女《耶儒之间的文化转换：利玛窦〈天主实义〉分析》，《中国文化研究》2001 年第 2 期。
③ 参见李圣华《利玛窦与京师攻禅事件：兼及〈天主实义〉的修订补充问题》，《中国文化研究》2009 年第 1 期。

的人物，作为原为儒生的官员，在信仰天主教后，对儒学的认识特别引人注目。杨秀分析了明末天主教"三大柱石"之一杨廷筠的耶儒融合思想，他希望通过引入天主教思想来弥补儒家的不足。他在著名的"性修理论"中，将儒家的修行方法和理论，与天主教的天堂地狱和人与神的追求，进行了绝妙的融合。① 张晓林分析了杨廷筠在天主教的启发下，逐渐派生出的儒家一神论的神学哲学体系，而这种哲学体系随着时间的流逝，一种异于传统儒家道德理性，一种异于传统佛道价值观的宗教价值取向，成为中国文化新的理论向度和价值向度。②

还有学者讨论了这些儒家基督徒信仰天主教的原因，多与明末众人对佛教的不满以及自己的学术研究和兴趣有关。佛教对宋明儒学的侵入，使他们认为，只有恢复到秦汉之前的儒家才可能保存"经学"之一脉，而天主教恰好就是秦汉之前的儒家。③ 袁邦建通过对中国籍耶稣会士黄伯禄的《训真辨妄》的分析，指出19世纪中期后，传教士中出现"援儒入耶"思潮并不是偶然性的历史现象。④

作为有本质差异的东、西方宗教和文化，天主教与儒家思想之间存在着巨大的差异，有学者在这方面作出了具体的分类和分析。天主教和儒家伦理思想，首先是双方对人性之设定不同：儒家相信人性善，而天主教则认为人有兽性和神性二性。其次是对世俗伦理定位不同：天主教认为人不能全然为善，儒家则认为人能成为至善；天主教认为世俗世界是有限的、相对的，儒家则将世俗世界绝对化。再次是伦理观念之不同：天主教将爱天主置于道德之首，儒家则将孝悌作为第一道德法则；天主教轻传宗接代，儒家无后则为大不孝；天主教轻视肉身，提倡简葬，儒家重视肉身，提倡重葬；天主教遏制圣人的绝对权威，儒家则将圣人绝对化。⑤

中国传统的"一夫一妻多妾"婚姻模式与基督宗教的"一夫一妻"

---

① 参见杨秀《明末儒家基督徒杨廷筠之耶儒融合思想探析》，《基督教文化学刊》2010年第24辑。
② 参见张晓林《杨廷筠与儒家道统》，《华东师范大学学报》2003年第2期。
③ 参见肖清和《清初儒家基督徒刘凝思想简论》，《史林》2011年第4期。
④ 参见袁邦建《耶儒对话与传教策略：〈训真辨妄〉探析》，《宗教学研究》2011年第1期。
⑤ 参见贾庆军《也谈耶儒伦理思想之差异：以利玛窦、黄宗羲伦理思想为例》，《宁波大学学报》2009年第4期。

婚姻模式之间产生了激烈冲突，这也成为当时许多中国信徒信仰天主教的阻碍。丁锐中通过对明末著名天主教徒王徵的"纳妾"与"殉明"的案例分析，探讨明末清初儒教信条与天主教教义，是如何在中国文化背景下进行对话和调适的。①

二 晚清儒耶对话和会通

晚清来华以林乐知等人为代表的自由派新教传教士对中国儒家学说的看法和态度存在着"合儒""补儒""批儒"和"代儒"环环相扣的四个层次，其中"合儒"是一种文化策略，"代儒"——基督教征服中国才是他们的最终目的。西教士对儒学中的缺陷、不足和劣根性等批语是完全站在西方人立场和基督教的角度进行的，但也应该承认这对动摇儒家思想在中国文化教育和思想中的核心地位不无助益，因而在近代中国具有开风气之先的思想启蒙意义。② 姚兴富的《儒耶对话与融合：〈教会新报〉（1868—1874）》，是研究基督教与儒学的对话与融合的专著，该书大量利用了《教会新报》的资料，比较重视思想和理论层面上的研究和探讨。③

基督教传教士是19世纪儒家经典英译的主体，也是西方世界里孔子和儒经形象的主要制造者。他们对孔子和儒经的认识，始之于好奇，继之以批评，最后走上"补儒"的道路。早期传教士虽认可儒家的某些实践智慧，但翻译儒家经典的目的重在辟儒，故着眼于耶儒的差异，更多的是批判，后期的译者不否定早期译者的批判，更强调补儒，留心耶儒会通而多表同情。究其根本原因，其间的差异都是传教士来华传教策略转变的反映。④

赵毅的《丁韪良的"孔子加耶稣"》是非常早就涉及这方面研究的论文。通过对美国传教士丁韪良的融合中国传统文化的"孔子加耶稣"的基督教观，叙述了传教士对中国儒学的认识，并深知中国传统力量的强

---

① 参见丁锐中《明末清初儒教与天主教的冲撞与调适：王徵的"纳妾"与"殉明"》，《兰州大学学报》2012年第1期。
② 参见孙邦华《晚清寓华新教传教士的儒学观：以林乐知在上海所办〈万国公报〉为中心》，《孔子研究》2005年第2期。
③ 参见姚兴富《儒耶对话与融合：〈教会新报〉（1868—1874）》，福建教育出版社1999年版。
④ 参见王辉《新教传教士译者对孔子和儒家经典的认识》，《孔子研究》2011年第5期。

大，而采取这样的策略和方法，通达变而不失根本，将孔子作为"特殊的导师"来尊敬，主张保留中国的祖先崇拜，保留中国传统文化中的人伦关系；同时紧握"上帝"和"灵魂"这两个最重要的基督教观念，当儒学的"天"的观念与基督教相抵触时，则绝不让步。这些观念使丁韪良成为一个有远见的传教士，并由此坚信基督教可以补充中国传统思想文化，进而对基督教在华传教事业充满了信心。①

在众多传教士中，英国传教士理雅各（James Legge）因其英译了包括四书五经在内的《中国经典》（*The Chinese Classics*），被称为19世纪的汉学巅峰之作，行世已近150年，一直刊行不断。段怀清较系统地叙述了最为著名的汉学家理雅各的生平、翻译中国经典的体例、时间、经过，以及成为英国牛津大学首任中文讲座教授的过程。理雅各以其翻译了大量的中华经典为最大成就，他不仅完成了以四书五经为核心的儒家经典翻译，而且完成了《道德经》《庄子》《太上感应篇》等道家经典的翻译，同时对中国佛教典籍也有所涉及。②

在一片赞扬之声中，有学者也提醒我们应该充分认识到产生的中国知识与殖民欲望、传教意识形态之间的关系。这种关系可以称为"传教士东方主义"。在有关基督教传教士对中国传统思想的理解与态度方面，传教士们始终站在基督教的立场与视角来审视，甚至审判中国传统儒家文化及其他思想。在传教使命和心态的影响下，传教士们对儒家文化的理解都带有强烈的批评和解构的意味。理雅各于1861年出版的《中庸》译本，并非要向西方传播儒家之道，而是要将这一中国圣书去经典化。理氏在一些核心概念的翻译上坚持本质主义的解读立场，为《中庸》制造出十分负面的形象。他的翻译是基于基督教信仰对儒家经典与文化的审判，终其一生，他从未放弃以基督教取代儒教的信念。基督教新教传教士是19世纪儒家经典英译的主体，也是西方世界孔子与儒经形象的主要制造者。③

《论语》是儒学经典，更多受到基督宗教和学者的关注。杨平概述了从明末天主教至清末的新教传教士翻译《论语》的历史，指出其动机是

---

① 参见赵毅《丁韪良的"孔子加耶稣"》，《美国研究》1987年第2期。
② 参见段怀清《理雅各与儒家经典》，《孔子研究》2006年第6期；《理雅各"中国经典"翻译缘起及体例考略》，《浙江大学学报》2005年第2期。
③ 参见王辉《理雅各〈中庸〉译本与传教士东方主义》，《孔子研究》2008年第5期。

要从中国传统经典中找出基督教是真理且优于儒教的证据，并证明基督教和儒教有相通之处，进而用基督教代替儒教，以耶稣代替孔子。在翻译过程中，他们也对儒学做了"神学化"诠释，用基督教神学附会儒学，极力论证中国的古老历史是圣经传统的一支。这些都是基督教优越论和西方文化中心主义的反映。[1] 通过《训真辨妄》中基督教"附儒"和"批儒"的策略，利用儒家经典作为基督教教义的论据，并部分篡改儒家经典去附会基督教义，按照士大夫的心理习惯阐述宗教，给基督教披上儒家伦理道理的外衣。[2]

有些学者还深入地将基督教与儒家之间的具体观点和认识进行了比较，以达到更多了解和认识的目的。姚兴富比较了晚清基督教报刊《教会新报》上发表的儒家以"五伦""五常"为特点的仁爱思想与基督教以"十诫"为背景的神爱思想的异同，说明了基督教与儒家思想在伦理层面上的互补性及其对话的可能性与可行性，拓展了耶儒对话的空间。[3] 一般来讲，天主教耶稣会士都遵守了利玛窦的思想脉络，认同古儒而反对近儒。但在宋儒的"太极说"上，新教传教士则多少表现出愿与宋儒靠近、对话和调和的倾向与意愿，拓展了天主教与儒教之间对话的空间和领域。[4]

王立新还对美国传教士对中国文化态度的演变（1830—1932）进行了考察。19世纪，绝大多数传教士对中国文化抱着毫不妥协的态度，企图用基督教文明取代中国本土的信仰、伦理和价值观，即对中国进行文化征服。从20世纪初期开始，在理性主义、民族主义的冲击和第一次世界大战的影响下，主流的传教团体开始倡导文化合作，提出基督教与其他宗教携手"共同追求真理"，以及借鉴中国文化遗产以补充和丰富基督教传统的重要思想，对中国文化表现出高度的尊重与欣赏，这种思想最终改变

---

[1] 参见杨平《西方传教士〈论语〉翻译的基督教化评析》，《中国文化研究》2010年冬之卷；丁小英《苏慧廉英译〈论语〉中宗教思想的体现》，《宜宾学院学报》2009年第10期。

[2] 参见袁邦建《耶儒对话与传教策略：〈训真辨妄〉探析》，《宗教学研究》2011年第1期。

[3] 参见姚兴富《从人伦规范看耶儒对话的可行性：以〈教会新报〉（1868—1874）为例》，《世界宗教研究》2004年第2期；高予远《论儒家的"忠恕"与基督教的"宽恕"》，《宗教学研究》2006年第2期。

[4] 参见姚兴富《19世纪新教传教士对太极说的批判与吸收》，《江海学刊》2005年第6期。

了传教运动的面貌。① 夏俊霞则对清末民初知识分子对基督教的接纳与认同进行了研究，认为自基督教传入中国后，虽遭排拒，但自传入之日起，中国的知识分子即开始了对之认同、吸纳的历史。从农民起义领袖到一批博学广识的学者、文人，从资产阶级维新派到资产阶级民主革命者，从新文化运动的倡导者到一批作家、诗人，清末民初以来，中国的知识分子通过各种途径，改变着对基督教的敌对观念，进而将其吸纳，转变为可资起义、西学东渐、改良、革命、改造国民的有力武器和工具。而这个吸纳的过程又是一个扬弃的过程，它不仅极大地促进了中国文化自近代以来的新陈代谢，更为世界文化的交流扮演着重要角色。②

第二节　基督宗教与佛教

当两种不同的文化有所接触时，必然相互发生激荡。从宗教的观点而言，基督教和佛教都是超越文化的。然而从人类文化现象来看，两者若想在抽象的理念信仰之外融入生活，它势必是一种文化，必然在文化的范围之内。抽象的信仰理念要生存要发展，就必须适当地世俗化。

佛教与基督宗教是两大世界性宗教，所谓世界性宗教，即超越了民族，以思想为基础的宗教。基督教自唐代以来有四次入华传教的经历，即唐朝景教的传播、元朝也里可温教的入华兴衰、明清之际天主教的传入，以及鸦片战争前后基督新教各派的相继传入。同样是外来宗教来华，基督教和佛教却有着截然不同的遭遇。

一　景教、也里可温教与佛教

佛教和基督宗教作为两大外来宗教，近代以前就在中国本土短暂相遇过，即早在唐朝时期的景教与佛教。但由于诸多历史原因，二者之间并未来得及进行深层次的交流和对话就失之交臂。佛教本是外来宗教，但经过

---

① 参见王立新《美国传教士对中国文化态度的演变（1830—1932）》，《历史研究》2012年第2期。
② 参见夏俊霞《清末民初知识分子对基督教的接纳与认同》，《世界宗教研究》1999年第3期。

汉唐以来千余年的发展，已经深深浸透到中国人的社会生活和文化精神之中，成为传统文化不可或缺的组成部分。佛教与基督宗教之间的再次相遇和冲突，实际上成了西方外来宗教与中国宗教和文化之间的冲突。

佛教与基督宗教的对话，自唐代即已开始，初入中国的景教曾大量借用佛教语汇翻译自己的经典，其对话形式主要表现为佛教的宽容接引和景教的谦卑依附。景教参与翻译佛教译经事业、借用佛教术语介绍景教教义、借鉴佛教的伦理道德学说和标志符号来宣传景教信仰。而这种景教过分注重本土化的实践和理念，成为景教在唐朝传播最终失败的原因，即过分注重本土化，甚至完全佛教化，从而失去其原来应该具有的景教色彩。[①]

由于本民族的多神信仰传统，元代统治者对宗教持开放和包容的态度，对宗教采取了极其宽容的态度。无论是佛教，还是被称为"也里可温"的基督宗教，都获得了较自由的发展。也里可温教主要在蒙古统治者上层中流传，对汉语思想没有形成全面实质性的影响。元代随着也里可温教的快速发展，已经取得重要地位的佛教便对也里可温教采取了排挤的政策。这或可成为也里可温教消灭的原因之一。[②] 总体来讲，对元代宗教之间关系的研究至今仍然很缺乏。

二 明末天主教与佛教之间

明清时期，天主教传教初期亦借助佛教形式融入中国文化，后逐渐由于传教策略的变化（易佛补儒）和基督宗教强烈的排他性，与佛教展开了激烈的辩论。

明末来华的耶稣会传教士代表人物利玛窦对佛教的批判对耶稣会在华传教活动产生了正、负两方面的影响。利氏主要是出于策略性的考虑而展开对佛教的批判的，他对佛教的批判触及了佛教的一些核心教义和宗教行为，但其中有曲解，且独断性成分居多。此种批判一方面为一些士大夫反思和批判传统中国文化和宗教提供了新的视角，使他们能较轻易地克服改宗的心理障碍，最终弃佛归耶；另一方面则激起了一些佞佛的士大夫和名

---

① 参见虞恕《"入华"与"融华"：比较景教与佛教东渐来华的不同遭遇》，《宗教学研究》2002 年第 1 期。

② 参见于晓兰《元代佛教与基督教关系考》，《学术交流》2011 年第 2 期。

僧的反击，人为地增加了天主教在华传播的障碍。利玛窦在传播天主教过程中与晚明佛教三位大师紫柏、云栖、憨山的交往与争论，都说明中西两大宗教相遇后，各自护教而出现了冲突。①

天主教初传入之时，开始利用佛教，后转而激烈排斥佛教。为了排斥佛教，他们在世界本原、天堂地狱、杀生、轮回等问题上，与佛教人士展开了激烈的辩论。开始之初，双方语言平和，地位对等，随着辩论的激化，许多人意气用事，且有意识地将争论引向政治，均希望有官府介入的倾向。其结果是，任何一方都未能得到真正的话语权，佛教与天主教都不得不臣服在皇权的阴霾下，失去了平等对话的机会和权利。双方都希望通过对对方信仰的贬低和批判来证明自己真实唯一的性质并提升自身信仰的高度，都缺乏冷静的态度。②

明末清初时期，在汉文化语境下，天主教耶稣会和佛教之间对话的主要议题都是围绕着宇宙观或生成论、人生观或价值观、解脱观或救赎论，围绕着基督教创世神学和佛教宇宙生成论之间展开的争论，都注意到了对方的理论存在，但都理解为对方剽窃自己一方的理论，从而希望将对方重新纳入自己的体系。由此可知，如何认识差异性，寻求同一性，所谓"求同存异"才是不同宗教乃至不同文化交流的必然途径。③

天主教入华后激烈排佛，目的在于取代佛教地位，并借助排佛以达到批儒的目的。其争论的焦点主要表现在本体论和神人关系上的不同见解，以及对于轮回观念的不同认识等方面。天主教以佛教为批判对象，也与明代佛教自身的衰落有巨大的关系。在整个天主教与佛教的争论之中，佛教基本上是处于被动的地位。虽然天主教一直处于上风，但并不意味着胜利，同时也使天主教教士们多少在上风中失去了理性，忽略了佛教已经成为广大中国民众的精神归宿，在民间具有很大的无形号召力。耶稣会只注

---

① 参见孙尚扬《利玛窦对佛教的批判及其对耶稣会在华传教活动的影响》，《世界宗教研究》1998年第4期；林建曾《基督教与佛教在华关系的发展变化》，《贵州文史丛刊》2003年第2期；洪修平《从佛教的中国化看基督教在中国的发展》，《世界宗教研究》2006年第4期；戴继诚《利玛窦与晚明佛教三大师》，《世界宗教文化》2008年第2期。

② 参见凌长臣《明清之际佛耶两教交涉考》，《上海大学学报》2005年第3期；刘丹《基督教与佛教在中国传播命运迥异缘由的比较》，《世界历史》2002年第3期。

③ 参见于晓兰、樊志辉《汉语语境下佛耶对话的历程与走向》，《哲学研究》2011年第7期；孙彩霞《明末清初耶佛"创世之争"》，《圣经文化研究》第5辑。

重与官方士人的适应和融通,将重点放在儒家知识分子身上,而忽略甚至排斥代表民间力量的佛教,这一做法或许是它最终未能融入中国文化的原因之一。①

历史上发生的佛耶对话主要都是基于传教和护教的目的,因而没有通过双方交流而创造出具有中国自身特色的新文化。因此,基督宗教也没有进入中国传统主流文化中去,仍然处于中国的"亚文化"状态。希望今后在汉语语境下发展双方对话,能促进佛教和基督宗教的自省更新,促成两大宗教向对方汲取借鉴先进合理的传教经验,并对科学技术、文学艺术等产生积极影响。

三 晚清佛耶对话和佛教学者的回应

晚清时期,基督教传教士来华,他们对中国传统宗教和文化所持态度与天主教传教士有所不同。赵树好认为在外国列强和不平等条约的支持下,基督教与没有特别外力支持的佛教产生了激烈的冲突,导致佛教的信仰者转而投向基督教,这虽然涉及文化冲突的原因,但更多的仍是侵略和反侵略之间的斗争。②

更多的学者认为,基督教传教士对佛教的力图理解是显而易见的,力图理解体悟佛教这个所谓的外来宗教在中国扎根的基础,如何将基督教传教的宗教理念与中国国情和文化相结合,以便为基督教所借鉴,以此来打通探索出基督教在中国发展的道路。正是在这样的理念支持下,传教士多有开展"耶佛对话",对佛教的各个方面进行了理解和探索。而这其中最具有代表性的则是以李提摩太(Richard Timothy)等为代表的自由派基督教神学观念者。

为了更多地了解中国社会和文化,传教士的目光必须投向对中国社会影响深远重大的佛教。在这个过程中,传教士对中国的佛教经典进行了翻译和了解,如何翻译中国佛教经典,译什么,怎么译,都是经过其精心选择的。虽说他们对于佛教词典、佛经的英译,其目的是在言说"自我",

---

① 参见马晓英《晚明天主教与佛教的冲突及其影响》,《世界宗教研究》2002年第4期;陈朝娟《从明末清初佛教的复兴看近代佛耶对话:从佛教界对基督教的态度谈起》,《理论界》2007年第5期。

② 参见赵树好《晚清基督教与佛教的冲突》,《山东师范大学学报》2002年第2期。

宣扬基督教自身的福音，但客观上促进了中国佛教的西传以及西方汉学的发展。这些相对自由派的传教士关注其他宗教现象的发生，与明清之际的耶稣会士以及那些保守的新教传教士一味地排斥中国佛教不同。其中英译汉语佛教经典较为突出的传教士有艾约瑟（Joseph Edkins）、李提摩太、丁韪良（William Alexander Parsons Martin）、苏慧廉（William Edward Soothill），而他们的译介成功地促使他们成为欧洲最早的汉学家，走上了欧洲名校的汉学教授座位。①

19世纪下半叶，来华新教传教士群体发生了很大的变化，他们对待中国宗教文化的态度也趋于多元。与相当仍然持基督教基要派思想的新教传教士仍然持鄙视中国文化、将其认为是传播福音的障碍的观点不同，艾约瑟、丁韪良、李提摩太、苏慧廉等几位具有自由思想的晚清新教传教士，试图一次次跳出传统佛教观的范式，以及对中国佛教进行套语式的描述，能够继续明末利玛窦等人采取"文化适应"的策略，开诚布公地去充分认知中国佛教这个"他者"。他们强调耶儒两者之间的共性，进而尊重中国传统，提倡知识传教。他们所从事的佛教词典的编撰、佛教经典的英译出版，标志着他们对中国佛教的研究已经达到一个新阶段。不管他们最初的动机如何，客观上都促进了中国佛教文化的西传以及西方汉学的发展，增进了中西宗教文化的对话与交流。②

19世纪70年代之前西方汉学家和传教士对中国宗教、佛教的研究很少。李提摩太是来华传教士当中率先从事佛耶比较研究并推动两教间对话的先行者，他在此方面有指导先路之功。李提摩太的佛耶比较研究和佛经翻译工作，积极推动"佛耶对话"，也为了那些西方读者能够更好地理解佛教与基督教之间"充满活力的互动关系"。他与著名居士杨文会合作翻译了多部佛教经典，认为基督教和佛教之间存在关联，这些含有基督教精神的佛教经典是基督福音书的"亚洲形式"。他还将佛教介绍到世界基督教大会上，甚至主张两教联合，致力于世界宗教的复兴。从中可以看出，正是对其他宗教和文化保持客观理性与尊重包容的态度，才能使宗教产生

---

① 参见李新德《"亚洲的福音书"：晚清新教传教士汉语佛教经典英译研究》，《世界宗教研究》2009年第4期；《李提摩太与佛教典籍英译》，《世界宗教文化》2006年第1期。

② 参见李新德《晚清新教传教士的中国佛教观》，《宗教学研究》2007年第1期。

对文化的更多作用。①

中国经典的西传，传教士功不可没。从最初耶稣会士利玛窦把《四书》译成拉丁文，到后来的新教传教士理雅各（James Legge）对四书五经的英译，传教士对中国典籍的西译工作，极大地促进了中国文化，尤其是儒家思想的西传和西方汉学的发展。研究当年传教士中国佛教典籍英译的得与失，对今日中西宗教文化交往不无重要的现实意义。

《天国之行》是《西游记》的第一部英译本，翻译者传教士李提摩太认为，该书虽然是佛教内容的小说，但实际阐发的却是基督教精神，因为佛教实际上借用了基督教的一部分。在翻译中，他将有阐释基督教精神的佛教经典移之于文本的翻译、改造和重新诠释中，将基督教精神渗透到了《天国之行》中，这种援耶入佛的做法体现了传教士探寻基督教在中国传播和信仰的最佳策略。②

由上综述可见，基督教自由派神学的传教士面对中国文化和宗教的态度则更为积极和开阔，做出了一定的努力。但截至目前，对它们之间相遇和交流的研究还非常初浅，只集中在个别传教士和个别论题的讨论上，还需要更多的个案研究才能加强和深化这方面的认识。

民国年间，经过了中华民国宪法规定"宗教信仰自由"和"非基督教运动"后的基督宗教，对中国传统宗教和文化的态度更为谨慎和分化。有学者指出，民国时期佛教与基督教基本上处于和平相处、各求发展的阶段。两教之间的关系共有四种代表性论点：佛耶相同论、佛耶相异论、佛耶同异兼具论、佛耶取长补短论。③

民国时期，中国佛教进入改革发展阶段，社会影响力也波及其他各种宗教。挪威传教士艾香德（Karl Ludvig Reichelt）来到中国后，受佛教的影响，积极学习佛经，深入寺庙与佛教徒进行交流，参访南京支那内学院，撰写了有关中国佛教的著作，并依照佛教寺院制度，先在南京和平门外创办景风山基督教丛林，后又在香港建立道风山基督教丛林。

---

① 参见杨乐、肖自力《李提摩太与清末民初的"佛耶对话"》，《宗教学研究》2012年第3期；班柏《李提摩太以耶释佛英译〈大乘起信论〉探析》，《重庆文理学院学报》2012年第5期。

② 参见胡淳艳、王慧《佛耶之间：李提摩太的〈天国之行〉的翻译传播》，《明清小说研究》2012年第4期。

③ 参见李少兵《民国时期佛教与基督教思潮关系考》，《历史档案》1996年第4期。

艾香德以较为开放的胸怀倡导宗教对话与宗教联合，在全球化的今天已经成为世界宗教发展中一种值得关注和提倡的文化现象，宗教对话与宗教联合被越来越多的宗教团体所认同与接受，已成为世界宗教发展中的一种方向。①

近现代中国的佛教学者如何响应由西方传入的现代科学，这与他们对基督宗教的响应又有何关系，而这些响应对于学界对文化全球化的讨论又有何意义？有学者以章太炎及太虚法师这样的佛教学者为个案，在回应传教士传入的西方现代科学方面，指出前者基本上是以中国视域为本位，而后者更倾向于采取全球的视角。文化上的全球化，不仅对个别的宗教传统构成挑战，也提供机遇让不同的宗教传统得以更新，这不仅有助于不同传统的全球化，更可促进不同宗教间的交流以至多元文化的建立。②

还有学者以佛教和基督教的交往关系为例，来把握当代中国社会宗教格局关系建构。中国宗教，尤其是华北、华南、华东几个主要区域，就宗教影响而言，在五大宗教里面，要数佛教和基督教最大，而其影响亦最为重要。同时，佛教、基督教的信徒人数所占比重也比较大。③

梁丽萍的《中国人的宗教皈依历程：以山西佛教徒与基督教徒为对象的考察》一文借助问卷调查与深度访谈两种方法，用社会学的方法对130名宗教徒的宗教皈依过程进行了研究。研究发现，宗教徒的宗教皈依是一个渐进、单一的过程，并且更具有"内生型皈依"的特征，生活的压力、挫折或生命的危机状态不是促使宗教徒皈依的普遍因素，但功利性的欲求、心灵的空乏以及精神世界的不满足感却是潜在涌动的促使教徒皈依宗教的内在张力。不同宗教信仰类别宗教徒的皈依历程具有一定的差异，而不同文化程度的宗教徒的皈依历程则具有显著的差异。他们都有共同的动机，即借由一个"被肯定的形象"得到信仰对象的慈悲济渡和关

---

① 参见孙亦平《艾香德牧师与中国佛教：民国时期宗教对话的一个案例》，《世界宗教研究》2010年第6期。
② 参见赖品超《从文化全球化看中国佛教对现代科学及基督宗教的回应》，《世界宗教文化》2010年第3期。
③ 参见李向平《当代中国宗教格局的关系建构：以佛教、基督教的交往关系为例》，《宗教学研究》2010年第1期。

爱救助。①

王志成、赖品超的《文明对话与佛耶相遇》一书中收入 23 篇论文，分别探讨了古代文明中的佛耶相遇、现代文明中的佛耶相遇、佛耶相遇与宗教对话、佛耶比较与对话文明四个方面的问题。②

第三节　基督宗教与伊斯兰教

伊斯兰教和基督宗教在中国都属于外来宗教，两教之间无论在历史上还是在教义教理上都有很强的渊源关系。它们都在唐代传入中国，在元代，基督教徒与伊斯兰教徒在中国有了接触。在明清时期，伊斯兰教与基督教有了碰撞，虽然曾有一些问题，但一直都还处于总体和谐相处的范围内。在其相遇过程中，基督宗教一方一直都处于主动和强势的地位，而伊斯兰教则处于相对被动、有所积极反应的状态下。

海外学术界很早就开始了基督宗教和伊斯兰教在欧亚大陆的相遇、冲突与对话的研究，已经硕果累累。荷兰出版社从 2003 年至 2010 年已经出版了系列研究专著 14 本，从基督徒与穆斯林之间的关系，基督教与伊斯兰传播历史原因和冲突，基督徒和穆斯林之间的对话等多个方面和角度，进行了深入的研究，但这些研究一般都将重点放在了欧洲和远东的穆斯林世界。在中国范围内伊斯兰教和基督教之间的关系如何，基督徒和穆斯林之间是如何相处共生的，作为外国宗教这两种宗教是如何在新环境中本土化和扎根的，采用的传播手段和方法有何相同与不同，如何面对如此强大的中华文化，这些都是摆在研究者面前的未开垦的处女地。

1995 年，以色列希伯来大学著名的犹太学者拉斐尔·以色列利（Raphael Israeli）发表了《十字架与新月的战争：传教士在中国穆斯林中工作的一个世纪（1850—1950）》（*The Cross Battles the Crescent*：*One Century of Missionary Work among Chinese Muslims*, 1850 – 1950），这是第一篇研究中国基督教与伊斯兰教之间关系的论文。虽然在这篇论文之前，

---

① 参见梁丽萍《中国人的宗教皈依历程：以山西佛教徒与基督教徒为对象的考察》，《宗教学研究》2005 年第 1 期。

② 参见王志成、赖品超《文明对话与佛耶相遇》，社会科学文献出版社 2012 年版。

全国各地传教士也曾在《教务杂志》(Chinese Recorder)、《中国亿兆》(China's Christian Million)上写过有关文章,就自己所见所思进行了叙述和总结,但还不算是真正意义上的学术研究。一直以来,关心研究这些问题的均为外国学者。

一 外来宗教的中国命运对比

从总体来讲,基督宗教和伊斯兰教两教之间在中国历史上,虽然有冲突碰撞,但一直都还是处于还算和睦的状态下。相比两教之间的传播史,伊斯兰教则幸运很多,自传入中国后,没有遇到太大的挫折,这与伊斯兰教始终在个别民族中传播有关,同时也使其不能成为中国的主流文化。基督宗教曾四次进入中国,前两次则完全没落,第三次在明末清初天主教传入,也曾遇到过巨大的挫折。①

有学者研究了基督宗教和伊斯兰教两个外来宗教在华传播方式的不同导致的结果差异之间的关系。李林研讨了两教之间不同的传播方式,为其在中国的扎根带来的不同效果。伊斯兰教采用的是"载体移植"(著名历史学家白寿彝语),通过迁移在中国的外来穆斯林融入中国社会,信仰伊斯兰教的中国穆斯林产生后,伊斯兰教在中国的社会地位才发生了根本性的转变。这个过程致使围绕民族和地区而发展伊斯兰教的本土化,在很早就已经出现,并伴随着其民族和宗教的发展而发展。基督宗教的传播路线则截然不同,主要依赖外国传教士的"来华传教",虽然这些传教士有许多中国信徒和士人的帮助与协调,但其本土化的进展很大程度取决于这些外国传教士对中国社会与文化的熟悉和认知程度,甚至取决于他们的数量以及他们在中国停留的时间长短。而他们希望通过"走上层路线"来赢得支持,经常忘记了普通信徒的本土化需求。外来宗教融入中国社会应该是个双向的过程,它既包括外来宗教对中国文化和社会主动适应,也应包括中国文化对异质文化的吸纳以及中国社会对少数群体的包容。②

金林研究回顾了历史上基督教教案和伊斯兰教侮教案的过程,提出了

---

① 参见陆芸《伊斯兰教与基督教在中国的接触、碰撞和冲突》,《西北民族大学学报》2011年第4期。
② 参见李林《"处境之辩"与"本色之难":本土化视域中的伊斯兰教与基督教对话》,《伊斯兰文化》2012年第1期。

一般社会对其两种事件完全不同的认知和概念。教案带有明显的反帝反侵略的性质,因而是爱国和正义的,而侮教案带有深刻的民族歧视和民族压迫的性质,因而是狭隘和退步的。为了社会和谐和宗教和谐,必须倡导互相尊重和平等对话的原则,宗教团体要加强对外宣传,使外界对本宗教有一个正确的认识和理解。政府应该采取一视同仁的政策,防止民族歧视和宗教歧视的现象发生。①

二 明末清初时期的沟通

明末清初,伊斯兰教与基督教长期对立的历史背景,再次入华的天主教与中国伊斯兰教之间的关系呈现出某种对立的复杂性,但这些问题都遮蔽在天主教与中国主流文化儒家文化之后,没有暴发得那么引人注目。甚至在著名的明末清初的"礼仪之争"中,钦天监中天主教徒与回回天文学家之间也曾发生过小问题,但没有大暴发,并且不是以宗教性的面目出现的。②

一些两教之间交往和关系的个案研究引人注目。明末清初穆斯林知识分子与天主教传教士之间的交往成为研究主题。姚继德根据一些穆斯林文献,研究了云南穆斯林学者马德新与天主教传教士古若望之间的交往活动,马联元与基督教传教士冯德善的交往对话,赞扬了两代穆斯林学者在对话中所体现出来的平等博大、和平共存的文化对话观,并指出这是云南伊斯兰教学派素来注重回儒贯通、经书并授、学术研究与经堂教育并行的结果。③

三 晚清民国基督教与伊斯兰教

新教来华传教士很早就注意到中国存在一个庞大而又独特的穆斯林群体,并对其历史与现状做了诸多调查研究。从宗教相遇与对话的视角出发,把晚清时期传教士对中国伊斯兰教和穆斯林的认识与互动做了史实上的梳理与分析。这一时期是传教士向中国穆斯林开展传教

---

① 参见金林《从"教案"与"侮教案"看基督教和伊斯兰教在近现代中国的不同境遇》,《西北民族研究》2004年第4期。
② 参见许淑杰《明清之际的伊斯兰教与基督教》,《世界宗教研究》2011年第1期。
③ 参见姚继德《"回耶"对话的一次实践:马德新〈据理质证〉及其文明对话观》,《西北第二民族学院学报》2007年第3期。

运动的准备期。传教士、穆斯林在相互认识方面尽管都有基于自身立场的偏见或误解,在交往对话中有时也有针锋相对的辩论,但这一切都是在平等与互相尊重的基础上展开的,并没有升级为严重的宗教冲突事件。①

有学者利用传教士的英文资料,研究基督宗教如何看待伊斯兰教之间的关系,进行两教之间的对比研究。马景在历经十年的中国基督教发展状况调查后写成总结之作《中华归主》,对伊斯兰教的传入、穆斯林人口、穆斯林的组成等问题进行了较多的关注,对穆斯林的职业构成、宗教职业者阿訇也进行了一些调查,这些调查都是为了向穆斯林宣传福音而进行的基础性工作。②

《教务杂志》（Chinese Recorder）是一本由新教传教士创办的近百年的英文期刊,代表了主流教会和传教士的思想与见识。通过这些英文资料,我们可知传教士是如何"发现"穆斯林的,对穆斯林的传教方针策略的制定,而其中内地会成为中国伊斯兰传教运动中最为活跃的组织;最后深入穆斯林地区进行传教。面对这种传教力量,中国穆斯林群体则呈现出反应迟缓等特征,直到20世纪20年代中国伊斯兰教才进行了革新运动。③

对中国伊斯兰传教运动最为积极的是内地会,其传教士安献今（G. Gindlay Andrew）,在1921年出版了经社会调查和研究而形成的《中国西北的伊斯兰教》（The Crescent in Northwest China）一书,这是最早出版的西文研究伊斯兰教的专著,成为西方研究伊斯兰教的必读书目。该书突出了穆斯林和汉人之间的冲突与矛盾的历史阴影,站在基督教优越论的立场上,立意是如何向穆斯林宣传基督教的福音,而宣传仁慈上帝的基督教会战胜"佩带宝剑"的伊斯兰教。该书这种不合理的观点对西方和

---

① 参见刘家峰《晚清来华传教士与穆斯林的相遇与对话》,《世界宗教研究》2009年第1期;《近代中国基督教与伊斯兰教互动关系的研究回顾与前瞻》,《世界宗教文化》2011年第3期。

② 参见马景《民国初年传教士对中国穆斯林的调查与研究:以〈中华归主〉为例探讨》,《西北民族大学学报》2009年第2期。

③ 参见徐炳三《从〈教务杂志〉看近代西方传教士对中国穆斯林的传教活动》,《贵州民族研究》2006年第3期。

中国伊斯兰教产生了一定影响。① 刘继华依据西方基督教差会的英文资料，介绍了长期在西北传教的内地会传教士濮司满（Thomas Earlum Botham）和濮马可（Mark Edwin Botham），他们对向西方介绍甘肃穆斯林的情况起到了很大作用。② 王建平还出版了篇幅不长的著述，详细介绍了哈佛燕京学社所藏的美国传教士毕敬士档案，以及他所拍摄的有关中国伊斯兰教的多幅照片。③

另有学者利用穆斯林的资料，考察了马德新、马联元、杨敬修等穆斯林学者关于基督教的评论，提示了站在伊斯兰教立场上观察外教的基本思路。④ 清末民初基督教传教士将传教对象指向云南回族后，云南回族积极地回应，其中马联元的《辨理明证语录》一书较为典型。马联元认为真宰（真主、上帝）是永恒的实在、无始无终的，而万物是有始有终的，强调了真主独一的本体。耶稣是伊斯兰教所承认的一位大圣人，既不是天之子，也不是天主。《辨理明证语录》于 1899 年刊刻以后，受到穆斯林知识分子和阿訇们的欢迎。1935 年 7 月 30 日至 8 月 1 日在河南召开的夏季基督教传教大会上，该书被传教士当作重点进行讨论。正因为如此，在 20 世纪 20 年代以后，致力于福音中国穆斯林的部分传教士逐渐放弃了基督教优越论的思想，主动和中国穆斯林进行宗教间的对话与交流，并着手对中国伊斯兰教进行历史考察与现状调查，而这些传教士的研究成果也就成为现代西方社会研究中国伊斯兰教的第一手资料。⑤

作为外来宗教，伊斯兰教在中国的传播地点主要在西北地区。刘继华对于两教之间在西北地区相遇的实证研究很有特色。1879 年 6 月 22 日，中国内地会传教士义世敦（George F. Easton）进入青海，开启了基督教

---

① 参见马景《传教士安献今与中国西北伊斯兰研究》，《北方民族大学学报》2011 年第 5 期。
② 参见刘继华《基督教内地会濮氏父子在近代西北穆斯林中的传教活动述论》，《青海民族研究》2013 年第 4 期。
③ 参见王建平《近代上海伊斯兰教文化存照：美国哈佛大学所藏相关资料及研究》，上海古籍出版社 2008 年版；《近代陕甘宁伊斯兰文化老照片：20 世纪 30 年代美国传教士考察纪实》，上海辞书出版社 2010 年版。
④ 参见杨晓春《〈回教考略〉与清末民初的回耶对话》，《世界宗教研究》2011 年第 3 期；许淑杰、于鹏翔《早期中国穆斯林学者对基督教的态度》，《社会科学战线》2013 年第 4 期。
⑤ 参见马景、王建斌《清末民初云南回族社会对基督教传播的认知与回应：马联元〈辨理明证语录〉及其影响》，《西北第二民族学院学报》2008 年第 1 期。

在青海传播及其与伊斯兰教交往的历史。随后在青海各族开展的传教活动收效甚微。1895 年,河湟起义中传教士的积极应对及清政府的基督教政策,为青海基督教带来发展的机遇。在此背景下,基督教与伊斯兰教有过多次友好相遇,新教传教士在传统伊斯兰地区的慈善救济,为其打开了传教和与伊斯兰教和谐相处的局面。伊斯兰教在感激新教在河湟起义后的慈善活动同时,对其传教活动予以有理有节的抵制。两教在青海地区的相处基本呈现和谐的态势。① 刘继华在另一篇论文中,讲述了 1933 年,伊斯兰教问题研究专家、美国普林斯顿大学教授知味墨(Samuel M. Zwemer)这位在西方教会享有声誉的"伊斯兰教的使徒"进行的西北行,探讨了两教之间对话的可能性,也提高了西北穆斯林在基督教宣教事业中的地位和关注。②

信仰伊斯兰教的回族还存在着大分散小聚居的特点,除了西北地区,在其他地区也有信仰伊斯兰的穆斯林居住。20 世纪 30 年代初期,北京穆斯林与基督教传教士进行了争论。这场回耶冲突,折射出辛亥革命后回族穆斯林在中国现代国家建设过程中对回族自身民族建设的新诉求:不仅仅要被承认为多民族国家的"爱国"的公民,更希望被承认为一个"和平的宗教"的信仰者。③

总体来讲,对基督宗教与伊斯兰教之间关系的研究才刚刚起步,这说明学者们已经从宗教本质的角度来关注考察两教之间的关系和影响,而非仅从民族、政治或经济的角度来考察。这是一个很好的开始。这些研究都为进一步深入了解和研究打下了基础,今后还需要加强从基督教传教学、伊斯兰教护教学、宗教文明对话、文化交涉、宗教相遇冲突的历史经验等多重视角研究,强调全球史观对理解近代中国这两大宗教关系的重要性。

---

① 参见刘继华、张科《基督教与伊斯兰教在青海的早期相遇:兼论基督教在青海的早期传播》,《青海民族研究》2012 年第 3 期。

② 参见刘继华《知味墨与基督教教会在中国穆斯林中的宣教活动:以 1933 年知味墨西北之行为中心的探讨》,《北方民族大学学报》2010 年第 6 期。

③ 参见华涛《1930 年代初北京穆斯林与基督教传教士关于伊斯兰教和平本质的争论》,《世界宗教研究》2011 年第 5 期。

第四节　基督宗教与民间宗教

中国传统的民间信仰和各地不同的民间传统信仰与西方制度化的基督宗教的相遇，必然会产生冲突与矛盾、互动与融会。民间信仰在维系农民生活理想、满足他们的心理需求等方面发挥重要功能，进而指出民间的传统信仰不仅在弘扬中华文化传统及缓解社会问题方面具有战略意义，而且对于遏制海外势力宗教渗透的传播具有明显的作用。其融会与互动则体现在"民俗的兼容""价值伦理的比附"及"信众的流动"等方面。

从某种角度来讲，基督教在华传播史可以说是一部基督教会与中国民间信仰争夺信徒的历史。自20世纪80年代以来，随着国内外学界视角向民间社会的转移，基督宗教与中国民间信仰的关系问题逐渐得到学者们的重视。由此可以说，学界在拓宽宗教比较研究的范围上迈出了重要一步。赵世瑜的《寺庙宫观与明清中西文化冲突》，力图从明末以来民教之间的习俗冲突，特别是基督教和寺庙宫观发生的冲突，去寻找明清以来中、西文化冲突的主线。[1]

1992年，陈支平、李少明合著的《基督教与福建民间社会》一书是最早涉及基督教与民间宗教的研究，它以大量的田野调查资料为基础，较详细地描述了当代基督教徒的信仰意识与民风乡俗相为糅合的主要原因。如在教徒的结婚仪式上，大多在沿袭民间传统节俗的基础上，点缀一些基督教的礼节。这一方面是为了顾全乡里邻居之间的人情面子，另一方面也说明他们自身宗教意识低下，在强大的民间传统文化面前，无法找到一种独立的仪式来增加其宗教色彩。[2]

除在偶像崇拜与祖先供奉的问题上发生矛盾与冲突以外，两者为争夺信众和主导地位而发生的宣传战也是重要表现。在融合过程中，还存在着"教籍多元"的现象，即某人的信仰存在着儒释道并容、民间宗教与基督教并容的现象，因此儒释道三教合一的文化仍是当地的重要基石，而且可

---

[1] 参见赵世瑜《寺庙宫观与明清中西文化冲突》，《中国史研究》1992年第4期。
[2] 参见陈支平、李少明《基督教与福建民间社会》，厦门大学出版社1992年版。

能是遏制外来宗教的重要基石。①

福建地区民间信仰源远流长,自古就有"好巫尚鬼"之风尚。福建是中国风水信仰最为盛行的地区之一,也是基督教在中国的主要传教地区之一,基督教与风水信仰的冲突在福建表现得极为突出。这也是到这个地区传教的传教士最易关注的问题。目前基督宗教与中国传统民间信仰才刚刚开始,基本局限于福建地区。在福建的风水冲突中,西方列强侵略和中西文化冲突两大因素仅作为全国性的背景环境起作用,基督教与风水信仰的冲突在更大程度上受到特定时空背景下的福建区域社会的发展脉络的制约,特别是和福建传统社会中对突发危机的解决方式之间有着紧密的联系。②

张先清选取明末在福建长期活动的意大利籍耶稣会士艾儒略（Jules Aleni）的中国民间信仰言论为研究个案,指出天主教与民间信仰的接触,反映了欧洲中世纪神学与中国民间通俗文化在基层社会冲突的展开。艾儒略等耶稣会士的"辟邪"言论,客观上迎合了晚明以降东南正统知识界崇正黜邪、打击民间通俗文化的要求,对明末天主教在华传播及其后"礼仪之争"产生了程度不同的影响。艾儒略对民间信仰采取了灵活的适应策略,对民间信仰没有生硬地加以全盘否定,而是在坚持天主教义理的原则上作出必要的让步,允许教徒祭祀祖宗等,这样无疑减少了其传教的阻力。③

林立强对美国传教士卢公明（Justus Doolittle）对当时清人熟视无睹的百姓宗教信仰现象进行思考研究,对当地民间信仰进行了深入的记录,说明了民间信仰具有的相当功利的功能,具有多神性的背景,这些记录都弥补了中文资料的不足,保存了许多民间传说的具体内容。④

范正义认为,在基督教和民间信仰发展都很强势的地区,基督教和民

---

① 参见刘志军《传统信仰与基督宗教的冲突与融会:张店镇个案研究》,《宗教学研究》2007 年第 3 期;庄勇《民间信仰遏制外来宗教渗透的个案研究》,《宗教学研究》2010 年第 3 期。
② 参见范正义《基督教与中国风水信仰:以福建为研究中心》,《宗教学研究》2012 年第 1 期。
③ 参见张先清《试论艾儒略对福建民间信仰的态度及其影响》,《世界宗教研究》2002 年第 1 期。
④ 参见林立强《美国公理会传教士卢公明与晚清福州民间信仰》,《世界宗教研究》2005 年第 2 期。

间信仰之间的共处关系，受到基督教的"全球地域化"特征的强烈影响，基督教"地域化"后出现的民间信仰化趋势，使得基督教日益被接纳为乡土社会的组成要素；而基督教的"全球化"特征，又使得它与乡土社会之间始终存在着一定的张力。在基督教与民间信仰既混融又紧张的环境下，社会资本与宗教资本之间的理性选择行为，给乡土社会信仰秩序的建构带来了复杂的图景。①

传教士是如何看待中国民间宗教的？在他们留下的资料中应该有所反映。《华西教会新闻》（1889—1943）是由四川、贵州、云南三省新教差会主办的英文月刊，白晓云曾在上面发表了一些关于中国西南汉传佛教、藏传佛教和民间信仰等内容的文章，使各地传教士和西方读者由此了解到中国西南的宗教信仰，也为西南宗教史研究保存了珍贵的史料，同时也可知传教士们所持有的基督教立场使他们在对待异质文化时产生的骄傲与偏见。这些都基于他们的传教士使命，改变中国人信仰模式的使命。中国宗教具有天然的落后性，中国人需要更正确、更高明的真理基督教来引导，以此激发其他传教士的使命感，使他们更积极地参与对基督教传播的实践和方法的探讨。②

一般认为，上帝崇拜是犹太—基督教信仰的基本特征，祖先崇拜是中国民间信仰的主要形式。中国人的祭天和祭祖是密切联系在一起的。基督教在认同中国人祭天的同时，却反对中国人祭祖。如果单从宗教祭祀层面上看，古代儒家的上帝观与基督教的上帝观是很难调和的。这些最基本的冲突和矛盾，成为"礼仪之争"的基本冲突点，也成为基督教难以融入中国文化的最大难点。③

第五节　基督宗教与道教

在中国基督教对其他宗教的相遇对话中，基督教与儒家或佛教之间的

---

① 参见范正义《当前基督教与民间信仰共处情况的调查与分析：以闽南 H 县 J 镇为例》，《世界宗教文化》2011 年第 1 期。
② 参见白晓云《传教士对中国西南宗教和民间信仰的考察：以〈华西教会新闻〉为中心》，《宗教学研究》2012 年第 2 期。
③ 参见姚兴富《上帝崇拜和祖先崇拜》，《中国社会科学院研究生院学报》2003 年第 6 期。

对话更多，对道教文化和思想很不重视，甚至认为没有必要理解道教。这与近代以来，道教逐渐为士大夫和社会上层所疏远和排斥有着重要的关系，只有社会下层还在延续着道教的思想和文化，基本处于民间化、民俗化的状态下，与人们的日常生活相结合，加之中国传统道教信仰组织性非常松散，他们认为道教已经不太能构成基督教传播的障碍。因此，基督宗教与道教之间的关系，在学术研究上也不为学者所重视，成果很少。

在基督教传播过程中，必须面对中国广大民众的道教信仰问题。一般认为道教是传播基督教的障碍，容易遵从利玛窦提出的"补儒易佛老"的传教策略的影响，因此采取了"耶稣或老子"的对话模式。民国著名基督徒张亦镜则主张"耶稣加老子"的观点，说明皈依基督教并非背叛道教或老子，从而消弭基督教与道教之间的紧张关系。他这种道教基督化的观点却难以被道教徒所接受。[1]

基督宗教来华的传播历程，说明了中西两大文明的不同本质在相遇时的各类问题和挑战，也预示着急需基督宗教与中国文化的重新对话与契合，而从发展前景来看，基督教的普世性决定其能够接受并结合中国文化传统，中国文化的包容性亦决定其能够正视基督教的存在和意义，从发展中国社会和文化的角度来吸引和融合外来宗教的合理因素与理念，以达到丰富和发展中国文化与社会的目的。

---

[1] 参见范大明《耶老对话：张亦镜的道教观》，《船山学刊》2012年第3期。

第四章

基督宗教与近代中国政治

回顾中国近代以来的基督宗教发展，基督宗教不仅被理解为一种宗教存在，亦被理解成为一种政治存在，一种意识形态存在。鸦片战争后，通过不平等条约的保护，基督宗教才得以在中国真正立足，其在华发展从此卷入政治矛盾中。在这种对立和冲突中，"洋教""多一个基督徒，少一个中国人""非基督教"等各种说法得到了突出的体现。20世纪50年代后尤其强调基督宗教与帝国主义、殖民主义势力的关联，从而多从基督宗教作为"西方帝国主义文化侵略""西方对华渗透"工具的角度来进行分析、评价。这些视角和思路也导致了"反洋教运动""非基督教运动""基督教本色运动"等，成为基督宗教史研究热点的原因之一。

基督教的传播至少在三个方面对中国产生了不同程度的影响。首先是推动了中西文化交流，明清之间的天主教和19世纪的新教传教士在介绍西方文化方面都做出了很多贡献，同时还将中国文化介绍到欧洲，在他们中间产生了最早一批研究中国文化的西方汉学家。但基督教在近代中国的传播与不平等条约联系在一起的，在西方列强政治的保护下，基督教传播获得了"传教自由"。西方各国在华传教机构虽然各有自己的独立性，但在谋求政治保护的问题上，却和西方各国对华政策保持基本上的一致，否则就会失去特别的"保护"。从此，传教问题成为中外交涉的国际政治问题。基督教也就从19世纪下半叶获得了"洋教"的名声，陷于上自官绅儒生、下至黎民百姓，都侧目而视，甚至群起而攻之的困境之中。而这种关系则使基督教与近代中国的政治产生了密切的关系，也阻碍了基督教的发展。

第一节　教案和反洋教研究

教案研究是基督宗教史研究上最为引人注目、持续时间最长、最有政治代表性的研究主题。60 年来，这也是成果最为丰富的主题之一，一直以来都以中国人民反对外来侵略为主题进行研究。如同基督教在中国的传播充满了矛盾和斗争一样，对基督教和教会问题的研究从一开始，就受到现实政治的深刻影响。晚清时期，教案不断发生，除了郭嵩焘、薛福成等到过西洋的官员以比较宽容的态度看待基督教外，大部分都是站在儒学的立场上批驳基督教，视基督教为异端邪说。

一　帝国主义侵略和文化冲突

在 20 世纪 80 年代以前，基本上都是认为以帝国主义侵略中国的历史背景，洋教是急先锋，教案是近代中国社会主要矛盾——帝国主义和中华民族的矛盾不断激化的产物，是西方列强及其传教士侵略压迫中国人民的结果，是受害地区的人民在忍无可忍的情况下所作出的痛苦选择。基本都是从政治和哲学的角度，对基督教进行激烈的抨击。这几乎形成一种模式，凡是教案，一定具有反对帝国主义，甚至反对封建主义的性质。特别在 19 世纪下半叶，民教冲突是除了中外战争以外的近代中外关系的主要内容之一。教案涉及了晚清政治外交、传统文化、民族心理、社会习俗和中西文化交流等社会生活的各个方面。宗教侵略是西方侵略中国的重要手段，它与列强的军事侵略相伴随，帝国主义与中华民族的矛盾贯穿反洋教运动的全过程，近代中国教案的实质是侵略与反侵略的斗争，构成了近代爱国主义乐章的主旋律。① 这一时期的某些成果与其说是学术论文，不如

---

① 参见贾逸君《关于满清政府处理天津教案的一个考证》，《历史教学》1954 年第 6 期；李时岳《甲午战争前三十年反洋教运动》，《历史研究》1958 年第 6 期；李时岳《近代中国反洋教运动》，人民出版社 1958 年版；李时岳《反洋教运动》，山东人民出版社 1962 年版；南史编《天津教案一八〇年天津人民反洋教斗争》，天津人民出版社 1962 年版；李时岳《甲午战争前三十年间反洋教运动》，《历史研究》1958 年第 6 期；章开沅《一九〇〇年前后湖北地区的反洋教斗争》，《理论战线》1960 年第 5 期；戴学稷《光绪二十六年正、绥远到处起神兵：洋教士的罪恶和义和团的反帝运动》，《内蒙古大学学报》1959 年创刊号；戴学稷《西方殖民者在河套鄂尔多斯等地的罪恶活动：帝国主义利用天主教侵略中国的一个实例》，《历史研究》1964 年第 5—6 期合刊。

说是政论文章，反帝的愤怒和革命的激情超越了理性的分析和历史的求证。在一些相对来说较具学术性的论著中，受极"左"思潮的影响，学术政治化的现象也十分明显，这种倾向到"文化大革命"时，已发展达到了极端的地步，太平天国和义和团完全被神话化，被赋予了太多现实政治动员的内容，成为现实斗争的工具。①

20世纪80年代初，教案研究率先复苏，召开了多届关于反洋教运动及近代中国教案的学术研讨会，使教案研究成为一时之热点。会后形成了《近代中国教案研究》和《教案与近代中国》，影响都很大。② 还出版了张力、刘鉴唐的《中国教案史》，此书系统分析了近百年的教案历史。这是迄今为止分量最大的中国教案史研究专著，讨论了近代教案的历史背景，所征引的资料也较丰富。③

在帝国主义侵略中国的视野和角度下，李时岳分析论证洋教、洋货和洋炮是帝国主义侵略中国的整套工具，而其中尤以洋教为烈。并以甲午战争前30年为分析时段，将反洋教划分为三个阶段，叙述了各个时段中反洋教的不同特点。丁名楠从帝国主义侵华的视野，叙述分析了中国近代史上各个历史时期教案的不同特点和原因，并将义和团运动后，中国基督教和天主教进行的有意识的本土化或本色化行动，列为帝国主义欺骗中国人民的手段方法。④ 牟安世认为，反洋教运动具有反侵略性，也在实质上具有农民革命的性质，是一场进步的运动。对于处于半殖民地半封建社会性质的近代中国，反对外来侵略仍然是近代史的主要线索和方向。⑤ 戚其章认为只有通过对反洋教运动全过程的考察，才可能切实把握其特殊的矛盾

---

① 参见陈申如《试论英美教士破坏太平天国"拜上帝教"的阴谋活动》，《江海学刊》1963年第3期；沈雨梧《义和团运动前浙江人民反教会斗争》，《浙江学刊》1963年第7期；侯外庐《略论辛亥革命前后美帝国主义对华精神侵略：近代帝国主义对华侵略史的初步考察之一》，《新建设》1964年第9期。

② 参见四川省近代教案史研究会、四川省哲学社会学学会联合会合编《近代中国教案研究》，四川省社会科学院出版社1987年版；冯祖贻主编《教案与近代中国》，贵州人民出版社1990年版。

③ 参见张力、刘鉴唐《中国教案史》，四川省社会科学院出版社1987年版。

④ 参见丁名楠《关于中国近代史上教案的考察》，《近代史研究》1990年第1期。

⑤ 参见牟安世《再论中国人民反对外国教会侵略的斗争和中国近代史的主要线索》，《近代史研究》1990年第2期；李时岳《反洋教斗争的性质及其他：答牟安世同志》，《近代史研究》1986年第5期。

及其发展的规律。论文沿袭过去的观点，将反洋教分为四个时期和三次高峰，分别细述了每个时期和高峰的特点和教案内容。① 这是早期研究教案和反洋教的最为典型的论文。但这些观点直到 21 世纪仍有坚持。②

当时几乎所有研究，对反洋教斗争的反侵略性质都是没有疑问的，比较一致的看法是，教案是中华民族和帝国主义的矛盾不断激化的产物，但不能只讲民族矛盾，而忽视其他重要因素，如基督教与中国封建礼俗之间的矛盾、中西文化的差异和冲突等。③

20 世纪 90 年代以后，另一种意见开始出现，认为中西文化的差异和由此而引起的中西文化冲突，是教案产生的根本原因。在中国传播基督教的外国传教士，是负有把包括儒教佛教在内的"异教梦魇"铲除的使命的，而基督教中的很多信仰特征和习俗同中国的很多信仰特征和习俗相抵牾。然而，儒教、佛教乃是中国传统社会的思想基础和传统文化的核心，对它的破坏，实际上就是对封建社会权力结构的破坏，必然遭到以"保卫名教"和反异端面目出现的整个传统势力及其所控制的社会的反抗。这样便引发了民教冲突并酿成教案。

胡维革、郑权从一神信仰与多神崇拜的冲突、平等思想与等级观念的冲突、追求来世与关怀现实的冲突、宗教仪式与伦理风俗的冲突、宗教慈善与传统秩序的冲突、外来宗教与土著宗教的冲突六方面入手，对近代教案发生的"文化冲突论"进行了系统论证。④ 赵树好也认为列强的入侵和基督教与中国文化之间的差异，是近代习俗教案发生的两大起因。据赵树好统计，1861—1910 年的 50 年间，共发生习俗教案 147 起，包括四种类型：神灵崇拜习俗引发的，如敬神、寺庙争夺等；伦理类习俗引发的，如祭祖、教民破坏祠堂等；消灾祈福性习俗引发的，如迎神赛会、建醮、风水等；娱乐性习俗引发的，如演戏、灯会等。而这四类习俗均为民间信仰

---

① 参见戚其章《反洋教运动发展论》，《近代史研究》1990 年第 3 期。
② 参见张钟鑫《近代泉州民教冲突及教案初探》，《海交史研究》2004 年第 2 期。
③ 参见覃光广、冯利《关于中国近代教案研究方法的反思》，吴金钟《近代中国教案史研究综述》，均载四川哲学社会科学联合会编《近代中国教案研究》，四川省社会科学院出版社 1987 年版；吴金钟主编《近代中国教案新探》，黄山书社 1993 年版。
④ 参见胡维革、郑权《文化冲突与反洋教斗争：中国近代"教案"的文化透视》，《东北师大学报》1996 年第 1 期。

的重要内容,因此,习俗教案从根本上反映了基督教与中国社会的紧张关系。①

乾隆十二年（1747）,江南地区发生苏州教案,两名外国传教士被处死。乾隆十九年（1754）,江南地区再次发生教案,被拿获的 5 名传教士先被监禁,后被驱逐至澳门。在这两次教案的打击之下,江南传教区日趋萎缩。周萍萍的《乾隆朝江南地区两次教案述论》一文对长期以来为学界所忽视的江南两次教案发生的背景、经过及结果进行了分析,以期探讨乾隆朝严惩传教士的原因,而对教案等相关材料的厘定,有助于考察乾隆时期的禁教政策,这些都延续了雍正朝的做法。②

二 官府与教案

封建统治集团内部的各级官员,上自王公大臣,下至道府官吏,各自所处的地位不同,对教案表现出的政治态度也不尽相同。但不可否认的是,他们基本上采取的是抵制和反对的态度,尽管采取的方式各不相同,但都表现出了反侵略的正义立场。

1870 年夏秋间发生的天津教案,是近代中国历史上一次举世瞩目的中外冲突,影响面很大。陈登原的《天津教案与曾国藩》应该是关于这个著名教案和著名办案人曾国藩的第一篇论文,首先提出了外国列强的无礼横行和曾国藩的丧权辱国。③ 易孟醇指出曾国藩曾长期被视为卖国贼,主要根据是他在处理天津教案中屈辱退让。而他对内对外的退让策略更多的是源于他得到清朝以来一个汉族官吏前所未有的名位和权力之后,在"夹缝中求生存"心态下的必然失误和结果。④ "迷拐""折割"传闻是重要且直接的激发因素。通过这一事件的详细考察,得出外国方面常有的横暴行径往往是导致教案发生的最直接原因,有关传闻缺乏理智的分析判断和盲目信传,也助推了群体性事件的失控行为,而无理智因素还会有碍于提升反侵略的水平和智慧。⑤

---

① 参见赵树好《论晚清习俗教案》,《人文杂志》1998 年第 5 期。
② 参见周萍萍《乾隆朝江南地区两次教案述论》,《世界宗教研究》2010 年第 6 期。
③ 参见陈登原《天津教案与曾国藩》,《文史哲》1952 年第 6 期。
④ 参见易孟醇《曾国藩在办理天津教案中的心理矛盾》,《近代史研究》1990 年第 1 期;孙春芝《也论曾国藩办理天津教案"内疚神明外惭清议"》,《近代史研究》1998 年第 5 期。
⑤ 参见董丛林《"迷拐"、"折割"传闻与天津教案》,《近代史研究》2003 年第 2 期。

杨天宏的《如何看待普法战争对天津教案的影响》指出，在评价曾国藩处理天津教案时，多指责他未能利用普法战争的新形势调整中国的处理态度，未能注意到普法战争信息传到中国的具体时间，更没有关注到普法战争后远东国际关系的变化。这是较早将教案问题放入更大视野来考察的作品，为研究打开了新的视角。多年后，张晓川针对具体问题还进行了回应。①

三 乡绅与教案

鸦片战争后西方传教士的涌入和活动，在向中国绅士的传统地位和特权提出挑战的同时，也激起了绅士们的厌恶和反抗。表现在双方的思想价值取向、经济利益、政治特权和文化传播等方面的尖锐矛盾必然引起冲突。卢仲维分析道，传教士对乡绅的经济利益的损害，提倡的新式文化教育事业对乡绅构成了一定的威胁，基督教对乡绅持守的传统思想文化的威胁，都成为乡绅阶层在反对洋教的早期积极参加，并在一定时期和一定范围内充当领导者的角色的重要原因。而乡绅作为可以联系上官下民的中间阶层，有着非常大的潜在力量。他们这些作用应该得到适当的评价。② 王继平分析道，在湖南，官绅始终充当着倡导、发起或支持、推动"反洋教"的角色，虽然下层群众的斗争起因大都是其切身利益受到损害，但也未尝不是由于官绅的倡导，而引发了对传统价值的认同从而与官绅采取一致的行动。这种情况，在其他省份也同样发生。而官绅领导和参与的斗争，使反洋教斗争势力更庞大，效果更为显现。③

清季教会进入中国之后，以外力为后盾的教权与传统的绅权形成激烈的权势竞争，而绅权渐落下风，士绅阶层对洋教的态度逐渐分化。在部分绅士依然坚持反教的同时，部分绅士转而与教会交好，甚至奉教，形成了"教绅"阶层。官府对反教绅士庇护有加，对于奉教绅士则在猜忌的同

---

① 参见杨天宏《如何看待普法战争对天津教案的影响》，《近代史研究》1990年第4期；张晓川《从中西电报通讯看天津教案与普法战争：兼谈曾国藩一封家书的日期问题》，《近代史研究》2011年第1期。

② 参见卢仲维《乡绅与反洋教运动》，《近代史研究》1986年第1期。

③ 参见任学丽《浅析中国近代绅教冲突与磨合》，《四川师范学院学报》2000年第1期；王继平《清季湖南教案论略》，《湘潭大学学报》1988年第2期；谢铭《论广西人民的反洋教斗争及其成效》，《河池师专学报》1996年第4期。

时,还需要倚重他们办理教务教案。官、绅、教三者表现出复杂而曲折的关系。①

在整个洋务运动时期,教案一直频发不断,成为人们普遍关注的社会问题和外交问题。洋务派人士主张"外须和戎、内须变法",因此不能对教案问题漠然视之。对这种外来宗教采取否定态度,洋务派普遍将其视为"异端邪说",他们基本都是站在中国传统儒家思想文化的立场上去否定基督教,对自发反抗教会侵略的绅民表示一定的同情。但洋务派毕竟是向西方迈开脚步最早的中国人,他们相对其他人来讲,对于西方情况了解更多些,也抛弃了传统反基督教思想中一些盲目仇外的心理和情绪,同时也能对基督教教会和传教士带来的一些西方文化举措采取比较宽容和转化的态度。甚至认为,中国已有多种宗教,多加一种"亦仍无碍"。然而,面对如此强大的西方文化的冲击和外交势力,洋务派始终处于被动和困惑的状态下。他们与反洋教的一般民众不同,更主张"非攻教",即反对以暴力方式对待基督教会、教士和教民,认为中国传统的儒教至善至美,深入人心,足以抵制洋教的冲击。而一般的武斗,则容易给外国侵略者提供"挟制"中国的口实,而民间的"聚众生事"也不利于统治秩序的稳定和管理。民间一般攻教者,则对外来事物盲目排外,不知鉴定与区分,实已落后于时代。洋务派虽然没有直接参与反教活动,但却常常是已发教案的直接办理者,因此他们的教案观有着一定的意义。②

中国近代史上一个引人注目的侧面是,西方基督教挟船坚炮利之威,大规模向中国乡村突进的历史。乡村民众同西方教会之间的冲突,逐渐演化为近代民族矛盾在底层社会舞台上的主戏之一。晚清教案的背景和原因比较复杂,但就意识角度而言,在一定范围内和一定程度上,民教冲突的规模和烈度,不仅取决于西方教会如何做,也取决于中国民众对他们如何看待。程歗、张鸣的《晚清乡村社会的洋教观:对教育的一种文化心理解释》分述了乡村民众视野中的基督教的来华目的,教会的行为,传播

---

① 参见邓常春《清季四川教案中的官绅教关系诸谈》,《宗教学研究》2006年第1期。
② 参见赵春晨《晚清洋务派与教案》,《历史研究》1988年第4期;肖宗志《郭嵩焘教案观及其实践论析》,《船山学刊》2005年第2期;周孟雷《略论19世纪90年代张之洞的教案政策》,《安阳师范学院学报》2007年第4期;莫子刚《略论曾纪泽的洋教观》,《西南民族学院学报》1998年第5期;陈明太、顾万勇《试析薛福成的教案观》,《徐州师范学院学报》1996年第3期。

洋教的后果的认识，说明这些言论和认识，表现了受到侵掠和奴役的人们对侵略者的抗争。一个执着血缘亲情，将信仰目标归属于现世安福的乡村民众，是很难理解、很不容易接受人人与共的上帝价值，并置诸高于世俗血缘价值的位置上的。在以亲情为核心、以家族的和谐与绵延为目标的中国伦理精神，与以自我为核心、以归宿与荣耀上帝为目标的基督主义之间差异过大，也说明了异质文化的宗教在其他本土传播过程中极可能遇到抗阻，而不同文化之间的交融汇合更需要一定的历史机遇和长久的时间过程。①

爆发于 1906 年的南昌教案是义和团运动之后最为引人注目的教案，引发中法两国长达三个月的交涉，引起中外舆论界广泛关注，上海中西报界的报道尤为密集。围绕南昌县令江召棠的死因，上海报纸大体以中西为畛域，形成两种截然相反的解释。中方报纸认为是法国教士诱杀中国县令，西报则认为是中国县令自杀以诬赖教士。这是近代中西报界报道中西冲突问题的一个典型案例，折射出在"排外""媚外"氛围下的深层历史内涵。②

在近代中国活动的西方教会在华购置地产的法律依据是一系列的不平等条约及协议。各教派购置地产的规模和数量相差悬殊，方式、用途迥然各异，因而对近代中国社会的影响各不相同。在农村占有大量的地产，进行地租剥削是天主教在华活动的一个重要特征，除使天主教保留中世纪色彩之外，也是天主教修会经费的保证之一。新教更加注重他们所在国的商业利益及思想文化方面的输入的长远影响，更加反映了新兴资产阶级的利益和思想观念。③

除历史学者研究教案外，一些社会科学学者也逐渐涉及了教案研究。苏萍的《谣言与近代教案》，利用其社会学知识背景，从社会心理学的角度解释了近代教案发生的历史原因，颇具新意。④

综合来看，产生教案的原因虽然复杂多异，但根本原因仍为外国教会

---

① 参见程歗、张鸣《晚清乡村社会的洋教观：对教案的一种文化心理解释》，《历史研究》1995 年第 5 期。

② 参见杨雄威《南昌教案与上海中西报战》，《历史研究》2009 年第 2 期。

③ 参见王中茂《近代西方教会在华购置地产的法律依据及特点》，《世界宗教研究》2004 年第 1 期。

④ 参见苏萍《谣言与近代教案》，上海远东出版社 2001 年版。

势力强行传教的特权所导致，列强霸道、部分教士教民横行乡里，致使国人对基督教的困惑、疑惧，最终形成了排斥和强烈反抗。在不平等条约的强力支持下，传教特权侵犯了中国各阶层的利益和观念，也激起了乡绅、官府及民众的共同愤恨和反抗。甲午战争前，乡绅阶层还居于反洋教的重要地位，之后，民间秘密会社则更多投入其中。教案和反洋教研究是中国近代史上最引人注目的研究课题之一，一直以来都有许多学者关注此题目。主要观点归结起来，可分为两种，一种是中西文化之间的矛盾，另一种是侵略和反侵略的矛盾。

第二节 基督教与太平天国

长期以来，太平天国起义作为近代历史上规模最大的农民起义，一直是近代史研究的重点。我国史学工作者对太平天国史的研究，主要着眼于政治、思想、经济、军事、文化、外交等领域，关于太平天国与基督教之间的关系，一直不是近代史学者和基督教学者关注的问题。太平天国以宗教起家，又以宗教立国，太平天国和宗教已经结下不解之缘，太平天国的宗教是中国旧有的民间宗教和西方基督教的混合，却是不争的史实。新中国成立后，史学界否定了太平天国为宗教革命、西方基督教诱发了太平天国运动，但因宗教是人民的精神鸦片的观点，在正面歌颂太平天国的时代，仍然错误地回避或忽视了宗教在太平天国运动中的存在。

1978年以前，在公开发表的论文中，只有一篇正面探讨宗教的论文，即徐绪典的《论太平天国的拜上帝会与基督教的关系》，是论述太平天国宗教的，而专著则更无一本。①

一 太平天国的宗教属性

最早开创这种局面并取得成就的是王庆成和夏春涛。王庆成的《太平天国的历史和思想》一书中，收集了有关太平天国宗教的论文，多达11篇。内容涉及拜上帝会的创建、宗教要旨及教义的中国化；洪秀全的上帝观念和对上帝称谓的来源；太平天国的天堂、地狱观和上帝执行赏罚

---

① 参见徐绪典《论太平天国的拜上帝会与基督教的关系》，《文史哲》1963年第5期。

方式的特点；太平天国上帝大家庭和小家庭的理论及两种"上帝家庭"的互相交织和矛盾。他认为太平天国宗教是一种中西合璧的宗教，具有中国"物质性"的、形而下的特色，起着兴奋剂和麻醉剂的双重作用。①

夏春涛的《太平天国宗教》是第一本以此为专题的研究专著，填补了国内研究的空白。书中首论太平天国宗教即上帝教的创立过程及上帝教中的中国民间宗教成分，概述了上帝教关于"天堂""地狱""上帝"等概念的内容，研究了上帝教与西方基督教的关系和异同，重点是上帝教对新旧约《圣经》的态度，突出了上帝教和洪秀全宗教思想的独特性，讨论了上帝教对太平天国的社会理想、国际观念的影响，上帝教同太平天国否定会堂的政策的关系，以及上帝教在太平军和民间的传播。2006 年，夏春涛在进一步修改充实的基础上，又出版了《天国的陨落：太平天国宗教再研究》一书。②

从宗教角度来讲，关于上帝教是邪教还是正教，以 20 世纪 90 年代为界，有两种说法。90 年代以前，基本都认为上帝教是为农民起义军服务的正教，之后，潘旭澜从太平天国起义给社会带来的"灾难"的角度分析，认为上帝教是"披着基督教的外衣，拿着天父上帝的幌子……实际上是一种极端利己主义的政治性邪教"③。史式从古今中外各种邪教的五项共性，得出太平天国拜上帝教也是邪教的结论。④ 夏春涛和王国平则从宗教角度和社会角度分析，认为太平天国拜上帝教不是邪教。⑤ 章开沅先生认为，关于"邪教"，用"反科学、反社会、反人类、反政府"来定义是含混的。就"反科学"来说，世界上哪有不反科学的宗教呢？就"反社会、反政府"来说，首先应该看是什么样的社会和什么样的政府，如果是黑暗社会和反动政府，难道不应该反吗？至于"反人类"一说，必须有严格的界定。因此，章开沅先生不赞成把"邪教"一词引入对宗教

---

① 参见王庆成《太平天国的历史和思想》，中华书局 1985 年版。
② 参见夏春涛《太平天国宗教》，南京大学出版社 1992 年版；《太平天国对〈圣经〉态度的演变》，《历史研究》1992 年第 1 期；《天国的陨落：太平天国宗教再研究》，中国人民大学出版社 2006 年版。
③ 参见潘旭澜《太平杂说》，百花文艺出版社 2000 年版，第 59 页；《洪秀全的政治性邪教》，《汉江论坛》2006 年第 3 期。
④ 参见史式《让太平天国恢复本来面目》，《开放时代》2001 年第 1 期。
⑤ 参见夏春涛《太平天国宗教"邪教"说辩正》，《山西大学学报》2002 年第 2 期；王国平《关于太平天国宗教的几点看法》，《广西师范大学学报》2002 年第 2 期。

性质的判断，也不赞成把太平天国的拜上帝教划为邪教。① 因此，用今天关于"邪教"的定义去套用历史上的农民起义是不恰当的，而应该放到特定的历史条件下进行具体的考察。中国历史上农民起义利用宗教，从本质上讲都是相同的，从科学的角度来看，都包含着迷信和落后的成分与内容。大多数学者认为，判断一个新的宗教是否为邪教，应该具体地考察它与社会的关系，特别是在重大革命事件中起到重要作用的宗教，不能离开革命运动的性质和作用去孤立地讨论宗教的性质。太平天国适应了社会发展的要求，作为起义动员和组织群众手段的拜上帝教当然不能被视为政治性邪教。②

关于太平天国所创拜上帝教是否是基督教的问题，学术界主要有四种观点：一种认为是"特殊形态的基督教组织"；一种认为是"基督教的东方教派"③；一种认为是基督教的异端派别④；一种认为不是基督教或基督教的派别，而是结合了中西合璧、政教结合的宗教，自成教派。苏双碧认为太平天国的宗教思想来源于基督教，但又不同于基督教，有其自己比较独特的特征。洪秀全从梁发的《劝世良言》学到基督教的教义，但他建立拜上帝教的初衷并不是单纯以宗教为目的，他是希望通过建立拜上帝教，劝人为善来达到改造清朝腐败社会的目的。由于洪秀全的宗教思想比较独特，拜上帝教的教义也比较独特，它带有许多政治色彩和改造社会的内容，而随着洪秀全思想的发展和拜上帝教的社会作用的不同，教义的内容也是有所不同的。为此，太平天国还和外国基督教徒就宗教问题进行过争论。⑤ 秦宝琦认为在太平天国宗教具有民间宗教性质的问题上，太平天国所崇奉的基督教，曾被西方传教士视为"异端"，近年来又被国内一些学者贬为"邪教"。其实，太平天国的"人间天堂"宗教理想——小天

---

① 参见章开沅《从清史编纂看太平天国》，《清史研究》2007年第1期；《正确评价太平天国的几个问题》，《北京日报》2007年10月29日。

② 参见茅家琦《走出"14年（1850—1864）"的思想束缚，以广阔的视角观察太平天国历史》，《清史研究》2007年第1期；陈先达《"拜上帝会"邪教说驳议》，《高校理论战线》2006年第8期；戴逸《太平天国拜上帝会不是邪教》，《江海学刊》2007年第1期；李文海《为什么不能把太平天国的上帝教看作"邪教"》，《中华读书报》2006年6月28日。

③ 参见周燮藩《中国宗教纵览》，江苏文艺出版社1992年版，第253页；邹明德《太平天国上帝教：基督教的东方教派》，《学术月刊》1987年第11期。

④ 参见王国平《关于太平天国宗教的几点看法》，《广西师范大学学报》2002年第2期。

⑤ 参见苏双碧《论太平天国的宗教思想》，《近代史研究》1993年第2期。

堂，同明清时期的秘密教门所崇奉的"白阳世界"教义并无二致，因此可以称作"秘密洋教门"，具有强烈的民间宗教性质。①

关于"拜上帝会"这一宗教组织是否存在、该名称是自称还是他称的问题，学术界一直存在两种截然不同的看法。夏春涛、杨宗亮等经过严密的史料考证，认为冯云山等创建的宗教组织不是传统一直认为的"拜上帝会"，而是"上帝会"。吴善中等人认为，应称为"拜上帝会"，而不是"上帝会"。②

二 太平天国的宗教活动

太平天国是唯一刊印圣经的农民起义组织。彭泽益从《劝世良言》入手探讨了其与汉译圣经之间的关系，说明太平天国与基督教有着十分密切的联系，启发了洪秀全的宗教思想。③ 对1853年和1860年太平天国两次大量刊印圣经，印本到底以众多圣经汉译本中的哪个译本为底本，学术界一直持有两种观点。赵晓阳通过中外文文献资料分析双方原文献，以及圣经汉译本的校勘对比，认为太平天国刊印本圣经是以郭士立译本为底本，而且对圣经汉译起了相当的推动作用。④

在宗教与太平天国的成败问题上，方志钦认为，太平天国在短短的14年间，把一种变了形的基督教传遍半个中国，并起到了西方殖民者所不愿看到的作用——与西方基督教国家分庭抗礼。这不仅是中国历史上的一大奇迹，也是世界史和宗教史上的一大奇迹。这是与洪秀全通过拜上帝教这个宗教进行政治改革的意图分不开的，而这个意图使拜上帝教偏离了所谓的"正统基督教"，导致信仰上帝的西方国家和不信上帝的清政府的联合镇压。⑤

拜上帝教是一个中西合璧的宗教，其教义中有不少基督教的成分。但

---

① 参见秦宝琦《太平天国的"小天堂"："人间天堂"宗教理想的中国实践》，《清史研究》2010年第4期。
② 参见夏春涛《"拜上帝会"说辨正》，《近代史研究》2005年第5期；杨宗亮《"拜上帝会"子虚乌有考》，《历史研究》1995年第1期；吴善中《"拜上帝会"子虚乌有考质疑》，《历史研究》1995年第5期。
③ 参见彭泽益《洪秀全得〈劝世良言〉考证：兼论太平天国与基督教的关系》，《近代史研究》1988年第5期。
④ 参见赵晓阳《太平天国刊印圣经底本源流考析》，《清史研究》2010年第3期。
⑤ 参见方志钦《拜上帝会与宗教：政治改革》，《近代史研究》1992年第4期。

是，就太平天国领导集团而言，在如何取舍基督教教义这一问题上，意见并不一致，主要表现为洪秀全与洪仁玕之间的分歧。洪仁玕更多接受了以基督教为代表象征的资本主义思想文化，而洪秀全则注重拜上帝教的宗教因素和本质。①

对太平天国拜上帝会毁庙事件的性质和渊源，学界多从信仰上帝为独一真神、反对偶像崇拜的角度进行解释。唐晓涛指出在明清国家正统文化秩序确立的过程中，地方往往将社庙神明"正统化"并依赖其来维系既有的地方社会秩序，清中后期更以社庙祭祀为中心形成了村落联盟组织。拜上帝会一系列的毁庙举动，表面上以打破民间偶像崇拜为旗号，实际上蕴含了对抗当地社会正统的意义。②

太平天国领导人的基督教史观指洪秀全、洪仁玕、李秀成等人关于拜上帝教与基督教史的一些观点，涉及中国人拜上帝的历史、创世记与人类始祖、洪秀全的宗教使命等。他们认为中国人拜上帝是一个曲折的历史过程；他们倾向于认为，中国传说中的"盘古"就是上帝始造之亚当，中国人来自西方，于"伏羲前一二代间""由川陕而入中土"；洪秀全就是《圣经》中的麦基洗德，洪秀全不同于耶稣的宗教使命是扫除偶像，建立地上天国。这些观点显然与正统基督教史观不相符合，究其原因，或出于对基督教史的无知和猜测，或出于对基督教史的误解。其出发点是让拜上帝教与基督教史的阐述和解释适合于他们领导的运动的需要，而这些特别的认识和理论则形成了有别于正统基督教的"中国基督教"。③

总之，太平天国与宗教的兴亡始终息息相关。洪秀全等人一方面借用了基督教的教义组织和领导起义，另一方面拒绝认同基督教的立场，使这场带有基督教色彩的农民起义，同时还吸收了儒家和中国民间宗教的大量

---

① 参见夏春涛《洪秀全与洪仁玕宗教思想之比较研究》，《近代史研究》1992年第3期；杨珂、彭韬《洪仁玕与拜上帝会中的宗教改革》，《华中师范大学研究生学报》2004年第1期。

② 参见唐晓涛《神明的正统性与社、庙组织的地域性：拜上帝会毁庙事件的社会史考察》，《近代史研究》2011年第3期。

③ 参见王庆成《论洪秀全的早期思想及其发展》，《历史研究》1979年第8期、第9期；戎笙《洪秀全与〈劝世良言〉》，《历史研究》1978年第7期；王庆成《洪秀全与罗孝全的早期关系（1847—1853）》，《近代史研究》1992年第2期；王国平《太平天国领导人的基督教史观》，《安徽史学》2003年第2期。

内容，渗透着反清的政治理念，是以"洋为中用"的展开方式和进行的。

第三节　基督教与义和团

义和团运动是中国近代史上具有重要影响的历史事件，史学界一直对其有着特别的关注和研究。一直以来，学者们以近代史研究的角度，从义和团运动的性质、是否具有反封建性质、运动的革命属性，运动兴起的原因及背景，运动的起止时间、阶段划分和影响作用，以及该时期外国对华政策等方面进行了持续的研究和探讨。近几年来，随着反帝反封建的近代史观逐渐淡出史学界，学者们研究义和团的文章相对少了许多，代之而起的是从宗教角度或中西文化冲突的角度来研究义和团运动兴起的原因，这也是本综述关注的目标点。可以说，从这个角度来研究的成果仍然是基督教研究中相对少数的研究题目，仅戴学稷的《1900年内蒙古西部地区各族人民的反帝斗争》一篇。①

义和团研究在20世纪80年代开始恢复，是促进基督教研究的原因之一。研究义和团的起因，不能不涉及基督教教会的活动。1980年，在济南举行了第一次关于义和团运动的国际学术讨论会，美国学者包德威（David D. Buck）考察了山东基督教、白莲教和义和团之间的关系。周锡瑞（Joseph W. Esherick）则指出了外国教会的活动是义和团兴起的直接原因。徐绪典考察了基督教与白莲教的关系，对义和团运动的起因提供了一个新的视角和观点。②

程歗指出民间信仰是正统与异端宗教信仰赖以存在的社会心理基础和两者更替转换的中间环节，它作为正统宗教和民间宗教的中介体，规定了两类宗教意识对于拳民的双层渗透，它一方面形成了多神崇拜，另一方面又自发地对民间教门和其他乡村信仰集团的形成起到了传承作用。民间信仰既是义和团运动产生的最重要的文化背景，也是抵制外来宗教的重要原

---

① 参见戴学稷《1900年内蒙古西部地区各族人民的反帝斗争》，载中国科学院山东分院历史研究所编《义和团运动六十周年纪念论文集》，中华书局1961年版。
② 参见包德威《山东基督教、白莲教与义和团三者关系的一个新解释》，［美］周锡瑞《论义和拳运动的社会成因》，徐绪典《义和团源流刍议》，均载齐鲁书社编辑部编《义和团运动史讨论文集》，齐鲁书社1982年版。

因。而外来传入的基督教与中国传统民间信仰的冲突是立体的、全方位的，具体表现在一神信仰与多神信仰、追求来世与关怀现实、宗教仪式与伦理风俗、宗教慈善与传统秩序、外来宗教与土著宗教的全方位的冲突上。①

罗志田从中国思想史演变的角度切入，认为在西方传教士看来，义和团这一"神拳"在思想观念上是基督教的竞争对手；而对那时多数中国士人而言，基督教和神拳大致都属于"子不语"的"怪力乱神"的范畴，其社会分野是接近的。19世纪末，中国民间关于既存中国学术"无用"的观念相当流行，显然也影响了进行的决策。朝廷对"神拳"的借重提示了其对中学之上层正统失望，故而走向基层，在中国传统中的异端方面寻求救亡图存的力量，但却因此产生"朝廷不可恃"的结论。清廷启用"怪力乱神"的举措实际上促成了异端的上升，本处边缘的"子不语"因素得到更多的关注，并最终促成了一种以边缘上升为表征的"异端正统化"的过程。这一转变上承太平天国运动、下及新文化运动，其影响之余波至今犹存。此间，作为异端进入中国的西潮无形中对昔日边缘文化的支持，将主流文化退居二线，原来的本土异端成为正统。②

狄德满认为，义和团是华北等北方地区历史悠久的集体性暴力活动的组成部分，1900年夏天，华北某些地区的基督教社群组织了教会武装，与义和团发生了多次武装冲突。从某种意义上看，外国传教士利用不平等条约赋予的特权地位，领导基督教社群最大化地获取并控制各种资源。作为乡村精英的传教士，在天主教社群面临危难的时刻，组织教徒武装，度过了义和团的风暴。义和团运动高潮时期天主教社群的武装防御活动，是内部环境和外部因素相结合的产物。③

柯文认为，义和团与基督徒都是从宗教的角度理解他们之间冲突的，双方都以宗教来解释旱灾，以宗教来解释战争，也都攻击对方的宗教及法术宣扬。能够得到史料证实的关于义和团运动的观点，都包含在宗教语言

---

① 参见程歗《拳民意识与民俗信仰》，《中国社会科学》1991年第3期；张红军《略论民俗信仰与义和团运动的关系》，《民俗研究》1992年第1期；郑权《试论义和团运动与中国传统文化》，《韶关大学学报》1995年第3期。
② 参见罗志田《社会分野与思想竞争：传教士与义和团的微妙互动关系》，《清史研究》2002年第1期。
③ 参见狄德满《义和团民与天主教徒在华北的武装冲突》，《历史研究》2002年第5期。

里，以宗教关于世界运行的前提为基础。因此，只有把主导双方成员的宗教假设放在更中心的位置，才能更全面、更准确地理解这场冲突。①

关于义和团运动是否具有反洋教斗争的性质，是否可称为民族主义和反对帝国主义的运动，巴斯蒂提供了另一种说法。她认为法国的档案资料表明，义和团运动前夕教民和非教民之间存在激烈敌对的笼统说法，至少不能准确地反映出直隶正定府代牧区的情况。人们从保定、北京、献县等地方得出的结论不应被普遍化。②

分析八卦教、拳会、基督教会三者关系，对于教案和义和团的研究有重要意义。19世纪中后期，鲁西农村出现了三个值得注意的变化：一是八卦教在清政府的镇压之下，尽管仍能维持而不坠，但自18世纪末已开始走向衰落，曾长期活跃的八卦教渐归于销声匿迹；二是天主教会得到很大发展，并利用各种不平等条约等各种手段而向各类农民提供保护；三是拳会在清中期是民间宗教结社的外围组织，至八卦教衰落后，成为地方社会的新势力。拳会从民间宗教结社的外围组织变为具有新的领导层的，以"自卫保家"为名义，成为在地方社会可以取民间宗教结社而代之的新势力。19世纪后期，拳会与教会都在不断扩张势力，双方围绕着乡村民众的保护问题互相对立。到1895年前后，由于大刀会（民间宗教结社）和天主教会都试图通过为乡村民众提供保护来扩张势力，于是，双方的对立、冲突不可避免。19世纪末在鲁西频繁发生的教案，正是双方间矛盾上升成为武力冲突的结果。③

第四节 非基督教运动

20世纪20年代发生的遍布全国的"非基督教运动"（简称"非基运动"），是义和团运动之后基督教会面临的最有力的挑战。1922年春，世界基督教学生同盟第十一届大会在北京清华学校召开。在会议召开前，基

---

① 参见柯文《义和团、基督徒和神：从宗教战争角度看1900年的义和团斗争》，《历史研究》2001年第1期。
② 参见巴斯蒂《义和团运动期间直隶省的天主教教民》，《历史研究》2001年第1期。
③ 参见李银子《19世纪后半期鲁西民间宗教结社与拳会的动向》，《近代史研究》2000年第6期。

督教会完成了一份基督教在华发展状况调查报告，宣称一定要使"中华归主"，要使"基督教征服中国"（调查报告的英文书名），希冀这次大会将推进基督教在华事业的新发展。然而，在会议召开之际，一场声势浩大的非基督教运动突然爆发，并且持续达6年之久。国民党、共产党、知识界精英，无论是赞成还是反对，许多人卷入其中，公开表达了自己对基督教的认识。1925年后，运动更由最初的文化运动转化成为"反帝"政治运动，间或还有暴力事件出现。这些使基督教在华事业遭受了自义和团运动以来最为严重的打击。

总体来讲，有几种基本观点。20世纪以来，经过晚清以来的无数教案，尤其是义和团运动后，基督教会在华宣教活动重心有所改变。他们更多地由以往强调个人信仰、注重发展个人信徒，转向基督教对社会和国家施以影响的层面上来。集中在城市加快传教事业的发展，尤其注重高等教育的发展。而与此同时，各种新思潮，包括非基运动产生的背景思潮，也在中国社会各个阶层中得以大力宣传。非基运动产生的思想文化背景，应包括五四新文化运动、马克思主义在中国的传播、中西方文化论点、民族主义在中国的高涨、科学主义和思潮的兴盛、自由主义和人文主义思潮的传播等。而其中民族主义政治思潮，则是非基运动得以发动的社会基础。非基运动是以反帝政治运动的面貌和方式表现出来的，支配这场运动的政治理论和依据，就是以反对列强侵略、维护民族尊严和生存为特征的民族主义思想。尤其在非基运动中，民族主义已经外化为一种政治的支配力量，一种实际的政治行为。他们都是针对基督教势力在晚清以来的迅速扩张，在很大程度上得益于治外法权的保护。因而，随着中国民族意识的觉醒，要求废除治外法权就成为中国对外关系的首要议题，以要求废除治外法权为特征的民族主义思想，得到了更多要求民族独立的国民的认同，而这些成为促成非基运动发生的一种普遍性社会土壤。

在许多学者眼中，在反洋教斗争研究和教案研究启发下，展开了对"非基督教运动"的研究，把义和团和非基督教运动相提并论，强调这两次运动在中国近代思想史及中外关系上的重要位置。杨天宏是最早开始研究"非基督教运动"的大陆地区学者。他于1994年出版的《基督教与近代中国》，以翔实的史料，再现了非基运动的历史过程，首次将"非基督教运动"与反洋教斗争以及教案问题进行了区分，从其兴起的背景、经过、社会反映、影响及性质等多个方面进行了探讨。民族主义是他认识非基运动的重要政治视角，面对国内政治，每个人或因自身党派不同而有所差异，但在对外问题上，至少在五卅运动之后，各界人士的态度立场已经明显趋于一致。具有"反帝"政治主张的民族主义已经成为各派人士的共同诉求，非基督教运动已经发展变化成为民族主义政治运动。同时，中国基督徒在面对反教运动时，必须在"基督徒"和"中国人"这样的信仰认同和民族认同中，做出艰难的抉择。①

2005年，杨天宏在对部分观点和文字进行了修改的基础上，以《基督教与民国知识分子：1922—1927年中国的非基督教运动研究》为名再版，更侧重从民国时期中国各类知识分子对待反教运动所持立场的特定角度来展开。认为早期的非基运动与新文化人激烈的反传统主义有着内在的逻辑关系，在"科学"和"民主"两面大旗下，开展对自启蒙运动以来在西方已经受怀疑甚至受批判的基督教的批判。运动的后期则具有明显的政治含义，成为重建中国思想文化、解决中国问题的知识分子的参与之途。②

1922年春，世界基督教学生同盟第十一届大会在北京清华学校召开。在教内人士看来，此乃各国基督教学生团体的一次空前盛会，宣告了基督教传教事业新纪元的开始。殊不知这次大会，却成为长达数年之久的中国非基督教运动的导火线，使在华基督教招致猛烈攻击，面临自义和团运动以来最为有力的挑战。国人面对基督教的不断进攻和宣传，反教并非没有道理，但将反教运动的爆发归因于"国际基督教组织"的寻衅与挑战，杨天宏认为理由似乎不够充足。③

南京事件是非基运动期间非常关键的事件。杨天宏通过大量历史资料的详细考证，对北伐期间包括南京事件在内的反教暴力事件，提出其对在华基督教会的受损程度，远没有像当时中外媒体渲染的那么

---

① 参见杨天宏《基督教与近代中国》，四川人民出版社1994年版；杨天宏《中国非基督教运动（1922—1927）》，《历史研究》1993年第6期。

② 参见杨天宏《基督教与民国知识分子：1922—1927年中国的非基督教运动研究》，人民出版社2005年版。

③ 参见杨天宏《世界基督教学生同盟第十一届大会与中国反教运动关系辨析》，《历史研究》2006年第4期。

严重。事实表明，参与暴力劫杀事件的主要是北伐军士兵。至于有关共产党人是事件主谋的指控，是蒋介石及其控制的军方的一面之词，至今亦未找到相关的确凿依据。而这一系列反教暴力事件的终极原因，更多的是列强仰仗武力连续制造多起屠杀和不公平事件，致使国内民族主义持续高涨的后果。在当时，"反帝"已成为中国各阶层民众共同接受的口号，并掀起了一场空前规模的反帝运动。与列强和不平等条约联系紧密的基督教及其传教事业受到冲击和影响，乃是无法避免的"苦果"。①

重新评价中国文化是非基运动中基督教内部自我调整的最显著特征。有研究者认为，19世纪来华的传教士不仅在宗教上蔑视中国，而且把整个中国文化视为远低于西方文化的劣等文化。这种状况到20世纪初有所改变，而非基运动对加速这种变化起到了巨大作用。非基运动迫使一些对中国人的民族意识和世代相传的传统文化缺乏基本认识的传教士，开始认识到必须对中国文化有所了解，这是他们能在中国进一步开展传教工作的必要前提；同时，也促使一些有良知、能够正视历史与现实的中国基督徒，重新在基督教与中国文化关系上进行反省与检讨，开始了中国教会的"本土化"和"自立"运动。②

一 中国共产党与非基督教运动

在中国共产党参加并领导非基运动的问题上，有多篇论文叙述了共产国际在其中起到的主要作用。一直以来都认为，在共产国际的领导和支持下，中国共产党一直都是非基运动的主要领导者和组织者。早期中国共产党出于反帝爱国斗争的需要，不仅对基督教的理论及其在华事业进行了批判，而且参与并实际组织领导了运动，积极宣传收回教育权，借五卅运动之势，引导反帝爱国的斗争。通过对非基督教运动的参与，不但扩大了影响，得到了锻炼，而且引发了共产党人对宗教问题的重视，有利于以后的

---

① 参见杨天宏《北伐期间反教暴力事件及其责任问题》，《历史研究》2001年第1期。
② 参见顾卫民《基督教与近代中国社会》，上海人民出版社1996年版；徐小群《传教士与中国民族主义运动》，载王晴佳、陈兼主编《中西历史论辩集》，学林出版社1992年版；阮仁泽、高振农主编《上海宗教史》，上海人民出版社1992年版；朱维铮《五四时代的非宗教运动》，载朱维铮主编《基督教与近代文化》，上海人民出版社1994年版。

苏维埃政府时期和抗日民族统一战线时期，对宗教政策的制定和执行。①

在这场运动中，共产党在反对帝国主义文化侵略问题上态度坚定，提倡教会自立，割断与帝国主义之间的联系。其中，尤其是中国社会主义青年团起到的作用更为重要。还有学者从非基运动的曲折发展，中国社会主义青年团是否非基督教运动以及在非基运动中的作用等方面来详细叙述青年团的作用。而恽代英作为社会主义青年团的领导人，他对基督教的观点是对非基运动深入研究的要点。②

周东华在辨析联共（布）档案内容真实性的基础上，根据国内发现的诸多材料，认为关于中国共产党与1922年非基运动之关系，应该区别对待：中共党员以个人身份和青年团成员两种方式参与了这场运动，但就"领导"问题而言，中国共产党并未取得决定性的领导地位，只是在青年团影响所及范围内领导了非基运动。中国共产党参与并在一定范围领导非基运动的行为，启迪了此后中国共产党对待"非基"运动的态度，影响深远。③

陶飞亚认为，非基运动与共产国际代表的亲自领导有直接的关系，它是由中国共产党发起并领导，包括国民党等组织成员参与的政治斗争。俄共及共产国际将不断发展的基督教及其事业，以及在中国青年中滋长的亲美思想，视为中国人走俄国革命道路的障碍。因此，发动非基督教运动旨在打击西方的在华宗教势力，削弱西方影响，唤起中国青年的民族主义情绪，并且在青年中扩大共产党的影响。他们通过反对基督教会实现反帝目标的策略在实践中获得一定成效。这种倾向一直到红军长征结束之际才开始被纠正。④

二　国共合作下的非基督教运动

在认为非基督教运动由共产党领导的同时，还有相当学者认为，非基

---

① 参见田海林、赵秀丽《早期中国共产党与"非基督教运动"》，《中共党史研究》2002年第4期；牟德刚《中国共产党在非基督教运动中的立场态度及其历史意义》，《江汉论坛》2004年第8期。
② 参见薛晓建《论中国社会主义青年团与非基督教运动的关系》，《北京科技大学学报》2001年第3期。
③ 参见周东华《联共（布）档案所见中共与1922年"非基"运动关系辨析》，《宗教学研究》2009年第2期。
④ 参见陶飞亚《共产国际代表与中国非基督教运动》，《近代史研究》2003年第5期。

运动是国共两党合作领导的产物。而这种合作既有国共两党组织上的合作因素，也有思想上的趋同因素，这两种因素构成了历史的合力，共同促进了这场运动在全国的持续性发展。20 世纪 20 年代，国共合作的成功实现，给中国革命带来了新的生机，反对帝国主义和封建军阀在中国的统治，成了当时革命时代的政治主旋律。虽然运动的主导力量无疑是中国共产党及其青年团，但在国共合作的更大的政治背景下，作为政党的国民党及其成员，出于反帝反封建的历史要求而加入了这场运动，这才是一种不争的历史事实。① 在国民党内部，在政治上虽然有左右之分，但对非基运动却表现出相当一致的赞成态度。而这些观点基本上都是出于民族主义的热情，反对拥有治外法权等特殊不平等权力的基督教。虽然孙中山在非基运动中曾多次表示，他仍是坚定的基督教徒，他的革命精神很多得力于基督教，他是坚定地反对帝国主义而不是反对基督教的立场，希望基督教会脱离帝国主义的保护，不要成为帝国主义的工具等。②

姚兴富考察了近代中国的国家主义者对基督教的批判，以及基督教学者从基督教的国家观、基督徒的爱国问题和世界主义等方面所做的回应。这种既可以让我们了解到基督教在中国历史上与某种政治思潮的纠缠，也可以为我们在当今全球化背景下审视基督教与国家的关系提供借鉴。基督教的普世主义可以纠正国家主义的偏狭，国家主义的思想刺激基督教不得不考虑本土化和处境化的问题。③

杜威和罗素是"五四"时期最为著名的来华外国人，他们的无神论思想对当时影响很大。"五四"时期，杜威和罗素的学说风靡一时，对当时文化思潮产生了重要影响。他们在宗教方面的言论，特别是针对基督教的看法产生了一些明显的效果。杜威与罗素都是无神论者，与杜威相比，罗素的反基督教立场更为鲜明。他们的宗教观或直接或间接地影响了胡适、陈独秀等新文化运动者对宗教的看法，同时，也受到了赵紫宸、徐宝谦等基督教学者的批评。④

---

① 参见郭若平《国共合作与非基督教运动的历史考察》，《中共党史研究》2008 年第 2 期。
② 参见袁蓉《论国民党要人在"非基督教运动"中的立场》，《史林》2001 年第 3 期。
③ 参见姚兴富《近代中国国家主义与基督教》，《世界宗教研究》2006 年第 3 期。
④ 参见姚兴富《杜威、罗素宗教观在"五四"时期的影响》，《世界宗教研究》2011 年第 1 期。

第五节 政教关系：国家与宗教政策

政教关系范围既包括国家政权与宗教组织、信徒之间的关系，也包括社会政治生活与宗教之间的互相机制。历史上，政教关系对社会政治主体、社会行为和稳定产生过重大影响。

一 清朝的基督教政策

清朝适逢中西文化交汇激荡的浪潮。面对中西文化的两极相逢，清朝断然推出"闭关主义"政策，以应付这千古未有之奇变，从而对于中国社会在世界历史进程中的路向选择和发展轨程，产生了极大影响。"闭关主义"并非"闭关政策"，作为"主义"所造成的民族文化在心理上的影响远比"政策"要牢固久远许多，也是晚清产生"中体西用"或"西学中源"说的源头，力图保留自己在尽可能封闭的圈里，以求保持自己天下中心的独尊地位。这种想避免却无法避免的局面，这种政策导致中国社会错失了追步西方的历史机遇，长久地拖累了中国社会转型的步伐。① 黄爱平依据清宫档案、传教士书简以及相关文献资料，详细疏理了乾隆十一年（1746）发生在福建福安地区而后波及全国的一起大规模禁教活动。可以说，从中央到地方，清政府已经对传教士背后隐藏的政治目的和宗教野心有了比较清楚的认识，体现了清政府被异教异文化"征服"的担心和忧虑。② 王立新认为晚清政府对基督教和传教士的政策是清末对外关系的重要内容，与频繁发生的教案有重要关系，也在一定程度上刺激了传教士的文化与教育活动。③

杨大春的《晚清政府基督教政策初探》，系统探讨了晚清政府的基督教政策，对基督新教和天主教对清政府的应对之策有所描述，此为本书的突破点。他将清政府对基督教会的政策以辛酉政变为界，分为两种：在政

---

① 参见王先明《论清代的"禁教"与"防夷"："闭关主义"政策再认识》，《近代史研究》1993年第2期。
② 参见黄爱平《乾隆时期福建禁教考论》，《安徽史学》2008年第1期。
③ 参见王立新《晚清政府对基督教和传教士的政策》，《近代史研究》1996年第3期。

变以前，清政府因太平天国的宗教信仰而增加了对教会的猜疑和防范，政教关系更加紧张；在政变以后，媚外政策代替了排外政策，清政府不仅在外交条约上承诺实行宽容传教，对教会的政策也变得特别宽容和克制，政教关系有所缓和。①

胡建华认为活跃在近代中国历史舞台上的西方传教士，是一支不容忽视的特殊势力。他们的活动，对整个中国社会有着十分重大的影响。随着不平等条约的签订，自康熙朝以来的禁教政策被迫结束。从咸丰朝起，清政府为避免基督教带来的不利影响，基本坚持着限制西方教会在华发展的政策。这是清政府抵制西方势力和维护自身利益的一种努力，而这些限制政策却不能阻止西方政治势力支持下的西方教会的各种进攻，同时也阻止了新思想文化的进入。②

从19世纪六七十年代开始，随着洋务运动的兴起，在中国思想界出现了像王韬、容闳、薛福成、郑观应、陈炽、何启、胡礼垣等一批思想家。他们的共同特点是地位并不显赫，多少接触过西学，有的还从事过外文、近代报刊和企业的创办工作。他们基本都认为，外国人来华，不外"通商传教两端"，通商则渐夺中国之利权，传教则欲服华人之心。他们认为以儒家思想为核心的中国传统文明，是抵抗西方基督教侵略的最有力武器。作为最早接触西洋事务的中国人，他们的洋教观提供了有关西方基督教方面的新知识，分析了民教冲突的根源，甚至还出现了某种程度的调和西方基督教教义与中国传统儒学的论调和思想。③

关于外国教会在华持有武装问题，晚清政府实行的是有限禁止政策。这种政策由不同层次的基本政策和具体政策构成。造成这种政策的表面原因是《大清律例》自身的法律弹性和近代中外大局下的政教互动关系，根本原因还是晚清时期国力孱弱，政府无能。实施这种政策的目的是实现社会控制、维持中外相安和借用先进技术三个方面。该政策从1853年起步，至1908年成型，到1912年清政府灭亡结束。其中以1901年为界，分为前、后两个阶段。两阶段相比较，政策呈由简单到丰富、内容由粗浅

---

① 参见杨大春《略论太平天国运动对清政府教会政策的两种影响》，《安徽史学》1999年第3期；《晚清政府基督教政策初探》，金城出版社2004年版。
② 参见胡建华《论咸丰朝的限教政策》，《近代史研究》1990年第1期。
③ 参见冯祖贻《评早期维新思想家的洋教观》，《近代史研究》1990年第5期。

到详细、执行由松弛而严格的三大特征。①

王守恩以山西地方为例,将两百余年分为三个时段,分别叙述了山西官方从允许合法传教,到视之为邪教加以严禁,却禁而不绝,再到在不平等条约下的弛禁和极力压制,说明外国势力的强大支持和山西社会的内部矛盾,造成了物质上和精神上都需要特殊关怀的社会群体,这些成了天主教扎根当地的重要原因。②

二 国民政府与基督教

刘国鹏通过对南京政府施政初期在教会教育和教产问题方面所推行的一系列国家整合工程进行描述和考察,试图分析天主教会是如何认知和面对现代国家对天主教会这一处于复杂中外关系中的社会团体进行现代意义上的政治、经济与社会整合工程的,以及天主教会对于这一国家整合的冲突与调适。鉴于天主教会在近现代中国社会当中的特殊存在形态,南京国民政府对该宗教团体的国家整合工程显得极为棘手。事实上,这一整合运动是法国保教权的从中作梗,导致中梵建交动议上的功亏一篑,再次失去了在华天主教会回归正常社会团体地位、被中国政府纳入国家一体化进程的可能性。而只有本地圣统制的确立,才能表明外国在华天主教会完成了向中国天主教会的嬗变,建立起一个不脱离普世天主教会的地方教会。否则,在华天主教会则永远逃避不了"外国教会"的命运和歧视,改变不了中国政府针对"外国教会"所设置的重重障碍,尤其是面对拥有"治外法权"和"保教权"的"外国教会"的各种限制和歧视。这样的特殊"外国教会",无论它如何申述其终极的普世大公性也是无济于事的。③

自 1943 年起,中国政府先后与英、美等国签订平等新约,废除不平等条约,基督教在华租买土地失去了旧有的条约依据。中国政府在 1943 年至 1945 年间结合新旧条约的规定,采取了一系列的暂时应对之策。自 1946 年起,国民政府先后颁布《过去外人在华地权清理办法三项》《各地方政府办理外人地权案件应注意事项》,重新规范了基督教在华租地权。

---

① 参见杨大春《晚清政府关于外国教会在华持有武装政策述论》,《安徽史学》2003 年第 5 期。
② 参见王守恩《17 至 19 世纪山西官方的天主教政策》,《宗教学研究》2009 年第 1 期。
③ 参见刘国鹏《南京国民政府执政初期的天主教会与国家整合问题》,《宗教学研究》2011 年第 4 期。

这些政策对基督教在华租地权进行了限制和管理，取得了一定的效果。但由于教会租地问题的复杂性以及特殊的政治环境的影响，国民政府无论在重庆还是还都南京后，均未能彻底解决这一问题。直至新中国成立后，才从国权主权的角度出发，彻底解决了教会在华的地产问题。①

郭华清细述了国民政府对认可的几大宗教所采用的不同程度和方式的管理措施和政策。对佛教和道教采用了范围较广的严格管理政策，而对天主教和基督教，因有治外法权等一系列不平等条约的限制，国民政府对其管理权很有限，只好通过对该宗教团体的管理来实现，而对这些宗教的内部事务则无权过问。②

李志英、丁华华、盛华分别讨论了清政府和北洋政府对基督教校园传播的政策。清政府对教育主权的维护、中国传统文化的渗透、科学理性精神的影响在一定程度上遏制了基督教在公立学校的传播。但是到了北洋政府时期，管理趋于混乱。③

三 抗日战争与伪满洲国、日本教会

"满洲国"作为近代中国历史上的一个特殊现象，其基督教与日本教会有着密切的关系。有关这方面的研究，主要是徐炳三的研究。东北沦陷时期，伪满政权对基督教会采取立法制约、监控打击、精神强制、组织改造、适度怀柔等一系列措施，有效地实现了对基督教的控制。伪满政权对基督教会的监控是东北宗教控制工程的组成部分。各宗教的遭遇具有相似性，最终都不可避免地走向衰落。从源头上讲，日本对东北基督教的控制手段是日本国内宗教控制模式的移植。张永广指出明治政府所颁布的《教育敕语》激起了日本的反基督教运动。在"国家主义"的强势话语下，日本的基督教运动陷入困境。深陷社会舆论批判之中的日本基督教会和学校一方面消除自身的"洋化"色彩以满足"本土"社会的需要；另一方面则顺从政府的要求，维护国家的利益。日本的基督教会在祛除

---

① 参见李传斌《废除不平等条约后国民政府的教会租地政策》，《世界宗教研究》2011年第5期。

② 参见郭华清《国民党政府的宗教管理政策述略》，《世界宗教研究》2005年第2期。

③ 参见李志英、丁华华《北洋政府统治时期基督教的校园传播及政府对策》，《科学与无神论》2012年第2期；盛华《论清政府对基督教在公立学校传播的政策》，《科学与无神论》2012年第3期。

"外来"色彩,消解同"国家"冲突的同时,也逐渐丧失了独立性,并最终卷入法西斯战争的旋涡。①

关于日本基督教组织对侵华战争的态度,徐炳三指出,1931—1945年日本侵华战争时期,日本基督教会积极鼓吹侵略扩张理论、为日军军事行动提供服务、协助日本控制沦陷区的基督教会,有力地配合了日本军国主义者的侵略行为。教会主流选择了迎合侵略,反映出日本宗教团体面对战争时,宗教理念与世俗利益的纠结,最终世俗利益占据上风,但却需要用宗教资源对其行为的合法性进行解释和辩护,欺人并自欺。在面对强大世俗利益时,宗教并没有起到阻遏对抗的作用,反而被集团作为特殊资源加以利用,通过宗教来进行精神整合和社会动员。宗教在战争面前成了一把双刃剑,值得深刻反思。② 从日本基督教发展历史的角度,来探讨对战争的责任问题,这是少见的角度和研究。

那么在东北地区的基督新教团体是如何应对时局的呢?东北沦陷时期,日伪政府对基督教的政策日益紧缩,对教会的监控打击力度不断加大,并在日本教会的协助下重新整合东北基督教体系,将其改造为服务于侵略政策的工具。面对严峻的政治形势,西方传教士持低调忍让的态度,只有涉及原则问题时才进行有限度的抗争,即便如此也未能遏止教会的衰落。而日本教会在战争期间的表现,亦促使我们反思宗教在国际问题中扮演的角色。沦陷时期基督教会的遭遇,是伪满体制下各宗教团体命运走向的一个缩影,显示出国际政治博弈对宗教产生的深刻影响。③

在有关伪满时期天主教与当局关系研究方面,吴佩军指出,东北沦陷之后,教会利益也受到威胁。在这种情况下,海北镇天主教教会秉承罗马教廷的旨意,采取与日本殖民主义者合作的政策。教会虽然得以存续下去,但却沦为伪满当局的统治工具。伪满当局在关押同盟国天主教神职人

---

① 参见张永广《〈教育敕语〉、国家主义与近代日本的反基督教运动》,《宗教学研究》2012 年第 3 期。

② 参见徐炳三《略论伪满政权的宗教控制手段:以基督教为例》,《东北师大学报》2011 年第 5 期;《日本基督教会战争责任初探》,《抗日战争研究》2009 年第 1 期;《侵华时期日本宗教团体的政治态度:以基督新教为例》,《福建师范大学学报》2012 年第 1 期。

③ 参见徐炳三《伪满体制下宗教团体的处境与应对:以基督新教为例》,《抗日战争研究》2011 年第 2 期。

员的问题上基本遵守了国际公约，这反映出伪满当局以及日本政府对天主教会的"友好"态度和对欧洲文明的尊崇。①

刘家峰比较了中日两国和平主义代表人物徐宝谦和贺川丰彦，认为和平主义虽然美好，却与当时中日两国占主流的民族主义思潮存在着难以调和的矛盾，很难为大家所接受，就是基督徒中也只有极少的赞同者。②

中国基督徒的民族认同和宗教信仰之间的关系一直是学界关注的焦点，而抗战这一民族危亡的历史事件为其提供了一个观察和检验的场域。在许多面临民族危亡时期的大变革局面时，事实上，除了个人信仰和民族认同的思考外，更多的中国基督教徒是直接投身民族救亡的伟大洪流之中。顾卫民简略地描述了中国天主教和新教教徒面对国难时的各种救亡活动。③ 周东华分析了浙江基督教教育机构对抗战的积极参与，或在流亡中坚持办学，或严于律己抵制敌伪诱惑和后方安逸生活，修正了晚清以来其被固定化为"帝国主义的走狗"的形象。④ 连洁平分析了在民族危亡关头，燕大学生民族意识的觉醒是有多方面原因的：大环境的因素是燕大学生民族意识觉醒不可缺少的条件；燕大教师的支持、高水平的学术研究以及宽松的学术环境则是学生将自己的爱国热情付诸实践的有力支持。⑤

金绮寅还研究了闽南基督徒救国会的救国思想和救国行动，闽南基督徒以自己的言行，证明了20世纪中国基督徒不是只希求彼岸世界、游离于社会之外的社群，他们和其他爱国人士一样，同样具有强烈的民族和国家意识，希望找到拯救中国之路。他从多个角度对各地基督徒、教会机构积极参与抗日战争的史实进行了分析与陈述，表明了在国家、民族危亡时

---

① 参见吴佩军《太平洋战争时期的四平集中营：伪满当局对东北境内同盟国天主教神职人员的政策》，《外国问题研究》2011年第4期；《20世纪上半叶东北天主教史的考察：以黑龙江省海伦县海北镇为例》，《外国问题研究》2010年第3期。
② 参见刘家峰《近代中日基督教和平主义的命运：以徐宝谦和贺川丰彦为个案的比较研究》，《浙江学刊》2007年第2期。
③ 参见顾卫民《国难与中国基督徒》，《史林》1995年第2期。
④ 参见周东华《赴国难、爱中国：浙江基督教教育的抗日救亡运动探析》，《抗日战争研究》2011年第2期。
⑤ 参见连洁平《燕京大学学生民族意识的觉醒及其原因分析》，《吉林省教育学院学报》2009年第8期。

期，中国基督徒的使命与态度。①

南京大屠杀期间，一群来自欧美的具有基督教信仰背景的第三国公民向南京难民伸出了援手。从基督教仁爱观入手分析，其动机不是反日，也不是亲华，而是为了结束战争，实现世界的和平。②

四 基督教与中国共产党的关系

除早期共产党人对宗教有比较个人的表述外，整个宗教基本上都在统一战线的视野中。在统一战线的旗帜下，中国共产党对包括基督教在内的所有宗教团体和群众都进行了最大范围的团结，从黄岭峻和赵晓阳的两篇论文可知，中国共产党对北美基督教中国学生会和中国留美学生的政治态度都有高度的关注和引导。③ 雷云峰对抗日战争时期陕甘宁边区政府实行民族平等、宗教自由的政策进行了研究。边区各族人民政治平等、信仰自由、关系和睦，在当时国内外产生了良好的影响。边区政府动员少数民族投入抗日战争，争取少数民族上层人士加入统一战线，组织民族救国和文化团体，支持少数民族建立抗日武装，还为边区的教会和教民解决了实际问题，落实了各种具体政策。④

来华传教士对中国共产党的印象和应对是什么样的？传统印象中，对这些"帝国主义"分子的认识肯定是反对中国共产党。根据杨卫华对基督教在华时间最长的主流英文期刊《教务杂志》的梳理，认为传教士对中共的态度和认识远非"反对"二字所能表达，这种简单化的认识模糊了其中的复杂性。传教士并没有片面地否定中国共产党，其对中国共产党

---

① 参见金绮寅《浅析 20 世纪 30 年代闽南基督徒救国会的救国思想》，《宗教学研究》2011 年第 2 期；刘海涛《抗日战争时期的河北基督教》，《军事历史研究》2010 年第 3 期；高俊《简述江苏基督教界的抗日活动》，《江苏科技大学学报》2008 年第 1 期；杨乃良《基督教徒与武汉的抗日救亡运动》，《湖北成人教育学院学报》2000 年第 1 期；张多默《陕西天主教与抗日战争》，《中国天主教》2012 年第 6 期。

② 参见彭剑、汤蕾《为了世界的和平：从基督教仁爱观分析南京大屠杀期间的"国际救援"动机》，《宗教学研究》2012 年第 3 期。

③ 参见赵晓阳《北美基督教中国学生会及其与中共的关系》，《近代史研究》2011 年第 6 期；黄岭峻《1948 年关于中国留美学生政治态度的一次问卷调查》，《近代史研究》2010 年第 4 期。

④ 参见雷云峰《抗日战争时期陕甘宁边区政府的民族宗教工作》，《抗日战争研究》1994 年第 2 期。

的态度相当复杂，声音相当多元，有认同、应对、竞争、责难，也有反思、羡慕、模仿和互动，其中对话与反思是主流。①

新中国成立后，中国共产党对包括基督宗教在内的各个宗教进行了改造，建立了新的管理方式。如何改造与帝国主义有密切联系的中国基督教会适应新社会，是对中国共产党提出的新挑战。在中国共产党的领导和指导下，中国基督教会开展以"自传、自养、自治"为目标的基督教改造运动。赵晓阳首次对这方面的史实和问题进行了梳理和分析，中国共产党在引导和支持基督教会进步力量的同时，适时调度、因势利导，激发广大基督徒的民族自尊心和自信心，团结了最广泛的信教群众，对天主教和新教进行了重新的对待政策和管理方式，彻底改变了基督宗教在整个社会中的"帝国主义代言人"的面貌。②

作为对中国共产党对基督教的改革回应，为传达政治协商会议的精神和中央人民政府的有关宗教政策，参加政协会议的基督教界民主人士、中华全国基督教协进会以及中华基督教男女青年会全国协会四个单位的代表，共同发起组织了全国基督教访问团。在短短的几个月时间里，访问团先后走访了华东、华中、华北和西北地区的多个城市。通过此举，基督教访问团不但了解了各地方教会在新时代的问题所在，而且加强了各地区教会领袖和政府当局的了解与合作。更为重要的是，基督教访问团在各地广泛宣传了革新教会的思想，为之后中国基督教顺利开展影响深远的反帝爱国运动奠定了重要基础。③ 周恩来在北京与京津沪三地宗教界人士的三次谈话，对基督教"三自"运动的发起起到了作用。会谈中，周恩来向宗教界人士阐释了中国基督教问题的实质、中国教会应该努力的方向以及政府对宗教所取的政策。受此启发，吴耀宗等人才认识到中国基督教的问题要得到根本解决，必须从教会自身着手。这便有了中国基督教革新宣言的

---

① 参见杨卫华《革命与改良的相遇：来华新教传教士话语中的中国共产党（1928—1936）：以〈The Chinese Recorder〉为中心》，《史林》2007年第3期。

② 参见赵晓阳《割断与帝国主义的联系：基督教革新三自运动的初始》，《中共党史研究》2009年第3期；《周总理与北京基督教会代表的三次谈话》，《北京党史》2010年第3期；《中国天主教独立自办运动的初成》，《当代中国史研究》2012年第4期。

③ 参见刘建平《大旱望云霓：新中国成立初期的基督教访问团》，《世界宗教研究》2011年第4期。

发表和反帝爱国运动的发起。①

尚季芳和王福梅分别对甘肃和福建莆田地区"三自"运动的历史进行了叙述,指出通过"三自"运动,基督宗教被纳入新的政治网络,民众的爱国热情高涨,国家政权得到了巩固。② 邓杰则分析了由于新中国意识形态的规定性及中美关系的恶化,受美国基督教会支持的基督教在川康边地的工作难以为继,基督教将在华事工逐步停办或移交政府接办。③

新中国成立以来,宗教状况发生了显著的变化。经过60多年的实践,中国共产党对我国所面临的宗教问题有了更为深刻的认识,宗教政策也因此呈现出四个阶段的变化,即形成期、失衡期、调整期和转型期。但是,我国宗教政策坚持"统战"与"安全"两大主线或基轴的基本方针却始终没有改变。安全主线经历了鸦片论—渗透论—保障人民宗教权利的宗教安全观上的转变,统战线则经历了管理协调—引导适应—和谐共存、从争取宗教上层人士到团结全体信众,以及从促进国内建设到推动祖国统一等的发展。④

第六节　国共政治人物与基督教

一　陈独秀、恽代英、李大钊

20世纪20年代前后,在中国大地上出现的宗教问题的讨论与研究,是有深刻政治背景的。当时中国正处于资产阶级民主革命重要的转折时刻,资产阶级的民主政治与封建复辟势力最后展开公开较量,宗教问题特别是"孔教"问题成了"革命与复辟"的中心议题,由此引发这场对宗

---

① 参见刘建平《周恩来与建国初期中国基督教反帝爱国运动的发起》,《宗教学研究》2012年第1期。

② 参见王福梅《论近代莆田基督教会的"三自"运动》,《莆田学院学报》2006年第3期;尚季芳《宗教革新与反帝爱国:新中国成立初期甘肃省三自革新运动研究》,《北方民族大学学报》2013年第1期。

③ 参见邓杰《新中国的宗教政策与基督教教会的因应:以中华基督教会边疆服务运动为例》,《世界宗教研究》2012年第3期;王福梅《论近代莆田基督教会的"三自"运动》,《莆田学院学报》2006年第3期。

④ 参见徐以骅、刘骞《安全与统战:新中国宗教政策的双重解读》,《世界宗教研究》2011年第6期。

教问题的讨论与研究，是中国近代思想史上文化问题论战的一个组成部分。

在中国共产党早期领导人物中，恽代英是受过基督教一些影响的人，他受基督教影响的主要渠道是基督教青年会。这种影响给恽代英早期的思想和活动带来某些特点；他转变为马克思主义者以后，对基督教的看法又发生了重大变化。这前后的变化，反映了五四运动到中国共产党成立后，中国进步青年政治思想的转变和对帝国主义等的认识的转变。①

早期中国共产党领导人中，还有一人对基督教有较多的关注和认识，他就是中国共产党创始人陈独秀。五四运动前，他对于基督教的态度是怀有尊敬之心，将宗教与迷信做了区分。他在反对孔教的视野中，肯定基督教存在的合理性，否定独尊孔教的言论，并且从社会进化的角度提出了以科学代替宗教的观点。五四运动后期，陈独秀一方面赞同非基督教运动，另一方面提出用耶稣的价值感情来拯救民族的观点。为了振兴中华民族，从异文化中汲取耶稣无私奉献的伟大人格精神，作为他组织政党的精神基础。认为宗教性是无"信神"内核的信仰，它可以促进社会进化，也可为因循守旧所用。②在非基督教运动中，已经接受了马克思主义的陈独秀，呈现出强烈的民族主义色彩，他将基督教教义和基督教会截然分开，开始运用阶级斗争学说分析和批判基督教会。在非基督教运动的后期，即收回教育权运动阶段，他积极支持收回基督教会控制下的教育权，对运动还多有指导。在赞同基督教精神时，他是将基督教文化当作拯救民族的西方文化资源来看待的。陈独秀区别基督教（教义）与基督教会是两回事，又把基督教义一分为二："有罪"与"赎罪"不能自圆的矛盾，将使其失去存在的价值；博爱、牺牲等美德为世界人类所共有。③

---

① 参见韩凌轩《早期恽代英与基督教》，《近代史研究》1988年第2期；覃小放、余子侠《恽代英与基督教青年会》，《华中师范大学学报》2009年第6期；李锐《恽代英与非基督教思潮》，《辽宁教育行政学院学报》2008年第1期。

② 参见石衍丰《陈独秀关于宗教问题的论述》，《宗教学研究》1993年第2期；沈寂《陈独秀与基督教》，《世界宗教研究》1995年第4期；杨剑龙《论五四时期陈独秀对基督教的复杂态度》，《社会科学家》2011年第6期。

③ 参见郭华清《陈独秀与非基督教运动》，《广州大学学报》2006年第4期；哈迎飞《"以科学代宗教"与科学的"被宗教化"：论陈独秀的准宗教心态及其写作策略》，《南京师大学报》2011年第2期。

李大钊是中国共产党的创始人之一,他的宗教观是中国共产党制定宗教政策的理论基础和源头之一。在当时现实政治斗争的背景下,他对某些宗教问题曾做过认真的探讨和研究。他认为,宗教作为社会的上层建筑是由社会经济发展状态决定的,宗教对社会的发展有积极的一面,也有消极的一面,但后者占主要地位。宗教非"道德之根源",宗教乃思想自由的"障蔽",宗教没有自由平等作基础,不能真正实现博爱,宗教的本质就是不平等关系的表现,宗教妨碍进步,是"廉价的幻想"。他也主张宗教信仰自由,主张利用改造宗教,使宗教为新的社会经济组织服务。①

二 孙中山、蒋介石、冯玉祥

孙中山是伟大的革命先行者,也是近代中国信仰基督教的著名人物。基督教对他的革命和生活产生了什么样的影响?他的基督徒身份对处于民族矛盾和文化冲突中的基督教的存在和发展,有过什么影响和作用?这些一直是学者们关注的问题。孙中山作为杰出的政治家,对基督教的信奉重精神而轻形式,不甚信仰神化的上帝而崇信作为革命救世者的耶稣,不恪守基督教义中的救赎神学而取其济世救人的积极精神,基督教信仰始终是为其革命政治活动服务。他一生的革命活动中,利用基督教组织、发动革命起义,始终有一批信仰基督教的志士追随其左右,他的革命活动中也曾有过获得基督教人士的帮助而脱险的经历。② 他在许多时间和场合,还运用基督教对社会和青年进行指导和宣传。通过基督教青年会,来表达他的政治主张。③

孙中山去世后,国民政府及社会各界在纪念活动中,都有意或无意地忽略孙中山的基督教徒身份。而基督教会的人士则努力刻意强化孙中山的基督徒身份,强调他基督教信仰与中国革命的紧密关系。部分基督教会将

---

① 参见李忠平《李大钊的宗教观》,《贵州社会主义学院学报》2006 年第 2 期;王学义《李大钊的宗教观》,《宗教学研究》1995 年第 4 期。

② 参见张子荣《孙中山与基督教》,《晋阳学刊》1987 年第 6 期;周兴樑《孙中山与西方基督教》,《文史哲》1995 年第 6 期;郑永福、田海林《孙中山与基督教》,《河南师范大学学报》1992 年第 4 期。

③ 参见秦方、田卫平《孙中山与基督教青年会关系初探:以演讲为中心的讨论》,《孙中山与中华民族崛起国际学术研讨会论文集》,2006 年。

孙中山形象构建成"革命的耶稣",其目的是调适基督教与中国政治、文化的紧张关系,回应当时激烈的非基督教运动。透过这时期基督徒对孙中山的形象塑造和记忆,一方面可以了解当时不同社会群体对孙中山记忆和构建的多样性,另一方面也反映出那个时代基督教发展所面临的复杂困境。① 关于孙中山去世后举行过基督教葬礼,是否是孙中山的遗愿,林辉锋也进行了研究,说明围绕着这一事件产生的种种争论和纠葛,反映了趋向革命的基督徒在特定历史环境中面临的某种紧张的关系和局面,也是当时中国社会政教关系的突出表现。②

另一位国民党领袖蒋介石也是基督徒,他与基督教之间的关系一直不被重视,只是近年才有个别论文涉及,这在日渐成为学术研究新热点的"蒋介石研究"中,成为一个冷门。蒋介石受洗成为正式的基督徒后,基督信仰即成为其日常生活的一部分,每日早晚必定读《圣经》、静坐、默祷。他在处理军政事务时,亦往往求助于信仰,由日记中提到上帝、天父之次数频繁,以及所记由《圣经》中得到的种种启示来看,可以发现蒋氏实际上已经将他的基督信仰内化为处理军政事的辅助力量和动力来源。③ 在抗战时期,他甚至不惜每天用宝贵的一小时来修改讨论吴经熊所翻译的《圣经》译本,成为中国历史上唯一参与《圣经》翻译的著名政治家。④

蒋、宋、孔、陈四大家族中,只有陈家不是基督徒。张建华还对孔祥熙早期发达与美国教会之间的关系进行了研究。说明在孔祥熙的发达过程、走出山西太谷的过程中,美国基督教会给予了许多培养和帮助,并在家乡创办了铭贤学校。⑤

民国著名的"基督将军"冯玉祥,也是受到关注的研究人物。他信仰基督教是他追求自我完善的因素与扩大个人权势的企图交织在一起的产

---

① 参见刘家峰、王淼《"革命的耶稣":非基背景下教会人士对孙中山的形象建构》,《浙江学刊》2011年第5期。
② 参见林辉锋《孙中山基督教葬礼问题再探:从宋庆龄与斯诺的一段纠葛谈起》,《广东社会科学》2013年第3期。
③ 参见刘维开《作为基督徒的蒋中正》,《史林》2011年第1期。
④ 参见赵晓阳《抗战时期的蒋介石与圣经翻译》,《民国档案》2010年第3期。
⑤ 参见张建华《从奥伯林到铭贤:兼及孔祥熙早年与美国教会的关系》,《近代史研究》1995年第1期。

物，尤其在他早年发达的北洋时期的军政活动中都有所体现。五卅惨案后，他对基督教的态度有所转变。他对基督教的实用主义态度和皈依基督教而不媚外，由"基督将军"到三民主义信徒的演变，是社会的产物，是个人追求救国救民和扩张个人权力的双重目标下的努力和作为，也反映了近代中国政治发展潮流中政教关系的复杂性。①

---

① 参见李朝阳《冯玉祥与基督教关系研究》，《史学月刊》2004 年第 3 期；刘敬忠《冯玉祥与基督教》，《文史哲》1994 年第 2 期；莫志斌《冯玉祥与基督教问题新析》，《湖南师范大学社会科学学报》1995 年第 5 期。

第 五 章

基督宗教与文化事业

　　基督宗教首次进入中国是在唐朝，至今已经有1000余年的历史，早期的景教（聂斯托利派）遗存，只有部分碑刻及少量文字资料残卷，这些文献中没有记载景教传教士在中国从事的具体文化活动，但是从汉语碑铭、文字资料中，我们可以看到，传教士在译写《圣经》及其他宗教典籍过程中，努力与中国原有文化接近与吸纳。元代，基督宗教再一次进入中国，在中国境内开始吸纳信徒，少量汉人、蒙古人开始皈依天主教。但是有关这一时期天主教所从事的文化活动，除有文献记载传教士开始将《圣经》翻译成蒙古文外，其他活动尚未见到。所遗存的物品都已经进入考古学和博物馆学的研究范围。

　　明代，天主教开始进入中国，并在一定程度上得到中国朝廷的认可，少部分皇族成员及士大夫成为中国明确记载的最早的天主教徒。在以利玛窦为代表的传教士传教思想的影响下，西方文化思想与典籍逐渐被介绍到中国，西方的科学、技术也逐渐被引入中国，形成了西学东渐的第一次高峰。同时，中国的传统典籍也被翻译成外文，进入欧洲国家，对欧洲的文艺复兴产生了相当大的影响。这一系列的活动开启了中西方文化大规模交流的进程，这一过程一直延续到清朝以降。

　　清代康熙年间，清廷命令将中俄战争中的俄国俘虏及其家属迁入北京，东正教随之进入中国。19世纪中叶以后，由于中国国力开始衰微，西方列强纷纷进入中国，这其中，基督教传教士成为西方列强最主要的力量之一。在一系列的不平等条约保护下，基督教各主要宗派及其基督教青年会、女青年会等组织，纷纷进入中国。出于传教的终极目标，为了更好地传播基督教思想，吸引更多的中国人接受基督教，各基督教机构开始在中国出版图书报刊、兴办教育、建立医疗卫生设施，这些活动在中国近代政治、思想的变革中，产生了或多或少的影响，对中国近代文化观念的转型有着重要意义。

基督宗教与中国文化事业的关系，直接影响了中国人的观念转变，对其进行研究具有重要的学术价值。1949—1978 年，中国学术界对这一问题的关注，主要集中在"帝国主义文化侵略"这一概念下，有数篇论文讨论这一问题。但没有专著研究基督宗教与中国文化事业之间的关系，仅在批判帝国主义侵略中国的部分专著中，有章节涉及。1978 年以后，在现代化理论的影响下，在 30 余年时间内，研究呈迅速增加趋势，近几年数量更是达到高峰。我们所综述的文献，也以这一时期为主。

第一节　《圣经》翻译

作为基督宗教最重要的经典，《圣经》被翻译成汉语及少数民族语言的过程，无论对基督宗教本身，还是对中国文化和社会生活，都产生了不同程度的影响。中国大陆地区从历史学角度研究《圣经》在中国的翻译过程及其对中国社会文化的影响，在 1990 年之前基本是空白。1990 年以后这一问题逐渐引起历史学者的重视，并逐渐成为基督教历史研究学者的一个重要研究主题。

一　《圣经》汉语及方言译本

有关《圣经》汉语译本的研究是中国大陆地区所开展《圣经》汉译史最早涉及的领域，出现了一批质量较高的研究成果，研究涉及《圣经》译本的各种版本、翻译的语言特征和翻译过程中所经历的多种争论。

马敏是大陆地区最早开始圣经译本历史研究的学者，他的《马士曼、拉沙与早期的〈圣经〉中译》，是大陆地区最早的一篇研究《圣经》翻译历史的文献。早期国内研究圣经学者一般认为，最早来华的英国新教传教士马礼逊（Robert Morrison）是近代历史上系统地把《圣经》译成中文的第一人。他通过对牛津大学的波德林图书馆所藏马礼逊档案的阅读，敏锐地发现，在马礼逊翻译《圣经》的同时，另一位英国传教士马士曼（Joshua Marshman），在亚美尼亚籍助手拉沙（Joannes Lasser）的帮助下，在印度塞兰坡也开始把《圣经》翻译成中文的工作。在翻译过程中，马士曼与马礼逊互有通信交流,针对这些信息,对马礼逊和马士曼两人谁最早翻译完成并出版《圣经》,提出了自己的看法。①

吴义雄在研究近代基督教与中国政治和经济关系的同时,也注意到《圣经》翻译过程对基督教在中国的传播所产生的影响。他在《译名之争与早期的〈圣经〉中译》中认为,在早期中文《圣经》翻译历史上,"译名之争"是一个影响颇为深远的事件,这场争论的源头甚至可以追溯到清代前期的"礼仪之争"。这场围绕着"God"或"Theos"等基督教核心名词如何中译而产生的争论,在1843—1851年来华基督教新教传教士集体合作修订《圣经》中译本期间达到高潮。这场论争的主角是英国和美国传教士,他们各自坚持己见,展开了长期的论战。"译名之争"的结果,导致了早期新教传教士合作译经事业的结束,从另一方面来看,这项争论也促使其后多种《圣经》中译本相继问世。从中国近代基督教史及世界《圣经》翻译史来看,这次论争的影响一直延续至今。②

谭树林分析了马礼逊与马士曼(马士曼)两人的"二马译本"之间的关系。由于马礼逊与马士曼两人的《圣经》全译本有许多相合之处,当时在英国国内,马礼逊的名望比马士曼高,因此对两个译本无法做出正确判断的英国人,就相信米怜的说法,认为马士曼的译本是抄袭马礼逊的译本。但是从翻译、出版的时间上看,马士曼译本比马礼逊译本面世要早,尤其是与吉德所举"二马译本"存在诸多相似之处的《马太福音》《马可福音》和《约翰福音》,均是马士曼译本出版在先。谭氏根据大量中外文资料,重新梳理了两人的翻译过程,认为马士曼抄袭了马礼逊译本之说,在逻辑上似难成立,并纠正了这一历史上的成见。③

戚印平的《"Deus"的汉语译词以及相关问题的考察》讨论了《圣经》中译过程中,围绕涉及神学概念的专业术语翻译争论、文化因素的交互影响问题展开。他认为,在研究16世纪之后的天主教东传史时,围绕着"Deus"等神学概念的"译名之争"一直受到学者们的高度关注。然而发生在中国的这一争执并非孤立的偶然事件,由于汉字在东南亚各国被广泛使用,并成为其传统文化中的重要组成部分,相同或相似的问题亦

---

① 参见马敏《马士曼、拉沙与早期的〈圣经〉中译》,《历史研究》1998年第4期。
② 参见吴义雄《译名之争与早期的〈圣经〉中译》,《近代史研究》2000年第2期。
③ 参见谭树林《〈圣经〉"二马译本"关系辨析》,《世界宗教研究》2000年第1期。

曾发生在日本和其他国家，这些问题与耶稣会士在中国的尝试与努力相互影响，相互渗透，从而使这一文化冲突表现得更加复杂而生动。①

赵晓阳的《二马圣经译本与白日升圣经译本关系考辨》在吸取前人研究的基础上，对中文基督教《圣经》翻译史上几个早期译本之间的关系进行了梳理。她认为，中国基督教历史上最早的《圣经》汉语完整译本——马士曼译本和马礼逊译本（统称"二马译本"）于1822年和1823年分别在印度和中国出版，从此开启了基督教新教陆续翻译出版多达三十余种汉语文言、白话和方言版本《圣经》的历史。在《新约》翻译上，二马译本受到了天主教白日升译本的奠基性影响，其中马士曼译本还参考了马礼逊译本；在《旧约》翻译过程中，因其他事务产生的纠纷，最终导致两人各自独立完成翻译。在参考天主教译本的基础上，两个译本还开始了剥离天主教话语系统、创建基督教汉语圣经话语系统的尝试。② 她的另一篇论文《译介再生中的本土文化和异域宗教：以天主、上帝的汉语译名为视角》讨论了《圣经》翻译过程中译名问题。认为《圣经》的中文翻译不仅仅是一个语言文字译介的问题，而且涉及西方宗教与中国文化之间的适应和转化，以及如何被中国本土社会所认同。在基督宗教唯一尊神的汉语译名问题上，天主教和基督教之间产生了长达300年的激烈争论。在西方宗教理念的阐释下，中国传统词汇"天主""上帝"逐渐地被基督教化，失去了其原有本土宗教的内涵，再生演变为象征西方文化的新词语。除被天主教和基督教接受外，"上帝"译名还被更大范围的中国本土世俗社会接受。通过考察译名争议和被接受的过程，可知中国社会从传统向现代转型的过程中，外来新思想影响中国的方式和脉络。③

刘念业对1838年出版的圣经"四人小组译本"在翻译原则和翻译模式上对《圣经》汉译事业均产生了重要的历史意义，深刻影响了后来著名的"委办本"和"和合本"。但因各种历史因素影响，宗教界和学术界

---

① 参见戚印平《"Deus"的汉语译词以及相关问题的考察》，《世界宗教研究》2003年第2期。
② 参见赵晓阳《二马圣经译本与白日升圣经译本关系考辨》，《近代史研究》2009年第4期。
③ 参见赵晓阳《译介再生中的本土文化和异域宗教：以天主、上帝的汉语译名为视角》，《近代史研究》2010年第5期。

对该译本多语焉不详，没有得到应有的评价，作者通过对该译本多方面的探讨，希冀还原其应有的历史地位。①

程小娟认为，在长达半个多世纪的时间里，传教士在英文杂志《教务杂志》上几乎讨论了《圣经》汉译过程中涉及的所有问题。在这些问题中，传教问题是其核心议题之一，其中包括翻译原则的确立、是否需要在译本中附加解释性材料及语体的选择等。文章认为，这些讨论为我们认识和反思传教士《圣经》汉译的历史及其遭遇的困境提供了极为重要的参考，也为我们思考文化交流中的翻译问题提供了有益的启示。②

梁慧、褚良才、黄天海以吴雷川与赵紫宸为个案的研究对象，以他们读《圣经》的原则与方法为例，说明中国文化的古老历史和宗教的多元化决定了他们面对的是一个"多元宗教经典"构成的世界，这些为他们的信仰提出了各种挑战，创造出一种特别的阅读圣经的方法，试图以此为亚洲处境下的圣经诠释学提供研究的一个范本。③

有关东正教《圣经》翻译的研究，与天主教、基督教新教相比，是比较薄弱的领域。肖玉秋对东正教在中国的官方传教机构东正教驻北京传教团的经书翻译历史进行的大致梳理，指出东正教经书的翻译和刊布大体经历了三个时期。直至1902年俄国在中国设立主教区，传教士团利用庚子赔款，开始了东正教经书的翻译出版工作，并出版了东正教所使用的《圣经》中文译本。④

《圣经》的中文译本包括多种文字形式的汉语方言译本。由于中国方言差异非常大，彼此之间不能互通，于是产生了《圣经》方言译本。在这方面，也有学者开始予以关注。赵晓阳分别对闽方言、粤方言、吴方言、客家方言的《圣经》译本进行了考述，说明分布在东南沿海一带的这些方言有大量的汉字和罗马字《圣经》译本，这里是中国方言种类最

---

① 参见刘念业《简论〈圣经〉"四人小组"译本》，《宗教学研究》2011年第4期。
② 参见程小娟《〈教务杂志〉关于〈圣经〉汉译中传达问题的讨论》，《宗教学研究》2012年第3期。
③ 参见梁慧、褚良才、黄天海《中国现代的基督徒是如何读圣经的：以吴雷川与赵紫宸处理〈圣经〉的原则与方法为例》，《世界宗教研究》2005年第3期。
④ 参见肖玉秋《俄国驻北京传教士团东正教经书汉译与刊印活动述略》，《世界宗教研究》2006年第1期。

多、最复杂的地区，是基督教在华传教活动最早的地区，也是信徒最多的地区。其中，福州、厦门、汕头、兴化、建阳、海南、上海、宁波、苏州、杭州、台州、温州、金华、客家等众多的方言都有译本。①

大量使用罗马字母翻译《圣经》，是中国近代翻译史上一个独具特色的事件。传教士考虑到信徒中有大量文盲（不识汉字），即考虑采取拼音文字的方法进行翻译，由于拼音文字简单易学，基本上能做到即读即写，大量文盲信徒通过使用这种文字了解其信仰经典的内容，但是由于这种文字仅仅限于宗教用途（只有极少量世俗读物），根本无法与强大的汉字抗衡，目前除个别方言文字外，基本上不再有人使用。传教士进行汉语罗马化拼写尝试的一个积极结果，就是为汉语拼音的创制提供了有益的经验。从历史学角度对汉语教会罗马字拼写系统以及社会、文化影响进行全面研究，不仅有语言学意义，而且也有很强的现实意义。关于汉语罗马字的意义，首先被认为是汉语拼音系统的源头之一，也认为有助于文盲读音断字。但是有关文字拼写系统分化给社会造成的多重影响，尚未见有大陆地区学者讨论。在台湾地区，方言罗马字曾经被特定人群用作与中华文化切割的手段之一。放弃"书同文"的长期结果，必然会带来语言的分化及政治的分离。如果我们考察欧洲语言的文化变迁史，就能充分印证这一点。

赵晓阳是大陆地区针对圣经汉译史展开研究较为深入的学者之一。她的有关圣经译本的系列论文从多种角度对《圣经》的汉译过程和版本问题进行了探讨和分析，解决了之前学术界一些悬而未决的问题。《圣经中译史研究的学术回顾和展望》一文则对近来大陆地区有关《圣经》翻译史的研究情况进行了系统回顾，指出《圣经》是基督教的唯一经典，圣经翻译是中国近代翻译史上的重要事件。在中国境内，出现了包括汉语汉字和少数民族语言文字的众多圣经译本，这不仅使《圣经》成为中国近代史上出版发行量最大、翻译版本最多的书籍，而且对中国的汉语汉字的近代转型和少数民族文字创制产生了重要影响。文章从三个方面对圣经中

---

① 参见赵晓阳《汉语闽粤方言圣经译本考述》，《世界宗教研究》2011 年第 3 期；《汉语客家方言圣经译本考述》，《广东社会科学》2011 年第 2 期；《汉语吴方言圣经译本考述》，《宗教学研究》2012 年第 3 期。

译的历史、资料、研究及展望进行了叙述。①

二 《圣经》少数民族文字译本

《圣经》也被翻译成中国境内主要的少数民族文字,其最早历史可以追溯到元朝。据文献记载,《圣经》曾经被翻译成蒙古文。天主教传教士贺清泰曾经将《圣经》翻译成满文,但没有出版。近代以来,《圣经》被翻译成北方几种历史较为悠久的少数民族文字,如蒙古文、满文、维吾尔文、哈萨克文、朝鲜文等都有本民族文字的《圣经》译本,其中蒙古文还有几种方言译本。在南方少数民族中,《圣经》被翻译成藏文、傣文等。出于翻译《圣经》需要,传教士创制了景颇文、傈僳文、佤文和几种苗族文字等。这些新创制文字中,有部分文字,如景颇文等,应用功能扩大到宗教范围之外,为整个民族文化水平的提高,起到了积极的作用。

近几年来,有学者开始注意到用少数民族文字翻译圣经的问题,并已经有数篇文章探讨此类问题。薛莲对大连图书馆收藏的满文《新约全书》进行了研究。满文《圣经》是历史上第一部铅印的满文图书,传世稀少。其翻译者是19世纪俄国东正教传教士斯捷潘·利波佐夫。该书翻译工作与初次出版都不在中国本土,但其装帧却是典型的中国古籍形式。作者从语言学角度分析,满文《新约全书》语言平实流畅,语法严谨,不失为满文翻译领域的杰作。②

傈僳族是受基督教影响很大的少数民族,信教人数在民族中占有较高的比例。王再兴指出,基督教传教士创制傈僳族文字并翻译了傈僳文《圣经》,引发了傈僳族大规模皈依浪潮,对傈僳族造成了深远的影响,结束了傈僳族千百年来口耳相传、结绳记事的文化形态,推动了基督教自身在傈僳族地区的本土化,还导致了傈僳族社会与文化的巨变等。③

---

① 参见赵晓阳《传教士施约瑟与〈圣经〉汉译》,《金陵神学志》2008年第3期;《美国传教士与〈圣经〉汉译》,《金陵神学志》2009年第1期;《马士曼〈圣经〉汉文全译本的文化意义》,《中国宗教》2009年第12期;《太平天国刊印圣经底本源流考析》,《清史研究》2010年第3期;《抗日战争时期的蒋介石与圣经翻译》,《民国档案》2010年第3期;《圣经中译史研究的学术回顾和展望》,《晋阳学刊》2013年第2期。

② 参见薛莲《大连图书馆馆藏满文〈新约全书〉考略》,《满语研究》2008年第1期。

③ 参见王再兴《傈僳语圣经翻译传播及其社会文化影响》,《云南社会科学》2008年第2期。

王再兴和王贵生对苗语的不同地区的圣经版本进行了考察，讨论了传教士为所在苗族方言区创制文字，并翻译《圣经》后对所在地区信徒造成的直接或潜在的文化影响。①

三 赞美诗研究

赞美诗虽然不属于基督教宗教经典，但它的应用范围却是在各类宗教仪式上，具有强烈的宗教神圣意义。赞美诗是基督教用来赞美上帝的一种诗歌形式，是其宗教仪式中所用音乐的重要组成部分，是礼拜时信徒咏唱的诗歌和音乐作品。其主要内容都是歌颂上帝、表现教会生活和信徒灵修等。因此，我们把有关赞美诗的研究也列入本节范围。1979 年以来，大陆地区学者逐渐开始对中国基督教界赞美诗创作、翻译和使用的历史进行研究，已经有数篇论文发表，包括对个别少数民族语言赞美诗的研究。

基督教音乐在中国的传播可追溯到唐代景教时期。1908 年，法国汉学家伯希和在敦煌千佛洞发现的手抄本《大秦景教三威蒙度赞》和《大秦景教大圣通真归法赞》即是此音乐现象的文本。

1807 年，英国伦敦会传教士马礼逊（Robert Morrison）作为第一位来华的传教士，开启了新教的中文圣诗的历程。1808 年，马礼逊出版了《养心神诗》。之后，大量文言文赞美诗或方言赞美诗，或配五线谱，赞美诗不断出版，成为中国基督教会宗教活动的必需品。这些都成为中国基督教历史上最大的赞美诗《普天颂赞》的生成背景。1936 年，由基督教六公会联合圣歌编辑委员会编辑出版了《普天颂赞》。

目前，对中国赞美诗的研究还很局限，基本只有对《普天颂赞》的某一点做初步研究。林苗、和田飞分别研究了《普天颂赞》产生的历史过程，指出这本赞美诗一经发行，即在基督教信仰范围里广受赞扬，在 1947 年曾发行了 37.8 万册。除所用曲调直接引进西方音乐外，还在中国基督教会本土化的号召下，有些曲调借用了中国传统民间音乐，诸如词牌、民歌、古曲、吟诗调等，在马革顺、周淑安、杨荫浏等著名音乐家的努力下，将传统音乐曲调改编而得以保存。歌词除直接翻译外，还有众多

---

① 参见王再兴《苗语圣经翻译传播及其社会文化影响》，《宗教学研究》2008 年第 1 期；王贵生《黔东南老苗文圣经翻译文本研究以及"黑苗"属地的考证：兼与王再兴先生商榷》，《宗教学研究》2011 年第 2 期。

信徒的本土化努力和创作。① 赵庆文撰写了目前对中文赞美诗的编译过程展开系统梳理分析的少数几篇论文，分析了1936年由基督教在华六公会共同出版的《普天颂赞》圣诗集，认为《普天颂赞》中吸收了大量的中国元素，代表了其时基督教音乐的最高水平，反映了基督教本色化理论在音乐方面的具体体现。《普天颂赞》的出版，是近代赞美诗经由个人编译、团体协作、最终联合编译的结果，其影响巨大，在中国基督教音乐史上具有划时代的意义。② 龙伟还研究了1818—1911年基督新教职工的方言赞美诗诗集的出版情况，可知早期的方言赞美诗的比例大于官话赞美诗，并集中在方言最为复杂、基督新教最早传入的东南沿海地区。③

截至目前，有关天主教和东正教赞美诗的研究尚未见到。此外，对于汉语方言赞美诗和少数民族语言赞美诗的研究，也是有待未来学者开展研究的领域之一。

第二节　基督宗教与出版事业

中国近代出版业的产生与发展，与基督宗教在华机构、在华传教士有着密切的关系。作为基督宗教传教的重要方式之一，文字事工一直受到教会机构和传教士的关注。中国最早的"现代"意义上的图书出版机构成立、报纸创刊、期刊出版，大多数是在教会机构、传教士的策划与参与下实现的。这些机构和报刊的创立与出版，终极目的是促进基督宗教在中国的发展与传播，但客观上也对中国新闻出版事业的发展产生了重要的影响。

中国学术界对基督宗教与中国出版事业关系的研究，是中国基督宗教学术研究的主要领域之一，相关文献的数量在文献总量中名列前茅。文字

---

① 参见林苗《普天颂赞的生成和文本阐释》，《中国音乐季》2010年第4期；和田飞《普天颂赞所收中国赞美初诗析》，《音乐艺术·上海音乐学院学报》1996年第4期。

② 参见赵庆文《圣诗的传唱：〈普天颂赞〉出版述论》，《宗教学研究》2011年第1期；《清代新教赞美诗集的编译（1818—1911）》，《宗教学研究》2012年第4期。

③ 参见龙伟《基督教方言赞美诗集出版（1818—1911）述评》，《广州社会主义学报》2010年第4期。

出版是基督教在华三大传教方式之一，历来也受到基督宗教研究者的重视。

基督教文字事业，早期仅出现在近代出版史研究中，如叶再生的《中国近代现代出版通史》有专章研究。① 近年来，用力最勤的是四川大学的陈建明，他不但翻译出版了何凯立的《基督教在华出版事业（1912—1949）》，还出版了《近代基督教在华西地区文字事工研究》，主要探讨了基督教文字事业在西南地区的历史演变，发掘了较多的第一手资料，对西南地区的基督教文字事业第一次进行了详细的梳理。② 陈林的《近代福建基督教出版事业考略》，较全面地考察了基督新教在福建的出版事工及其对当地的社会影响。③

晚清基督教文字事业的重点是报刊业，其中著名的《万国公报》不但是基督教会主办的报业，还因其刊登众多社会消息而更早受到学者的关注。王林的《西学与变法：〈万国公报〉研究》和杨代春的《万国公报与晚清中西文化交流》，都从历史学的角度探讨了《万国公报》在近代社会变迁中的作用。④ 何绍斌的《越界与想象：晚清新教传教士译介史论》，从译介学的视角讨论了传教士在晚清的翻译活动，更多地侧重了文学译著的研究。⑤ 邹振环的《西方传教士与晚清西史东渐：以1815至1890年西方历史译著的传播与影响为中心》，主要探讨了传教士在晚清的西方历史学翻译与传播问题。⑥

一 基督教出版刊物

在中国学术界对基督宗教文字事工的研究中，有关基督宗教报纸、期刊的研究，形成了大量的文献，对基督宗教报纸、期刊的产生、发展历程以及在中国近代新闻出版史中所处地位，进行了多角度的研究与讨论。多

---

① 参见叶再生《中国近代现代出版通史》，华文出版社2002年版。
② 参见何凯立《基督教在华出版事业（1912—1949）》，陈建明译，四川大学出版社2004年版；陈建明《近代基督教在华西地区文字事工研究》，巴蜀书社2013年版。
③ 参见陈建明译陈林《近代福建基督教出版事业考略》，海洋出版社2006年版。
④ 参见王林《西学与变法：〈万国公报〉研究》，齐鲁书社2004年版；杨代春《万国公报与晚清中西文化交流》，湖南人民出版社2002年版。
⑤ 参见何绍斌《越界与想象：晚清新教传教士译介史论》，三联书店2008年版。
⑥ 参见邹振环《西方传教士与晚清西史东渐：以1815至1890年西方历史译著的传播与影响为中心》，上海古籍出版社2007年版。

数研究肯定了教会报刊在中国近代新闻出版史中的意义。1978年以后，有关基督宗教在华机构、人员出版报刊的个案研究，一直是中国学者相关研究的重点方式。

传教士创办的报刊是基督宗教在近代中国和亚洲传播的重要媒介，也是他们所采用的最主要的传教手段。近代以来，基督宗教报刊沿着海洋逐渐在亚洲不同国家或地区出现，其方向大致是从东南亚一带延伸扩展至澳门、香港乃至中国内地的广州，再向北至上海、天津。这些基督宗教报刊不仅仅是对中国或地区的传统文化进行批判，而是更多地想知道当地人对于基督宗教、西方文明及其价值观的接受途径及其效果。来自西方的传教士们表面上放弃了以讲经传道为主的宣教策略，转而关注中国的时局动向，力图将基督宗教塑造成社会变革的推动力。

赵晓兰、吴潮的《传教士中文报刊史》是系统叙述和整理传教士中文报刊的专著。本书界说清晰，搜罗丰富，结构完整，逻辑较严密，学术史梳理系统而有分析，既有对传教士与中文报刊的宏观论述，也有对重点报刊的个案介绍。① 赵晓阳对基督教新教传教士文字事业在中国的最后命运进行了考察。新中国成立后，随着抗美援朝战争、经济禁运、冻结财产等各种政治经济压力的加大，中国基督教文字出版机构参加了以割断与帝国主义联系为首要任务的"基督教三自革新运动"。经过一系列整治、合并，中国教会摆脱了外国传教士的控制和影响，开始了完全由中国人自治、自养的文字事业。②

19世纪上半叶，外国传教士创办的中文报刊将西方近代报刊的概念与形式介绍到中国，揭开了中国近代报刊的序幕。19世纪下半叶，近代报刊逐渐走向成熟。伴随着报刊的近代化进程，这些传教士报刊还经历了从传播宗教到传播西学的转变，它们又是促使中国人自办近代化报刊的催化剂。中国近代报刊是个舶来品，从报刊内容、形态到社会功能，都是传教士最先引入中国的。19世纪上半叶至20世纪中叶，西方传教士用中国

---

① 参见赵晓兰、吴潮《传教士中文报刊史》，复旦大学出版社2011年版。
② 参见赵晓阳《基督教新教传教士文字事业在中国的最后命运》，《宗教学研究》2009年第3期。

的语言文字，成功地创办了大量的报刊，给中国带来了近代化的报刊模式。①

谭树林认为，早期来华基督新教传教士在传教方式上有别于耶稣会士的一个重要方面，就是在中国境内创办一些中外文报纸期刊作为其传教的手段。最早的中国近代报刊几乎全由外国传教士创办。这些中外文期刊，不仅促进了基督教在华人中的传播，推动了近代中西文化交流的进程，而且开中国近代报业之先河，为中国近代报刊业的发展提供了先进的印刷技术和编辑排版方式，在中国新闻史、报刊史及出版史上占有重要地位。②

《万国公报》作为早期中国基督教代表性刊物之一，有多篇论文涉及。陈绛对《万国公报》的前身《中国教会新报》的历史及演变过程进行了研究。美国基督教监理会传教士林乐知（Young John Allen）于1868年9月在上海创办《中国教会新报》。作为周刊，除歇夏、歇年外，每年出版一卷，50期，共出版6卷300期，1874年8月，更名为《万国公报》。③ 李天纲从思想文化史的角度，分析了林乐知与《万国公报》的关系，以及在中国近代思想文化史上所产生的冲击与意义。李文认为，清朝"同光时期"是中国思想文化史上比较特别的年代。诸多学科和各学科内部暂时调和了原有分野，面对一个"闯入者"，在更大的空间意义上形成了"西学"与"中学"的简单对垒，"中外之别"一度成了人们认识上的首要区分。④

美国传教士裨治文（E. C. Bridgeman）与《中国丛报》（*The Chinese Repository*）的关系，以及其在美国汉学史上的地位予以评价，是许多对汉学和汉学家有兴趣的学者的研究领域。《中国丛报》是由美国传教士裨治文在广州创办、向西方读者介绍中国的第一份英文月刊。它创办于1832年5月，停办于1851年12月。在长达20年的时间里，《中国丛报》详细记录了第一次鸦片战争前后中国的政治、经济、文化、宗教和社会生

---

① 参见赵晓兰《19世纪传教士中文报刊的历史演变及其近代化进程》，《世界宗教研究》2008年第1期；《论传教士中文报刊对中国近代民族报刊的催生作用》，《世界宗教研究》2012年第4期。
② 参见谭树林《早期来华基督教传教士与近代中外文期刊》，《世界宗教研究》2002年第2期。
③ 参见陈绛《林乐知与〈中国教会新报〉》，《历史研究》1986年第4期。
④ 参见李天纲《简论林乐知与〈万国公报〉》，《史林》1996年第3期。

活等诸多方面的内容，具有重要的文献价值。目前学者们几乎都认为，裨治文是美国认识、研究中国的先驱者，他凭借在中国传教的经历，以《中国丛报》为工具，介绍了中国的政治、经济、社会和文化状况。①

四川地区集中了一批研究基督教历史的学者。近年来，有关四川地区基督教报刊的研究，形成了一个"局部集中"的状态，一批研究论文集中出现，其中部分研究对象是大陆地区学者首次涉及。

《华西教会新闻》（*West China Missionary News*）是华西各差会联合出版的英文教会刊物，华西差会顾问部的重要文件和信息都由其刊布，刊发了大量有关四川、云南、贵州以及西藏的传教信息和社会信息。它于1899年在重庆创刊，1943年停刊。它是近代四川第一份由外国人创办的刊物，也是基督教在华西地区出版的最早的英文教会杂志。周蜀蓉、龙伟全面分析了这份刊物的发展过程及其重要价值。这份基督教刊物的意义，已经引起海内外部分学者的关注与利用。张伊、周蜀蓉重点论述了国内外学术界对该刊的研究，并讨论进一步深入研究的思路，尽可能为有兴趣的学者提供有价值的信息。②周蜀蓉对卫理公会华西教区在成都创办的《青年问题》月刊做了全面分析。作者在研读大量原始资料的基础上，对该刊的创办历史、组织机构、内容特色与经营管理进行了介绍，并对其历史价值做了实事求是的评价。③

四川大学陈建明教授对由四川美道会（后改名为"中华基督教会四川大会"）主办的《希望月刊》（*Christian Hope*）的创办历史、经营方式和主要办刊特色进行了全面介绍。该刊创刊于1924年1月，由加拿大英美布道会负担常年费用，美道会承担分销任务。为了增加订户，保证刊物的运行，杂志社采取了打折促销、提倡赠阅、送货上门等多种措施，并设法建立作者队伍。该刊的宗旨为解答教义、增进知识、提高道德、讨论问

---

① 参见仇华飞《裨治文与〈中国丛报〉》，《历史档案》2006年第3期；邓绍根《美国在华宗教新闻事业的开端：裨治文与〈中国丛报〉》，《新闻学论集》第28辑；吴义雄《〈中国丛报〉关于中国社会信仰与风习的研究》，《学术研究》2009年第9期；吴义雄《〈中国丛报〉与中国语言文字研究》，《社会科学研究》2008年第4期；吴义雄《〈中国丛报〉与中国历史研究》，《中山大学学报》2008年第1期。
② 参见周蜀蓉、龙伟《〈华西教会新闻〉述评》，《宗教学研究》2004年第1期；张伊、周蜀蓉《〈华西教会新闻〉研究综述》，《宗教学研究》2009年第1期。
③ 参见周蜀蓉《一份面向青年的基督教刊物：〈青年问题〉》，《宗教学研究》2007年第4期。

题、联络会友等。主要题材虽为宗教内容，但也发表了许多有关世俗社会的知识性文章，如世界见闻和科学常识等。①

《田家半月报》隶属于华北基督教农村事业促进会文字部。作为一份由中国基督教人士具体主持、主要面向中国农村基督教信徒的通俗刊物，它在中国基督教文字出版历史占有重要的一席，具有极高的学术研究价值，但长期以来没有引起学者的足够关注。2000 年以后，开始有学者发表相关研究论文。陈建明集中探讨了该刊的办刊宗旨和乡村教育理念，并从中认识到基督教在民国时期农村现代化教育中所起的作用，认为《田家半月报》秉持社会福音思想，长期坚持面向农民大众的乡村教育，是中国基督教比较成功的文字事工之一。②王京强针对抗战爆发后，内迁到四川继续出版的《田家半月报》进行了分析。王文认为，抗战时期的《田家半月报》栏目丰富多彩，并积极应对时局要求，克服经济困难，采取各种措施扩大发行量。该刊对基督教的传播、农村社会的改良和宣传抗战救国有一定的影响，其办刊的某些特点、内容和方式对于当今社会有一定的借鉴意义。③

邓杰对《边疆服务通讯》进行了介绍。该刊 1945 年 3 月创刊，1946 年 10 月停刊，主要刊载各地工作简讯、同工动态及其相关信息。内容上主要以报道边疆服务部活动消息为主，稿源基本上是同工的通信。该刊一个显著的特征就是编辑方式看似松散，但一直采用服务工区的先后顺序加以编排。该刊刊发的大量通信及其他讯息，在教内外，特别是在边疆服务内部产生了一定的社会影响，是认识中华基督教会全国总会所从事的教会本色化运动的珍贵文献。④

针对台湾、香港、澳门地区基督教报刊的研究较少，有部分文献分散于一些新闻出版史论著中。王国强对清末在香港出版的英文期刊《中国评论》（The China Critic）进行了研究，认为该刊虽然不是纯粹的基督教刊物，但从刊发文章及作者来看，与在中国的基督教机构、人员关系密

---

① 参见陈建明《基督教在华西的中文期刊：〈希望月刊〉》，《宗教学研究》2007 年第 3 期。
② 参见陈建明《基督教信仰与乡村教育理念的融合：〈田家半月报〉评析》，《世界宗教研究》2008 年第 4 期。
③ 参见王京强《抗战时期在四川的〈田家半月报〉》，《宗教学研究》2006 年第 4 期。
④ 参见邓杰《〈边疆服务通讯〉：基督教边疆服务的原始记录》，《宗教学研究》2011 年第 2 期。

切。从西方汉学史的角度来看，该刊专注于中国研究，并在研究方法上有所创新，同时还具有较为明显的学术自觉性，可谓西方世界第一份真正的汉学期刊。若从地理的视角加以考察，《中国评论》出版于中国香港，并成为19世纪末远东地区"侨居地汉学"的代表性刊物，开创了西方汉学研究的新传统。①

二 出版机构

关于基督宗教在华机构、人员在中国创办出版机构历史的研究，1979年以前，基本上处于空白状态。1979年以后，逐渐开始有学者涉及该领域，而大量研究文献的问世则是在2000年以后。

陈建明的《基督教在中国西南的出版机构：华英书局》是较早涉及有关基督教在华出版机构的论文。他认为"文字事工"是基督教在华传教活动的一个重要方面。来华差会开办的出版印刷机构多集中在经济文化相对发达的上海及沿海一带。中国西南地区经济文化落后，交通不便，教会出版印刷机构只有寥寥数家。与基督宗教出版有关的机构只有成都华英书局、重庆华西圣教书会、重庆白果树书院和书局、打箭炉西藏宗教书站。其中华英书局较具规模，对基督教在西南地区的传播起到了重要的作用，文章对其发展历史、经营管理状况、出版物内容以及其历史作用进行了全面分析。②

周蜀蓉则对早期中国最重要的基督教文字出版机构之一——中华基督教文社的发展历史及其作用进行了分析。文章指出，中华基督教文社是本色化运动的产物，它于1924年在上海成立，至1930年解散，虽仅存在七年，但它在中国基督教本色化运动史上却留下了重要印迹。它不仅是中国基督教文字事工本色化最为积极、立论最多的一个团体，也是中国基督教徒对高涨的民族主义的一个反应。③

华西圣教书会于1899年初成立于重庆，1941年关闭，是基督教在华西地区最重要的文字机构之一。龙伟、陈建明的《华西圣教书会的文字

---

① 参见王国强《试论〈中国评论〉在西方汉学史上的地位和价值》，《史林》2008年第3期。
② 参见陈建明《基督教在中国西南的出版机构：华英书局》，《宗教学研究》2002年第4期。
③ 参见周蜀蓉《本色化运动中的中华基督教文社》，《宗教学研究》2005年第4期。

事工及其影响（1899—1919）》以清末民初为时限，考察华西圣教书会成立过程及其出版、发行状况，并分析了基督教文字事业对华西社会变迁所起到的重大作用。①

上海广学会（The Christian Literature Society for China）是近代来华传教士创办的重要的文字出版机构之一。自1887年创办（初名同文书会）至1951年与其他基督教出版机构合并，历时64载。广学会出版的主要报刊有《万国公报》《中西教会报》《大同报》《女铎报》《福幼报》等，其中《万国公报》影响最大。因此，过去对广学会的研究，基本都是针对广学会出版的报刊书籍对社会的影响和作用着手的②，而对广学会的本身，甚至其出版情况并不甚清楚。陈喆针对进入20世纪以后广学会的变化进行了研究，主要考察了辛亥革命前后广学会在文字出版方针上的调整，再现了这一中国近代历史上最有影响的基督教出版机构对清末民初社会转型所做出的回应。③ 广学会是在1887年由新教传教士韦廉臣发起而创办的，它与近代寓华西人所设立的其他传播媒介的重要区别，在于它从一开始就确立了面向中国官员和文人传播西方文化的宗旨，但是这一传播宗旨的凸显和真正实施，是在1891年李提摩太继任总干事之后。在戊戌变法时期，广学会成为对中国人影响最大的传播西学和鼓吹变法的文化机构。④

第三节　基督宗教与中国现代文学

一　基督宗教与中国现代作家

有关基督宗教与中国文学的关系，属于文学史范畴，不是本综述重点关注的领域，对其中从思想文化史角度展开探讨的、比较有代表性的文章，也予以简单介绍。过去因"文化侵略"的定位模式，基本没有人涉

---

① 参见龙伟、陈建明《华西圣教书会的文字事工及其影响（1899—1919）》，《宗教学研究》2006年第1期。
② 参见陈庆升《广学会的性质及其与维新运动的关系》，《史学月刊》1958年第7期；方汉奇《广学会与万国公报》，《新闻业务》1957年第3期。
③ 参见陈喆《20世纪初广学会文字出版事业方针的转变》，《宗教学研究》2011年第2期。
④ 参见何兆武《广学会的西学与维新派》，《历史研究》1961年第4期。

及这方面的研究,但现在已逐渐成长为文学界甚为开放和具有相当活力的学术研究领域。甚至有学术刊物设置了"中国现代文学与宗教关系研究""中国新文学与基督教文化""基督教文化与中国文学"的专栏。

1941 年出版的朱维之的《基督教与文学》,是最早涉及基督教与世界文学的专著,其中有一章涉及基督教与中国传统文学之间的关系,开启了学者对此研究方向的关注。杨剑龙是最早开始关注基督教与中国文学的学者之一,他对基督教与现代文学有着较深入的研究,他的《旷野的呼声:中国现代作家与基督教文化》梳理了鲁迅、周作人、冰心等 15 位现代新文学作家,认为这些作家在很大程度上"认同"基督教精神,而且在自己身上的文化传统因子里发现基督精神的无所不在,与"五四"文化精神形成了有机的契合。① 他的《论基督教文化与中国现代文学的人道精神》则更进一步指出,在反思批判中国儒家文化传统的语境中,基督教文化成为批判儒家文化传统的思想武器,诸多曾受到基督教文化影响的中国作家在救世精神的推崇、爱人如己的描写、自我价值的追寻中,使他们的创作或多或少地呈现出人道精神,对人道主义在中国的萌动与发展起到了重要的作用。②

马佳的《十字架下的徘徊:基督宗教文化和中国现代文学》侧重于表现作家对于基督教文化复杂、矛盾的心态。一方面他们强烈地需要基督宗教的终极价值;另一方面却竭力回避或否定它的物质形式和某些教义教理,但他们始终没有像拥抱希腊文化那样热情昂扬地接待基督宗教。③ 王本朝的《20 世纪中国文学与基督教文化》,不仅将基督教与中国作家的时段从现代延伸至当代,使文化研究最终落实到文学本体研究上,还探讨了基督教被中国文化所体验和想象,成为建构中国新文学现代性的重要内涵,创造了中国文学新型意义和表达方式。④

王列耀的《基督教与中国现代文学》《基督教文化与中国现代戏剧的悲剧意识》,研究了现代中国戏剧中的基督教影响。喻天舒的《五四文学思想主流与基督教文化》,从文学史和思想史之间关系入手,考察了基督

---

① 参见杨剑龙《旷野的呼声:中国现代作家与基督教文化》,上海教育出版社 1998 年版。
② 参见杨剑龙《论基督教文化与中国现代文学的人道精神》,《世界宗教研究》2008 年第 2 期。
③ 参见马佳《十字架下的徘徊:基督宗教文化和中国现代文学》,学林出版社 1995 年版。
④ 参见王本朝《20 世纪中国文学与基督教文化》,安徽教育出版社 2000 年版。

教文化对近现代中国文化发挥影响的路径，较有新意。①

李枫以冯至诗作为例，考察五四新文化运动所折射出的基督教浪漫主义思潮。情感与想象力是连接二者的桥梁；独特的抒情风格与气质使冯至诗作与基督教浪漫主义话语产生了若隐若现的关联。由这样的一种关联，能够回溯至欧洲浪漫主义诗人与神学家们在构建"诗化神学"时的一些追寻与思考。本文据此提出：神学不必局限于高堂讲章，神学完全可以以诗意之思去开启新的存在方式。②

哈迎飞认为基督教对周作人早期思想发展影响极大，尤其是它"博爱的世界主义"价值取向和非暴力思想，通过陀思妥耶夫斯基的小说对他早期的世界观、人生观、价值观以及社会改造思想、人道情怀和温雅如铁的坚毅个性等影响极深。在以往的研究中，陀思妥耶夫斯基的影响一直被人们所忽视，此文章试图从宗教文化的角度，深入探讨这一问题，以使被传统研究模式所遮蔽的周作人思想从一个新的角度更生动、更具体地浮现出来。③ 许正林指出，无论在艾青的诗中还是在他的人格中，都能看到《圣经》——基督教对他的深刻影响。不仅《一个拿撒勒人的死》《偷监》《马槽》《播种者》《火把》等诗直接与《圣经》或基督教有关，就是作为他诗歌主体精神的对苦难的敏感、对光明的追求乃至对祖国的热爱等也无不与基督教意识相对应，而他那种献身时代的殉道精神更是一种基督人格。④

林俐达的《基督教与闽籍作家的审美价值取向比较分析：以冰心、林语堂、许地山为例》认为，福建是西方基督教在中国传教的重点省份之一。作为五四新文学运动中三名家的冰心、林语堂、许地山，都是与基督教有着种种联系的，有特色、有影响的闽籍作家。他们接受基督教的方式、角度和程度各有不同，对基督文化的体验与思考也有区别，这种不同

---

① 参见王列耀《基督教与中国现代文学》，暨南大学出版社1998年版；王列耀《基督教文化与中国现代戏剧的悲剧意识》，上海三联书店2002年版；喻天舒《五四文学思想主流与基督教文化》，昆仑出版社2003年版。
② 参见李枫《冯至与基督教浪漫主义》，《世界宗教研究》2012年第3期。
③ 参见哈迎飞《"爱的福音"与"暴力的迷信"：周作人与基督教文化关系论之一》，《福建师范大学学报》2006年第5期；南樵《周作人与〈圣经〉文学研究》，《金陵神学志》1994年第1期。
④ 参见许正林《艾青与基督教》，《金陵神学志》1995年第2期。

的影响必然在他们的文学创作中鲜明地表露出来。文章将他们的思想、作品尤其是审美价值取向进行比较分析，试图去发掘那些蕴含着基督教文化精神的艺术思考与某种新的文化特质，以期更深层次地去理解闽籍作家对中国现代文学的贡献。①

著名剧作家曹禺虽然没有像老舍那样洗礼入教，但他受基督教文化的影响却是极为深刻的。如果我们能以情感的体验对《雷雨》《日出》《原野》这三部优秀剧作进行整体观察，会敏感地觉察到这些撼人心弦、催人泪下的悲剧作品，都笼罩着一层基督教伦理意义的光环！这是一个奇特的文化现象，也是被学术界长期忽视（或回避）了的研究课题。因此作者认为：若要对曹禺早期话剧创作中的那些"迷离恍惚"的现象做出合理而科学的解释，就必须真正了解曹禺的内心世界及其作品的艺术世界。②

二　中国基督教文学

刘丽霞的《中国基督教文学的历史存在》第一次明确而严谨地提出"中国基督教文学"这一概念，从基督教和天主教两方面对中国基督教文学的发展概况、精神品格和美学追求进行了历史线索的勾勒、内涵的开掘和价值的判断，并将中国基督教文学作为中国现代文学的一个组成部分加以研究。书中对基督教文学刊物、20世纪三四十年代"公教文学"创作及评论等史料的发掘具有开创性，并对冰心、许地山、老舍等现代文学作家进行了重新解读。③

季玢的《野地里的百合花：论新时期以来的中国基督教文学》挖掘了中国内地、香港和台湾地区以及海外共80余位作家，最大价值地以丰富翔实的作家与文本资料叙述了新时期以来中国基督教文学的存在。④

---

① 参见林俐达《基督教与闽籍作家的审美价值取向比较分析：以冰心、林语堂、许地山为例》，《福建师范大学学报》2006年第5期。
② 参见宋剑华《曹禺早期话剧中的基督教伦理意识》，《江汉论坛》1988年第11期；曾广灿、许正林《曹禺早期剧作的基督教意识》，《文史哲》1993年第1期。
③ 参见刘丽霞《中国基督教文学的历史存在》，社会科学文献出版社2006年版。
④ 参见季玢《野地里的百合花：论新时期以来的中国基督教文学》，中国社会科学出版社2010年版。

第四节　传教士与汉学研究

包括天主教、东正教、新教在内的基督宗教各派别传教士在不同时期进入中国以后，都感觉到中国传统文化与基督教文化之间存在巨大差异。为了能进一步了解中国文化的特点与精髓，理解在中国传统文化影响下，皇帝、士大夫和普通民众对基督宗教的态度及其原因，许多传教士开始了对中国的政治、经济、文化、艺术等各方面的研究。经年累月之后，在先期传教士和后期专业学者的努力下，最终促使了专门研究中国的学科——汉学的产生。在研究中国的同时，传教士也开始把中国著名经典著作译介到西方，著述介绍中国政治、经济、文化、语言等，开始了一个"中学西传"的过程，"中学西传"也为西方思想文化学者开启了一个新的窗口，产生了不同程度的影响。

在1978年以前，中国大陆地区学者有关这一领域的研究，主要是针对明清时期天主教传教士的研究，如利玛窦、南怀仁、汤若望等人，研究文献在数量上也不多。1978年以后，针对这一领域的研究日益广泛，大量文献开始出现，多涉及天主教、新教，东正教较少被关注。这些研究文献对传教士所做工作的评价也逐渐产生变化，总体评价日趋积极，肯定了传教士在促进中国文化传播中的意义。近20年以来，对"传教士汉学"的研究成为一个学术研究热点，各地高校纷纷成立了专门研究机构，有大量学者开始从事这方面的研究。

在传教士眼中甚至"制造"的种种"中国形象"，可以作为我们反思自身时颇为有益的"第三只眼"，能起到不无借鉴的作用。但传教士汉学中体现出的文化殖民心态，以及意识形态对学术研究的强力介入，则需要我们反思与警醒。无论是天主教耶稣会士，还是基督新教传教士，许多具备学术研究倾向和能力的人，出于传教需要或兴趣使然，对中国宗教和传统文化展开了程度不同的研究，出版了大量的研究著作。这是传教士汉学研究多年以来成为研究热点的首要前提之一，大陆地区有关这一领域的研究者、参与者越来越多，研究兴趣越发浓厚。

以下着眼不同时期外国传教士与汉学研究，列举大陆地区学者所开展的有关研究。

张国刚的《明清传教士与欧洲汉学》，是较早研究传教士与欧洲汉学的专著之一，尤其侧重德国汉学与传教士之间关系的研究。[①] 尚智丛的《传教士与西学东渐》，研究了 1900 年以前，传教士在西学东渐过程中所起到的作用，侧重天主教传教士。[②] 游汝杰的《西洋传教士汉语方言学著作书目考述》，对来华传教士所编写的汉语圣经和方言学著述进行了梳理和考证，虽然其中有部分错误和遗漏，但仍有首创之功。[③]

一 汉籍研究与中学西传

明清时期以耶稣会为代表的天主教传教士，对中国传统典籍进行了深入的研究与分析，并将其中一些有代表性的文献，翻译成多种西方语文，介绍到欧洲国家。这种"中学西传"的过程，促成了西方国家对于中国文化的最早认识，成为西方汉学研究这一学科产生的直接源头。这个领域一直是大陆学者较为关注的领域，即使在 1978 年之前，也有少量研究文献。1978 年以后，有关这一领域的研究大量涌现。

张国刚认为，明清在华西方传教士是西方汉学研究的先驱。他们通过书信、报告和著作向欧洲介绍了一个自己理解的历史中国和现实中国，构筑起启蒙时代西方关于中国形象的基础。传教士的这些报告和书信等也就构成了早期西方关于中国历史学的珍贵文献。如果说其关于历史中国的叙述主要得之于同中国儒生接触所获得的书本知识，那么，他们关于当代中国的描述则主要基于自己的观察和体会，虽然不乏出于传教目的的歪曲和夸张，但即使是歪曲的形象，也足以作为早期西方中国史学的珍贵文本加以研究。[④]

夏泉、冯翠以传教士本土化培养为视角，着重探讨马国贤（Matteo Ripa）创办中国学院之动因、经过与影响。意大利传教士马国贤于清中叶来到中国，在华传教 14 年，他深谙天主教在华传播之现状与困境，长期致力于在中、意两地培养中国本土化传教士。其自华返回意大利后，在其

[①] 参见张国刚等《明清传教士与欧洲汉学》，中国社会科学出版社 2001 年版。
[②] 参见尚智丛《传教士与西学东渐》，山西教育出版社 2000 年版。
[③] 参见游汝杰《西洋传教士汉语方言学著作书目考述》，黑龙江人民出版社 2002 年版。
[④] 参见张国刚《明清传教士的当代中国史：以 16—18 世纪在华耶稣会士作品为中心的考察》，《社会科学战线》2004 年第 2 期。

故乡那不勒斯创办了中国学院，招收中国学生以培养中国本土传教士。①

晚清时期出版于香港的英文期刊《中国评论》，汇集了其时西方汉学界尤其是在华西人研究中国的主要成果，是最早在中国出版的专业汉学刊物之一。王国强认为，该刊不仅具有高度的学术自觉，在研究方法、资料发掘和领域扩展等方面也有一定的突破，推动了英国汉学在"域外"，尤其是以香港为代表的中国沿海地区的发展，见证了英国汉学在19世纪末期的整体崛起。②

中国近代的知识传统有很大一部分来自西学，这一西学又有多个系统的来源：明末清初天主教系统的西学、晚清西方新教传教士带来的西学与转道日本引入的西学，以及五四时期从苏俄输入的马克思列宁主义的西学。邹振环在海内外既有研究成果的基础上，着重研究了16世纪末至17世纪中期具有代表性的汉文西学经典，如《坤舆万国全图》《西学凡》《职方外纪》等多种，尝试将这些经典放到明末清初知识场域这一更为宽广的背景下，从整个社会文化史的角度来探究其编译、诠释、流传与影响的历程。着力阐明晚明汉文西学经典在晚清西学知识场重建过程中再次被激活的特殊意义，并将之作为中华经典谱系的重要构成，从而揭示在中国传播之西学的统宗及学术脉络。③

《京报》由中国古代朝廷传知朝政的文书抄本发展而来，曾被称为"邸报""邸钞""朝报"等，到清初开始固定报名。《京报》通常被认为是中国古代报纸的最高级形式。尹文涓以天主教和基督教传教士对清朝《京报》的翻译为个案，重点分析了来华传教士在向西方介绍和传播中国的文化情报时所出现的值得关注的几个现象。④

传教士来华的目的就是传播福音和归化中国，为了更好地为传教服务，许多人开始进行儒经的翻译和研究。他们翻译《论语》的动机是要

---

① 参见夏泉、冯翠《传教士本土化的尝试：试论意大利传教士马国贤与清中叶中国学院的创办》，《世界宗教研究》2010年第3期。
② 参见王国强《"侨居地汉学"与十九世纪末英国汉学之发展：以〈中国评论〉为中心的讨论》，《清史研究》2007年第4期。
③ 参见邹振环《晚明汉文西学经典：编译、诠释、流传与影响》，复旦大学出版社2011年版。
④ 参见尹文涓《耶稣会士与新教传教士对〈京报〉的节译》，《世界宗教研究》2005年第2期。

从该典籍中找到基督教是真理且优于儒教的证据,并证明耶儒有相通之处,进而用基督教代替儒教,以达到他们来华传教的根本目的。传教士翻译《论语》的策略是对儒学做"神学化"诠释,用基督教神学附会儒学。①

郑志明梳理了《三字经》被翻译介绍到西方的过程,认为中国蒙学要籍《三字经》很早就受到西方关注,有诸多西文译本,在西方产生了深远影响。在《三字经》西传过程中,来华传教士扮演了重要角色。耶稣会士罗明坚的《三字经》拉丁文译本是第一种西文译本;《三字经》的早期俄文译本均由俄国东正教驻北京布道团的随班学生完成;马礼逊等新教传教士推动了《三字经》在英语世界的传播。《三字经》西文译本大多起到了汉语教材的作用,成为中西文化交流的重要桥梁。②

结合第一手英文资料,王燕探讨了《三国演义》在英语世界的早期传播过程。通过对马礼逊(Robert Morrison)编辑的《华英字典》中的"孔明"词条及米怜(William Milne)撰写的《新教在华传教前十年回顾》中《三国演义》部分的分析,认为晚清第一位来华基督教传教士马礼逊对于这项工作有首倡之功。但从整体看来,出于对世俗文学的偏见,马礼逊对于《三国演义》《红楼梦》等通俗小说只有首倡之功而乏译介之力。③

在对传教士或所翻译作品进行个案研究的同时,已经有学者开始从整体角度对"中学西传"进行研究,在当时中国历史状况、中西文化冲突的大背景下,讨论"中学西传"过程。

张国刚和吴莉苇指出,"礼仪之争"对17、18世纪中国典籍西传的影响,首先反映在对研究和译介文献的选择上,其次反映在礼仪之争的阶段性变化对译介和出版作品的数量有影响上。究其原因,礼仪之争之所以会影响知识传播活动:一是因为礼仪之争归根到底是由耶稣会士的宗教立场和传教政策所引起,而耶稣会士对中国文化的理解与传播也是由其思想倾向所决定,因此礼仪之争与知识传播间具有内在联系;二是因为当礼仪

---

① 参见杨平《西方传教士〈论语〉翻译的基督教化评析》,《中国文化研究》2010年第4期。
② 参见郑志明《西方来华传教士与〈三字经〉西传》,《黎明职业大学学报》2011年第3期。
③ 参见王燕《马礼逊与〈三国演义〉的早期海外传播》,《中国文化研究》2011年第4期。

之争演化为权力冲突后,权力当局通过给出版环境施压而影响知识传播的内容和规模。①

通过对理雅各(James Legge)的翻译过程的分析,对中西宗教之间存在的"神圣"层面交流的可能性与意义进行了探讨。杨慧林指出,"经文辩读"通常是对犹太教、基督教和伊斯兰教经典的平行比较,人们在其中发现:神圣的显现可能有不同方式,多元的声音也不会融为任何一种独白。但是传统内部的"经文辩读"或许忽略了另一种丰富的资源,那就是基督教传教士对中国经典进行的翻译和注疏。通过理雅各翻译个案的考察,特别是有关《圣经》之"道"与《道德经》之"道"、《圣经》之"虚己"与《道德经》之"虚用"之间联系的探讨,可以使我们理解中西"经文辩读"的可能性及其潜在价值。②

西方传教士在将中国经典引入西方的同时,大量开展的工作是将西方文化成果引入中国。这一工作,对中国社会、文化逐渐产生了不可替代的影响。在一定程度上说,这种"西学东渐"的过程给中国社会、文化所带来的冲击,更被中国大陆地区研究者所关注。

二 西学东渐与社会变迁

"西学东渐"在近代中国思想文化的变迁过程中,具有不可替代的影响。中国学者针对传教士在"西学东渐"中所起的作用,进行了多方位的探讨。近30年以来,中国学术界对基督宗教在华文化交流的研究,在脱离"文化侵略"范畴后,进入了一个新的阶段,大量研究文献对基督宗教机构及传教士在中外文化交流中的作用与意义的评价趋于积极,对传教士在"西学东渐"中的重要作用给予肯定。

18世纪中叶,耶稣会在中国遭禁止,在欧洲被解散。从明末开始,延续200年的西学东传的通道,在中西夹击中淤塞,第一次西学东渐浪潮归于沉寂。鸦片战争以后,中国被迫割让土地,开放口岸,传教士们重新进入中国,又开始了新一轮西学东渐的过程。熊月之对这一过程前后停留

---

① 参见张国刚、吴莉苇《礼仪之争对中国经籍西传的影响》,《中国社会科学》2003年第4期。

② 参见杨慧林《中西"经文辩读"的可能性及其价值:以理雅各的中国经典翻译为中心》,《中国社会科学》2011年第1期。

在南洋地区的西方传教士的活动进行了梳理，指出这些传教士的工作拉开了近代西学东渐的序幕。①

熊月之的《西学东渐与晚清社会》，虽然不是专门研究基督教文字事业的专著，但由于传教士所进行的文字事业是晚清西学东渐的重要内容和载体，因此成为主要研究对象。书中对早期来华新教传教士与西学输入的关系，进行了细致的探讨，着重研究了19世纪以来新教传教士在西学东渐方面的努力和贡献，尤其可贵的是附录了新教传教士编著的全部中文出版物的书目，这在20世纪90年代是非常具有意义的。该书出版较早，为后来的基督教文字事业研究奠定了一些基础。②

进化论思想是被传教士介绍进入中国，但传教士之间对这一理论所持观点各异。近代以来，来华传教士主要是从自然神学和启示神学的基本理念出发来分析和批评进化论，目的在于维护基督教信仰，其中多数传教士是怀疑和否定进化论的，但也确有少数传教士对进化论持欣赏和肯定的态度。尤为值得注意的是，在批评和反对进化论的意见中存在一种趋向，即企图在基督教与进化论之间找到契合点，并利用进化论的理论要素来构成进化有神论。所有这一切都说明，对于多数来华传教士而言，在宗教与科学的天平上，理性逐渐成为重要砝码。③

英国传教士丁韪良（William Alexander Parsons Martin）在西学东渐方面起到了无人可以替代的作用。段琦从四个方面对19世纪来华的丁韪良在西学东渐中所起的作用做了客观的分析和评价，包括为中国翻译了第一本西方的法学著作——惠顿的《万国公法》，为中国人引进西方自然科学哲学等著作、引进西学改造京师同文馆、为汉字引入罗马字拼音等。段琦认为，传教士作为一个群体而言是十分复杂的，即使作为个体的传教士也往往有多个层面，对他们的总体评价也应从多方面加以研究和考察。④

在"西学东渐"的过程中，以图书为代表的文字交流，成为西方思想进入中国的最主要媒介。针对这一领域，也开始有学者发表研究论文。毛瑞方对17世纪上半叶在华传教士回欧洲募集图书活动进行了系统考察。

---

① 参见熊月之《近代西学东渐的序幕：早期传教士在南洋等地活动史料钩沉》，《史林》1992年第4期。
② 参见熊月之《西学东渐与晚清社会》，上海人民出版社1994年版。
③ 参见胡卫清《近代来华传教士与进化论》，《世界宗教研究》2001年第3期。
④ 参见段琦《丁韪良与西学东渐》，《世界宗教研究》2006年第1期。

出于天主教耶稣会传教事业的需要，1613 年，时任在华耶稣会会长的龙华民（Nicolas Longobardi）派遣比利时人金尼阁（Nicolas Trigault）返回欧洲，向教皇汇报在华教务，同时请求增派教士来华，设立中国教区，并募集图书到中国。而这些图书仍有部分保存在中国，是中国人最早看到的大量西方书籍。①

钟鸣旦、杜鼎克指出，耶稣会士的著书立说有其根本的传教目的和意义，借助书籍传教（Apostolat der Presse），乃是耶稣会在华传教方针的必要组成部分。耶稣会士们希望借书籍之印刷较之于口头宣讲福音能获得更为广泛的公众。他们注重向知识精英宣讲福音的信息，而以书籍传教的方法正好与此相符相契。史量还对明清时期在上海地区传教的耶稣会会士的译著进行了简要分析，讨论了这些译著的特点和意义。②

明清之际欧洲耶稣会传教士利玛窦（Matteo Ricci）等进入中国内地传播天主教，确立并贯彻了书籍传教的基本方针，翻译著述了数百种西学文献。这些译著文献的刊刻地点以北京为中心，其次主要分布于中国东南部省份城市，并延伸到中国西北地区的绛州和西安两城市，是耶稣会士传教活动区域的生动显现。明清间数百种西学文献的译著和刊刻主要以个人文化行为为主，刊刻者主要是传教士和中国士大夫，兼有教徒和书商。这些译著文献版本复杂，流传广泛；宗教类文献种类多，刊刻数量大，流传日渐衰微；自然科技类文献种类有限，却影响巨大，流传广泛。③

江南制造局翻译馆在近代中外文化交流中占有重要地位。赵少峰以江南制造局翻译馆为个案，利用前人著述和文献档案资料，研究翻译馆的成立、发展过程，讨论了西书汉译过程。④

在基督教和中国传统思想关系与影响方面，邹振环以 1874 年翻译出版的《四裔编年表》为例，认为该书是晚清第一部专门介绍西方历史的年表体著作。邹文讨论了该书对于晚清中西时间观念交融的意义，该书将基督纪年法作为中国王位纪年法的辅助形式出现，是在汉文史书系统中第

---

① 参见毛瑞方《关于七千部西书募集若干问题的考察》，《历史档案》2006 年第 3 期。
② 参见钟鸣旦、杜鼎克《简论明末清初耶稣会著作在中国的流传》，《史林》1999 年第 2 期；史量《明清上海地区耶稣会士译著一瞥》，《史林》1989 年第 3 期。
③ 参见宋巧燕《明清之际耶稣会士译著文献的刊刻与流传》，《世界宗教研究》2011 年第 6 期。
④ 参见赵少峰《略论江南制造局翻译馆的西史译介活动》，《历史档案》2011 年第 4 期。

一次以比较完整的世界史编年的形式引入了另一种文化系统的时间观念。①

张西平从西学汉籍在东亚三国的流布入手，探究西学在东亚传播的实际历史过程。大航海以后，西方人来到亚洲，西人东来后采用汉字书写来传播基督教与西方文化，这些西学汉籍在整个东亚流传，东亚作为一个文化共同体几乎同时面临着西学东渐。②

中国在极为优越的自我认同及王道观念下，将中国延伸为"天下"，阻碍了国人对外部世界的了解与理解，也使近代外交体系与国际关系迟迟未能形成。鸦片战争后，在帝国主义强权政治和近代工业文明的双重夹击下，"条约"与"主权"的意识渐次萌生，并逐步从维护"天朝体制"转化为近代主权观念。③

祭祖是天主教历史上影响深远的问题之一，王美秀分析了明末清初罗马天主教对祭祖从宽容到禁止的过程；阐述了1939年罗马教廷取消禁令的复杂原因和政治背景，说明禁令之取消与日本军事政治压力密切相关；最后扼要说明今天中国天主教徒祭祖礼仪的变化是教会礼仪本地化的要素之一，有利于天主教在文化传统层面上与中国传统习俗的融合，有利于中国教徒与其他信仰的人们的交往与关系和谐。④

明末天主教与中国文化之间的互动，同时表现在"文化植根"与"文化渗入"两方面，即中国本土文化对天主教来华的参与和贡献，同时表现为天主教对中国传统文化产生的冲击和影响。来华耶稣会士在发展信徒时遇到了一个十分棘手的问题：对那些纳妾者能否施洗？对于天主教徒而言，纳妾直接违背了"十诫"之"毋行邪淫"的诫命，"一夫一妻多妾制"是中国封建时代一种畸形婚俗，耶稣会士们对此持否定态度，在吸纳信徒时对"多妻者"给予排斥。而作为耶稣会士主要传教对象的士大夫阶层，纳妾是较为普遍的现象，而且，它符合儒家注重孝悌的道德价

---

① 参见邹振环《〈四裔编年表〉与晚清中西时间观念的交融》，《近代史研究》2008年第5期。

② 参见张西平《近代以来汉籍西学在东亚的传播研究》，《中国文化研究》2011年第1期。

③ 参见马自毅《从"天下"到"主权"：从条约、传教看清末社会观念的变化》，《史林》2004年第6期。

④ 参见王美秀《天主教对中国祭祖的认识：过去与现在》，《世界宗教文化》2010年第5期。

值。二者之间的冲突与紧张，导致了诸多的论争，一些中国天主教徒为了委身于天主教而改变自己的生活方式。①

在中俄早期文化交往中，东正教发挥了极其特殊和重要的作用。多位学者以俄国东正教传教团为对象，探讨其在中俄文化交流中发挥的最重要的作用。在东正教会派驻北京的神职人员中，诞生了第一批俄国汉学家，他们将中国的历史、地理、文学、艺术介绍到俄国和欧洲。另外，也将欧洲较为先进的科学知识介绍到中国，增进了中俄政府与民间的相互了解和往来。但同时，东正教会过分彰显它的政治使命，增加了中俄彼此间的不信任，进而影响到两国、两个民族、两种文化间的平等交往。②

三 传教士汉学著述

中国大陆地区学者对传教士汉学的研究，在文献数量和研究领域方面，大大多于"中学西传"问题的研究，其中针对传教士汉学家代表著作的研究，也是中国学者关注的重要领域之一。

吴孟雪是改革开放以后，最早开展对早期来华传教士汉学著作的学者之一，最早开始介绍传教士汉学家。她介绍了西班牙历史学家门多萨（Juan González de Mendoza）于1585年（明万历十三年）在罗马出版的西班牙文《大中华帝国重要事物及习俗史》一书，认为该书是欧洲早期汉学研究的最重要成果之一。门多萨作为传教士，没有到过中国，但其研究素材，许多来自菲律宾的传教士德达拉的著作及其他在中国的传教士的著述、书信与档案资料。③ 她还对卫匡国（Martino Martini）的汉学著述进行了评价与分析。④

---

① 参见田海华《明末天主教对中国传统道德观念的文化渗入：以反对纳妾为例》，《宗教学研究》2007年第4期；康志杰《论明清之际来华耶稣会士对中国纳妾婚俗的批评》，《世界宗教研究》1998年第2期。

② 参见张建华《东正教与中俄早期文化交流》，《杭州师范学院学报》2007年第1期；张玉侠《早期中俄文化交流中的东正教因素》，《西伯利亚研究》2009年第1期；高春雨《论俄国东正教传教士团对中俄文化交流的促进作用》，《齐齐哈尔大学学报》2010年第4期；曾祥书《简析俄国东正教传教士团在早期中俄文化交流中的作用》，《西伯利亚研究》2012年第1期。

③ 本书中文全名为《依据中国典籍以及造访过中国的传教士和其他人士的记述而写成的关于中华大帝国最负盛名的事情、礼仪和习俗的历史》，常用译名是《中华大帝国史》。

④ 参见吴孟雪《从门多萨的〈大中华帝国史〉看欧洲早期汉学和中国明代社会》，《中国文化研究》1996年第1期、第2期；《明代欧洲汉学史》，东方出版社2000年版。

18世纪初期，在传教士内部发生的"礼仪之争"已经演化为清王朝和梵蒂冈所代表的欧洲礼仪文化之间的冲突。康熙为了使入华传教士遵守"利玛窦规矩"，重新思考他的宗教政策和中国与西方的关系，安排法国来华耶稣会士白晋、傅圣泽等在清宫研读中国典籍《易经》，并就白晋等人的《易经》研究与传教士展开对话。这场文化对话，不仅揭示出"礼仪之争"发生后在来华耶稣会士内部出现的矛盾及白晋所代表的"索隐派"的文化倾向，也表现出康熙在"礼仪之争"中对待耶稣会传教士的策略以及对待西方文化与宗教的态度。

程美宝的《粤词官音：卫三畏〈英华韵府历阶〉的过渡性质》一文，以卫三畏（Samuel Wells Williams）1844年在澳门出版的《英华韵府历阶》为例，探讨当时外国传教士编纂的汉英词典中出现的一些有趣的过渡现象——该书收入的字词，虽全部标以官音，但部分字词只在粤语或某些方言区通用。同时指出，在通用的汉语拼音系统出现之前，该书亦肩负着逐步建立起一套适用于各种中国方言的拉丁字母拼音系统的使命。①

17世纪是中西关系发展取得重大突破的一个世纪，北京在中西文化交流中占有中心地位。经考证，17世纪来京的耶稣会士为76人，其中有些留下了在京观察、生活的文献记录，它们是西方世界了解北京的第一手珍贵材料，也是研究明末清初北京与中西文化交流关系的重要历史文献。该文以利玛窦、安文思和李明的三部著作为例，指出《利玛窦中国札记》及其书简是17世纪初期耶稣会士"北京经验"的历史纪录，安文思的《中国新史》表现了17世纪中期耶稣会士眼中的北京，李明的《中国近事报道》展现的是17世纪后期耶稣会士视野中的北京形象。这三部著作组合在一起，构建起外国人眼中17世纪"北京印象"的全面图景。②

程龙对《语言自迩集》这部汉学名著进行了分析，指出该书是19世纪中后期英国汉学家威妥玛针对在华外交官学习汉语书面语而编撰的著名国际汉语教材。美国加州大学和加拿大多伦多大学还保存着《语言自迩集》及其注释。通过对该书编撰目的、版本、体例、内容及其影响的研

---

① 参见程美宝《粤词官音：卫三畏〈英华韵府历阶〉的过渡性质》，《史林》2010年第6期。
② 参见欧阳哲生《十七世纪西方耶稣会士眼中的以利玛窦、安文思、李明为中心的讨论》，《历史研究》2011年第3期。

究，有助于探明西方人对晚清"文件体"书面语的认识与研究。①

马礼逊（Robert Morrison）所著《五车韵府》是其编著最早的一部汉语与英语双语工具书，其中一些词语的译名确定，对后世中外出版的汉英双语有着重要影响。司佳通过马礼逊首作于19世纪初的《五车韵府》在19世纪中后期上海的几次重印，阐述了"双语字典"这一特定的书面文本在通商口岸语言环境下的形成过程与特点。在通商口岸"马赛克式"的语言景观中，字典的功能之一即凸显了洋泾浜口语与标准书面语之间的差别，力图通过挖掘字典重版的社会原因，勾画出19世纪中后期上海英语出版业的一个大致状况。② 屈文生指出，《五车韵府》所载早期中文法律词语是中国法制近代化以前中国人亲身浸润的话语体系。通过考证马礼逊翻译中文刑法、民商法、诉讼法、基础法律及封建法等领域的法律词语的情况，可知马礼逊的翻译是中文法律概念进入英语世界的一次尝试，在中西法律文化交流中发挥了较重要的作用。马礼逊的翻译策略和翻译范式影响了后世汉英双语词典的编纂。③

关于基督教对中国文化事业的具体影响，王卫国以图书馆为例进行了讨论。指出西方传教士在近代中国建立出版机构、编译西书、办刊物；创办图书馆，加强藏书建设；传播西方图书馆学思想和管理理念，进行开架借阅等读者服务工作。他们的思想和活动对近代中国图书馆事业的产生和发展具有重要影响。④ 这也说明，传教士和基督教对中国文化的影响是全方位的，不应该被忽视。

有关基督教与中国文化交流的研究中，还有以中国少数民族文字发表的论文，涉及多种文字。有关这部分论文，除一些蒙古学研究专著中有所提及外，其他学术史分析中大多没有提及。这类论文，以蒙古文为主，如斯琴青和勒《蒙古地区西方基督教传教士的跨文化传播》（《内蒙古社会科学》蒙古文版2011年第3期）和乌·托亚《西方基督教徒的蒙文书籍出版活动》（《中国蒙古学》蒙古文版2008年第4期）。

---

① 参见程龙《威妥玛〈语言自迩集〉浅析》，《中国文化研究》2012年第1期。
② 参见司佳《〈五车韵府〉的重版与十九世纪中后期上海的英语出版业》，《史林》2009年第2期。
③ 参见屈文生《早期中文法律词语的英译研究：以马礼逊〈五车韵府〉为考察对象》，《历史研究》2010年第5期。
④ 参见王卫国《西方传教士在中国近代从事的图书馆事业》，《船山学刊》2005年第3期。

四　传教士汉学家

针对传教士汉学家的个案研究，是中国基督教史研究领域的重点。研究文献数量增加较快，涌现出一批有代表性的研究者；以北京外国语大学海外汉学研究中心为代表的研究机构，是中国基督宗教研究中较为成熟的领域。以下以三大基督教派别为依据，择要介绍部分主要研究成果。

在天主教方面，有关天主教传教士在华文字事业的研究，在时间来说相对久远。1978年以前，已经有文献涉及这一领域，但是主要关注于传教士文化活动本身的作用与影响，从宗教意义上进行分析的比较少。1979年以后，关注到传教士文字活动中宗教背景的文章逐渐增多。

马雍的《近代欧洲汉学家的先驱马尔蒂尼》是改革开放以后，最早发表的有关传教士汉学研究的论文之一，对于日后开展该领域研究，具有开拓性的意义。它对17世纪明崇祯末年来华的意大利耶稣会士马尔蒂诺·马尔蒂尼（汉名卫匡国）（Martino Martini）的生平和汉学成就给予了全面的介绍。[①] 卫匡国是继马可·波罗和利玛窦之后在中西文化交流史上最重要的人物之一，他通过一系列的撰述以及对孔子和儒家学说的推崇，进一步确定和发展了利玛窦适应中国传统文化的策略，并在赢得天主教廷对这种策略的默许和赞同方面发挥了决定性的作用。其次，他用拉丁文撰写《中国历史十卷》《鞑靼战纪》和《中国新地图集》三种为17世纪最科学、最真实、最具重大研究成就的中国史地学术专著，是当时欧洲读者所可能见到的关于中国最新、最全面的报道和评论，这使他成为欧洲汉学的权威。[②]

针对利玛窦的研究，是60余年来中国大陆地区天主教研究的重要课题，有关利玛窦本人著述的研究在数量与研究角度上也越来越丰富。林金水的《利玛窦在中国的活动与影响》是较早用学术观点来研究利玛窦的论文。作为中外交通史上一位著名的人物，利玛窦开启了明清之际的西学东渐和天主教在华的传教事业。他一方面将西方科学文化传入中国，另一方面向欧洲介绍了中国情况，为16、17世纪中西文化交流，做出了卓著

[①] 参见马雍《近代欧洲汉学家的先驱马尔蒂尼》，《历史研究》1980年第6期。
[②] 参见沈定平《论卫匡国在中西文化交流史上的地位与作用》，《中国社会科学》1995年第3期；徐明德《论意籍汉学家卫匡国的历史功绩》，《世界宗教研究》1995年第2期。

的贡献,各国的百科全书和历史辞典都有他的传略。他还作为"天文学家、数学家、地理学家、汉学家"被收入美国编的世界《科学家传记辞典》。该书凝聚了作者多年研究的学术功力,大量运用中文文献,成为利氏研究的最为著名的代表作。① 谭世宝的研究针对现存《中国传教史》两个汉译本的一些错误提出考辨,兼及其他英译本及意大利原文的问题。利玛窦《中国传教史》(此为台北译本的书名,北京译本名为《利玛窦中国札记》)是用利玛窦的传教通信记录所编成的。所存在的一些与中国史实不符的问题,大部分都是由于后来各种文本的译者既不是根据利玛窦的意大利文原本,又缺乏有关明代的历史知识,所以常有以错译错的情况出现。尤其是两个汉文译本都存在大量的张冠李戴之类的误译。②

张西平对意大利耶稣会传教士罗明坚(Michel Ruggier)其人及汉学研究成果进行了介绍。他认为汉学(sinology)作为一个学科在西方得以确立并在今天以前所未有的速度得到发展,从而对西方学术界和中国学术界同时产生广泛影响,有一个漫长的形成和发展的过程。这个过程就是中西文化交流的历史,就是近代以来西方文化与学术演变和发展的一个侧影。在这一过程中,罗明坚应被认为是汉学奠基人之一。③ 罗明坚是最早获准进入中国内陆传教的耶稣会士,他译述并出版了《天主十诫》与《天主圣教实录》,并与利玛窦合编了世界历史上第一本《葡汉词典》,还独立将《三字经》与《大学》等中国古典文献译成拉丁文,最早奠定了西方汉学的基础。④

耶稣会是早期来华传教的最重要的天主教修会,在明清两代的传教士中,耶稣会修士比例最高。包括这些耶稣会修士在内的大量天主教传教士在传教过程中,编写或翻译过大量图书,其中有些图书已经被编入诸如《四库全书》这样的中国传统类书中,成为中国典籍的一部分。中国学术界对明清时期天主教传教士所著译文献也越来越关注。

对于传教士采用"书籍传教"(文字传教)的深层原因,也有学者加

---

① 参见林金水《利玛窦在中国的活动与影响》,《历史研究》1983 年第 1 期。
② 参见谭世宝《利玛窦〈中国传教史〉译本的几个问题》,《世界宗教研究》1999 年第 4 期。
③ 参见张西平《西方汉学的奠基人罗明坚》,《历史研究》2001 年第 3 期。
④ 参见岳峰、郑锦怀《西方汉学先驱罗明坚的生平与著译成就考察》,《东方论坛》2010 年第 3 期。

以研究。明清之际入华的天主教传教士处于一种对他们极为不利的文化、政治环境中，加之教会自身条件的不足，他们被迫通过著书立说来消除中国人加于他们的蛮夷丑号、规避政府禁令、弥补人手之缺以及跨越语言障碍。与此同时，教会人士认识到书籍在中国社会中具有特殊的重要性，因时就势，把书籍作为归化中国人的手段。此外，传教士在官僚、士大夫与普通民众之间的"西儒"身份也促使他们走上了笔耕之路。① 甚至迫使他们像中国人那样建起了藏书楼，刊印书籍，促使他们撰写的中文书籍和带来的西书的流传。②

高源以艾儒略为对象，指出晚明耶稣会士通过与官员的私人关系进入知识分子的交际网络，在知识分子中传播新学说；同时跟从官员游宦，进而在全国范围内建立并扩展教会网络。耶稣会士注重借助教会网络来刊行书籍以传播学说，不仅大量印行宗教、科技书籍，还翻译刊行基督教文学作品，以期在读书人中间普及基督教教义和文化。③ 高王凌运用斯洛文尼亚新发现的史料对耶稣会的最后会士、斯洛文尼亚人的汉学贡献进行了研究，涉及天文科学和传教事业，以及对中国文化的认识和传播。④

多年以来，吴莉苇一直研究耶稣会士的汉学研究，指出法国耶稣会士傅圣泽（Jean-Francois Foucquet）只是个边缘人物，尽管他的中文造诣足以使他成为耶稣会士的翘楚，但他数量不菲的著述绝大多数不曾公开，即使公开也难以获得很高评价。这都是因为他有一个醒目的身份标志——"索隐派"，他终身执着的立场被致力于顺应中国文化的耶稣会士视为异端，也被18世纪中后期的欧洲学者视为荒谬，于是不仅导致耶稣会对其作品的封杀，也影响他不能参与欧洲汉学的奠基。但不管怎么说，他都算是"耶稣会士汉学家"这个整体中的一员，他在汉学发展史上依然留下了不应被遗忘的踪迹。⑤

---

① 参见伍玉西《试析明清之际天主教书籍传教兴起的原因》，《宗教学研究》2010年第2期。
② 参见施礼康、羽离子《明清西方传教士的藏书楼及西书流传考述》，《史林》1990年第1期。
③ 参见高源《耶稣会士宗教文学书籍的刊行和对传道的作用：以艾儒略为例》，《海交史研究》2006年第2期。
④ 参见高王龄《刘松龄，最后的耶稣会士》，《中国文化研究》2006年第4期。
⑤ 参见吴莉苇《耶稣会士傅圣泽与早期欧洲汉学》，《中国文化研究》2002年第3期。

马若瑟（Joseph de Premare）是康熙年间来华的法国耶稣会士，是另一著名的索隐派人士，来华后曾被白晋介绍给康熙皇帝，在京城生活了一段时期。张西平从西方早期汉学的角度对马若瑟的主要汉学著作《汉语札记》做了初步的研究，分析了该书的结构、价值和影响；同时还对马若瑟用法文翻译元杂剧《赵氏孤儿》的历史过程、学术影响做了研究。从具体文本出发，呈现了马若瑟索隐派的主要观点，揭示出其在中国传教和向欧洲介绍中国文化问题上的思想基础。①

有关基督宗教文献译本质量的研究，是学术研究的基础，具有非常必要性。译文正确与否，对读者正确理解概念、了解史实，具有决定性的意义。外国传教士及学者有关中国基督宗教的文献涉及拉丁文、意大利文、葡萄牙文、西班牙文、法文、俄文、德文、荷兰文、瑞典文、波兰文和英文等数十种语文，要求译者具有较好的宗教与历史知识。但是，由于学术界对于翻译问题的看法所致，针对基督宗教文献翻译质量评价问题的文章很少。

明末清初天主教人士对中西交流的贡献是大家公认的，对其研究始于20世纪上半叶的欧洲，随着美国更多地进入国际学术界，也开始了对这方面的研究和关注。随着中美关系的变化，学界研究兴趣与主题也不断发生改变。杜伟对这一历史过程进行了梳理。②

进入19世纪后期，基督教汉学家逐渐成为汉学研究的主力军，出现了多位有代表性的汉学家。有关这方面的研究逐渐成为大陆学术界的研究重点之一，尤其在2000年后，有关基督教传教士汉学家的研究，无论数量上还是质量上，上涨趋势均不减。

卢明玉通过一系列史实指出，林乐知的文化适应体现出他适应中国文化的传教策略，也表明他对中西文化融合的认同，他将《教会新报》改为《万国新报》即说明他更希望通过扩大社会消息来建立基督教的传教策略。③

德国传教士花之安（Ernst Faber）是鸦片战争后来华的传教士，他

---

① 参见张西平《清代来华传教士马若瑟研究》，《清史研究》2009年第2期。
② 参见杜伟《美国汉学界有关明末清初天主教入华史的研究》，《世界宗教文化》2011年第4期。
③ 参见卢明玉《林乐知对中国文化的适应和影响》，《宁夏大学学报》2007年第3期。

一生笔耕不辍，终成著名汉学家和德国汉学的先驱。他撰写的大量汉学著述，体现了鲜明的教育观和宗教文化观。他在采取与儒教联盟、排斥佛道的思想下，努力向中国介绍西方文明和向西方介绍中国文化，做出了贡献。其汉学著述体现出精湛的学术功底与严谨的治学风范，对于促进中西文化交流，推动中国教育走向近代化起到了重要作用。①

丁韪良（William Alexander Parsons Martin）是清末著名传教士，段琦从四个方面对他在西学东渐中所起的作用做了客观的分析和评价，包括为中国翻译了第一本西方的法学著作——惠顿的《万国公法》，为中国人引进西方自然科学哲学等著作、引进西学改造京师同文馆、为汉字引入罗马字拼音等。文章指出，传教士作为一个群体而言是十分复杂的，即使作为个体的传教士也往往有多个层面，对他们的总体评价也应从多方面加以研究和考察。②

伦敦会传教士艾约瑟（Joseph Edkins）是 19 世纪重要的汉学家，在汉语和中国宗教方面均有独到的研究。陈喆指出，目前学界对其在西学东渐过程中的贡献已有颇多论述，但对其汉学研究依然乏人问津，尤其是如何在近代西方文化背景下阐释早期汉学家对中国文化的认识，更是当前学界较少关注的问题。文章认为，通过研究艾约瑟对上古时代中国人宗教信仰状况的构想，有助于揭示西方学术文化传统与早期汉学研究的密切关联，对深入研究近代汉学的发展和西方世界中国观的形成与演变过程具有不可忽略的意义。③

19 世纪中叶在中国门户开放的情势下，福州成为对外通商的重要口岸，美国传教士蜂拥而来，他们在传经布道的同时从事大量文化交流等活动，其中卢公明在西学翻译方面做出了其他入闽美国传教士难以比肩的贡献，他译介的西学客观上对晚清福建社会产生了相当大的影响。卢公明（Justin Doolittle）是 1850 年来福州传教的美国美部会传教士，与教会史上的其他重要人物相比并不起眼，但很有地方代表性。在西方汉学界，他以两部巨著——《中国人的社会生活》和《英华萃林韵府》而著称于世，

---

① 参见孙立峰《论花之安的教育观和宗教文化观》，《河北学刊》2011 年第 5 期；朱玖琳《德国传教士花之安与中西文化交流》，《近代中国》第 6 辑，立信会计出版社 1996 年版。

② 参见段琦《丁韪良与西学东渐》，《世界宗教研究》2006 年第 1 期。

③ 参见陈喆《东方学传统与传教士汉学：艾约瑟对上古中国宗教的阐释》，《中山大学学报》2013 年第 1 期。

为人们研究中国近代经济史、文化史、教育史、民俗史提供了十分珍贵的历史资料。他对福州地区的记录也为现在研究历史上的福州留下了大量的资料。①

卫礼贤（Richard Wilhelm）是德国礼贤会传教士，也是德国汉学的奠基人。有学者将他的汉学生涯分为三个时期，并对其每一个时期的汉学活动进行了评价。指出他从一个传教士成为一个儒家信徒，从一个翻译家成为一个著述家，从一个神学家成为一个汉学家，从一个德国人成为一个"伟大的德意志中国人"和"两个世界的使者"，从而最终完成其人生的转变，跻身世界著名学者和汉学家。②

加拿大传教士明义士（James Mellon Menzies），在河南安阳的传教过程中，因地利之便，对殷墟进行了科学考察。因其深知甲骨文的价值，故不遗余力地大量收集甲骨。他以十分执着的精神，对甲骨文进行研究，在甲骨的著录、辨伪、缀合、断代等方面做出了很大贡献，还培养了一批甲骨考古及研究方面的人才，扩大了中国文化在国际上的影响。③

有关东正教汉学家的研究近年来逐渐展开。

自康熙年间至1956年中华东正教会成立，俄国驻华东正教使团在两百余年的驻华历史过程中，培养了大批优秀的汉学家，对中国进行了政治、经济、文化等方面的研究。俄罗斯早期东正教传教士与俄国汉学创立之间存在着重要且必然的关系。17世纪是俄国的前汉学时期，彼特林、巴伊科夫、斯帕法里、义杰斯等俄国早期来华使节回国后撰写的报告不能算作汉学著作，但应该肯定其为促进俄国认识中国以及孕育俄国汉学所发挥的作用。18世纪彼得堡皇家科学院引进西方汉学、俄国"中国风"以及创立俄国东正教驻北京传教士团等因素共同促成了俄国汉学的诞生。早期汉学家罗索欣、列昂季耶夫、弗拉德金、阿加福诺夫翻译满汉典籍，尝试满汉语教学，谱写了俄国汉学史的第一章。④ 阎国栋还以个案研究方式

---

① 参见林立强《美国传教士卢公明与晚清福州社会》，福建教育出版社2005年版；高黎平《晚清入闽美国传教士卢公明的西学翻译》，《闽江学院学报》2006年第1期；高永伟《卢公明和他的〈英华萃林韵府〉》，《辞书研究》2012年第6期。
② 参见蒋锐《卫礼贤的汉学生涯》，《德国研究》2004年第1期。
③ 参见董延寿《明义士与甲骨文研究》，《中州学刊》2005年第6期。
④ 参见阎国栋《十八世纪俄国汉学之创立》，《中国文化研究》2004年第2期。

介绍了维诺格拉多夫的汉学研究成就。①

俄罗斯驻北京传教士团是 18 世纪初沙俄政府直接派驻北京的东正教会组织,目的是收集各种情报,窥测清政府的政治动向,为沙俄制定对华政策提供依据,实为沙俄派驻北京的官方代理机构。正是它负有的这个使命,使得俄国早期的汉学家多出自北京传教士团教士和留学生中。19 世纪俄国东正教来华传教使团虽然在传教事业上表现平平,但是其中许多成员在汉学研究领域却取得了相当大的成就,并且在研究工具、方法、对象、内容、立场等方面都形成了独立而典型的民族特色。不仅为俄国汉学的后续发展奠定了良好基础,也为中外之间的文化交流与传播积累了一定经验。他们的汉学研究为后来俄罗斯的汉学研究奠定了坚实的基础,对中俄两国间的文化交流也起到一定作用。②

有关东正教与中国文化交流的研究文章,是大陆地区针对东正教研究比较集中的领域,其中肖玉秋是涉及此项研究较早的学者。她指出,俄国东正教驻北京传教士团是 1917 年以前中俄文化交流的主要渠道,中俄间举凡宗教、哲学、语言学、文学、历史学、地理学、教育、图书、医学和美术等领域的交流无一不是以传教士团为主要媒介。由于东正教教权依附于政权的特性,传教士团更多的是代表了俄国政府的利益,而非俄国教会的意志,甚至直接参与了沙俄的侵华行动。在中俄关系史上,传教士团扮演了文化使者和外交机构的双重角色,其所进行的文化交流事实上大多是其实现外交功能的手段或客观结果。她还探讨了俄国传教士团成员对中国典籍收藏以及在传教士团图书馆创建过程中的作用,并试图澄清有关道光年间中俄政府大规模互赠图书的历史真相。③

---

① 参见阎国栋《无论魏晋朝,只知有汉学:东正教隐修士维诺格拉多夫汉学研究概述》,《世界汉学》2006 年第 1 期。

② 参见陈治国、袁新华《19 世纪俄国东正教来华传教使团的汉学研究及其特点》,《俄罗斯研究》2006 年第 4 期;谭树林《北京传教士团与俄国早期汉学》,《山东师范大学学报》2002 年第 5 期。

③ 参见肖玉秋《试论俄国东正教驻北京传教士团文化与外交活动》,《世界历史》2005 年第 6 期;《俄国东正教驻北京传教士团与清代中俄图书交流》,《清史研究》2006 年第 1 期。

第五节　民国文化名人与基督宗教

在近代中国，许多中国思想家和学者，在思想意识上与基督宗教思想产生过程度不同的交集。这些中国近代文化人物，或作为信仰者探讨基督宗教与中国文化的关系，践行基督宗教教义；或作为一名学者和思想家，分析基督宗教，甚至广义宗教与中国文化的关联和影响。有关中国近代思想文化人物与基督宗教关系的研究，被越来越多的研究者所关注，涉及的人物也越来越广泛。

蔡元培和胡适是近代中国思想文化领域的领军人物。他们作为非宗教信仰者和自由主义思想家对基督宗教的看法，成为许多学者的研究重点。

蔡元培是我国近代著名的思想家、教育家和革命民主主义者。他不仅在教育、科学、哲学等领域著述甚丰，而且对宗教也颇有研究。作为近代中国最伟大的思想家和教育家之一，针对基督教在中国的传播，他坚决主张非宗教化，提出以美育代替宗教。宗教以及宗教思想的改革与发展是近代文化改革的重要组成部分，受到当时一些学者的广泛关注。蔡元培作为新文化运动的代表人物，对于宗教问题也阐明了自己的观点。他明确反对定"孔教"为"国教"，提倡"以美育代宗教"及"非宗教"，主张应认真对待宗教问题上的扬弃与吸收，同时强调将"非宗教"思想与国家教育的民族性问题相结合，其理性的分析为中国宗教的改革与发展提供了有益的思想参考。徐建平的《蔡元培宗教思想评析》进一步指出，蔡元培的非宗教思想主要是针对基督教而言的。半个多世纪以来，基督教不仅在宗教领域而且在教育领域加紧渗透，教会学校使中国的宗教文化色彩越来越浓，为了使"科学"和"民主"思想得到广泛传播，蔡元培从哲学伦理的角度质疑基督教。他认为，近代以来西方宗教加紧了对中国的侵略，这完全是"用外力侵入个人的精神界，可算是侵犯人权的"，更是侵害了我国人民的信教自由，为了从根本上维护我国公民的利益，摆脱或改变宗教在中国的这种侵略方式，蔡元培认为必须从教育开始，发展非宗教教育，即首先要使教育摆脱各派教会的控制。尤其在1922年之后的非宗教运动中，蔡元培提出的"大学不设神学科，但哲学学科中可设宗教史、比较宗教学；学校中不准举行祈祷仪式或设立宣传教义的课程；以传教为职业的人不必参与教育事业"三项要求，几乎成为非宗教运动的指导思想。蔡元培提出这三项主张的目的是使教育独立于宗教和教会之外。他认为只有这样，中国才能从外国人手中收回教育主权，同时也从教会手中收回国家对教育的领导权。他关于教育与宗教分离的论述及活动，对于我国当时教育事业的健康发展，显然是起了积极作用的。①

胡适作为另一位对近代中国思想文化产生过深远影响的人物，其对于包括基督宗教在内的宗教对中国文化的影响，也有着深入的看法。在"五四"提出"科学代宗教"作为中国人精神信仰的思想背景下，胡适对中国有丰富的天人观思想，但宗教不占主导地位这一思想史现象进行了深入研究。他认为主要是自老子开始形成了自然主义的天道观，它与主要由孔子开启的理性主义和人本主义一道，使中国人能够认清人道和天道的关系，由神道入人道，将人生的主要精力面对现实世界。这是中国主流思想传统能够成功地远离宗教的原因。胡适据此提出现代科学和理性精神的引进与中国自然主义天道观、儒家的人本主义和理性主义复兴的结合，应该取代各种宗教，建立"人化"世界。胡适作为一个开放型的现代学者，几乎全盘接受了西方的科学文明而唯独扬弃了它的宗教与上帝，这个看似矛盾的文化态度是值得注意的。② 耿成鹏对留学美国时期的胡适对于基督教的认识演变过程进行了仔细的研究。文章从美国基督教的精神熏陶、听人讲授《圣经》和反复阅读《圣经》等五个方面，说明了胡适早期对基督教思想的认识背景。认为对耶稣容忍精神的体认、对耶稣人格的崇高评价、关于上帝的独特见解等方面构成了胡适早期基督教思想的主要内容。而胡适早年的基督教思想，特别是"以上帝为人之至极，人为具体而未臻之上帝"以及耶稣的容忍精神，对胡适有重要的影响。③

有关中国信仰基督宗教的著名思想人物的研究中，在相当长的时期内，研究者或多或少忽略了其信仰对其行为的影响，如有关陶行知、晏阳初等人的研究。只有少部分学者关注到他们的基督教信仰对其行为的意义。梅川指出，被中国人民奉为"人民教育家"的陶行知先生，是中国

---

① 参见徐建平《蔡元培宗教思想评析》，《世界宗教研究》2004 年第 1 期；王进《蔡元培的宗教观》，《宗教学研究》1995 年第 4 期。

② 参见胡明《关于胡适的无神论思想》，《世界宗教研究》1998 年第 3 期；刘长林《论胡适对中国宗教信仰及其现代走向的研究》，《世界宗教研究》2003 年第 1 期。

③ 参见耿成鹏《胡适留美期间的基督教思想》，《宗教学研究》2010 年第 1 期。

近现代历史上负有盛望的教育家,但陶行知与基督教的关系及其所受基督教的影响,却鲜为人知。作为一个基督徒,陶行知的言行有三方面明显地受到了基督教教义的影响:"爱"的精神影响;基督化人格的影响;牺牲服务精神的影响,基督教信仰贯穿了其大部分生活与工作过程。[①]

中国大陆地区学术界对于基督宗教在近代中外文化交流中所起的作用及在中国近代思想文化变迁中的意义的研究,成为中国近代基督宗教历史研究中最引人注目的领域之一。众多历史、文化、宗教学者参与研究,发表了一批研究专著与论文,这些论著对于中国近代思想文化史的研究与评价有着重要价值。

在基督宗教重新进入中国以后,为博得中国不同阶层民众的信任,它采取了多种传教方式,如文字传教、农业传教、医学传教、教育传教等。这些传教方式,有助于改善人们的日常生活,容易直接获得中国人的好感,促进了基督宗教的传播。同时,对处于社会转型时期的中国近代社会,客观上也对其进程产生了巨大而深远的影响。在中国基督宗教史研究领域中,基督宗教与近代中国卫生、教育、文化及其他社会事业的关系,一直是研究关注的重点,出版或发表了大量的专著与研究论文,是中国学术界有关近代基督宗教史研究中较为深入、成熟的领域。

---

① 参见梅川《基督教对陶行知的影响》,《金陵神学志》1996年第2期。

第 六 章

基督宗教与教育事业

　　教育传教作为基督宗教在华的三种主要传教方式之一，曾经覆盖了从幼儿园、小学、中学到大学的全部教育层次及多种学科领域。除学历教育外，还包括成人教育、职业教育及针对残障人士的特殊教育。此外，基督宗教机构还注重培养公民人格、公民品行，以促进国家的发展，并希望在不被大多数中国人认可的情形下，找出相应的方式，以期在中国传统社会中，占有一定的道德优势。另外，传教机构和传教士还参与建立了多所培养宗教人员的神学教育机构。这些教会学校促进了中国教育体制的完善、科学研究的发展，对中国普通民众潜移默化的影响，在某种意义上讲，要大于医学传教和宗教布道。近代基督宗教组织对近代中国世俗教育的参与度，远远超过佛教、道教、伊斯兰教组织，甚至与中国传统精神信仰的重要支柱——儒教相比，其积极性也要略高一等。

　　从基督宗教不同派别看，基督教新教各教派、组织的实际参与力度要大于天主教和东正教。从所有教会创办的学校和其他教育机构的经费来源看，大部分来自外国机构，涉及大部分西方国家。近代中国社会处于一种半殖民地状态，作为出资方的教会机构与其母国政府一样，都希望能以某种形式施加长期与现实的影响。这种局面，在相当长的时间内，影响到多数中国人的心理感受与情感态度，包括学术界在所进行的相关研究中所持的观点。

　　1949—1978 年，中国学术界对于教会教育的研究，从政治角度基本持一种否定态度，教会教育被认为是帝国主义侵略中国的重要工具，其代表人物成为帮凶。1964 年，郭吾真的《李提摩太在山西的侵略活动》一文指出，李提摩太在中国居留了近半个世纪，在帝国主义侵华史上扮演了重要角色，其中山西是其发迹的重要基地。文章用专节列举了李提摩太

(Timothy Richard) 利用清理"教案"实行文化侵略时期(1901—1911)的作为,其中重要的事例就是其在建立山西大学堂过程中所采取的各种手段,对中国国家主权进行轻侮与干涉。此外,由于教会大学在办学方针、方法和办学目的上的明确性,形成了一套与中国传统文化有相当差距的、特殊的文化氛围。在这种氛围下,身处其中的中国籍师生,自觉与不自觉地受到影响,这种状况在新中国成立后,造成教会学校员工、学生处于一种政治、道德劣势状态。① 谢昌逵、洛寒的《亲美崇美思想怎样侵蚀了燕京大学》一文认为,燕京大学从成立起就是美帝国主义文化侵略的据点,在其奴化教育下,培养出具有不同思想特点的几类人:第一种是美帝国主义在华最忠实最可靠的奴才,是实施文化侵略的组织者;第二种大都留过美,羡慕美国的一切,但不是燕大的主要当权者、组织者;第三种也是在美国受过奴化教育,羡慕美国的一切,崇拜美国的学术,相信美国胜过自己的祖国;第四种是以青年学生居多,本人没有到过美国,但是受父母、学校、教会和传教士的影响,崇拜美国;第五种是没有受过奴化教育,但依赖给在燕京大学美国人打工为生的人。在这些人的基础上,产生了抗拒新中国改造的心态。这两篇文章体现了新中国早期带有明显政治烙印的典型研究范式。这种影响直至 20 世纪 80 年代廉立之的《帝国主义利用基督教对近代山东的侵略》仍可看出。②

1977 年以后,有关教会教育的研究,与其他基督宗教研究一样,逐渐展开,进入 20 世纪 90 年代以后,某种程度上甚至成为"热点"。像基督宗教其他研究领域一样,在教会教育方面,有些评价也有罔顾中国近代历史大背景,进行主观、非理性的评价的问题。一些教会教育机构的后续合并单位,也把部分倡议、参与建校活动的传教士,列为建校鼻祖,树碑立传。

以下主要针对 1978 年以后的研究,分类对中国历史学界有关近代教育传教各个领域的研究进行简要介绍与分析。

教育属于广义的文化范畴。早期进入中国的传教士,除了在澳门地区,在内地及台湾地区并没有兴办或参与中国的教育活动,中国传统教育

---

① 参见郭吾真《李提摩太在山西的侵略活动》,《史学月刊》1964 年第 4 期。
② 参见谢昌逵、洛寒《亲美崇美思想怎样侵蚀了燕京大学》,《人民教育》1952 年 5 月号;廉立之《帝国主义利用基督教对近代山东的侵略》,《齐鲁学刊》1980 年第 2 期。

体系没有受到影响。1840年以后，中国被迫"门户开放"，天主教、新教和东正教传教士，为加快在中国的传教事业，开始兴办学校、医院等，希望尽快改善普通中国民众对基督宗教的现实感受。另外，由于近代中国在政治上的失败和经济上的衰落，中国人心理上造成了一种空前的"失落感"，一些知识分子和普通民众迫切需要了解西方先进的科技文化知识，以达到富国强民的目的。在被动与主动的胶着状态中，一套系统的教会教育体系逐渐在中国建立起来，包括幼儿园、小学、中学、大学、职业教育和特殊教育等。

传教士与中国教育问题是中国学术界研究比较充分的领域。1978年以前，这类文章主要在帝国主义文化侵略的前提下开展研究。1978年以后，研究文献大量涌现，对传教士、传教机构在近代中国教育发展中的作用与意义，评价也趋于客观。但是其中也隐约看到另外一种现象，一些研究文章结论过于"溢美"，有意无意否认教会兴办教育过程中的宗教、政治前提。与针对基督宗教的其他研究领域一样，在教育传教方面，部分研究文献确实存在罔顾中国近代历史大背景，基于信仰偏好进行主观、非理性评价的问题。

第一节 基督宗教教育

有关基督宗教在华教育的研究与评价，伴随着其进入中国的整个过程。从20世纪50年代至今天，大陆地区学术界有关的研究经常处于"跷跷板式"的状态。研究者随着政治、文化、信仰偏好的变化在跷跷板两边摆动，20世纪50—70年代，研究主动或被动向一边倾斜，20世纪80年代以后，相关研究又开始向另一边倾斜，角度很大，尚未看到回弹的迹象。研究成果尽管不少，但是在观点上多为人云亦云，深入细致、客观公允、以理服人的研究仍然缺乏。

一 教育事业的理论探讨

20世纪80年代前期以前，有关基督宗教在华教育史的研究，许多学者仍然倾向于将其来华进行教育传教活动视为帝国主义文化侵略的手段之一，这种观点基本上持续到90年代。如吕达的《近代中国教会学校述略》和张奇的《教会学校与美国对华文化渗透》等论文即持此观点，认为其最终目的是在"精神上奴役中国人民"①。

曾钜生的《西方教会在华办学问题初探》，揭示了教会办学的原因，最初是为了吸引传教的听众，发展教徒。另一个重要原因是培养中国传教人员，通过他们去传福音吸引更多人信教，帮助传教士开辟新的传教区，同时为提高中国传教助手的地位，必须使他们接受教育。西方传教士在中国传教，经历了中国传统文化对外来宗教，特别是和殖民侵略联系在一起的基督教的排斥反应，体验了中国社会正在发生的变革，从而改变了传教策略，把"宗教事业推广到慈善事业和文化事业"中。教会学校作为封建旧学的对立物，对中国封建文化构成挑战，教会学校在引进介绍西方文化和西方新式教育体制方面有启蒙和示范作用。②

20世纪90年代以后，一些学者也开始从更多的角度，尤其是现代化的角度，尽可能客观地探讨近代基督教教育传教士在华的作为，对其在华活动予以实事求是的评价。崔丹、史静寰和王立新的论文，比较全面地梳理了教育传教士来华的目的和过程、与中国教育的关系，并把其放在中国近代史、中美关系史的视野中，肯定其存在的意义，指出了近代教会教育对推动中国近现代教育的产生和发展起到了转型的作用。这三篇论文发表在比较重要的学术期刊上，论证扎实，在学术观点上有一定的引导作用。③

美国学者卢茨（Jessie G. Lutz）是最早研究中国基督教会大学的外国学者，她的《中国教会大学史：1850—1950》一书，对中国教会最早的研究专著，对中国教会大学的研究有着非常重要的开拓意义。④ 徐以骅的专著《教育与宗教：作为传教媒介的圣约翰大学》，以圣约翰大学为例对教会大学宗教功能进行了深入的研究。该书是最早研究教会大学的专著之

---

① 参见吕达《近代中国教会学校述略》，《上海师范大学学报》1987年第3期；张奇《教会学校与美国对华文化渗透》，《学术论坛》1991年第2期。

② 参见曾钜生《西方教会在华办学问题初探》，《杭州大学学报》1987年第12期。

③ 参见崔丹《晚清寓华新教传教士与近代教育》，《近代史研究》1990年第3期；史静寰《美国现代派传教士教育家的形成与中国教会学校的改革》，《美国研究》1991年第3期；王立新《晚清在华传教士教育团体述评》，《近代史研究》1995年第3期。

④ 参见[美]卢茨《中国教会大学史：1850—1950》，曾钜生译，浙江教育出版社1988年版。

一，特别之处是普遍认识到教会大学的社会功能，而忽视了对其宗教功能的考察。①

胡卫清的专著《普遍主义的挑战：近代中国基督教教育研究（1877—1927）》指出，传统的"文化侵略论"站不住脚，"现代化论"也未必符合实际，乃从普遍主义—基督教文化信仰的深层实质来进行考察，广泛运用多学科的知识和方法，征引了丰富的中英文历史文献资料，构建了新颖的立论模式和写作框架，对晚清到民国年间的基督教教育做了实证性的考察。②

史静寰的《近代西方传教士在华教育活动的专业化》和胡卫清《美国监理会在华教育事业研究》，从不同角度研究了为使"中国基督教化"，教会机构和传教士如何寻找教育工作的内在规律，面对不同的对象，逐步缩小、减少教育传教与直接布道的内外在差异，希望获得更好的传教效果的努力过程。史文首先指出对教育传教进行"专业化"研究的意义和目的，指出教育是西方传教士在华活动的一个重要领域。传教士在这一领域的活动与其传教工作有着密切联系，也有重要区别，特别是教育工作作为一门独立的专业与专司讲经布道的传教工作相脱离以后，这种区别愈发明显。传教与教育工作的联系源于使中国基督教化的根本目的，而两者的区别则主要归根于不同性质的工作所需要遵循的不同的内在规律。由于西方传教士入华出于明显的宗教目的，而这一目的在以不平等条约为基础的近代中西交往中，又与西方国家对中国的政治压迫和经济剥削紧紧联系在一起，这使其教育活动无论在出发点或结果，还是内容和方式方面都超出了教育的范围，因此我们以往对于这种教育活动的认识也往往着重于更广泛的方面。③ 胡卫清一文以个案形式探讨了基督教在华教育传教的过程和结局。由于中国传统主流社会对传教事业的拒绝，监理会早期在华教育主要以社会边缘人物为对象。自林乐知始，监理会调整教育政策，吸引上层社会子女入学，标榜"中西并重"，企图从体制上泯灭教会学校与洋务学堂之间的界限。从小学、中学直到大学，完备的三级教育体制说明监理会教

---

① 参见徐以骅《教育与宗教：作为传教媒介的圣约翰大学》，珠海出版社1999年版。
② 参见胡卫清《普遍主义的挑战：近代中国基督教教育研究（1877—1927）》，上海人民出版社2000年版。
③ 参见史静寰《近代西方传教士在华教育活动的专业化》，《历史研究》1998年第6期。

育的专业化取得了成功,但由于在教育体制、方针和世俗化等问题上与中国新式教育存在根本的差异,它始终只能游离于政府体制之外。监理会在华教育的成功与失败,深刻地彰显了近代中国历史发展的主体性,实际上也昭示着基督教教育整体的最终命运。①

20 世纪 90 年代以后,学者们对教会教育的研究有了一定程度的改变,更侧重强调教会教育对中国教育的近代转型起到了一定的作用。近代美国来华传教士在中国积极从事教育活动,教会学校实际成为中国近代化学校教育的模板,为中国培养了大批近代新型的知识分子,美国传教士对中国学校教育近代化的贡献是应该给予充分肯定的。② 英国和加拿大基督教会在台湾进行的传教事业取得了一定的成功,究其原因,与教育的发展关系甚密。基督教会在台湾创办了近代教育,设立各类学校、推广白话字、创办报纸等。教会教育引进西方先进教育观念和方式,客观上对晚清台湾教育事业起到了促进作用。③

在某种程度上讲,义和团运动是基督教在中国命运的一个分水岭。义和团运动之前,教会学校在中国处于边缘化地位。义和团运动以后,清政府的教育变革改善了教会学校的外部环境,教会学校则借助各种条件拓展自己的空间,充实教学内容,并加快了各校联合的步伐,以实现教育资源的优化组合。文章通过三个案例分析了义和团运动与教会学校的发展虽无直接的因果关系,但确有间接的联系。吴梓明最后指出:义和团运动对中国基督教教育的影响是多方面的。从外部看,基督教教育在庚子国变之后有了更大的发展空间,传教士教育家亦能在中国新教育中发挥前所未有的作用。从内部看,基督教教育获得了新的动力,一方面是美国学生志愿运动进一步关注中国,投入资源和人力发展中国的教育,另一方面则是教会学校自身加快了联合的步子,使教育资源得到优化组合,推动了基督教高等教育的发展。当然,义和团运动对基督教教育的影响并非存在直接的因果关系,而是运动期间清政府受到重创之后,被迫采取的开明政策间接推

---

① 参见胡卫清《美国监理会在华教育事业研究》,《近代史研究》1999 年第 2 期。
② 参见仇世林《美国传教士与中国近代学校教育》,《山东师范大学学报》2007 年第 5 期。
③ 参见刘凌斌《基督教会与晚清台湾的教育事业(1860—1895)》,《宗教学研究》2008 年第 2 期;田正平《教会大学与中国教育现代化》,《文史哲》2007 年第 3 期;田正平《教会大学与中国现代高等教育:以 19 世纪末 20 世纪初为中心》,《高等教育研究》2004 年第 3 期。

动了基督教教育的发展。这种因果的错位反映了历史运动中吊诡的一面。①

二 教会教育的社会参与问题

全面、客观、公正地进行评价是大陆地区从事基督教在华教育史的研究人员，仍然需要努力的方向。刘卫、徐国利的研究可以为我们今天的研究提供某种借鉴。他们指出，20世纪20年代初、中期，胡适主要是对西方在华教会教育的宗教性和非教育性进行批判，主张教会教育要进行符合时代发展和中国利益的变革；从20年代后期开始，他转而对教会教育做了全面肯定。胡适从科学理性精神和全盘西化观立场出发对教会教育所做的评价，既有合理、符合历史事实的方面，也存在非历史主义和抹杀教会教育殖民侵略性的方面。②

抗日战争是20世纪上半叶对中国社会影响最大的事件，是近代中国唯一一场取得全面胜利的战争，对中国社会、人民产生了重要的影响。刘家峰和刘天路合著的《抗日战争时期的基督教大学》是该领域的第一部专著，系统研究了教会大学内迁过程、战时教育发展、战时社会服务及宗教教育与宣教活动，考察了基督教大学与政府之间的关系，认为基督教大学为中国抗日战争做出了重要贡献，同时，教会大学自身也在进行着艰难的中国化过程。③ 周东华考察了抗战对浙江基督教教育的影响，认为浙江基督教各级教育机构均能在战火中坚持抗日救亡运动，或在流亡中办学，或严于律己抵制敌伪的诱惑和后方安逸的生活，修正了晚清以来"帝国主义走狗"的形象。④

大多数中国人民主动或被动参与抗战活动，基督教组织也不例外。抗日战争期间，全国有近十所教会大学像当时绝大多数国立高校一样，为了避免落入日本侵略者的魔掌，保存中国高等教育的命脉，相继由北部、东部和中部地区迁移到西南大后方。在战争重创之下，教会高校或远迁内地以图生存，或立足原地力谋发展，使中华民族教育现代化事业不致中辍。

---

① 参见吴梓明《义和团运动前后的教会学校》，《文史哲》2001年第6期。
② 参见刘卫、徐国利《胡适论西方在华教会教育》，《安徽大学学报》2005年第5期。
③ 参见刘家峰、刘天路《抗日战争时期的基督教大学》，福建教育出版社2003年版。
④ 参见周东华《民国浙江基督教教育研究：以"身份建构"与"本色之路"为视角》，中国社会科学出版社2011年版。

在迁徙过程中，教会大学的师生员工冒着生命危险，千里跋涉，风餐露宿，受尽颠沛流离之苦，在极其艰苦的条件下坚持办学，写下了中国抗战史册上极为悲壮动人的一页。抗战期间教会大学和其他高等院校的西迁，使我国的高等教育在落后的西南地区得以传播和振兴，对缩小沿海大中城市和内地的文化差距，缩小东部发达地区和西南落后地区文明发达程度的差距，促进这一地区的现代化进程，均具有深刻的历史意义。①

教会学校与政府之间的关系，也是学者关注的重点。南京国民政府采用公、私立学校双轨并行的教育体制，在中国历史上首次明确制定了较为完备的私立学校政策。这是中国教育近代化的一次飞跃，是中国教育史上的一件大事。教会学校是旧中国私立学校的大端。1927年南京国民政府成立后，对教会学校的管理进入国民党主导的时期。国民党政府陆续颁布了一批法令，最终确立了以"私立""中国人控制""教育与宗教分离"为基本方针。② 抗战期间，基督教大学和政府之间的关系比以前更加紧密，基督教大学对国家的忠诚、为国家所做的服务以及在美国进行的关于抗战的宣传，得到了国民党政府的肯定和表彰。作为回报，国民党政府对基督教大学宗教教育管制有一定程度的放松，因此，基督教大学特别是在宗教教育领域得到较战前更大的发展空间。但随着国民党政府对大学控制的加强，基督教大学面临失却原有特色和办学自由的危险，导致基督教大学与政府之间出现一系列的紧张。③

本着宗教的精神，教会学校特别注重学校和学生的社会服务。其创办原受西方基督教社会福音理论影响，通过在社区中提供多种服务来宣传基督教精神。

学者探讨了近代中国教会大学进行社会服务的原因，分析其社会服务的形式、特点及成效，以期能为现代大学的社会服务提供有益的借鉴与启示。近代中国教会大学根据中国社会的实际情形，不断对自身进行适时的调整，通过将社会服务与教学、科研有机结合，拓展了高等教育的职能，

---

① 参见马敏《抗战期间教会大学的西迁：以华中大学和湘雅医学院为例》，《华中师范大学学报》1996年第2期；余子侠《抗战时期教会高校的迁变》，《抗日战争研究》1998年第2期；任祥《抗战时期私立武昌华中大学在大理的办学实践》，《大理学院学报》2004年第2期。

② 参见杨大春《南京国民政府的教会学校政策述论》，《苏州大学学报》1999年第2期；杨思信《民国政府教会学校管理政策演变述论》，《世界宗教研究》2010年第5期。

③ 参见刘家峰《论抗战时期基督教大学与国民政府之关系》，《史林》2004年第3期。

赢得了社会的认可。文章从基督教精神的世俗诠释、中国民族主义的冲击、中国本土大学的挑战、社会舆论的诘难、西方差会经费资助的减少和美国大学模式的移植五个方面分析了教会大学开展社会服务的原因。介绍了教会大学社会服务的形式，指出近代中国的教会大学从宣扬宗教的初衷出发，在办学理念上强调服务与牺牲的宗旨，注重社会调查和社会问题的研究，并通过多样化的形式，将科研成果推广运用于社会，为社会服务。主要包括开办各类学校和训练班；设立卫生宣传队和诊疗室；组织演讲和展览会；设立民众阅览室和巡回书库；出壁报，发放宣传册；建立试验基地或合作社等。文章归纳出教会大学社会服务的特点是：具有浓厚的宗教色彩；关注农村；形式和内容多样化；发挥学科优势，进行校际合作；关心妇女与儿童。总结出教会大学社会服务的几点成效。文章最后指出，由于诸种因素的制约，近代中国教会大学的社会服务只能在一个有限的范围内进行，难以对社会的整体改革产生作用，更无法对落后的生产力和生产关系形成冲击。但是，在拓展大学的生存空间、提高大学的声誉，更好地沟通大学与社会的关系方面，教会大学所进行的积极探索至今仍具有一定的启发意义。①

李在全认为，对民国时期乡村建设的定性和评价，目前学术界一般是肯定其一定的积极作用，但总体认定是失败的，并把失败的根本原因归结为其改良性质，直接原因是日本帝国主义的入侵。作者从对福建协和大学乡村建设运动的个案考察和分析中，认为这个结论值得重审和反思。从地域空间维度来看，日本的入侵确实使许多乡村建设运动陷于停止，确实缩小了乡村建设运动的地域，但许多未沦陷的地方还在继续，并有深入发展的势头。农民问题是近现代中国的根本问题，时至今日，"三农"问题依然严峻，更何况民国时期乡村建设形成社会运动充其量就是短短的十来年时间，用十来年时间试图解决要用数十年、上百年甚至数百年才能解决的问题，是后人对前人的苛求，是非历史的思维偏见，存在着时间维度的错位。民国时期的乡村建设运动确实是在维护现存社会制度和秩序的前提下，采取和平方式，通过兴办教育、改良农业、流通金融、提倡合作、办

---

① 参见周谷平、孙秀玲《挑战与应对：近代中国教会大学的社会服务》，《华东师范大学学报》（教育科学版）2007 年第 4 期；孙秀玲、程金良《近代中国教会大学走向社会服务的原因分析》，《江南大学学报》（教育科学版）2008 年第 3 期。

理地方自治与自卫、改善公共卫生以及移风易俗等改良措施，复兴日趋衰败的农村社会经济，实现民族再造（晏阳初语）或民族自救（梁漱溟语）。乡村建设者为什么采取改良方式来解决农村问题，是个复杂的问题，其中既有他们个人世界观、社会观、人生价值观和改造社会的方法论的原因，也有当时政治、经济和社会思潮等诸多因素的影响。过多地强调改良性质是导致乡村建设运动失败的根本原因，其背后隐含着这样一个理论倾向预求：为什么乡村建设者不采取共产党式的革命方式改造中国、建设农村呢？作者认为这种用共产党人的标准去要求乡村建设者的思维，是一种强加式的思维，是学术研究者们要警惕和摒弃的。社会历史的演进是多元力量共同参与作用的结果，不可苛求简单划一的路径和模式。①

学者们还探讨了教会大学乡村服务的特色与社会影响。由沪江大学创办的沪东公社，是上海地区教会大学所办的一个教学实验基地，从1917年创办至上海解放初期高校院系调整时结束，存在了30多年，曾经被称为中国第一个大学社会学系实验基地。在30多年实际开办过程中，其一系列为社会民众服务的活动在相当程度上淡化了沪东公社的宗教色彩，凸显了其社会救济和社会服务功能，由此产生较大的社会影响。认为沪东公社事业的成功源于中国社会特殊的环境以及社会各方的支持，这在一定程度上反映了西方基督教文化在中国具体环境下所发生的变异。②

教会学校和学生与中国共产党的关系如何？学者们以北美地区最大的、持续四十余年的中国留学生团体为对象，探讨了北美基督教中国学生会与基督教青年会的特殊关系，以及中国共产党与其组织、成员间的联系。中国基督宗教组织、人物，特别是男女青年会、教会学校与中国共产党、中国革命进程的关联，是中国近代史、中共党史研究中一个非常值得关注与研究的领域，具有重要的历史与现实价值。③ 近年来有少数学者针

---

① 参见李在全《教会大学与中国近代乡村社会：以福建协和大学乡村建设运动为中心的考察》，《教育学报》2005年第6期。
② 参见孙秀玲《近代中国教会大学走向农村的历史考察：以20世纪二三十年代教会大学社会服务的策略转移为中心》，《民办教育研究》2008年第5期；马长林《基督教社会福音思想在中国的实践和演化：以沪江大学所办沪东公社为中心》，《学术月刊》2004年第3期。
③ 参见黄岭峻《1948年关于中国留美学生政治态度的一次问卷调查》，《近代史研究》2010年第4期；赵晓阳《北美基督教中国学生会及其与中共的关系》，《近代史研究》2011年第6期。

对相关机构、人物展开研究，但多是从革命史、政治史、妇女史的角度展开的，从基督教史角度展开的研究，仅见零星研究，且多不系统。

公民教育严格说不属于文化、学历教育范畴，但与教育、基督教组织有重要关联，特别是基督教青年会是公民教育的积极参与者。多篇文章分别探讨了公民教育的发展与作用，指出在民族危机四伏时期，中华基督教青年会为救治危机开启了中国公民教育运动之先河，希冀通过对公民的义理期许、主体化人民来达到改造国家的目的，其公民教育理念不免留有简单化缺陷，且严重忽视中国传统文化及国民的文化传统，但在"公民教育运动周"等相关运作模式的践行下，取得了显著教化效果，启蒙意义不可低估。①

第二节　教会高等教育研究

基督宗教在华开展的教育传教事业中，高等教育可以说是较为成功、影响力最大的领域，即所谓教会大学。它是指从19世纪末起西方基督教会在中国所创办的高等教育机构，其中基督教创办的大学有13所，天主教创办的大学有3所。教会大学是中国近代高等教育的先驱和重要组成部分，传播西学和文化，促进中西文化交流，对中国社会产生了长期的、潜移默化的影响，对于中国近现代高等教育的成长，有着重要的指向性作用。有关教会高等教育的研究，也是在华基督宗教教育史研究中产出最多的领域。

一　教会大学研究与学术范式

由于教会大学所占的重要地位，自20世纪50年代起，西方史学界开始了这一领域的研究，并取得了相当可观的学术成果。亚洲基督教高等教育联合董事会在50年代主持编写的10所基督教会大学的系列丛书，是最

---

① 参见赵晓阳《中国基督教青年会与公民教育》，《基督宗教研究》总第8辑，宗教文化出版社2005年版；黄文治《中华基督教青年会与公民教育运动（1923—1930）》，《甘肃社会科学》2010年第6期；陈正桂《论20世纪20年代余日章领导的成人公民教育运动》，《河北大学成人教育学院学报》2012年第2期。

早完整叙述研究教会大学的专著，这 10 所大学包括燕京大学、华西协和大学、福建协和大学、圣约翰大学、之江大学、金陵女子大学、齐鲁大学、华南女子大学、东吴大学、华中大学。

由于受"左"的思想影响，大陆地区简单地将教会大学视为帝国主义的侵略工具，甚少有人涉及这一学术禁区。20 世纪 80 年代初，傅愫冬的《燕京大学社会学系三十年》、陈景磐的《旧中国的教会学校述略》、吴竟的《略论东吴大学建校经过》，让教会大学重新进入人们的视野。徐以骅的《基督教在华高等教育初探》则比较全面地提出了重新研究和评论教会大学史的问题，引起了学界的关注。①

在基督教教育开始新的学术研究方面，章开沅先生绝对起到了开拓性历史作用。

关于教会大学与"帝国主义""传教运动"之间的关系，一直是妨碍和影响教会大学研究的重要问题。章开沅先生首先从马克思主义理论和方法上，明确提出了"两个区别说"。他指出，过去将教会大学单纯看成帝国主义文化侵略的工具，以政治评价代替了学术评价，以较为表层化的民族主义情绪代替了更为理性和客观的思考与评价。他还指出，应该将早期教会大学与成熟时期的教会大学相区别，以正确评价其宗教功能、政治功能和教育功能在不同阶段的不同变化。毋庸讳言，早期教会和教会大学的确与西方殖民主义和所谓"为基督征服中国"的宗教狂热有过不同程度的联系，但教育活动毕竟不同于政治经济活动，它有其自身的内在规律，应当排除民族情绪与历史成见，"这是保证中国教会大学史研究健康发展的必要前提"。这些观点也得到了史静寰的赞成。②

章开沅先生的《教会大学史研究的文化视野》一文从文化和宗教长期性的角度分析了教会大学史研究的意义所在。文章指出，从 20 年代后期开始的教会、教会大学"本土化"进程，并非全都是由于民族主义的挑战和政府法令的压力，基督教内部的顺应潮流趋向与适应环境机制也发挥了明显的作用。章开沅先生认为，我们现今常常说到的中国传

---

① 参见傅愫冬《燕京大学社会学系三十年》，《社会》1982 年第 4 期；陈景磐《旧中国的教会学校述略》，《教育研究通讯》1983 年第 3 期；吴竟《略论东吴大学建校经过》，《苏州大学学报》1983 年第 1 期；徐以骅《基督教在华高等教育初探》，《复旦学报》1986 年第 5 期。

② 章开沅主编：《中西文化与教会大学·序言》，湖北教育出版社 1991 年版。

统文化或中华文化，其中理应包括业已在相当程度上本土化了的基督教文化。基督教神学是基督教文化的核心部分，它与佛教、道教、伊斯兰教各自的神学一样，都是世代流传并且不断发展丰富的宝贵的人类文化遗产，其中固然有许多陈旧的糟粕，但同时也保存着许多终极关怀的哲理与追求至善的理想。历史唯物主义者自然要宣传无神论，反对有神论，更不会相信上帝创世说和救赎教义。但是，真正的历史唯物主义者又理应懂得宗教产生与流传至今的原因（包括自然的、社会的与认知的原因），应该采取科学的、理解的乃至比较宽容的态度来对待宗教。只要不是为非作歹、触犯法律、危害社会的邪教，只要是遵守国家宪法与政策、法令的正当宗教，特别是那些历史悠久、信徒众多的全球性大宗教，我们就应该容许其存在，并且尊重和保护他们理应享有的合法权益，包括宣传、研讨其教义的自由与必需条件。宗教问题甚至比民族问题更为复杂，因为它更多地涉及人类的认知领域。科学主义的偏失在于过分夸大了科学认知的能力，甚至对科学认知的局限视若无睹，而正是此种局限给宗教留下了并非狭窄的继续存在与发展的空间。宗教既然存在，它便成为构成社会诸因素之一元，便有其特殊的不可缺少的角色与功能。随着人们科学认知能力的发展，或是由于对物质文明的过度追求而沉溺于物欲，宗教的角色与功能可能在某个时期或某个地区有所淡化，但是可以断言，在几个世纪乃至十几个世纪以内却绝不会消失。也正因为如此，我们应该加强宗教与宗教文化研究，不仅可以借此吸取传统文化的营养，而且有助于宗教自身正常地、健康地、趋向高品位地发展，使宗教与社会保持良性的互动关系。①

　　章开沅先生利用收藏在耶鲁大学神学院图书馆的贝德士文献并尽可能循着贝德士的视角和思路，全面考察中国教会大学的历史命运，并对贝德士的观点作出了客观的评断。文章指出，中国教会大学的长足进步，是在20世纪20年代以后，其主要特征是日益本土化、专业化与世俗化，并逐渐融入中国社会，成为中国私立大学的重要组成部分。中国教会大学的长足进步是在20世纪20年代以后，其主要特征是日益本土化、专业化与世俗化，并逐渐融入中国社会，成为中国私立大学的重要组成部分。中国教会大学对中国现代化曾有自己的贡献，但真正的辉煌不过20年，其悲剧

---

① 参见章开沅《教会大学史研究的文化视野》，《华中师范大学学报》1997年第3期。

的结局乃是内外多种历史的和现实的因素所造成。①

与此同时,华中师范大学还召开了国际性学术研讨会,出版了有开拓意义的论文集,如《中西文化与教会大学》《跨越中西文化的巨人:韦卓民学术思想国际学术研讨会论文集》《中国教会大学史论丛》等。对教会大学的历史定位,教会大学的教育作用和贡献,进行了深入的研究。② 同时还将上文提到的亚洲基督教高等教育联合董事会在20世纪50年代主持编写的10所基督教会大学的研究专著译成了中文,并系列性出版。

"全球地域化"理论对中国基督教史,特别是教会大学史研究中意义进行了回顾与分析。"全球地域化"理论是继以费正清"冲击—反应"、列文森的"传统—现代"和柯文"以中国为中心"后研究中国教会大学史的新视角。"全球地域化"是一个强调兼具双向及互动关系的概念。它不仅关注"全球化",也关注"地域化",更寻求两者之间的互动关系。文章指出,中国教会大学史研究是一种涉及全球地域性的研究。其一,它必须是涉及地域性的研究,从中国不同地区的档案及文献中整理资料进行研究;其二,教会大学是由西方不同差会,宗派教会,甚至是不同国家的基督教团体联合创办的,因此教会大学史研究是涉及跨地区、跨文化、跨语言的研究。③

早期现代化的一项突出内容是高等教育的现代化,这也是教会教育最受肯定的方面。分别从不同角度讨论了教会大学进入中国的历史背景、方式、时间特征及对于中国教育现代化的深刻影响。指出中国教会大学是中西文化交汇的产物,表现出鲜明的时代气息和自身特点,其对高等教育规律的认识和丰富多彩的办学实践,至今仍不失为高等教育的模范,在文化大融合的今天重新来探讨它,既是必需的,也是必要的。其中如黄新宪从五个方面总结了教会大学在中国高等教育现代化中的意义:(1)教会大学以西方大学为榜样,建立了高效率的学校管理体制,设置了综合性的院

---

① 参见章开沅《中国教会大学的历史命运:以贝德士文献(Bates' Papers)为实证》,《上海社会科学院学术季刊》1996年第1期。

② 参见章开沅主编《中西文化与教会大学》,湖北教育出版社1991年版;马敏主编《跨越中西文化的巨人:韦卓民学术思想国际学术研讨会论文集》,华中师范大学出版社1995年版;顾学稼《中国教会大学史论丛》,成都科技大学出版社1995年版。

③ 参见吴梓明《全球地域化:中国教会大学史研究的新视角》,《历史研究》2007年第1期。

系机构，同时集中力量办好一批具有良好发展前景的系科，从而促进了高等教育管理模式的早期现代化。（2）教会大学普遍重视教学、研究、推广三者的结合，并将之作为学校教育的主要任务，从而具有培养人才、发展学校、服务社会的功能，促进了高等教育职能的早期现代化。（3）教会大学在宗教信仰、思想观念、师生关系、社团活动等方面采取较为开明的态度，从而增强了学校的凝聚力。（4）教会大学注意培养学生严谨笃实的学习精神，严格考评制度，实行奖优汰劣，促进了学风建设的早期现代化。（5）教会大学突破传统办学模式的局限，通过校系间的联合办学，以克服自身办学条件之不足，提高了教育水准，其成功的实践为现代大学间的相互协作提供了有益借鉴。田正平（2004）的文章指出，中国教会大学萌发于19世纪80年代，在20世纪初得到初步发展，至1952年所有接受外国津贴的高等学校由中华人民共和国教育部收归国有。70多年间，外国差会在中国陆续创办的被公认属于高等教育机构的教会大学有近20所。这些教会大学，一方面，在一定程度上成为吸引各地的青年，并把他们置于基督教和基督教文明影响之下最有效的手段；另一方面，作为受到不平等条约保护、在特殊历史条件下出现的中外教育交流的载体，在自身发展的不同阶段，也以各种方式对中国现代高等教育产生过积极的影响。主要从两个方面推动了中国现代高等教育的产生：（1）教会大学的产生是传教士主动改变传教策略，以便更好地实现使中国基督化的产物，它在客观上反映了中国社会变革对西学和专门人才的需求，从这个意义上讲，教会大学为中国现代高等教育的起步提供了一种模式。（2）教会大学为中国现代高等教育的起步提供了一批管理人才和教学人才，他们在教会大学（或教会学校）所获得的经验、学识，在中国现代高等教育初创时期发挥过重要的作用。[①]

李楚材编的《帝国主义侵华教育史资料：教会教育》是一部有关教会教育的历史资料集，重点记录了教会教育的起源、目的、内容、方法、

[①] 参见黄新宪《教会大学与中国高等教育的早期现代化》，《苏州大学学报》1994年第4期；孙竞昊《西学·西教·近代化：对教会大学在中国及相关问题的思索》，《华东师范大学学报》1995年第2期；田正平《教会大学与中国现代高等教育：以19世纪末20世纪初为中心》，《高等教育研究》2004年第3期；田正平《教会大学与中国教育现代化》，《文史哲》2007年第3期；苑青松《20世纪初中国教会大学的特点及其现代意义》，《高等教育研究》2009年第6期。

办学模式等诸多方面的内容，为教会教育研究提供了基础性资料源头。①王立诚的《美国文化渗透与近代中国教育：沪江大学的历史》，沪江大学在华的发展历史，也是美国对华文化渗透的过程与中国社会包容、吸纳外来文化的过程，是两者交汇融合的过程。② 章博的《近代中国社会变迁与基督教大学的发展：以华中大学为中心的研究》，将基督教大学置于近代中国社会变迁的大环境中进行考察，分析了基督教大学与西方教会和中国政府的关系，研究了20世纪20年代至40年代在中国化、世俗化、国立化潮流中华中大学的应对之策和自存之道。③ 值得注意的是，教会大学个案的研究已经成为博硕士论文的选题方向。

美国作为对华传教最积极的国家，王立新指出20世纪上半叶是其在华扩张的鼎盛时期。在这一大背景下，作为基督教传教运动一个组成部分的美国在华高等教育事业获得了前所未有的发展，对现代中国社会和教育产生了广泛的影响。王文论述了美国教会在华高等教育在这一时期获得发展的背景与动机、情况及特点，并对其对中国社会和教育事业的影响和作用作了分析。④

教会大学与中国文化变迁之间的作用如何？黄新宪认为教会大学与文化变迁的关系十分密切，指出教会大学主要是通过文化创新、文化传播和文化迁移等方式来促进文化变迁的。⑤ 陈文远的《近代中国教会大学的功能演变及原因探究》则认为一百多年间，中国教会大学逐渐由带有政治目的的传教工具演变成中国近代高等教育发展的推进器。中国教会大学功能的演变固然有着深刻的政治背景，但中国教育发展的内在规律使其功能的演变有着必然性。⑥

成立于16世纪末期的澳门圣保禄学院，对澳门在中西文化交流中的

---

① 参见李楚材编《帝国主义侵华教育史资料：教会教育》，教育科学出版社1987年版。
② 参见王立诚《美国文化渗透与近代中国教育：沪江大学的历史》，复旦大学出版社2001年版。
③ 参见章博《近代中国社会变迁与基督教大学的发展：以华中大学为中心的研究》，华中师范大学出版社2010年版。
④ 参见王立新《美国教会在华高等教育事业的考察》，《上海社会科学院学术季刊》1991年第4期。
⑤ 参见黄新宪《教会大学与文化变迁》，《高等教育研究》1996年第1期。
⑥ 参见陈文远《近代中国教会大学的功能演变及原因探究》，《高等教育研究》2006年第4期。

作用进行了分析。澳门圣保禄学院（Colegio de S. Paulo）创建于 1594 年，于 1762 年关闭，前后共 168 年的历史。文章指出，圣保禄学院在澳门历史发展的进程中，在其存在的 168 年间，曾发挥过重要的作用，培养了一大批在沟通东、西文化方面颇有作为的历史文化名人。它既是一所高等学校，又是一座中外文化交流的桥梁，是入华传教的耶稣会士进入中国的大门，它在近代中外文化交流史上具有特殊的地位，对澳门、内地以及整个远东地区的历史、文化都产生过重大影响，尤其对中国的近代教育影响更大。确定它在澳门历史和中国教育史上的地位——远东传教士的摇篮、西学东渐的基地和欧洲中国学奠基者，是十分必要的。①

二　新教教会大学研究

圣约翰大学是美国圣公会在上海创办的一所大学，以教育质量高而著称，多位学者分别讨论了大学的建立、与中国近代教育的关系及学校的结束。熊月之、周武的文章作为《圣约翰大学史》一书的前言，对圣约翰大学的办学特点进行了细致的分析，对其办学特色给予了高度评价，指出圣约翰大学曾经寄托着万千学子的憧憬和梦想，享有"东方的哈佛"之美誉，无论在上海城市史上还是在中国近代教育史上都占有突出的地位。圣约翰大学从 1879 年创设，到 1952 年 9 月被裁撤，持续 73 年。圣约翰大学经过不断的改革与完善，逐步确立了自成一体的大学教育体系，为学校的发展提供了一种体制的保障。正是在这种大学教育体制的保障下，圣约翰的教育质量迅速得到提高，在中国教会大学中声名鹊起，成为蜚声海内外的名校。据中华基督教教育会在 20 世纪二三十年代的调查，服务于社会各个行业的圣约翰学生"记录之优良"，胜过任何一所教会大学。②

20 世纪 20 年代后，作为教会大学早期代表的圣约翰大学和后期代表的燕京大学，面对中国变革中的社会选择了不同的发展道路。前者固守自身传统，对中国社会的发展消极应对；后者主动调适，努力适应中国社会的发展。不同的发展方针为两校带来了不同的结果，一个走向衰败，一个

---

①　参见李向玉《圣保禄学院在中西文化交流中的作用及其对我国近代教育的影响》，《清史研究》2000 年第 4 期。

②　参见熊月之、周武《"东方的哈佛"：圣约翰大学简论》，《社会科学》2007 年第 5 期；金燕《圣约翰大学与中国近代教育改革》，《韩国研究论丛》第 5 辑，中国社会科学出版社 1998 年版；沈鉴治、高俊《圣约翰大学的最后岁月（1948—1952）》，《史林》2006 年增刊。

获得了更大的发展机遇。但是有关燕京大学的研究，多以司徒雷登为中心，针对大学本身的研究，仍然不够充分。①

王国平、郭萍和冯勇对美国监理会在苏州创办的东吴大学的创建过程与其历史地位进行了分析。② 黄涛、刘锡涛则分析了福建地区规模最大的教会大学——福建协和大学的筹建过程。③ 张美、鲁娜和陶飞亚、曲宁宁以基督教新教在山东乃至全国建立的最早的教会大学——登州文会馆为对象，对由登州文会馆演变而来的齐鲁大学的研究现状及其历史意义进行了较为深入的探讨，讨论了其对山东教育近代化产生的深远影响。④

章博对华中地区教学最好的教会大学的创办过程、办学特点进行了分析。张丽萍以华西协合大学为例讨论了20世纪初教会大学纷纷创建的内在原因。文章指出，1912年民元前后，为中国教会大学频繁创办时期。教会大学是不平等条约的产物，也是"跨文化互动"的产物。配合当时的社会历史背景，一些内在因素对教会大学的发生起到了促进和推动作用，如19世纪末欧美的社会福音运动，带动教育传教士来华，为教会大学准备了"办学资源"。基督教在华初级、中级教育的规模化，为教会大学的发生准备了条件；海外捐助的增加，为教会大学提供了财政支援等。文章最后指出，进入20世纪20年代以后，中国基督教大学的兴办热潮宣告结束。原因有以下几个方面：（1）教会大学的分布及数量，足以满足区域教育的需要，在一些省区出现了饱和的状态，并有裁并大学的呼声，如1920年华西基督教教育会将办学重心从以前的"推广范围"转向"将已有者发展至完善地步"。（2）为了维持已办的大学，教会已无力组建新的大学。第一次世界大战以后，美国孤立主义抬头，海外宣教运动的热忱也随之锐减，1929年的经济大萧条更是令其自顾不暇，对华文教事业的投入也颇艰难。1933年美国平信徒调查团已觉察海外宣教事业走到一个

---

① 参见田正平、刘保兄《消极应对与主动调适：圣约翰大学与燕京大学发展方针之比较》，《高等教育研究》2006年第4期。

② 参见王国平《东吴大学的创办》，《苏州大学学报》2000年第2期；郭萍、冯勇《教会大学的兴起与东吴大学法学院的建立》，《理论界》2010年第12期。

③ 参见黄涛、刘锡涛《福建协和大学的筹建》，《高等教育研究》（成都西华大学）2007年第1期。

④ 参见鲁娜、陶飞亚《齐鲁大学的历史资料及其研究》，《教育评论》1994年第1期；曲宁宁《齐鲁大学"立案"研究》，《当代教育科学》2010年第1期；张美《登州文会馆与山东教育近代化》，《济宁师范专科学校学报》2005年第3期。

"十字路口",指出海外宣道事业运动主要是依靠临时捐款维系,并没有固定的基金,近来"捐款的数目渐渐减少,各宗派所组织的宣教事业机关,在各方面遇见严重的问题"。(3)中国公、私立大学日渐完善,教会学校逐渐在数量上失去优势,社会影响也难与国内著名大学相抗衡。此时,西方国家教士有关基督教教育"在中国有没有一个长久存在的地位"的疑问,就反映出这种挫折感和失落感。为了解困舒压,办学重心也转变为"由数量到质量"。①

岭南大学是创建于广州的一所教会大学。夏泉、徐天舒研究了岭南大学的一个特别之处。与其他教会大学不同,岭南大学的经费不是由基督教差会提供的,而是政府补助、社会团体和华侨捐款所占比例较大,其特点在于经费来源地域广泛、主体多样、方式多元。岭南大学经费筹措受当时国内外政治、经济诸多因素的影响。②

三 天主教大学研究

针对天主教在中国兴办的高等教育机构,研究的论文相对较少,也缺少专著。天津工商学院是近代中法教育交流的硕果之一,它引进了近代西方尤其是法国的师资、教学课程、教学方法和教学管理,从理论和实践两个层面为中国高等教育提供了可资借鉴的资源,有利于中国教育的现代化。③ 辅仁大学作为中国现代高等教育史上占有重要地位的一所天主教大学,主要是在中国籍天主教领袖英敛之、马相伯等人的大力呼吁、发起下创建的,其创办过程十分漫长、艰难,筚路蓝缕,颇费周折。英敛之、马相伯等人发起创建天主教辅仁大学的意图是明显针对当时外国天主教势力的蒙昧主义、殖民主义和法国保教权,具有"教育救国"的思想特点,闪耀着爱国、爱教的可贵精神。这一办学精神后来被校长陈垣一直

---

① 参见章博《以质取胜:华中大学办学特色研究》,《华中师范大学学报》2005年第6期;张丽萍《教会大学纷起于民元前后的内因:以华西协合大学为例》,《宗教学研究》2012年第1期。
② 参见夏泉、徐天舒《岭南大学经费筹措及其影响因素分析》,《高等教育研究》2004年第6期。
③ 参见张士伟《近代天津工商学院与中法教育交流》,《华北电力大学学报》2009年第6期。

坚持。①

在发展演变过程中，震旦大学从天主教大学逐步转变为一所世俗性的高等教育机构，而且具有鲜明的法国教育特色，反映了法兰西民族对文化教育事业的一贯重视。震旦大学在学科设置上与法国传统学科的呼应、对本国语言的重视，政府和工商界对文化活动的参与和支持，是法国从古至今一以贯之的传统，充分体现了植根于法兰西民族的一种文化禀性。②刘贤的《两所大学与两个时代：天主教震旦大学与辅仁大学比较（1903—1937）》指出，这两所天主教大学，在性质上前者为耶稣会所有，后者为教宗直属，由不同修会先后办理。在教学理念、教学方法上存在着很大差异，代表了中国近代天主教的两个时代，即殖民时代与本色化时代的不同色彩。③

单冠初通过对非宗教机构在华开办的大学——东亚同文书院与教会大学进行比较，指出这两类政府主导设立与民间机构兴办大学，在政治背景上存在着差异。④巨玉霞、张亚群分析了教会大学的办学特点，如实行单独考试，就近招生；生源主要来自上层社会、教会中学和基督徒的子女；本科与研究生招生相衔接；招生形式多样，重视短期培训。这些招生特点既与同期国人自办的公、私立大学存在某些共性，也反映了半殖民地社会条件下教会办学的特殊要求与独立性。⑤

第三节 教会大学与近代教育近代化

教会大学成立后，在科学研究、学科建设、学位授予等方面都开风气之先河。有关这些问题的研究，也是研究基督教教育史的学者关注点较

---

① 参见孙邦华《试论北京辅仁大学的创建》，《世界宗教研究》2004年第4期。
② 参见王薇佳《震旦大学与近代中法教育交流》，《高等教育研究》2008年第4期。
③ 参见刘贤《两所大学与两个时代：天主教震旦大学与辅仁大学比较（1903—1937）》，《世界宗教研究》2009年第4期。
④ 参见单冠初《试论东亚同文书院的政治特点：兼与西方在华教会大学比较》，《档案与史学》1997年第1期。
⑤ 参见巨玉霞、张亚群《近代中国教会大学的招生特点》，《大学教育科学》2005年第5期。

多的。

一 教会大学与近代中国大学

中国教会大学的成立,促进了许多学科在中国的产生和发展,对中国人文社会科学、自然科学的发展有着极为重要的影响。何晓夏、史静寰合著的《教会教育与中国教育的近代化》,认为教会学校首先把欧美先进的教育方式输入中国,冲击了日趋衰败的学塾书院制度,在一定程度上代表了中国近代新教育的诞生和成长。[①] 王立诚的《沪江大学与近代商科教育》以沪江大学为代表,讨论了商科教育在中国大学的发展。沪江大学是由美国南浸会和北浸会1906年在上海东北郊黄浦江畔联合创办的一所教会大学。这所大学的商科在国内高校中首屈一指,为学校在社会上赢得了巨大声誉和影响。文章首先从教会教育观念的转变与沪江商科的设立谈起,叙述了学校创办商科过程中的甘苦,详细介绍了沪江城中区商学院的设立与社会办学的方式。沪江有了城商后,很快成为全国高校中商科规模最大的一所大学,同时也是当时教会大学中学生人数最多的一所大学。如果说沪江早先还是一个基督教征服中国的"文化侵略"工具的话,那么此时它已可以说是为中国近代资本主义发展做出贡献的一分子了。[②]

殷晓岚的《卜凯与中国近代农业经济学的发展》介绍了卜凯(John Lossing Buck)如何创建了中国第一个农业经济系——金陵大学农业经济系,开创并极大地推动了中国近代农业经济学教学与研究的发展。傅琼指出,美国与近代中国高等农业教育的关系极为密切。通过传教士创办的教会大学农科院系、留美中国农科学生的培养等途径,对近代中国高等农业教育体系和模式产生了巨大的影响,为中国训练了一批农业教育专家,也为美国势力进一步渗入中国打下了文化基础,并为中美高等农业院校交流与合作提供了借鉴。[③]

王玮的数篇文章分析了工程、科技类专业在中国教会大学的创立过程,指出部分专业在当时已经达到国际、国内先进水平,如中国近代教会

[①] 参见何晓夏、史静寰《教会教育与中国教育的近代化》,广东教育出版社1996年版。
[②] 参见王立诚《沪江大学与近代商科教育》,《近代中国》第6辑,立信会计出版社1996年版。
[③] 参见殷晓岚《卜凯与中国近代农业经济学的发展》,《南京农业大学学报》2002年第4期;傅琼《美国与近代中国高等农业教育》,《中国农史》2007年第1期。

大学生物学教学设施均超过美国小型大学公认的标准。其中东吴大学生物学教学在国内大学中处于领先地位。震旦大学经过多年的努力,有了远东最负盛名的博物院,所藏各类动植物标本在当时国内大学中是最丰富的。金陵大学生物学系与其有名的农学联系紧密,燕京大学生物学系偏重动物学研究,其他教会大学也为中国近代新式学校培养了当时急需的一批生物学教师。①

肖朗、项建英认为各教会大学从一开始就对教育学科的建设十分重视,无论从师资的培养、课程的开设、教学方法的创新还是人才培养目标的确定等方面都积累了丰富的经验。近代教会大学教育学科之所以能立足于中国高等学校教育学科之列,在许多方面开教育学科的风气之先,其中师资队伍建设是关键。它关系着一门学科的兴衰存亡,是学科发展的基本要素,也是学科发展的动力所在。教会大学教育学科师资培养变化第一个特点是从牧师兼职逐渐发展为专业教师,并在这一过程中形成了教师梯队格局。第二个特点是教师梯队的形成过程也是教师队伍逐渐走向中国化、世俗化的过程。首先表现为教师开设的课程与中国实际相结合;其次是教育学科的外国教师开始了解中国情况,研究中国问题;最后是教育学科师资队伍开始出现中国人,并且数量越来越多。第三个特点是师资来源多样化。他们一般具备广博的知识、开阔的视野、多样的知识结构。文章认为,教育学科师资不仅直接促进教会大学教育学科的发展,而且对中国教育学科近代化也作出了其应有的贡献。因此,研究教会大学教育学科的师资,总结师资队伍建设的经验,对今天学科师资队伍建设仍有启发意义。②

侯强认为,近代中国传统法律教育在向现代法律教育的转变过程中,教会大学法律教育的某些方面起着一定程度的示范与导向作用。它虽然与宗教及西方殖民主义侵略势力有着难解难分的关系,但客观上促进了中西

---

① 参见王玮《中国近代教会大学的工学教育》,《高等工程教育研究》2010 年第 3 期;《中国近代教会大学科技类专业设置演变(1901—1936)》,《哈尔滨工业大学学报》2008 年第 2 期;《中国近代教会大学化学教育(1901—1936 年)》,《内蒙古师范大学学报》(教育科学版)2007 年第 11 期;《中国近代教会大学生物学教育》,《生物学通报》2007 年第 12 期。

② 参见肖朗、项建英《近代教会大学教育学科的建立与发展》,《高等教育研究》2005 年第 4 期;项建英《试论近代教会大学教育学科的师资》,《浙江师范大学学报》2005 年第 5 期。

法文化的衔接，顺应了近代中国法制现代化的历史要求。①

二 教会大学制度建设与发展

教会大学对中国教育的另外一个贡献，就是完善了大学学位制度，开展了中国最早的研究生教育。周谷平、应方淦围绕学位制度的建立与完善过程，指出教会大学不仅是西方学位制度传入近代中国的一条重要渠道，同时也对中国近代高等教育实践产生了示范效应，在一定程度上促进了近代中国学位制度的起步和发展。② 岳爱武对近代中国最早开展研究生教育的教会大学——圣约翰大学的具体细节进行了考辨。③

黄新宪指出，几乎每一所教会大学都编辑印行了大量的期刊，以反映其在教育教学、科学研究、学校管理、教师状况以及学生社团等方面的情况。这些期刊拥有一定的读者群，对教会大学的发展进程产生了重要的影响。在众多的期刊中，学术期刊尤为引人注目。教会大学编辑印行学术期刊的历史悠久，早在1903年，东吴大学就出版了第一份年刊。辛亥革命后，随着教会在华高等教育获得长足发展，教会大学学术期刊的编辑印行也进入一个繁荣的时期，学术品位高并富有特色的期刊相继问世，迅速在国内刊物界崭露头角，成为学人发表研究成果的重要园地。无论是在社会环境相对稳定的时期，还是在抗战初期辗转迁徙的岁月里，教会大学始终将学术期刊编辑印行作为一项重要的工作常抓不懈，学术期刊的质量不断提高，形成了自身鲜明的特色。文章认为，学术期刊是考察和了解教会大学的重要途径，具有较高的文献价值。加强对教会大学学术期刊的整理和研究是学术界的一项重要课题。④

赵长林指出，新中国成立后图书馆理论学界在对中国图书馆史的研究中，对近代教会大学图书馆的研究向来讳莫如深。即便涉及，也如"蜻蜓点水"，这是一种令人遗憾的现象。近代教会大学图书馆，尽管同教会大学一样，是帝国主义文化侵略的产物，但我们却不能否认它的存在，它

---

① 参见侯强《近代中国教会大学法律教育与法制现代化》，《青岛科技大学学报》2009年第4期。
② 参见应方淦《清末教会大学学位制度述评》，《高等教育研究》2001年第3期；周谷平、应方淦《近代中国教会大学的学位制度》，《浙江大学学报》2004年第1期。
③ 参见岳爱武《中国最早开展研究生教育的教会大学考辨》，《高教探索》2010年第4期。
④ 参见黄新宪《教会大学学术期刊探略》，《教育科学》1995年第2期。

是近现代中国高校图书馆史上极其重要的一环。虽然它与国办大学图书馆一起存在于中国近代图书馆上，但就其地位、作用与贡献，较之国办大学图书馆，却有过之而无不及。①

第四节　教会中小学教育研究

与教会大学相比，有关基督宗教在华创办中学、小学及幼儿园等不同教育阶段的研究，显得较为薄弱，尤其是有关教会小学、幼儿园的研究，截至目前，尚未见到学术性较强的研究论文出现，可以认为仍处于空白状态。而有关教会中学的学术性研究，也显得分散、缺乏系统性研究。已有研究成果，在研究对象上也过于集中在部分地区、部分学校，多数教会中学尚未见"学术性研究"成果。与大学研究相比较，教会中小学档案、文献更为分散，毁失情况严重，造成研究上的困难更大，收集、整理和利用教会中小学国外母会所收藏资料，成为一种必要的选择。但是，在教育史领域，中小学、幼儿园向来不是研究的重点，在教会学校研究上也如是，机构和学者如开展系统研究，某种程度上来说，投入和产出不成比例。

中国基督教中等教育迄今为止尚未见任何通史性或专题性研究专著，无论中文或外文。仅见的是外国学者有个别论文涉及这个问题。在教会大学或基督教教育的通史研究中，作为基督教教育的铺垫性研究，在高时良主编的《中国教会学校史》和史静寰的《狄考文和司徒雷登在华的教育活动》等书中，有专章谈到"中学教育"的问题。最早发表的论文是姬红的《北京地区美国基督教教会中学研究》，这是她在北京大学的硕士论文基础上修改而成的。尹文涓主编的《基督教与中国近代中等教育》，是迄今唯一以基督教中学教育为主题的论文集。其中胡卫清的《晚清基督教中等学校课程研究》一文，通过对晚清教会中学的哲学宗教、地理、历史、科学、语言等课程的开设、教材及教授方法等方面的梳理后，发现教会学校的课程与中国传统的知识体系几乎没有延续关系，传教士们积极

---

① 参见赵长林《中国近代教会大学图书馆评述》，《上海高校图书情报学刊》1994 年第 3 期。

讲授的是西方知识体系下的科学和文化，积极致力于各学科术语体系的构建。因此，在基督教教育体系中并不存在耶稣与孔子的对峙，传统知识并没有与近代知识对接的轨道。中国基督教教育是西方同类教育体制的移植，它在摒弃传统中国知识体系的同时，提供了一套新知识体系的备选方案，成为改革旧知识体系和教育体系的先驱作用。刘家峰的《中国基督教中学的农业教育与乡村建设》，对基督教农业教育参与中国乡村建设的起始、教会、基督教教育界及各地方对乡村建设理念的回应，以及各基督教中学参与乡村建设的具体情况进行了详细的考察和分析。刘天路和赵颖合作的《教会中学的中国进程及其命运》，指出为谋求学校的发展和应对中国自办教育的挑战，教会中学从一开始就在课程设置和学校管理等诸多方面，都有意识地采取了本土化的措施。张永广的《华中大学与中华区基督教中学关系述论》，打通了基督教高等教育和中等教育的界限，描述了华中地区高等和中等教育之间"同根共祖"的关系，以及在多方面的协作和互助，为更全面地理解基督教教育系统提供了很好的依据。①

一 新教中等教育研究

1912年9月17日，中国东部和中部第一所美国学校——上海美国学校正式建立。它的创办是在华美国传教士多年努力的结果，包括前期的调研、协商以及敦促美国和加拿大海外传教士差会大会批准、寻求美国国内差会资助等，他们都不遗余力。它的创办不仅解决了在中国东部和中部工作的美国传教士子女的受教育问题，而且成为中美友谊的重要见证。②

姬虹对北京地区八所美国教会中学的历史进项了较为细致的分析，是目前仅见的针对北京教会中学的研究论文。进入20世纪20年代，经过传教士数十年的经营，八所学校都已初见规模，有良好的校舍，师生人数也不断增长，而且学校业已走完了从小学到中学，甚至大学的历程。20世纪20年代教会教育方针的调整，无疑为教会中学的发展提供了较充分的条件，同时，这种发展与社会政治环境有很大的关系。进入20世纪30年代后，国民党政府的统治相对稳定，对于教会学校采取了比较明智的政

---

① 参见尹文涓《基督教与中国近代中等教育》，上海人民出版社2007年版。
② 参见何方昱《传教士与上海美国学校的创办（1896—1912）》，《史林》2011年第6期。

策。政府一方面通过法令要求外国人所办学校必须立案注册，纳入国家教育系统，学校不允许传播宗教；另一方面，只要学校在政府立案，政府对学校事务并不多加干涉，只定期派员视察而已，对于学校仍然存在的宗教活动，也不多加干涉。因此，对于教会学校既用严法约束又给予相当自由，无疑是促进了学校的发展。尤其是20世纪20年代以后学校的教育功能日益突出、宗教功能日益减弱的情况下，这种现象更为明显，这不是传教士办学的初衷，却是产生的客观社会效应。①

在中国近代教育史上，位于上海的格致书院具有重要的影响。关于其研究，学者们发表了一批较高质量的论文，形成了一个小小的学术热点。多位学者分别从多个角度，研究了格致书院的历史、办学特点及历史作用。郝炳建在文章中指出，上海格致书院是经外国人倡议，由中西各方人士共同创建的一个新型的教育机构，自其倡议筹建到停办，历时达40年之久。其办学宗旨是为华人了解西方科学技术知识，其办学经费来自中外各界人士的捐助，其管理方式采取董事会管理制，其教学内容包括科学技术、政治、经济、时务、文化、教育等，其中科学技术是最主要的教学内容，其教学方法以自学为主，以讲授为辅，以科学实验及演示为重要教学手段。在西学东渐过程中，上海格致书院发挥了重要的作用。作为一个新型教育机构，格致书院兼具学校、图书馆、博物馆、研究所、科学普及社等多种教育功能。这些创新既向中国传统教育提出挑战，也显现出中国民间教育的新变化，具有开风气之先的重要意义。张华腾以另一所学校——中西书院为对象，指出它为洋务运动培养了一大批急需的人才，学校的教学管理经验是近代教育史上一笔宝贵的财富。②

二 天主教中等教育机构

有关天主教兴办的中等教育机构，几篇论文讨论了位于上海的天主教中学。施扣柱通过对历史文献和大量口述资料的解读，对近代一所著名的在华在沪天主教中学——圣芳济学院的管理模式进行了探索和总结，认为该校在宗教信仰方面所实行的相对宽松自由和开明的管理方针，使其宗教

---

① 参见姬虹《北京地区美国基督教教会中学研究（1920—1941年）》，《美国研究》1991年第4期。
② 参见张华腾《1882—1895年中西书院诸问题的考察》，《史林》2004年第5期。

气氛比一些新教学校还要淡薄。其在学业管理和纪律管理领域采取相当严格的精英教育路数,但有诸多细致入微的人性关怀之缓冲。在讲究管理细节的同时,该校还注意到管理的有效性和高效性。这种真实面相之揭示,为比较如实、客观、公正地认识当年在华天主教会中等学校提供了历史的实例,也给今人继续探索学校管理模式、再创教育辉煌留下了可资借鉴的历史经验。① 而俄国传教团在华办学大多规模偏小,存在时间不长,在人才培养上也少有建树。造成这种局面的主要原因是俄国政府从未将传播东正教置于对华政策的首要地位。②

第五节 特殊教育和职业教育

一 新教机构与中国特殊教育、职业教育

除学历教育外,针对特定人群的专业教育,也是传教士没有放弃的领域。其中有些工作甚至是"开创性的",如中国最早的盲童学校、聋哑学校等。学者们详细讨论了中国盲人教育的创建过程。中国早期盲人及聋哑人教学机构的设立,与传教士有着密切的关系。郭卫东的《基督教新教传教士与中国盲文体系的演进》认为,盲文的产生为盲人打开了认识光明世界的门扉,为盲人教育开辟了通衢,而近代的盲人特殊教育又与人性尊严、人权神圣和人类平等不可或分地联结在一起,人类的文明形态因特殊教育的出现迈进了一大步。中国盲文由基督教新教传教士率先引入创制,由康熙盲字到大卫·希尔等诸种盲文法,再到心目克明。20世纪20年代后,中国盲文的改进转由国人接棒,反映出一国语言文字的改进最终有赖于国人自身,他们才是自己母国语言的主体和传承人。③

---

① 参见施扣柱《张弛有道:从圣芳济学院看近代在华天主教中学的一种管理模式》,《史林》2008年第6期;马学强《"素为沪地教会中学之冠":近代上海徐汇公学研究》,《史林》2010年第6期。

② 参见肖玉秋《1917年前俄国东正教传教团在华开立学堂考略》,《世界宗教文化》2011年第3期。

③ 参见郭大松、曹立前《传教士与近代中国启喑教育》,《近代史研究》1994年第6期;郭卫东《基督教新教传教士与中国盲文体系的演进》,《近代史研究》2006年第2期。

基督教青年会是基督教的外围组织，倡导基督教的服务与献身精神，它的活动涉及教育、文化、医疗、慈善等诸多方面，职业指导便是其中之一。20世纪二三十年代，中国基督教青年会不仅发起了许多职业指导活动，而且还创立了一些职业指导机构，为青年择业、就业提供服务。在平民教育运动中，作为平民教育运动发起机构，基督教青年会参与始终。①

针对中国传统社会，基督教传教士对于妇女的态度更加开明，各类教会机构针对妇女兴办各类教育事业，对中国妇女解放起到了一定的作用。不仅开办了中国历史上最早的面向女子的各类中学大学，而且还为无经济能力进入学校受教育的女工办起了识字扫盲夜校。这些面向不同阶段、不同类型和不同层次针对女性的教育实践互动，为启蒙中国女性思想意识和社会责任的觉悟，引导中国妇女投入妇女自身解放和民族解放运动，起到了重要的作用。陆菁分析了基督教传教士在近代中国女性教育中所起的开创性作用。对女教士在中国早期创办女学情况做一概述，从中可见国人对女子教育态度的逐渐变化而开中国人自办女学之端倪。②

二 少数民族近代教育发展

在论述民族整体教育发展史中，将教会教育作为重要研究部分。自19世纪末期，各类基督宗教传教士进入西南少数民族地区，传教士兴建了当地最早的教育机构，影响至今。在黔滇川交界处的石门坎地区，创建当地苗族最早的学校。③ 1921年，法籍传教士德仁康在瑞丽等创办了中国

---

① 参见金兵《基督教青年会与民国时期的职业指导》，《世界宗教研究》2010年第4期；张博《非政府组织与近代中国职业教育研究：以天津青年会为个案的考察》，《兰州学刊》2012年第1期；郑利群《从20年代广州平民教育运动高潮看基督教青年会的推动作用》，《广东技术师范学院学报》2011年第2期；喻春梅《论民初湖南平民教育运动》，《聊城大学学报》2012年第5期。

② 参见王奇生《教会女子高等教育的历史演变》，《华中师范大学学报》1996年第2期；赵晓阳《20世纪上半叶中国妇女的启蒙与觉醒：以上海基督教女青年会女工夜校为对象》，《中华女子学院学报》2010年第3期；陆菁《鸦片战争后教会女塾在中国的兴起》，《史林》1990年第4期；任春艳《传教士与中国近代女子教育》，《宗教学研究》2007年第4期；张姗《中国第一所女子大学概览：记华北协和女子大学》，《山东女子学院学报》2011年第5期。

③ 参见东旻《石门坎学校创建日期考》，《贵州社会科学》2006年第2期；丁万录《基督宗教对苗族教育的影响分析：以贵州石门坎为例》，《西北第二民族学院学报》2008年第2期。

景颇族第一所教会学校。这些教会学校以景颇文为教学语言，也学习英文等语言，主要教学内容以宗教为主，兼有各种文化课程，为中国境内景颇族培养出了第一批具有现代文化意识的知识人。文章指出，传教士带来的不仅有宗教教义、典籍，还有医药知识和药品、留声机、幻灯机、电影机等。通过教会学校这样的教育形式，景颇族不仅获得了系统的宗教知识和仪式训练，而且也接受了科学文化与现代文明的熏陶，产生了对外来文明的向往。从这个意义上来说，教会学校的积极作用是明显的，外来宗教在传播过程中产生了直接的文化、教育效应。但由于教会学校的根本目的所致，传教士们所进行的教学不可能超出宗教传播的范围，因而教会学校没有对景颇族的现代教育事业产生过真正的推动作用。①

有关中国境内少数民族基督宗教教育状况的研究，从文献来源分布来看，呈现出较为明显的地域化色彩。西南民族地区学术期刊发表相关研究论文较多，一些主流宗教学、历史学、教育学刊物发表此类文章却不多。就一些少数民族而言，近现代教育实际上就是伴随着教会教育而兴起的，传统教育资源的影响力十分薄弱。如果不涉及教会教育，就无法客观描述其教育发展过程，从这一点上看，主流学术刊物也应对此领域研究报以更多关注。②

三　新教教育机构和活动

除学校外，基督教其他教育机构的研究也开始出现。其中张龙平的两篇文章，以全国性中华基督教教育会为重点，讨论了其发展、作为及在抗日战争中的处境。巴敦调查团（China Educational Commission）来华是20世纪20年代中国基督教教育史上的重要事件。自1914年中华基督教教育会首倡调查团来华，至1921年9月正式来华，中西基督教界为此前后酝

---

① 参见冯丽艳《教会学校对云南景颇族教育的功能影响》，《临沧师范高等专科学校学报》2009年第4期；杨德亮《基督宗教对景颇族教育的影响分析：以云南等嘎村为例》，《西北第二民族学院学报》2008年第2期；雷兵《景颇族教育传统的历史演进》，《云南民族大学学报》2009年第3期。

② 参见李红军、梅英《浅析基督教对云南少数民族社会教育的影响》，《临沧师范高等专科学校学报》2007年第2期；俸兰、李伟《基督宗教对西南少数民族教育的影响及政策研究》，《西北第二民族学院学报》2008年第2期；汪洪亮《1940年代川西羌族地区的教会教育：以中华基督教会全国总会边疆服务为例》，《抗日战争研究》2010年第3期。

酿了七年之久。在此期间，以中华基督教教育会为首，在调查团来华的人事安排、经费落实、先期调查、资料整理上做了大量的工作，其价值是将中国基督教教育的现状及未来走向通过调查团之口传达给西方，进而影响中西基督教界。而抗日战争的爆发重创了中华基督教教育会的组织与活动，使其与其他文教机构一样经历了漫长的迁移过程。在此期间，教育会利用其沟通中西、沟通教俗的特殊性，组织人力与财力，通过开展中学救助、大学规划、宗教建设等活动来展现自己作为中国基督教教育领导者应尽的义务。战后教育会完成回迁与重建，踌躇满志以图东山再起，但无奈时过境迁，教育会步履维艰。①

仇华飞和张龙平介绍了1835年成立的中国最早的教育社团——马礼逊教育会的历史与主要活动。仇文首先介绍了马礼逊教育会的创建始末及其宗旨，叙述了澳门马礼逊学校的创办过程及其对教育传教与中国近代教育的影响。鸦片战争前，尤其是美国传教士把来华进行教育传教视为向异教徒传播西方基督教文明的重要途径。这种办学形式在客观上不能不冲击当时中国传统的教育制度，使科举制向现代方向转化，1862年京师同文馆的创办，1872年容闳带领幼童留学美国等，无疑是受到相关的影响。马礼逊教育会是近代第一个组织完善的传教士教育社团，"商教合作"的经济运作模式、"理事会制"的制度运作模式和年会的活动方式，是它赖以生存的基础。②

自教会学校在中国出现后，教学语言的选择就成为一个无法回避的问题。在基督宗教各派别在中国建立的各类教育机构中，基督教组织开办设立的教育机构数量最多，在教学语言上，特别是在早期教会学校中，选择英语为教学语言的教学机构、课程最多，特别是在教会大学、中学，这种情形更为普遍。在中国少数民族地区，教学语言更多选择民族语言或外语，而不采用汉语。在使用汉语的学校中，仅仅规定使用汉文，至于在口语方面使用国语还是方言进行教学，并没有硬性规定。在一定程度上，传教士出于传教效果的目的，更倾向于汉语方言的使用，

---

① 参见张龙平《调适、规划与重建：抗战时期的中华基督教教育会》，《抗日战争研究》2010年第3期；《中华基督教教育会与巴敦调查团来华的酝酿》，《世界宗教研究》2012年第3期。

② 参见仇华飞《马礼逊教育会与马礼逊学校的创办》，《华东师范大学学报》1995年第2期；张龙平《马礼逊教育会与中国早期教育社团》，《教育评论》2007年第6期。

包括为之创制方言罗马字拼音文字等。教育语言的选定,是一个反映多种深层关系的问题,特别是在近现代中国,更带有强烈的感情色彩。在教会学校方面,语言问题涉及宗教传播、文化媒介、社会心态、政治和民族情感等多种因素,具有很强的研究意义,逐渐引起研究者的注意,陆续有一些研究文献发表。

为纪念基督教新教第一位来华传教士马礼逊,西方在华侨民于1836年在广州成立了马礼逊教育会,并于1839年在澳门创办了马礼逊学校,将英语教学正式引入中国学校教育。① 胡小君的《浅论民国时期教会中学的英语教学》指出,近代中国的外语教育产生于教会学校特别是教会中学。民国前期,教会中学英语教学取得了不断的发展,师资来源和教材的选用呈现出多样化趋势,教学方法也有重大改革,教学效果明显优于当时的公立中学。抗战以后,教会中学英语教学的正常发展趋势被打断,处于停滞和混乱的状态。② 张广勇认为,晚清教会学校的"英语争论"源于两方面的原因:一是教会传教首先面临语言的选择问题,即选用英语还是汉语;二是教会内部对教会学校教学目的的理解和实现手段存在分歧。英语派最终取得胜利则是当时西方"语言优越"论的胜利,同时也是对晚清社会"英语需求"的一种"被迫"回应。③

此外,米镇波、苏全有的《清代俄国来华留学生问题初探》讨论了一个较为特殊的领域,即外国基督教神职人员到中国学习的问题。清代来华俄国留学生(主要由东正教神职人员构成)问题是中俄关系史特别是文化交流史上非常重要的事情。文章就1840年以前,清代俄国来华留学生问题做一初步研究,探讨的内容涉及俄国留学生来华学习的历史背景;他们来华所走的路线,来华学生人数的统计及总名单一览,他们在华学习和生活的概况以及他们在中俄关系史上的地位和作用。文章指出,由于种种原因,史学界对这个问题的研究非常薄弱,甚至可以说几乎还没有展开研究。国内许多有关留学生运动史的著作,内容仅限于中国学生出国留学的事,而关于外国人来华学习的历史却没有专门的研究。米、苏二人的论

---

① 参见顾卫星《马礼逊学校的英语教学》,《苏州大学学报》2000年第1期。
② 参见胡小君《浅论民国时期教会中学的英语教学》,《安徽师范大学学报》2002年第2期。
③ 参见张广勇《晚清教会学校"英语争论"的历史分析》,《贵州民族学院学报》2011年第3期。

文也是截至目前，笔者所见大陆地区学者对来华留学的基督教背景留学生进行研究的唯一论文。①

第六节　基督宗教教育人物

有关基督教人物与基督教教育的关系主要集中在教会大学领域，其他教育领域研究尚为少见。有关基督宗教教育人物，主要包括两部分人物，一部分是有基督宗教背景或身份、从事教育工作的人士，如传教士、教徒等，另一部分是专门从事基督宗教教育的人士。在以往的研究中，第一部分人物多被研究者有意无意地淡化了其基督教背景，更强调其职业属性，如司徒雷登的传教士身份，吴贻芳、刘湛恩、陶行知等人的基督徒身份等，实际上这些人物并不少为人知，但是其基督教背景并不被多数人所知。进入 20 世纪 80 年代以后，大陆地区的研究者也逐渐从基督宗教角度对相关人物展开研究，并逐渐产生相当数量的研究成果。至于第二部分专业基督教教育工作者，由于涉及更多的基督教、神学、宗教学等专门领域，基本上还未被大陆地区学术界普遍关注，仅有少量教会内部学者开展过相关研究，发表了少量论文。从已发表研究文献看，涉及基督教（新教）教育人物最多，天主教较少，东正教尚属空白。

一　教育传教士

顾长声的《从马礼逊到司徒雷登》，从众多的传教士中选取了 29 位，分别立传，关于他们的基本生平和活动情况提供了很多资料，其中对早期来华的传教士更重视，该书内容详细，可读性很强，开始了从个人传记角度研究传教士的方法。② 史静寰的《狄考文与司徒雷登在华教育活动》是最早研究教育传教士的专著，资料丰富，视角独特，抛开了过去研究者更为关注的传教士的政治含义，详细论述了他们在华的教育活动，开启了关注教育传教士的各种意义的研究。③

---

① 参见米镇波、苏全有《清代俄国来华留学生问题初探》，《清史研究》1994 年第 1 期。
② 参见顾长声《从马礼逊到司徒雷登》，上海人民出版社 1985 年版。
③ 参见史静寰《狄考文与司徒雷登在华教育活动》，珠海出版社 1999 年版。

20世纪90年代初期，张建华较早地发表了论文，从分析美国公理会传教士谢卫楼（D. Z. Sheffield）所从事的教育活动的过程，引发了对教育传教士的评价问题的看法。首先，近代中西关系是不平等的。在西方殖民主义和帝国主义侵略中国的历史条件下，来华西方传教士的传教和教育活动，从始至终都是在中西关系不平等的背景下进行的，是受不平等条约保护的。我们看到，谢卫楼自觉地利用不平等条约，要求西方列强保护和帮助教会和教会学校在中国扩张势力，这实际上构成了帝国主义侵略中国的一部分内容。在上述认识的前提下，我们也应该承认近代西方传教士在华的教育活动是特定历史条件下中西文化交流的一种特殊形式。如何准确评价它在中西文化交流中的作用和对中国近代化的贡献，是摆在学术界面前的一项艰巨任务。谢卫楼对学校的宗教性质和宗教目标的强调达到了极端的程度。但他的学生在接受基督教的同时也在接受西方近代文明的熏陶，在接受教会工作训练的同时也接受了一定的自然科学和社会科学知识。他用中文编写了一批教科书，提出发明中文打字机的任务，这在近代中西文化交流的历史上，都是值得肯定的成绩。①

在基督教教育人物中，司徒雷登（John Leighton Stuart）是一个广为人知的人物，他参与创办了燕京大学，对学校的发展起到不可替代的作用，从不同角度对他展开研究的专著和论文都比较多。司徒雷登长期担任燕京大学校长、校务长期间，形成了一套较为完整的高等教育思想并积极将其落实到教学实践中，使燕京大学在短短几年发展成了国内外著名的高校。② 关于司徒雷登的研究很多，有多本传记与研究专著，内容更多侧重的都是他与中国政治的关系，其中郝平的《无奈的结局：司徒雷登与中国》是颇受好评的一本。③ 而程宗家翻译的司徒雷登的自传《在华五十年：司徒雷登回忆录》则描述了作为

---

① 参见张建华《传教士谢卫楼的教育活动》，《近代史研究》1993年第4期。
② 参见黄新宪《简论司徒雷登在燕京大学的办学实践》，《教育评论》1993年第4期；罗义贤《司徒雷登的文化品格与燕京大学的学生运动》，《贵州师范大学学报》2003年第4期；刘保兄、赵清明《司徒雷登的高等教育思想及办学实践》，《高等农业教育》2007年第2期。
③ 参见郝平《无奈的结局：司徒雷登与中国》，北京大学出版社2002年版；李跃森《司徒雷登传》，中国广播电视出版社2004年版；林孟熹《司徒雷登与中国政局》，新华出版社2001年版。

传教士的司徒雷登对宗教和传教运动、传教运动与帝国主义民族主义之间的关系，非常富有启发性。①

圣约翰大学在近代中国高等教育发展史上具有不可替代的地位，有关其校长卜舫济（Francis Lister Hawks）的研究，也是一个相对热点。项建英指出，卜舫济以"生命之丰富"和"性格之培养"作为大学教育宗旨，他把训练学生成为"未来领袖"和"司令官"作为大学教育的目标。余骏一文比较了圣约翰大学卜舫济和燕京大学校长司徒雷登两位著名教育家在教育理念上的异同，指出他们的执掌校政之道至今仍值得我们借鉴。②

1882年来华英国传教士苏慧廉（William Edward Soothill）在温州传教的同时兴办新式学堂、医院，尤其是苏氏所办的艺文学堂开温州新学之先，对温州教育的近代化起到了示范、普及和启蒙的作用，对温州文化发展产生一定的影响，也是温州近代文化交流史上一件令人瞩目的事件。回国后任牛津大学中文教授的苏慧廉，继续致力于中国文化的介绍，为促进中西文化交流做出了实际贡献。③

吴青的《何明华与基督徒学生活动之研究》指出，香港圣公会第七任英籍会督何明华（Ronald Owen Hall）是一位香港历史上的重要人物，他对中国有着深厚的感情，在华历时44年，亲身经历和见证了20世纪上半叶中国的社会变迁，他与中国的渊源始于基督徒学生活动，该活动深刻影响了他的一生。④

校友会是西方教育的产物，1900年创建的圣约翰同学会是近代中国第一个校友会组织，同学、校友代替了科举时代的"同年"，成为人际关系网络建构的重要依托。圣约翰大学校友会的案例向我们证明，校友会不仅是学生校园生活的延续，而且也不再单纯是为校方提供经济资助的来源。校友在为母校发展贡献力量以及母校为校友服务这两方面相互发挥作用，成为近现代学校校友会的主要内涵。校友会的作用不仅体现在为母校提供经济资助这一方面，更重要的是校友会如何为校友提供各项服务，如

---

① 参见司徒雷登《在华五十年：司徒雷登回忆录》，程宗家译，北京出版社1982年版。
② 参见余骏《卜舫济与司徒雷登治校之道》，《清华大学教育研究》2010年第3期。
③ 参见端木敏静《英国传教士苏慧廉与温州近代教育》，《宗教学研究》2012年第1期。
④ 参见吴青《何明华与基督徒学生活动之研究》，《暨南学报》2011年第1期。

何在走出校门后以满足大学和校友的多方位需求。①

二 华人教育家

吴梓明组织编写了《基督教大学华人校长研究》，收录的校长包括沪江大学校长刘湛恩、华中大学校长韦卓民、辅仁大学校长陈垣、燕京大学校长吴雷川等。② 著名的爱国教育家刘湛恩是沪江大学第一任中国籍校长，他是一位虔诚的基督教徒，一向以教育救国为宗旨，31 岁时就出任沪江大学校长，还办夜大学、特别师范班、附属中学和沪东公社，倡导职业教育、业余教育，为国家培养人才。由于坚持抗战理念，于 1938 年 4 月 7 日遭日本特务暗杀。刘湛恩和其他抗日人物的牺牲，更激发了当时上海人民的抗日斗志。③

吴贻芳是中国近代著名的女教育家，担任金陵女子大学校长 20 多年间，形成了独具特色的女子高等教育思想，其思想蕴含着"厚生"务实、服务社会、以人为本的精神。吴贻芳的教育思想对近代中国女子高等教育产生了深刻的影响，她所推行的一系列教学措施和管理措施，对于我们今天从事大学管理和人才培养工作仍具有启示作用。④

平欲晓、张生以"中国教会大学中最好的两所大学"之一的金陵大学校长陈裕光为中心，揭示了陈裕光与学校密不可分的关系。陈才俊在文章中指出，20 世纪 20 年代末，中国教会大学的命运发生了根本性的转变。风起云涌的"非基督教"运动和汹涌澎湃的"收回教育权"运动导致不可阻挡的教会大学"中国化"进程，其显著标志之一便是华人掌管学校。陈裕光执治金陵大学的"中国化"过程，主要体现在三个方面，即教育管理的"中国化"、办学理念的"中国化"、教育目的的"中国化"。文章最后指出，20 世纪 20 年代末出现于中国的华人执

---

① 参见饶玲一《从"同年"到"同学"：圣约翰大学校友会与近代中国社会新型人际网络的建构》，《史林》2010 年第 6 期。
② 参见吴梓明《基督教大学华人校长研究》，福建教育出版社 2001 年版。
③ 参见刘良模《爱国教育家刘湛恩博士》，《社会科学》1983 年第 8 期；周蕾《一位赤诚的爱国者：记沪江大学校长刘湛恩》，《世界宗教文化》2005 年第 3 期。
④ 参见杨家余、王红岩《吴贻芳女子高等教育思想述评：以金陵女子大学为例》，《黑龙江高教研究》2010 年第 2 期。

掌教会大学及教会大学"中国化"潮流，亦是时代与社会发展使然。①

在天主教教育方面，马相伯是中国近代三所大学（震旦学院、复旦大学和辅仁大学）的创始人和发起者。他对中国近代高等教育改革的长期探索，以及由此而深入思考的近代大学理想、教育的世界性与民族性等问题，均对当代中国高等教育改革具有一定的借鉴价值。②

前述人物可以被称为基督教教育家，而有关信仰基督教学者与基督宗教教育的关系研究，主要又探讨了其基督教信仰与其所接受教育之间的关系。余子侠在其长文中指出，陶行知这位伟大的人民教育家，青少年时代曾长期地接受教会学校教育的熏陶，且一度"成为一个基督徒"。在探讨教会学校及教育产品究竟在近代中国社会转型过程中产生什么样的社会效应，以及教会教育的"中华归主"的目标实现的程度如何时，他无疑是一位极富代表性和颇有说服力的典型人物。文章认为，陶行知经过了20世纪20年代那场民族主义的"反基"运动的洗礼，其时正积极投身平民教育运动后又转而乡村教育运动的陶行知，对早年曾受教其中的教会教育有了一种全新的认识和正确的态度。尤其深入乡村社会从事试验乡教改造事业后，再也无人提及见到他的住所悬挂的那种带有某种象征的基督耶稣的画像。早年教会教育留给他的教益，在道德修持方面，恐怕就只有无私无畏的献身精神和博爱天下的兼爱思想。即使1929年由教会创办的圣约翰大学赠予他的科学博士学位，也是因为他用了这种思想和精神所取得的事业成就，在荣誉方面所获得的一种报偿。③

---

① 参见平欲晓、张生《一个教会大学校长的生存状态：陈裕光治理金陵大学评述》，《江西社会科学》2006年第5期；陈才俊《华人掌校与教会大学的"中国化"：以陈裕光执理金陵大学为例》，《高等教育研究》2008年第7期。

② 参见李旻《马相伯教育救国的思想与活动》，《中国矿业大学学报》（社会科学版）2004年第2期；张多默《马相伯与徐汇中学、复旦大学》，《世界宗教文化》2004年第1期；黄书光《马相伯"毁家兴学"与震旦学院的崛起》，《教师教育研究》2004年第1期。

③ 参见余子侠《陶行知与近代中国教会教育》，《河北师范大学学报》（教育科学版）2002年第5期、2002年第6期；姚远《陶行知与汇文书院》，《东南文化》2003年第1期。

第七节 收回教育权运动

近代中国地位的沉沦是整体性的,殖民主义在中国扩张的触角不仅指向政治军事和商业领域,也涉及了教育文化领域。据统计,截至 20 世纪 20 年代中期,传教士凭借不平等条约的保护,在中国开办了大批的教会学校,造成中国教育主权的部分沦丧。外国基督宗教机构在华开办的各类教育机构有 1.5 万余所,学生 80 万名。1924—1927 年(其余波一直持续到 30 年代初),中国社会发生了以反对教会教育、收回教会学校管理权为主旨的收回教育权运动,20 世纪 20 年代所开展的"收回教育权运动",是"非基督教运动"的重要组成部分。

杨恒源认为"收回教育权运动"是由知识界人士发动、青年学生特别是教会大学的学生为主要力量,反对帝国主义文化侵略的爱国运动。其特点是:在中国共产党人影响和领导下的刊物的导向下,它一方面反对帝国主义教会学校的宗教奴化教育,体现了反帝爱国精神,另一方面坚持反对盲目排外,拒绝了"一律取缔、尽数关闭教会学校"的封闭性主张,将反对帝国主义宗教奴化教育与崇尚科学二者有机地结合起来,鲜明地体现了"五四"精神,对中国教育近代化进程起到了一定的推动作用。①

多位学者以个案方式,研究了收回教权运动在不同学校的部门的回应,其中夏泉、程强强文是本领域少见的以中学为讨论对象的研究文献。20 世纪 20 年代,在民族主义压力下,各地教会教育机构开始向当地政府立案,以期获得社会认可。以位于四川的华西协和大学为例,由于南北政府都颁行了立案法规,鉴于其时四川所处的特殊处境,华西协合大学决定率先得到四川地方当局的认可。在这种情况下,华西协合大学在 1926 年、1927 年采取了一系列的措施以满足立案要求,并于 1927 年底在省教育厅获准立案。华西协合大学的立案过程清晰展现了华大在具体的地方处境中对立案这一"国家"规定的地方响应。同时,它也为 20 年代"国家政

---

① 参见杨恒源《重评二十年代初"收回教育权运动"》,《扬州师院学报》1990 年第 1 期。

治"在"地方"的运作实践提供了一个生动的案例。①

对此社会活动,当时处于改组之中、实行"联俄容共"政策的国民党和刚刚崛起的另两个政党——中国共产党和中国青年党,均采取了积极介入的态度,但因各自主张的差异与介入方法的不同,其所起的作用也颇有异。但无论如何,政党作用是我们今天认识收回教育权运动时所不能忽视、不能绕开的一个重要方面。南京国民政府成立后,在不到五年时间里,便取得了收回教育权的重大胜利。②

---

① 参见孙邦华《收回教育权运动与中国教会大学的"立案"问题:以辅仁大学为个案的分析》,《天津师范大学学报》2009 年第 1 期;胡佳虹《在华美国教会教育与 20 年代收回教育权运动》,《理论界》2010 年第 7 期;龙伟《教会大学与"地方认知":基于华西协合大学立案的分析》,《宗教学研究》2009 年第 1 期;夏泉、程强强《广州圣三一中学学潮与收回教会教育权运动的发轫》,《民国档案》2010 年第 4 期。

② 参见胡卫清《南京国民政府与收回教育权运动》,《聊城师范学院学报》2000 年第 3 期;杨思信《国、共、青三党与收回教育权运动》,《甘肃社会科学》2010 年第 2 期。

第七章

基督宗教与近代医学

基督宗教与近代中国的医疗卫生事业的发展有着密不可分的关系。不同时期进入中国的各基督教宗派，都把开展卫生工作作为传教事业的重要手段。天主教自明末进入中国后，传教士开始把西方医学的主要方法、观点介绍到中国，用汉文、满文翻译编纂介绍西医的书籍。清朝中后期后，开始在澳门、香港及内地兴建医疗设施，直接开展医疗服务工作。东正教的主要传教基地在北京，在其兴办的各种机构中，也包含医疗服务机构。基督教进入中国后，医疗传教一直是其主要传教手段之一，从医学传教士个人提供服务，到建立诊所、医院，开展多种医疗服务。随着时间的推移，教会医院逐渐在中国的大多数省市建立，其提供的服务被越来越多的中国人所接受，西医逐渐在中国得到认可与发展。

基督宗教与中国医学的"现代化"有着密切的关系，中国现代临床医学、护理学、公共卫生学和西医教育体系的建立，与在华基督宗教传教士和教会机构有着千丝万缕的联系。从一定意义上可以说，中国现代卫生事业是伴随着基督宗教进入中国而成长、发展起来的。这种密切的关系，为中国基督教研究学者提供了广阔的研究空间。

这部分研究呈现出明显的时代特点。从1949年10月中华人民共和国成立至1977年底的近30年时间里，相关专题研究很少。研究方向及成果主要定位于帝国主义对华侵略，或仅仅从近代西方对中国科学、教育、文化、社会事业一般影响的角度予以论述，刻意淡化了其中的基督宗教因素。

1978年后的相关研究中，基督宗教对明、清及民国时期中国社会文化的影响逐渐被学术界承认，研究成果无论从数量上还是涉及领域上，都是前30年多不能比拟的。这些研究书籍或文章中，对于基督宗教在中国社会生活中的作用和影响，大都给予了正面的、积极的评价。但不可否认的是，在一些研究中逐渐显现出对基督宗教在中国的影响，特别是文化、教育、科技、卫生等领域的作用"过誉化"倾向。一些研究者无视近现代中国政治、经济、文化所面临的国际、国内大环境，研究取向从一个极端走向另一个极端，背离了学术研究所应秉承的客观、公正原则。

在新中国早期有关中国卫生事业发展的研究中，论文较少，多在专著中以章节的形式论及，这些文章对外国医生的影响及评价多局限在其专业身份上，传教士背景及其终极工作目的被有意或无意忽略。但教会医疗机构的背景，反而在一定程度上被强化，以突出其"侵略"的本质。刘大年的《美国侵华史》，在论述近代美国对华进行文化侵略时，将教会学校、教会医院、麻风病院等传教事业均看成文化侵略的重要表现。李时岳的《中国近代反洋教运动》，将教会医院视为帝国主义进行文化侵略的工具，认为是传教的一种"钩饵"。[1]

宋大仁的《美帝利用医药侵华的黑幕》、王吉民的《伯驾利用医药侵华史实》和顾杏元的《基督教会医院与帝国主义侵略》，是目前仅见的1978年以前在历史学专业期刊发表的讨论外国在华医疗事业的论文。宋文分为侵华先锋伯驾（Peter Parker）办医院的杀人罪行、办学校的恶毒阴谋、倾销劣药、偷窃孙中山肝脏私制标本、劫夺"北京人"、惨无人道的细菌战（主要指在朝鲜地区的细菌战）、结语七个部分。这篇文章反映了当时中国大陆地区学术界对于基督教医学传教活动，特别是与美国传教士相关活动的主流政治判断。文章在结论中认为，一百多年来，美帝利用医药传教，有着极明显的政治阴谋，其主要代表性人物及从事的活动，罪大恶极，它是中国人民最凶狠的敌人。文章的叙述和结论带有鲜明的时代特征，尽管所叙史实中有相当部分是实际发生过的，但是存在断章取义的问题，可以被视作特定历史时期政治影响学术研究的例证。[2] 从另一个角度看，政治影响学术是不可避免的，如同近年来的基督教研究一样，许多研究也是被"政治观念"所先行支配的。

---

[1] 参见刘大年《美国侵华史》，人民出版社1951年第1版、1954年第2版；李时岳《中国近代反洋教运动》，人民出版社1958年版。

[2] 参见宋大仁《美帝利用医药侵华的黑幕》，《史学月刊》1964年第8期；王吉民《伯驾利用医药侵华史实》，《医史杂志》第3卷第3期；顾杏元《基督教会医院与帝国主义侵略》，《人民保健》1960年第1号。

1978年以后，这一领域的研究与其他基督宗教史研究领域一样，逐渐被人重视，研究成果在数量上不断增加。医生"救死扶伤"的特性，可以得到绝大多数人的认可，这导致了对其研究的"安全性"，越来越多的学者涉足于此重要但空白巨大的领域。一些存续至今的、脱胎于教会医疗机构的医院，为强调其在历史、学术及临床水准上的承续，也倾向于强化其"教会医院"背景。客观上这些医院的医疗科研水平多处于相对较高的位置，这种刻意追寻可以获得更多的社会影响，也导致其在文化史、医学史研究上被重视。但是从宗教史角度所开展的研究并不多见。

以下择重对几个研究重点领域的成果进行一个梳理与评价。

第一节 基督宗教与近代医疗卫生

在有关西洋医学在中国传播的总体分析方面，赵璞珊的《西洋医学在中国的传播》一文是改革开放后较早发表的相关文章。有关西洋医学传入中国的史实研究，是医学史研究的重要课题。开展这一领域的研究"有助于人们了解在我国封建社会后期和半封建半殖民地的社会条件下，一种不同于中医的医学体系传播和发展的过程"。该文对自明代后期300年间西洋医学在中国不同阶段的传播历程进行了梳理与总结，从四个方面进行了介绍：（1）明代后期至清初西洋医学的传入，介绍了传教士文献中有关人体生理的记述和关于西洋医事制度与设施方面的介绍。（2）介绍17世纪后，以金鸡纳为代表的药物的输入过程和方式。（3）鸦片战争前、后西洋医学的传播，包括吸收留学生、兴办医院、举办医学校、翻译西洋医学书籍、创办西医的刊物、开办药厂等内容。（4）分析了清末时期国人对西洋医学所持的态度，包括1865年在同文馆增设医科，聘请外籍教习，改良派人士对西医的介绍、鼓吹和参与，医学组织的建立和医学刊物出版等内容。[①]

一 医学与传教

李传斌的《条约特权制度下的医疗事业：基督教在华医疗事业研究：

[①] 参见赵璞珊《西洋医学在中国的传播》，《历史研究》1980年第3期。

1835—1937》,该书不仅全面考察了基督教医疗事业在华的历史演变,同时还考察了基督教医疗事业对近代中国政治、中西文化交流、思想观念和风俗习惯等所产生的影响,肯定了基督教医疗事业在中国医疗现代化乃至中国社会现代化进程中所起的作用,资料挖掘用力,对该领域的研究很有参考价值。① 何小莲的《西医东渐与文化调适》,论述了基督教医疗事业在中国引起的文化、思想和制度的变迁,探讨了西方医疗与医院制度进入中国后,对具有数千年历史的中国传统医疗系统所产生的巨大影响。文章从"医家"到"医院"的医疗空间的转换过程、教会医院的示范效应、教会医院与人道主义三方面进行了论述,指出这项新事物引起中国医疗制度的根本性变革,也引起医疗观念的重大变化,包括从医家到医院的医疗空间转换、医患关系的变化、医生对患者生理与心理的兼顾关怀、对社会弱势群体的医疗重视。这种变化不只是医疗制度的变革,也蕴含着丰富的人文意义,提升了患者作为人在医疗系统中的地位,体现了自文艺复兴以来的人道主义精神。②

张慰丰的《早期西洋医学传入史略》以东西方文化交流史为背景,追溯了自汉唐至明清时代西洋医学传入我国的史事。其中叙述了唐代景教传入我国后,传教士僧崇一、秦鸣鹤等人从事医疗活动的资料。这非常少见。③

陈建明首先从宏观的角度叙述了近代基督教团体、传教士在华所开展的医疗事业,进而论述了这些活动与基督教慈善精神、传教活动以及社会改良之间的相互关系。他认为"治病救人效法了耶稣基督生前的济世善举,既是一种有效的传教手段,同时也是一项有利民生的慈善事业",教会举办医疗的主要目的本是以治病施药为手段,吸引中国百姓信仰基督教,但在客观上却缓解了乡村和边疆地区缺医少药的状况,推动了西方近代先进的医疗技术在中国的传播和发展,培养了人们的公共卫生意识,促

---

① 参见李传斌《条约特权制度下的医疗事业:基督教在华医疗事业研究:1835—1937》,湖南人民出版社 2010 年版。
② 参见何小莲《西医东渐与文化调适》,上海古籍出版社 2006 年版;《西医东传:晚清医疗制度变革的人文意义》,《史林》2002 年第 4 期。
③ 参见张慰丰《早期西洋医学传入史略》,《中华医史杂志》1981 年第 1 期、《南京医学院学报》1982 年第 2 期。

进了中国社会风俗的改良。①

郝先中的《西医东渐与中国近代医疗卫生事业的肇始》对主要经由传教士传入中国的整个过程及意义予以总结，认为西方医学在中国的整体传播，尤其是学科和体制的整体移植，改变了存在数千年的、单一的中医学独立存在的局面，虽然中国人对西医的认同远不及其他科学技术深刻，且相对为晚又历经艰难，但凭借执着的追求和不懈的努力，西医还是顺理成章地走进了中国人的寻常生活，并以大潮奔涌之势冲击与撼动了中国传统医学。进入20世纪以后，中国出现中西医并存的医疗格局，现代医疗制度、公共卫生事业逐渐确立，中国人的医疗观念也发生了转变，这倒是不争的事实。②

田涛的《清末民初在华基督教医疗卫生事业及其专业化》认为，医学传教是在华基督教仅次于布道、教育的第三种主要传教手段。伴随着中国门户主动与被动的开放，基督教快速进入中国。在这一过程中，兴办医疗事业对传教效果所产生的正面影响，逐渐被传教士积极地利用，以期使中国民众更积极主动地接受基督教，医学传教在清末民初得到了迅速发展，并逐渐系统化、专业化。田涛从教会医院发展概况，开展医学教育、医学典籍编译和医疗活动，医学事业的专业化过程及社会效应等方面进行了一个系统的梳理与评价，认为医疗活动是在华基督教事业中一个重要的构成部分，它的开创和发展在本意上是为了服务于基督教事业，但在客观上却为中国人做了一些有益的事情。③

正如研究者所言，在医学传教活动中，一方面由于传教士与当地华人社会所持态度与要求的差异，造成初衷与实际结果的背离与分化，增加了传教活动本身在中国的不确定性，但其对中国社会的影响更为显著。另一方面，中国社会对于基督教及传教士的态度，也影响着基督教进入中国的程度及传教士本人对于中国社会的理解与接受。医学传教对于中国社会、文化习俗所产生的影响，更多的是体现在其"世俗性"，而非其"宗教性"。针对传教士与本地华人社会对于医学传教态度与行为上的"微妙互

---

① 参见陈建明《近代基督教在华医疗事业》，《宗教学研究》2000年第2期。
② 参见郝先中《西医东渐与中国近代医疗卫生事业的肇始》，《华东师范大学学报》2005年第1期。
③ 参见田涛《清末民初在华基督教医疗卫生事业及其专业化》，《近代史研究》1995年第5期。

动"、华人社会中不同阶层人士对于这一活动的不同看法,以及这种行为所产生的最终社会影响,也有学者开始关注。胡成的研究具有代表性意义,其《何以心系中国:基督教医疗传教士与地方社会(1835—1911)》一文指出,中国地方社会和普通民众对基督教医疗传教士的接纳和善待,深刻影响到这些随不平等条约而强行闯入的西方人对中国社会的重新认识和文化反省。近代来华的基督教医疗传教士在其记述中较多地记载了他们初到一地,虽曾遇到当地士绅和官府的排斥,却也得到一些普通民众的热心帮助;随着熟悉和了解程度的加深,他们与中国地方社会、普通民众多能成为和睦相处乃至相扶相助的邻里街坊。此外,由于基督教医疗传教士在华的社会生活条件优于西方,医疗工作得到当地社会和普通民众的高度尊敬与慷慨捐助,致使他们很多人"心系中国"。在这个意义上,基督教医疗传教士在中国社会取得成功,并非仅由于西方近代医学在治疗方面的优越及其个人的奉献精神,还在于中国作为一个高度世俗化的社会,普通民众的质朴、善良和地方社会的慈善传统。①

二 医学传教与中国医学近代化

胡成的《晚清西医东渐与华人当地社会的推动》则从华人社会的角度,重点分析了华人社会对于西医及基督教不同的接受特征。胡成指出,"此前对于19世纪以来'西医东渐'的研究,虽有学者已开始注意到西医为进入华人社会做出的文化适应和调整,然其叙述重心仍然聚焦于医疗传教士,并多少有些忽略中国当地社会的推动。应当注意的是,那些与医疗传教士交往的儒家读书人,所译西医著述文字典雅、古朴,较易被华人社会接受;华人助手承担了诊所和医院的大量诊治工作,采用中西医会通的治疗方法赢得了更多华人病家的信任;众多华人病家虽没有直接参与相关的医疗知识生产和传递,但前来就医,而非寻求宗教皈依,在一定程度上又提升了医疗传教士们开办诊所的普世意义"。在有关中国近代基督宗教史的研究中,"单边性"研究方式是一个问题,从"帝国主义侵略"到"现代化"和"良心"的代表,研究者一直在两个极端摇摆。特别是在有关教会事业史研究方面,如医学传教等,对事实的罗列远远大于对问题的

---

① 参见胡成《何以心系中国:基督教医疗传教士与地方社会(1835—1911)》,《近代史研究》2010年第4期。

分析。这种情形是本学科深入发展中必须解决的问题。①

为近代基督宗教、基督宗教医疗事业在华发展的原因及影响寻找一种深层的理论解释，这种探讨是有益的、值得更多学者参与进来的。其中杜志章的探讨颇具特色，从四个角度讨论了基督教医疗事业进入中国的充分必要条件，即资本主义的扩张、中国国力的衰落、西医的科学发展优势及非宗教外国医生在中国的先行示范作用。现代化则更是教会医学事业对于中国的影响的重点。②

医学传教是基督教新教所采取的主要传教方式之一。在医学传教士进入中国开办医院、培训医护人员的过程中，传教士开始编写或翻译相应医学教材和读物，大量西方医学著作、医疗方法被引入中国，直接促进和影响了中国近代医学的发展。在这些图书的编译过程中，面临的一个最重要问题，就是中西医学术语的翻译问题。近年来，一些从事医学传教研究的学者，开始注意到这一领域，并且对西方传教士在中文西医术语订立方面所做出的贡献给予介绍。赵璞珊认为，英国传教士合信（Benjamin Hobson）编译、撰写的相关医学著作，是推动中国近代西医发展的一个重要开端。赵文分别介绍了合信的生平、著作，合撰者信息，并重点讨论了核心著作在中国的流布过程，指出自19世纪50年代至20世纪30年代，合信的相关医学书籍对中国医学界"有着重大的影响"。③ 孙琢指出，合信所翻译的西医书籍标志着西方医学理论正式输入近代中国，他编纂的《医学英华字释》是国内已知最早的英汉医学词汇专书，也是近代创立中文医学术语的首次尝试，对后来的西医书籍翻译有重要影响。④

张大庆的《早期医学名词的统一工作：博医会的努力和影响》对近代中国医学术语规范化过程中博医会早期所做的工作，进行了较为详细的描述。文章指出，作为由来华医学传教士组成的医学团体，博医会早期曾经将中文医学名词的统一与标准化，作为其一项重要的工作。这些基础性

---

① 参见胡成《晚清西医东渐与华人当地社会的推动》，《史林》2012年第4期。
② 参见杜志章《近代基督教在华医药事业迅速发展原因之分析》，《江汉论坛》2008年第8期；《论近代教会医药事业对中国医学早期现代化的影响》，《江汉论坛》2011年第12期。
③ 参见赵璞珊《合信〈西医五种〉及在华影响》，《近代史研究》1991年第2期。
④ 参见孙琢《近代医学术语的创立：以合信及其〈医学英华字释〉为中心》，《自然科学史研究》2010年第4期。

工作的实践，对中国近代医学的发展有着不可替代的影响。① 李传斌则大致按照时间划分，以医学传教士与医学翻译名词的确定、中华博医会初期医学传教士的医学名词统一和民国年间医学传教士的医学名词统一三部分内容，探讨了医学传教士在从事近代西医翻译和西医教育的过程中，对近代中国医学名词的确定和统一所起的作用。李文指出，在1890年前，医学传教士就确定了部分中文西医名词。1890年后，这些传教士通过出版图书、期刊，成立专业性学术机构，有组织地开展中文医学名词统一活动。传教士在晚清时期西医名词的确定和统一工作中占有重要地位。到了民国时期，随着中国本土西医资源的逐步丰富，传教士的作用逐渐弱化。李传斌认为医学传教士的医学名词统一工作经历了一个独自进行—寻求合作—与中国政府和民间团体合作—交由中国官方处理的特殊过程。在这个过程中，医学传教士对近代中国的科学名词统一做出了较多贡献，并为医学翻译或医学教育所采用，对近代西医的传播和医疗事业的发展均有积极意义。但也要看到其中某些中国人的作用，因为许多医学传教士的翻译工作都是与中国人合作进行的，合信、嘉约翰、梅藤更的翻译工作分别得到了管嗣复、林湘东、刘铭之等中国人的协助。因此，医学传教士在科学名词统一中的贡献在某种程度上可以说是中外人共同努力的结果。②

高晞对著名英国医学传教士德贞（John Dudgeon）进行了多年的研究。德贞在中国医学传教历史上具有重要影响，他是协和医院的创立者之一，翻译出版了著名西医著作，对西医术语标准化有重要影响。③ 她还解析了"解剖学"这一术语的定译过程。19世纪前，中国知识界以"全体学"指称"解剖学"，并经历了一场由"全体学"到"解剖学"的发展过程。文章指出以往将"解剖"一词说成由日本输入的观点值得商榷。事实上，差不多在日本学界确定"解剖学"一词的时候，英国在华医学传教士、同文馆医学教习德贞于1886年翻译出版的《全体通考》已充分使用了"解剖""解剖学"和"外科解剖学"等专业术语，用以阐述西方的身体知识和解剖学思想。《全体通考》所传达的科学思想、生命科学

---

① 参见张大庆《早期医学名词的统一工作：博医会的努力和影响》，《中华医史杂志》1994年第1期。
② 参见李传斌《医学传教士与近代中国西医翻译名词的确定和统一》，《中国文化研究》2005年第4期。
③ 参见高晞《德贞的西医学译著》，《中华医史杂志》1995年第4期。

研究方法和思路，代表当时最先进的解剖科学研究方向，中国官方最终确定以"解剖学"命名这一学科领域。①

卢萍的《中国近代出版的西医护理书籍》考证了近代西医护理书记的翻译出版史实，其中早期书籍的著述，多有传教士参与其中。牛亚华叙述了汉译西医书籍的东传（日传）过程，这是一个值得关注的学术问题。②

基督宗教在中国周边日本、韩国、越南等地区的传播过程中，都有一个对汉语译本的吸收、借鉴甚至互鉴的过程。同时，对于中国少数民族文字如蒙古文、维吾尔文等西医书籍翻译问题，至少在汉语学术文献中，尚未见到相关研究，是一个空白。满文《西洋药书》和由张诚、白晋和巴多明翻译的《钦定格体全录》涉及西洋医学词汇翻译成满文的问题，笔者除见有日本学者进行简单研究及中国学者刊布介绍③外，尚未见到有中国历史、语言学、基督教史、医学史学者进行深入研究，这两部书涉及西学传入的一个小领域，即中国境内非汉语文献对其吸收情况，值得学者关注。

第二节　医学传教在民族区域

医学传教在中国不同地区的传播特征，也是大陆地区学者比较关注的领域，发表的相关论文在数量上比较多，研究角度也比较多样，涉及中国各大行政区域。

基督宗教组织在西南地区的传教活动，以边疆和少数民族地区为主。为普通民众提供医学服务是其重要而有效的传教手段，客观上促进了当地医疗卫生事业的发展。王友平对近代教会医院在四川的发展过程进行了总结。1892—1949年，西方天主教会和基督教会先后在四川创办医院40余所，创办约20所护士学校和大量诊所。这些教会医院对近

---

① 参见高晞《"解剖学"中文译名的由来与确定：以德贞〈全体通考〉为中心》，《历史研究》2008年第6期。

② 参见卢萍《中国近代出版的西医护理书籍》，《中华医史杂志》2002年第1期；牛亚华《中国汉译西医学著作在日本的流传和影响》，《中华医史杂志》1997年第4期。

③ 参见关雪玲《清代宫廷医学与医学文物》，紫禁城出版社2008年版。

代西医知识、技术在四川的传播和四川近代卫生事业的发展,曾发挥了重要作用。①

一 西南地区及少数民族医学传教

西南地区是中国少数民族人口最为集中、分布最为广泛的地区之一,这些少数民族地区一直被传教士列为重点传教区域。传教士在这些地区所开展的医学传教活动,客观上改善了当地民众的生活状态。学术界出现了多篇针对这一领域的研究成果。成先聪、陈廷湘对抗战期间中国西南地区基督教会在边疆服务的名义下开展医疗服务的情况进行了初步考察和评价。美国基督会医疗传教士阿尔伯特·史德文(Albert Shelton)是将西医传入康区的重要人物,但国内学术界对其研究几乎为空白。② 赵艾东对史德文进入打箭炉及其在打箭炉期间的医疗活动进行了较为细致的考察,并探讨了其传教策略及对当地社会的影响。文章指出,史德文等人所开诊所是新教在打箭炉开设的首家诊所,也是第一家完全向社会开放的西医机构。随着史德文与当地社会互动的不断深入,当地藏族中接受西医治疗的人数逐渐增多。同时也让我们了解到当地藏族人对西医的态度与接受过程,一方面,他们一定程度上认同西医的疗效,另一方面,他们又从藏族文化和观念的角度看待理解西医,对西医的具体治疗过程表示惊讶。从藏人接受西医的史事说明,在特定场景中,文化具有非一般人所能想象之兼容性。③

邓杰以中华基督教会全国总会为个案,探讨在其所开展的边疆服务活动中医疗传教工作的作用与意义。边疆服务中医疗卫生事业的研究,是整个边疆服务研究的重要组成部分,通过对这一历史个案的透视,认识中国西部少数民族地区具有现代色彩的开发是如何起步的,指出边疆服务将医疗卫生服务作为服务边民的重要事工中加以广泛应用,医学工作有发展,

---

① 参见王友平《近代四川教会医院述论》,《宗教学研究》2010 年第 3 期。
② 参见成先聪、陈廷湘《基督教在西南少数民族地区的传播:以医疗卫生事业为例》,《宗教学研究》2001 年第 4 期。
③ 参见赵艾东《20 世纪初美国传教士史德文在康区打箭炉的医疗活动》,《中国藏学》2008 年第 3 期。

但布道工作未能如愿的现象。① 张玲对抗战这一特殊时期，四川教会卫生力量参与公共卫生事业的情况进行了分析。政府在战时公共卫生力量不足的情况下，向教会"借力"，教会卫生力量在疫病防控、空袭救护和医药治疗三个方面参与政府公共卫生服务，缓解了民众医疗卫生需求与公共卫生服务供应不足之间的矛盾。当一个国家、民族处于危难时，宗教组织、人员的态度与行为，客观上是一个复杂的问题。尽管张文所提及的事件，对于政府与教会组织而言是一个短期的行为，但为中国基督宗教组织在中国全民抗战中的表现，提供了一项积极、正面的素材。②

二 以汉族为主要对象的医学传教

华东地区是基督宗教，特别是基督教新教在华传教的重点地区，其中医学传教士在这一地区的活动，对于中国近代医疗体系的建立有着巨大而深远的影响。大陆地区学者对于华东地区医学传教活动的研究，在大陆各个地区中是较为全面的，包括有关医学传教概况研究、医疗机构研究、医学人物研究和医学教育研究等多个方面。王国平以苏州地区最早的医学机构博习医院为缩影，分析了医学传教在中国的多重作用与影响。他从四个方面分析了医院对地方的关系。第一，开展行医活动，开创地方医疗事业新局面，为地方带来最先进的医疗技术；培养一流医学人才；促成了"中西医汇通"。第二，从事社会改良活动，促进苏州社会变迁。主要包括戒烟、公共卫生与疾病预防、放足、葬礼改革使用花圈、女护士看护男女病人等。第三，融洽教会与当地社会的关系。由治病为媒介，博习医院与教会进入了苏州上层社会，同苏州官府结下了非常好的关系。由于博习医院在苏州城乡广泛行医，救死扶伤，博习医院与教会早就和苏州底层社会建立了很好的联系。这些作为的结果之一是，虽然博习医院创办之时以及最初发展阶段，正是中国各地"反洋教"运动日益高涨时期，但在苏州地方，却未曾发生一例反洋教事件。博习医院等教会医院的活动及其积极影响是不容忽视的。第四，在经济方面推动苏州基督教会事业的发展。

---

① 参见邓杰《医疗与布道：中华基督教会在川康边地的医疗服务研究》，中国社会科学出版社2011年版；《基督教在川康民族地区的医疗传教活动（1939—1949）》，《宗教学研究》2012年第2期；《基督教与川康民族地区西医业的兴起》，《福建师范大学学报》2011年第6期。

② 参见张玲《抗战时期教会卫生力量参与公共卫生事业考察：以四川省为例》，《医学与哲学》2009年第2期。

首先，博习医院在创办后不久，便努力"自养"，减轻了母会拨款的负担。其次，推动其他教会事业的发展。再次，在监理会在华自养活动中发挥极其重要的作用。王文最后指出，博习医院在苏州的活动是基督新教在华活动的一个缩影。通过对博习医院的考察，可以看出基督新教在华的医学传教活动确实是"推进教务工作的最有效的媒介与手段"；同时，基督新教在华的医学传教活动对我国医疗技术水平的提高、对社会风气和习俗的改良等，也起着一定的积极倡导作用。这种"媒介与手段"的独特性，这些作用与影响对社会变迁的积极推动，以及对融洽基督教与中国社会的关系，是其他基督教事工所不能比拟和不能替代的。① 颜赟指出，随着基督教的传播和传教士开始大量进入中国，西方的医学观念和技术也来到上海，并在这个移民城市得以迅速发展。从历史上看，上海地区是中国基督宗教医疗事业发展规模最大的地区之一。②

福建地区的教会医学活动，也是学者较为关注的区域。周典恩对福建地区教会医院的历史进行了初步梳理。指出自鸦片战争后，基督教会为配合传教，在福建开展医务传道，兴建教会医院。这些教会医院历经百余年的发展，在医疗设备、职员构成和经费收支等方面逐步优化；在地域上渐次由沿海向内地延伸，由中心城市向小城镇及农村拓展。教会医院的创办，在取得基督教传布迅速开展的同时，促进了西医在福建的传播与发展，丰富了福建民众的医疗卫生知识，为福建现代医学的兴起奠定了基础。③

陆翔、陆义芳的《安徽省近代几所教会医院概述》一文对四所在安徽境内的教会医院的历史与影响，进行了初步分析。除医学史学者外，尚未见到其他历史学研究者以安徽为对象研究医学传教问题。④ 肖俊、李浩的《近代九江基督教的发展及其对教育医疗事业的影响》一文对基督教传入江西后，对当地医疗、教育事业的影响进行了简要分析。⑤

---

① 参见王国平《从苏州博习医院看教会医院的社会作用与影响》，《史林》2004年第3期。
② 参见颜赟《近代上海西医的传入及其活动：基督教活动刍议》，《医学与社会》2008年第4期。
③ 参见周典恩《福建基督教新教教会医院沿革之初探》，《海交史研究》2005年第1期。
④ 参见陆翔、陆义芳《安徽省近代几所教会医院概述》，《中华医史杂志》2000年第4期。
⑤ 参见肖俊、李浩《近代九江基督教的发展及其对教育医疗事业的影响》，《南方文物》2005年第4期。

山东地区无论对广义基督宗教史研究,还是医学传教而言,都是一个无法越过的重要区域。山东地区的各类基督教案例,对于中国基督宗教历史研究来说,具有不可替代的意义。以基督教新教在山东地区的医学传教为例,其医学机构、医学教育机构的建立与发展,在中国基督教史,甚至从中国近代史角度来说,都有着重要意义。有关这方面研究在一些专书中有所论述,也出现一些有针对性的分析。但是以其在近代中国医学史地位来说,还有许多空白之处。胶东地区,特别是烟台、威海、蓬莱等地是基督教新教最早开展医学教育的地区之一,杨华祥等人的《近代西洋医学传入烟台概述》一文指出,19世纪末至20世纪初,西洋医学随同基督教传教士传入烟台。以美国长老会为代表的基督教组织,在传教过程中,同时也进行医疗等慈善活动,为西医植根于烟台奠定了基础。他们兴学校、办教育,培养当地信徒,又造就本地医生;他们先设立诊所,后沿革为医院,成为基督教医学传教人员建立传教根据地之重要举措。美国医生希尔思创建的烟台毓璜顶医院则为其成功的事迹。传教活动与行医相互促进,在烟台推动了西医的传入和发展。①

冯秋季则以河南北部地区为背景,考察了加拿大传教士在河南地区的医学传教活动过程,以及将西医引入后对社会与民众的影响。他认为这些活动促进了近代医学与传统医学话语权在民众中的进退变革,主要表现为近代豫北西医群兴起,民众医疗观念改变,"拜医"与"看病"话语变更,对护理职业态度转换,中医向科学化发展等,而这种医学话语权的进退,正是西医走进民众、实现传播的必然反映。② 邵金远、杨小明、高策的《医药传教与西方医学在中国的本土化:以近代豫北加拿大长老会医药传教为例》指出,豫北地区的社会、民俗、人口因素,使得当地民众对于外来宗教具有较强的排斥心理。传教士利用当地医疗卫生水平极为低下的特点,将医学传教列为豫北地区传教活动的重中之重,并在医疗器物、医学理念方面非常注重本土化,希冀民众在接受医疗救助的同时,接受福音。作者利用原始资料,首次探讨了加拿大长老会从事医学传教行为

---

① 参见杨华祥等《近代西洋医学传入烟台概述》,《中华医史杂志》1995年第2期。
② 参见冯秋季《疗灵与疗身:近代加拿大传教士在卫辉的借医传教活动》,《史学月刊》2010年第4期;《加拿大传教士与近代豫北医学话语权的进与退》,《宗教学研究》2011年第3期。

在中国的本土化过程,并从基督教文化视角诠释这种关联的生成动因及其历史价值。① 毛光骅的《基督教在河南省的传播与西方医学的传入》对基督教各教派在河南省的活动及其医疗机构做了概述。该文指出,河南地区这些教会所开办的医院,新中国成立后都转型成为各级医疗机构,为当地人们的防病治病做出了一定的贡献。文章提出了一种现象,即教会医院对新中国医疗事业的意义。作为医疗机构一旦建成,多有较长的存续期。教会医疗机构在新中国成立以后,多划转、合并成为国立医疗机构。由于这些医疗机构的设施相对完备、医疗人员水平较高,许多医院成为所在地区的医疗中心,医护人员成为所在学科的主要专家。这种情况,不仅出现在河南,在国内其他地区也大致相同,如北京协和医院、北京医院等,著名医生如林巧稚、张孝骞、聂毓禅等。这一问题的意义与影响,在未来有关中国当代史研究中,也是值得研究的问题之一。②

梁碧莹的《医学传教与近代广州西医业的兴起》指出,19 世纪 30 年代,美国第一批新教传教医生来到了广州口岸,开始了以医疗活动为手段、以传教为目的的医学传教历程。传教士的医学活动取得了可喜的成果,促进了西医学的在华传播,也促进了广州西医业的兴起。但是,医学和传教相结合的关系却逐渐开始松弛、淡化,两者开始了离异的过程,而这种离异过程是近代大部分医学传教士所经历的问题。结合基督宗教进入中国的全面情形,非常有必要探讨中国人对外来宗教的接纳特征是什么。时至今日,基督宗教成为部分中国人群体积极主动接纳的外来宗教,这其中的内部动因与外部影响,非常值得进行深入的探讨,这其中,对近代医学传教的实证考察,是非常明显的参照。梁文最后指出,回顾医学传教的历史,西医事业与传教事业在中国的遭遇截然不同。医疗活动和传教活动的结果是,就医者众而入教者寡。中国人对西医的态度,从怀疑到认同和接受,中国人对传教医生的医学活动的赞誉,正是这一态度的反映。中国人称赞的是作为医生的伯驾和嘉约翰,而不是作为传教士的伯驾和嘉约翰,更不是作为外交家的伯驾。梁氏所提观点,实际上也可以看作中国人

---

① 参见邵金远、杨小明、高策《医药传教与西方医学在中国的本土化:以近代豫北加拿大长老会医药传教为例》,《山西大学学报》2013 年第 3 期。
② 参见毛光骅《基督教在河南省的传播与西方医学的传入》,《中华医史杂志》1995 年第 4 期。

对待基督教与基督教事业的普遍态度，研究中国基督宗教历史，必须考虑到这个现象，一些研究者以"今人"的想法想当然去研究"旧人"的思想，会使结论出现偏差。①

在针对华南地区医学传教行为的研究中，台湾、香港、澳门地区一直不是内地学者的研究重点，这其中既有史料取得困难的客观原因，但是三地的政治特点在相当长的一段时期内，是影响学者研究的更重要的因素。高田、哈鸿潜的《台湾早期之教会医学》是大陆地区发表的有关台湾基督教医疗事业研究的早期代表性论文之一。如同大陆地区一样，台湾地区的现代医学开端来自西方基督教传教士的医疗。17 世纪荷兰人曾带来了西方医学，当郑成功驱逐了荷兰人，西方医学也随之从台湾消失。1865 年英国长老教会派遣马雅各（James Laidlaw Maxwell）医师来台从事医疗传教，才使西方医学在台湾生根。19 世纪最后 30 年是台湾近代医学史的关键时期。就台湾早期教会医学的三位重要人物马雅各医师、马偕（George Leslie Mackay）博士、兰大卫（David Landsborough）医师之主要事迹和他们对台湾近代医学的贡献加以整理叙述。② 哈鸿潜、高田的《荷兰据台时期之医学》一文对荷兰占据台湾时的医学状况进行了分析，其中主要涉及荷兰传教士的工作。指出在荷兰据台 38 年间，荷兰联合东印度公司派遣医师来台在商馆从事医疗工作，亦以施疗为手段达到传教及统治的目的。文章分析了荷兰医学未能在台湾落脚生根的原因，并就荷兰据台时期的台湾医学与日本锁国时期的荷日医学做了比较。③

尚季芳的《亦有仁义：近代西方来华传教士与西北地区的医疗卫生事业》讨论了近代西方来华传教士在尽力播撒"上帝福音"的同时，对西北地区的医疗卫生事业的参与。尚文对传教士行为的评价也较为正面，扩展了医学传教研究的地域范围。④

---

① 参见梁碧莹《医学传教与近代广州西医业的兴起》，《中山大学学报》1999 年第 5 期。
② 参见高田、哈鸿潜《台湾早期之教会医学》，《中华医史杂志》1995 年第 2 期。
③ 参见哈鸿潜、高田《荷兰据台时期之医学》，《中华医史杂志》1994 年第 3 期。
④ 参见尚季芳《亦有仁义：近代西方来华传教士与西北地区的医疗卫生事业》，《西北师大学报》2011 年第 3 期。

第三节　医学传教与近代医学教育和机构

在传教士在中国所开展的医学传教活动中，除开展公共卫生建设、直接提供临床医疗服务外，兴办医学教育也是其中一项主要的工作方式。而中国近代医学教育体系的建立，对中国社会医学事业的影响更为深远。通过开展从成人、职业到大学不同层次的医学教育，为中国社会培养了大量的医学专业人员，在中国开展了新的医学服务领域。在基督宗教进入中国出现的中外文化冲突中，由西医教育发展带来的西医在中国的普及，是普通中国民众对于基督宗教少数几种主动适应与产生好感的领域之一。这一点，在学者的研究中多可以看出。针对基督宗教医学教育的研究，1978 年以前文献很少，在部分通史、教育史专书中有所涉及，但是多将其定义为帝国主义侵华的手段之一。1978 年以后，涉及基督宗教医学教育的专书、论文开始大量出现，在通史、文化史、教育史、医学史论著中多有涉及，评价多趋正面。历史上曾经出现的教会医学院校，多有当代医学高等教育机构主动寻宗，出版了一些校史著作，或在学校通史中专门叙述。而涉及基督宗教医学教育的论文，在数量与领域上也逐渐增长，但是刊发在比较重要的历史学刊物上的还比较少。

一　医学传教与中国医学教育发展

林莉、王云贵的《教会大学在早期中国高等医学教育中的重要地位》和孙希磊的《基督教与中国近代医学教育》两篇文章综合讨论了教会大学医学教育的地位，对教会大学的作用给予了高度评价。认为"教会大学不仅开创了中国高等医学教育和女子高等教育的先河，而且奠定了中国现代医学基础和医学教育模式，推动了中国高等医学教育早期现代化，对中国高等医学教育发展有着积极而深远的影响"[①]。

[①] 参见林莉、王云贵《教会大学在早期中国高等医学教育中的重要地位》，《西北医学教育》2005 年第 6 期；孙希磊《基督教与中国近代医学教育》，《首都师范大学学报》2008 年增刊。

北京协和医学院和协和医院，大多数研究者都认为是历史上代表了中国医学教育和医学临床最高水平的、由外国教会机构参与创建的中国本土西医机构。有关协和医学院和协和医院的研究，1978年以后出版了数本史志或资料汇编性文献，同时也出现了一部分学术性研究文章。赵之恒的《基督教会、洛克菲勒财团与北京协和医学院》分析了协和医学院与教会等机构之间的关系。北京协和医学院是近代中国基督教会医学校中最负盛名的西医学校，它以美国当时最先进的约翰·霍普金斯医学院为模式，把培养高技术、高水平的医学人才作为办学宗旨，形成一整套独具特色且行之有效的教学制度和方法。因此，它的办学效益十分显著。它的创立及其成就对中外文化的相互交流起到了促进作用，对于当今的高等教育改革也有着很好的借鉴作用。赵文指出，协和医学院的特色的教学制度和方法主要有：八年的学制和预科教育；严格的选拔、考核制度；英文教学；启发式教学和重视实践活动；实习医师和住院医师制度；选送出国进修和聘请客座教授；开办高级护士学校和进修教育；开辟公共卫生教育。协和医学院所取得的成就，某种意义上可以被认为是医学传教的"真正结果"，赵文总结为两方面：第一，在坚持教学高标准、高质量的同时，科学研究取得了举世瞩目的成果，有些项目的研究水平在国际医学界处于领先地位，获得较高声誉。第二，协和坚持高标准、高质量的原则，为中国培养出一批出类拔萃的医学专门人才，这批人成为我国医学界的中坚和骨干。[①]

王玲则讨论了协和医学院前身协和医学堂创建过程中，除教会组织与外国医生外在因素外，清政府的积极态度与参与问题。蒋育红的《20世纪20—30年代北京协和医院的管理机制》，对在建立一个"世界上最好的医学院"愿景下协和医院的管理机制进行了总结，并指出其对今天高校管理的借鉴作用。针对近代中国基督教组织开办的各类专业机构，从管理角度进行研究的文章还不多见，至少在中国主流历史学刊物上尚未见到。[②]

在教会医学院中，天主教会创办的震旦大学医学院与一般教会医学院

[①] 参见赵之恒《基督教会、洛克菲勒财团与北京协和医学院》，《内蒙古师大学报》1999年第6期。

[②] 参见王玲《北京协和医学堂的创建》，《历史档案》2004年第3期；蒋育红《20世纪20—30年代北京协和医院的管理机制》，《中华医史杂志》2011年第1期。

比较，具有自己的特点。这所医学院由中国人创办，后法国天主教会取得了对学院的管理权。陈挥、陈杰的《科学与真理的阶梯：震旦大学医学院》一文讨论了受到中国国情与历史文化影响较大的震旦大学医学院成长发展过程及其办学特点。①

彭益军的《齐鲁大学与近代山东医学教育》一文以齐鲁大学为重点，探讨了医学传教士进入山东以后，对近代山东医学教育的影响。西医教育在教会、地方政府的推动下得到不断发展，传统中医的传授则逐渐陷入困境。教会所办的齐鲁大学医学院由于有出色的师资队伍、严谨的学风以及比较稳固、充裕的物质保障，在教学和医疗方面蜚声海内外，使山东的医学教育领域居于非常突出的地位。20世纪的二三十年代是齐鲁大学的主要发展时期。在此期间，参与协办齐鲁大学的基督教差会不断增加。截至1927年，齐鲁大学教职员由中、英、美、加拿大四国人士组成，同时有基督教各宗派参列其间，有13家差会共同合作。众多差会的加盟，使得齐鲁大学与国外的联系十分密切，广为传播了齐鲁大学在国外的声名。教师主要由各差会从国外派来，一般都在国外接受过良好的医学高等教育，有的在国外便具有相当声望，有的则是来华后砥砺自身然后确立了专长。美国医学界组织撰写的《西氏内科学》是一部权威性很强的医学经典之作，该书的执笔者皆为国际上著名的专家学者，其中便包括三位齐鲁大学医学院的教授。② 在区域医学教育方面，刘德荣和周典恩、郭志超还对西医教育在福建地区的兴起过程进行了探讨。③

高田的《近现代台湾的医学院校》在介绍台湾地区教会医学教育机构变迁的同时，也对教会医学教育机构的发展有所梳理。台湾地区近现代医学发展与基督教会，特别是基督教长老会在台湾所开展的工作有密切关系，对日后台湾政治发展取向也有影响，希望大陆地区学者未来能有更多研究文献出现。④

新的医学教育模式，是经西方医学传教士引入中国的教育体系。在医

---

① 参见陈挥、陈杰《科学与真理的阶梯：震旦大学医学院》，《上海交通大学学报》（医学版）2010年第7期。

② 参见彭益军《齐鲁大学与近代山东医学教育》，《山东医科大学学报》2000年第3期。

③ 参见刘德荣《近代福建的西医教育》，《中华医史杂志》2001年第1期；周典恩、郭志超《近代福建基督教教会医院西医教育之探讨》，《中华医史杂志》2005年第3期。

④ 参见高田《近现代台湾的医学院校》，《中华医史杂志》2002年第2期。

学高等教育阶段，预科教育的实行，也完全是舶来产物。王玮的《中国近代教会大学早期的医学预科教育（1901—1936）》指出，中国多数教会大学提供医学预科课程。文章以震旦大学、圣约翰大学和燕京大学的医学预科教育为重点，说明医学预科课程的学习为学生未来进入医学院打下了坚实的基础。这种教育体系对于早期中国高等医学界而言，有着积极的影响。[1]

中国现代护理工作也是由传教士引入中国的。在这方面，传教士与中国近代护理教育有紧密的关联，从文献及回忆中可以看出，中国的早期专业护士，或多或少都与医学传教机构有关系。来华的女医学传教士中，有相当比例的人员是护理人员，这些人为中国近代医疗机构提供了最早的护理服务和护理培训。宋瑞璇、高原的《试论女医学传教士和中国近代护理教育：以维奥拉·费舍为个案》以来华美国女传教士为例，说明来华女医学传教士群体和中国护理及护理教育发展的特殊关系。[2]

中国传统社会中，女性的功能更多被定义为在家相夫教子，为家庭提供劳务，外出从事社会性工作是不被鼓励的。基督教传教士的到来，造就了中国近代最早的一批职业女性。这其中，医学传教工作为中国社会贡献了最早的女医生、女护士、女卫生服务人员。在中国传统儒家社会中，男女交流多有禁忌，女医护人员在有些医疗科室，如妇产科、儿科等具有先天性别优势。同时女性的心理特征，也会让多数男性病人具有安全感。直到今天，医学仍然是中国女性从业比例最高的职业之一。从这个角度而言，围绕女性医学教育开展相关研究，尤其是医学传教与中国女性医学教育发展关系的研究也就有一定的现实意义了，目前已有学者发表了相关研究论文，如赵俐的《近代基督教会在华女子医学教育》和方靖的《中国近代第一所女子医学院：夏葛医学院》分别以个案研究，考察了中国近代女子医学教育与基督教的关系。[3]

---

[1] 参见王玮《中国近代教会大学早期的医学预科教育（1901—1936）》，《医学教育探索》2007年第11期。

[2] 参见宋瑞璇、高原《试论女医学传教士与中国近代护理教育：以维奥拉·费舍为个案》，《职业教育研究》2012年第8期。

[3] 参见赵俐《近代基督教会在华女子医学教育》，《内蒙古农业大学学报》2012年第5期；方靖《中国近代第一所女子医学院：夏葛医学院》，《广州大学学报》2002年第3期。

二 医学传教机构活动和影响

以传教士所开办医院为对象的个案研究,在 20 世纪 90 年代以后,也逐渐被学者重视,研究成果逐渐增多。研究重点也从史实叙考转向较为深度的因素分析,或与相关领域的交互影响。①

我们所注重的医学传教研究,大多是以基督教新教所办机构为对象的,对于天主教在华医疗事业研究成果较少,尤其是针对天主教医疗机构的研究多针对基督宗教综合研究加以分析,专文论述更为少见。刘青瑜的《天主教传教士在内蒙古的医疗活动及其影响:关于归绥公教医院的个案研究》,以天主教圣母圣心会在内蒙古建立的归绥公教医院为个案,深入研究了天主教传教士在内蒙古的医疗活动,该文试图重新评价传教士的医疗活动对内蒙古近代社会的作用和影响,从而肯定传教士对内蒙古医疗事业的贡献。刘文发表在天主教机构所主办刊物上,更有一定的新意。中国天主教、基督教机构所出版的刊物、集刊及图书,重点在神学、宗教学研究的同时,关注点也逐渐多元化,发表的符合学术论文要求、涉及基督宗教在华历史研究文献逐渐增多,这些学术研究文献已成为中国基督宗教历史研究的一部分。②

李永宸的《近代两广浸会医院及其慈善活动》以曾经媲美欧美各大医院的广州两广浸会医院为对象,对其创建过程、主要负责人在医院发展中所做出的贡献进行了叙述。并重点通过医院在施医赠药、广州市公共卫生发展、医学人才培养以及战时救护等方面做出的卓越贡献,讨论这种奉献精神的外在动力和"非以役人,乃役于人"这一基督教教义对作为基督徒的医院医护人员的精神支柱作用。③

针对除医院、学校以外其他基督教医学传教机构、关联机构和学术团体的研究,也是非常重要的,这些机构或为医院、学校的资助方,或为医疗学术团体,涉及了广义医学卫生事业的多个领域。这方面,吴义雄是较

---

① 参见夏东民《博习医院(苏州)始末》,《中华医史杂志》1997 年第 2 期;陈凤林《北京道济医院考略》,《中华医史杂志》1998 年第 3 期;谷雪梅《近代宁波仁泽医院》,《中华医史杂志》2009 年第 3 期。
② 参见刘青瑜《天主教传教士在内蒙古的医疗活动及其影响:关于归绥公教医院的个案研究》,《中国天主教》2008 年第 1 期。
③ 参见李永宸《近代两广浸会医院及其慈善活动》,《世界宗教文化》2012 年第 4 期。

早关注此领域的学者，他的论文《医务传道方法与"中国医务传道会"的早期活动》，以成立于1838年的"中国医务传道会"为对象，分析这一机构是如何在19世纪中期具体推行"医学传道"这种传教方式的。并指出传道会所推广的这种传教方式，"使基督教新教势力在中国的扩展获得了有利的条件，但同时在客观上也为近代西方医学的传入准备了条件"。①

1886年成立于上海的中华博医会（China Medical Missionary Association）是基督教在华的第一个全国性医学传教专业机构，它的成立标志着"教会医疗事业由分散进行的时期开始进入相互合作的时代"。据李传斌分析，在博医会早期（1886—1901），教会医疗事业在新的发展环境下不断拓展，在沿海和内地都得到加强和发展，直至19世纪末的义和团运动给教会医疗事业以沉重打击。在博医会的协调推广下，这一时期的"教会医疗事业与中国社会的冲突有减少的趋势，并在文化交流和社会慈善等方面起了更为积极的作用"。②刘远明的《中国近代医学团体：博医会》对中华博医会的历史进行了全面回顾。指出博医会成立后所开展的大量工作，如医学名词标准化、发展教会医院、开展医学教育、加强中国本土疾病研究、拓展公共卫生服务等，为促进中国近代医学的发展起到了重要的作用。但是因其要求会员必须为宗教服务人士，使得许多本土医学人员无法入会。随着中国本土医学全体的壮大，最终成立了以中华医学会为代表的医学社团。但是这些社团或多或少受到了博医会的影响，从这一点上看，博医会可以说是中国近现代医学社团的"样板"。③史如松、张大庆的《从医疗到研究：传教士医生的再转向：以博医会研究委员会为中心》，以博医会为对象，探讨了部分中国医生由医疗向研究的职业转向过程及其意义。1907年，博医会设立研究委员会在中国开展医学研究，研究主要围绕中国的寄生虫病和中国人的身体生理数据的调查展开。研究委员会对推动医学科学的发展做出了贡献，部分传教士医生的职业倾向也由医疗转向研究，这也影

---

① 吴义雄：《医务传道方法与"中国医务传道会"的早期活动》，《中山大学学报论丛》2000年第3期。
② 李传斌：《中华博医会初期的教会医疗事业》，《南都学坛》2003年第1期。
③ 参见刘远明《中国近代医学团体：博医会》，《中华医史杂志》2011年第4期。

响到中国的西医学界，使得医学研究成为这个职业的一种职业活动模式。①

有关医学传教活动对于中国公共卫生事业的影响，史如松、张大庆的《中国卫生"启蒙运动"：卫生教育会的贡献》介绍了由中国医学界和基督教传教士组织的卫生教育会在中国举办的卫生教育运动。卫生教育运动通过举办卫生运动周，用展览、演讲、海报、幻灯片等方式传播卫生知识；针对学生，散发卫生书籍、举办卫生论文竞赛，普及卫生常识。这项运动促进了卫生知识和理念的传播，对民国政府建立卫生机构也起到了积极作用。②

张大庆的《中国现代医学初建时期的布局：洛克菲勒基金会的影响》以洛克菲勒基金会档案馆的档案资料和有关历史文献为基础，对洛克菲勒基金会的三次中国医学考察活动进行了详细论述。指出洛克菲勒基金会所组织的三次来华考察，不仅是论证其中国医学项目可行性的事务性工作，也是美国医学界对中国医学的状况进行深入、全面了解的调研活动。这一系列的考察活动对中国近代医学发展的布局有意无意间起到了至关重要的作用。③ 蒋育红讨论了美国中华医学基金会（China Medical Board，CMB）的成立过程及对中国的早期资助情况。中华医学基金会虽然不是直接的教会机构，但是其与中国多个教会医院、教会医学院有着密切关联，其资助范围更强调教会系统，如协和医学院、齐鲁医学院和湘雅医学院等，都是由其资助建立，另外，针对中国医护人员的出国进修计划，也为中国培养了大量较高水平的医生、护理与卫生人员。④

---

① 参见史如松、张大庆《从医疗到研究：传教士医生的再转向：以博医会研究委员会为中心》，《自然科学史研究》2010年第4期。

② 参见史如松、张大庆《中国卫生"启蒙运动"：卫生教育会的贡献》，《医学与哲学》2010年第5期。

③ 参见张大庆《中国现代医学初建时期的布局：洛克菲勒基金会的影响》，《自然科学史研究》2009年第2期。

④ 参见蒋育红《美国中华医学基金会的成立及对中国的早期资助》，《中华医史杂志》2011年第2期。

第四节 传教士及西医学科发展

一 医学传教士个案

针对医学传教士进行个案研究的论文,发表在普通历史学期刊的尚不多见,目前这类论文主要发表在有关医学史、科学史类刊物上。美国传教士嘉约翰(John G. Kerr)是近代医学传入中国进程中的关键人物之一,他在广州行医近半个世纪。王尊旺的《嘉约翰与西医传入中国》对嘉约翰在华的主要工作,如创办博济医院、兴办医学教育、翻译医学著作、创办西医报刊等工作进行了梳理,进而提出应对嘉约翰及其他医学传教士在中国西医学发展过程中的作用与评价,是一种实事求是的态度。① 同样,李颖对马根济(John Kenneth Mackenzie)在武汉和天津地区的工作也进行了介绍。② 王芳、胡晓文对赖玛西(Mary West Niles)在博济医院行医、在妇产科领域所取得的成就,特别是有关她创办中国第一所盲童学校,编创了第一套盲文系统的重要贡献进行了详细列举。③ 马光霞、冯向飞对胡美(Edward H. Hume)与雅礼会的关系、雅礼会在华工作、雅礼会的本土化策略等方面进行了论述。④ 高晞对德贞(John Dudgeon)在华期间的主要行为从四个方面进行了评述,"德贞主动承担着将中国的健康理念和医疗方式推广至西方世界的责任,他在欧洲医学界演讲中医健康术,在英文杂志发表探讨中医的论文"。德贞以"旧学新解"方式探索传统医学与新兴医学的学术汇通,"英医德贞,堪称19世纪东西方医学文化的交流使者"。⑤ 上述文章都面对一个问题,就是如何评价这些传教士的传教初衷与事实贡献问题,尽管这些文章都认为应对其予以客观分析评价,但是尚未见到进行深入辨析讨论的文章。

---

① 参见王尊旺《嘉约翰与西医传入中国》,《中华医史杂志》2003年第2期。
② 参见李颖《伦敦会传教士马根济简论》,《中华医史杂志》2004年第4期;刘泽生《嘉惠霖和博济医院》,《中华医史杂志》2004年第1期。
③ 参见王芳、胡晓文《博济医院第一位女医生:赖玛西》,《中华医史杂志》2007年第1期。
④ 参见马光霞、冯向飞《胡美与雅礼会》,《中华医史杂志》2009年第5期。
⑤ 高晞:《德贞:东西方医学文化的交流使者》,《自然辩证法通讯》2011年第4期。

有关从事医学传教或有明确教会背景的中国医务工作者的研究，多以其医学领域成就为讨论对象，或仅仅说明其信仰或曾经信仰基督宗教，对其与基督教组织的关系、所承担的教会义务基本没有涉及。金韵梅是中国近代第一位女留学生、中国第一位女西医，其成长背景与教会、传教士之间有密切的联系，以金韵梅、何金英、康爱德、石美玉为代表的中国第一代女留学生，都从事医学工作，都信仰基督教，甚至成为教会领袖，但是有关她们的研究，在大陆地区学者的研究视野中，相当长时期内是一个空白。以金氏为例，甚至其中文姓名在相当长时期内都没有被搞清楚，更不用说深入研究了。哈恩忠的《清末金韵梅任教北洋女医学堂史料》刊布了金氏受袁世凯邀请任教北洋女医学堂后，长芦盐运使司全宗档案中有关金韵梅的资料，这些资料为其后有关研究提供了重要史料。① 谢登、王方芳、陈俊国结合哈恩忠的论文，对有关金氏生平的几项重要史实，如姓名中文用字、生卒年月、在美求学经历等进行了比较详细的考证，并梳理出金氏的简要年谱，指出其一生默默奋斗在妇女解放的漫漫长途，游移在"医国"和"疾人"之间，徘徊在宗教与世俗之间，是一位值得敬仰的近代史上的杰出女性。②

我们在此列举与金韵梅研究有关的几篇论文，其另一层意义是想讨论一下有关近代基督教医学人物研究中的一些特点。中国早期西医从业者，多有基督教背景。特别是女西医，尤其是早期有过出国留学经历的女西医，基本上都与基督教有关联。如金韵琴、康爱德、石美玉、许金訇等中国最早的一批女西医，全部为基督徒，她们或从小被传教士收养，或出生于教徒家庭，从小接受教会学校教育，又都到美国接受了高等教育。在职业选择上，她们以医生为业，成为中国最早的职业女性。在生活方式上，主动或被迫引领近代中国风气变化之先，她们或选择异族通婚，或离婚独身，或不生育领养，甚至被猜测为同性恋。③ 这些人多数终身从事医生职业、主持医学教育，但都与基督教关系密切，甚至成为教派领袖。在近代

---

① 参见哈恩忠《清末金韵梅任教北洋女医学堂史料》，《历史档案》1999年第4期。
② 参见谢登、王方芳、陈俊国《近代医学人物金韵梅考略》，中华医学会医史学分会委员会编《中华医学会医史学分会第十三届一次学术年会论文集》，2011年；李燕《中国第一位女西医：金雅妹》，《中华医史杂志》2001年第1期。
③ 参见叶维丽《为中国寻找现代之路：中国留学生在美国（1900—1927）》，周子平译，北京大学出版社2012年版。

中国医学史、基督宗教史、社会史方面，都有典型的研究意义。但由于这些人物的成长、生活背景特点，生活在一种"半殖民地化"的环境中，与中国主流社会产生某种疏离，造成有关她们的中文史料匮乏，外文史料分散。甚至可以认为，包括她们在内的一部分早期中国基督徒，实际上是处于一种"游离状态"的、"西洋化"的中国人，有关她们的文字，更多地存在于教会、外文报刊和外国机构出版、留存的外文文献中，中文文献多记载不详。因此，有关近代基督教人物的研究，尽管年代不久远，但研究难度并不小，以金韵梅为例，她的中文姓名、生卒年月、婚姻状况等多方面内容，都会引起研究者之间的分歧。

二　医学传教与中国西医发展

医学传教活动对于中国西医学科建设的影响的研究，目前在历史学界尚不多见，在传统的医学史领域，一部分研究医学学科史发展的通史性文章，多提及传教士的作用。[①] 此外，有关科学史研究刊物也发表过此方面论文。颜宜葳、张大庆的《中国早期教会医院中的眼病与治疗》一文根据 1835—1876 年中国主要通商口岸各个教会医院编写的医院报告，归纳了这些医院治疗眼科疾病的情况。其中一项发现是，在大部分医院创建的初期，眼科病人的比例很高，随后其他科的病人日益增加。当时眼科疾病以感染性疾病为主，与生活水平低下、卫生条件差有密切关系。[②]

甄橙的《美国传教士与中国早期的西医护理学（1880—1930 年）》一文着力于从中国人的视角，客观地描述中国早期护理学的发展，梳理了 1880—1930 年的 50 年间，美国传教士在中国所做的工作。中华护士会具体规定成为全国护士（中国护士和传教士护士）相互联系、交流护理工作和护理教育经验的纽带，并且担负起全国护士毕业会考等工作。1920年，《中国护士四季报》（*The Quarterly Journal for Chinese Nurses*）正式

[①] 参见肖温温《中国近代西医产科学史》，《中华医史杂志》1995 年第 3 期、1995 年第 4 期；申世芳《中国现代西医妇科学发展概述》，《中华医史杂志》1997 年第 2 期、1998 年第 1 期；曹丽娟《人体解剖在近代中国的实施》，《中华医史杂志》1994 年第 3 期；杨上池《120 年来中国卫生检疫》，《中华医史杂志》1995 年第 2 期；刘学礼《西方生物学的传入与中国近代生物学的萌芽》，《自然辩证法通讯》1991 年第 6 期。

[②] 参见颜宜葳、张大庆《中国早期教会医院中的眼病与治疗》，《自然科学史研究》2008 年第 2 期。

出版。1922年成立了护士教育委员会。1922年中华护士会被批准加入国际护士会，成为第一个附属于国际护士会的亚洲国家。此后，中华护士会证的发展越来越本土化，1926年中文被确定为年会的官方语言。至20世纪30年代末，西方护理学已经在中国成为一门职业，并且被较好地组织起来。在这个过程中，传教士的工作主旨仍然是通过拯救中国人的身体来拯救中国人的灵魂。但对于中国妇女而言，还有更多的意义。中国传统的性别观念阻碍甚至禁止中国妇女走入社会，从事公共服务。但另一方面，各类战争成为护理学在中国发展的有利因素；辛亥革命和五四运动的发生，更对中国护理学的发展产生了重要影响。革命运动的激进思想打破了中国的旧传统，提倡妇女在社会生活中担当积极的角色。在新思想的鼓舞下，越来越多的中国妇女走进学校接受教育，并且通过承担家庭以外的工作赢得社会的承认。护士职业帮助中国妇女找回了自信，护理工作为中国女性走向社会提供了机遇。①

第五节　中西医关系及其他研究

一　传教士对中医学的认识及中西医关系

近代中国医学史研究，应包含两方面的内容，即外来的西医体系和传统的中医体系及其他以自然医学为主的医疗体系。西医作为外来科学，主要经由传教士引入中国，并逐渐被中国社会受容。前述文献中，绝大多数研究者以西医或传教士为视角，强调西医体系进入中国对中国社会的意义，关注这一进入过程中进入者的行为和态度。而作为另一方的传统中医体系，尽管存在了数千年，但是随着近代西医体系的进入，遭受到历史上最大的冲击，主动或被动向"科学"的西医体系靠拢。中医在整个中国医学体系中的处境，一定意义上也是中国文化在当代社会出境的映射。但是，中国历史学界有关中医对于西医所带来冲击的态度与反应，还缺乏系统的研究分析。彭兴的《李时珍与西洋医学》叙述了有关李时珍与西洋

---

① 参见甄橙《美国传教士与中国早期的西医护理学（1880—1930年）》，《自然科学史研究》2006年第5期。

医学的关系。① 杨仕哲的《清初汤若望改历对运气学说的影响》分析了由于历法的更改，中医理论体系所受的影响及其应对。②

有关东正教在华历史的研究，就像其在中国社会的实际处境一样，处在一种相对边缘的状态，有关东正教在华医学事业的研究文章，目前仅见到郭文深的《俄国东正教驻北京传教团医生考略》一篇。它以东正教北京传教团随团医生为对象，分析其被派遣来华原因及在华从事的主要工作。这些医生与基督教、天主教医生不同，主要目的不是行医看病，而是翻译中医典籍，编纂有关中医书籍，同时向中国人介绍西医。他们是作为政府派遣人员开展外交、政治和科学服务与交流工作。有关东正教及其他小基督宗教派别在华开展的、针对中国人与外国人的临床医学服务、医学教育工作，尚未见到任何针对性研究文献。③

在中医与西医的错综角力过程中，西方传教士对于中国传统医学的态度与认识，也是值得研究的。最初进入中国的天主教传教士，对于中国传统文化尚能抱有一种平等、受容的心态，随着中国国力渐弱，特别是近代被迫门户开放以后，多数传教士对于中国传统医学持一种轻视怀疑的态度。医学传教士以基督教理念开展服务的同时，在一种先入为主、"替天行道"的强势理念影响下，中国传统医学更加被西医体系所排斥。进入20世纪后，随着中国本土医学人员的成长、中国医疗体制的逐步健全及外国传教士对于中国文化、社会的更多了解，一些西方医学传教士开始以新的眼光看待中医，中医与西医在部分程度上开始了新的沟通。在有关这方面的研究中，陶飞亚的《传教士中医观的变迁》，最为全面地论述了这一转变过程。"近代西方科学输入以来，以学科化的方式几乎取代中国知识传统中的所有门类，唯一例外就是中医，但也引起关于中医性质的激烈争论。医学人类学家冯珠娣（Judith Farquhar）20世纪末提出：中国医学是唯一以引人注目的、既是作为一个体系又是以散漫的方式继续到20世纪的中国本土的科学。""明末清初西方传教士入华，中西医术相遇。最初，耶稣会士尚能对中医平等视之，但此后评价日渐走低。鸦片战争后，教会医院兴起，医学传教士广泛批评中医医理，轻视中医业者，普遍质疑

---

① 参见彭兴《李时珍与西洋医学》，《甘肃社会科学》1983年第6期。
② 参见杨仕哲《清初汤若望改历对运气学说的影响》，《中华医史杂志》2001年第3期。
③ 参见郭文深《俄国东正教驻北京传教团医生考略》，《世界宗教文化》2012年第6期。

中医的价值。民国后，教会大学医学院为传教士深入研究中医提供了条件，中国西医对中医的介绍也纠正了不少传教士对中医典籍的误读。尤其是一些医学传教士因在华日久并与中医同究医道，在互动中渐以'同情的眼光'认识中医理论、诊疗经验和中药的价值，开了西人理解和利用中医药的先例。"①

二 天主教在华医疗事业

中国学术界对于基督宗教在华医疗事业的研究，绝大多数以基督教新教组织或个人为对象。相比之下，有关天主教在华医疗事业的研究在数量上要少许多。这其中的原因是明末清初天主教进入中国时，当时中国政府对于传教的态度还处于主动，天主教无法在华随意传教，另外，彼时医学作为科学，还处在专业化和系统化过程中。而19世纪医学发展已经相对完善，而此时在中国的传教现实是，新教各派别的传教力度已经大于天主教。天主教在华医学事业在规模上大大小于新教。除前面已经提到的中国学术界有关天主教在华医学事业的研究外，还是出现了一些有分量的研究成果，择要叙述如下。

刘芳以法国传教士殷弘绪为对象，介绍其对中国医学的长期研究。殷弘绪于康熙年间来到中国，跨康、雍、乾三朝，在中国40多年，传教于江西、北京等地。该文重点研究与介绍了中国传统的种痘方法，并收集中国药用植物资料等。殷弘绪对中国这些文化瑰宝的介绍在18世纪中西方交流的历程中具有极其重要的作用。② 张西平分别从卜弥格对《黄帝内经》《脉经》、中医中草药的介绍以及他的中医研究、中西医比较研究等五个方面，对卜弥格在中医西传方面的贡献做了初步的梳理和研究。③

王志祥分析了天主教的河南地区所开展的医疗事业。天主教传教士早在明朝末年已在河南活动，但其最初影响有限。在河南天主教教区设立之前，天主教活动主要集中在河南南部的南阳靳岗、东部的鹿邑君武庄和豫北林县等地。鸦片战争后，西方国家凭借着条约特权使他们在华的传教事业得到快速发展，河南天主教形成了九大教区。随着传教事业的发展，教

---

① 陶飞亚：《传教士中医观的变迁》，《历史研究》2010年第5期。
② 参见刘芳《法国传教士殷弘绪对中国医学的研究》，《社会科学论坛》2010年第6期。
③ 参见张西平《卜弥格与中医的西传》，《北京行政学院学报》2012年第4期。

堂开办有为传教士和教徒服务的教堂诊所,有的继而发展成为正式的教会医院。天主教教会医院的设立和发展,一定程度上推动了近代西医在河南的传播。①

董少新分析了清前期天主教政策与西医的关系。指出在康熙中后期,由于其自身健康原因,颁诏让传教士入京治病,天主教在华传教处于一种相对宽松的情形,此后雍正、乾隆、嘉庆三朝,西医入京也与天主教本身一样,经历了禁止、放开、彻底禁止的过程。② 他的另一篇文章《从艾儒略〈性学觕述〉看明末清初西医入华与影响模式》认为,针对明末清初传教士神学、性学作品中所包含的科技知识的研究似一直未受到重视。董文以艾儒略《性学觕述》为例,分析其中包含的西医知识,考察这些西医知识的入华模式及其在中国医学界的影响模式,或许可为整个明末清初西学东渐的研究提供一些启示。③

张先清的《疾病的隐喻:清前期天主教传播中的医疗文化》一文把有关医疗文化的研究视野放大到整个民间文化语境中,分析基督教与其他宗教间的错综关系。清代前期伴随天主教逐渐深入民间传播,其在民间医事活动中所扮演的角色也愈加重要。传教士不仅通过施药治病以换取社会好感,直接吸引民众入教,而且通过围绕疾病所建构出的一系列社会想象,在民间社会中与佛教、道教及民间信仰为争夺宗教传播空间而展开激烈竞争。在传教过程中,天主教的圣水、十字架、念珠等物品及各项圣事仪式的驱魔治病功效,曾经被传教士与教徒有意识地加以放大。清前期天主教医疗故事中所呈现的与佛教、道教及民间信仰之间的仪式对话,是天主教医疗文化的重要组成部分。④

以上我们对1949年以来中国大陆地区学术界有关基督宗教在华医疗活动的研究论文进行了综述,这些分析实际上是以1980年以后的成果为

---

① 参见王志祥《近代河南天主教教会医疗事业研究述略》,《河南商业高等专科学校学报》2012年第2期。
② 参见董少新《西医入京与清前期天主教政策之演变》,载纪宗安、汤开建主编《暨南史学》第3辑,暨南大学出版社2004年版。
③ 参见董少新《从艾儒略〈性学觕述〉看明末清初西医入华与影响模式》,《自然科学史研究》2007年第1期。
④ 参见张先清《疾病的隐喻:清前期天主教传播中的医疗文化》,《中山大学学报》2008年第4期。

重点的。据不完全统计，1949—1978年发表的涉及在华基督宗教研究的论文有一百五六十篇，其中有关医学传教的论文仅有几篇。因此学术界对于基督宗教在华医学活动历史的研究仅有30余年，研究空白点非常多，就近代（不是当代）医学传教活动中，为什么大多数中国民众接受西医，但是并没有接受基督教这一问题，缺乏探讨深度、系统的研究与分析。

在大陆地区学术界，由于学科分野，有关基督教医学史的研究论文多发表在宗教学刊物或学报类、综合类期刊中，在一般历史学刊物中，仍然不是关注重点。《中华医史杂志》长期以来一直比较关注西方医学在中国的传播过程，所刊文章涉及领域较广。但是在中国传统史学研究观念中，作为医学一部分的医学史研究，与作为社会史研究一部分的医学史研究，在方法论及作者学术背景上存在较大差异，其研究成果不太被传统史学研究所关注。同样，《自然科学史研究》上所刊载的研究成果，也面临着相似的局面。是医学学者进行"史"的研究，还是历史学者开展"医"的研究，似乎在相当长的时期内造成不同角度研究者之间的鸿沟。实际上，以作者教育背景为例，目前越来越多受过传统历史学训练的研究者开始进入传统上以医学教育背景为主的中国医学史研究领域。两种教育背景研究者的相互借鉴与融合，将会成为未来中国医学史研究的方向。这一点，在中国基督宗教史研究中也将表现得更为充分，以医学传教为例，未来高质量的研究，应将历史学、宗教学、医学多重视野下的交叉研究结果呈现在读者面前。

第 八 章

基督宗教与社会经济

从利玛窦献给明万历皇帝的自鸣钟和中国第一张世界地图起，所有的来华传教士都利用当时西方科技发展的成果，以期引起中国人对他们的兴趣，更对他们要传播的基督教有兴趣。在中国近代天文历法、数学、地图学、物理学、军械和仪器制造、绘画和艺术等方面，传教士最起码起到了启发引导之作用。在明清天主教著名人物上，最受关注的是对徐光启的研究。这种研究早在20世纪60年代就已经开始，但更多更好地集中在徐光启作为科学的身份定位上，80年代以来，对他的分析探究则更为全面、系统和开放。他的巨大贡献，使其成为与来华传教士利玛窦相对应的人物，在中西思想文化及信仰交流上，并称"利徐"，对近代中国科技思想和开启中西文化思想交流起到了巨大的作用。学者们称，"1600年的中国，徐光启才是真正睁眼看世界的第一人"，远比魏源、林则徐等人早上200年。

基督宗教传入中国以后，与中国社会的各个方面、不同层次的民众之间产生了交流，这种交流对中国传统思想、文化产生程度不同的冲击与影响。1978年以后，中国学术界针对基督宗教与中国文化各领域的相互影响，展开了大量研究。对于这些研究，除专章介绍了医学、教育外，本章对有关在华基督宗教与中国的经济、社会、科学等领域的研究再择要分析评述。

第一节 基督宗教与经济活动

有关中国基督宗教与经济活动的关系研究，是以往基督教史研究中相对薄弱的领域。中国大陆地区学者更多的是关注基督宗教与中国"上层建筑"之间的关系,而忽略了对"经济基础"影响的研究。从基督宗教发展史上看,基督宗教经济思想,特别是基督教经济伦理思想,在促进资本主义的发展,推动现代化、全球化的进程中,有着不可替代的思想意义和社会意义。在中国基督宗教史研究方面,有关基督宗教与中国经济关系的研究,在文献数量上是产出最少的领域之一。已有的成果也多关注在经济具体行为的研究方面,而有关在华重要基督宗教人物经济思想与实践的研究基本上处于空白状态。讨论近现代中国的现代化进程、经济发展历史,可以有多种思想解释与分析视角,基督宗教在其中的深层影响是一个无法否认的史实,但是乏人关注。有待于未来中国经济史、经济思想史研究者与宗教史研究者结合起来,对此开展相关深入的探讨。

有关这一领域的研究,在 1978 年之前主要结合教案研究开展,在讨论发生原因时涉及一部分经济因素。魏金玉的《十九世纪后半期在华教会对土地房产的掠夺》是目前仅见的一篇对有关在华基督教与经济关系研究的专文。该文对从鸦片战争至义和团运动期间,西方教会如何掠夺中国人民的土地房产的历史,做一初步考察。文章指出,在顺治、康熙两朝,西方耶稣会传教士利用中国皇帝的优礼待遇,到各省活动,天主教堂大量增加。禁教以后,教堂数量有所减少。到了鸦片战事以后,传教士掀起一个"还堂"浪潮,并乘机大肆敲诈勒索,在第二次鸦片战争后,成为一种普遍现象。传教士所采取的主要方式有盗买盗卖、"捐献"、直接以土地作为担保发放"赈济"、收买或租赁、占垦(主要在内蒙古地区)等。文章认为,到 19 世纪末期,各类基督教教会组织从沿海到内地,从城市到乡村,已经遍布全国各个地方。教会的每一处据点无不拥有房产和土地。这些房产和土地是用来出租牟利、剥削中国人民的。魏文所持论点,代表了 20 世纪 50—70 年代大陆地区学术界基督教研究的主要评价观。①

对于在华基督宗教与经济活动关系的研究,包括两类领域:一类是有关基督宗教机构、人员本身经济思想、经济行为、财务制度和管理机制的研究,这个领域由于资料来源的限制,研究文献不多,但也有文献发表。

---

① 参见魏金玉《十九世纪后半期在华教会对土地房产的掠夺》,《经济研究》1965 年第 8 期。

另一类是基督宗教机构、人员对经济活动的参与研究,这类研究相对第一类研究要丰富得多。

一 天主教经济活动

林中泽的《晚明来华耶稣会士的经济伦理及其对儒学的调适》讨论了天主教进入中国后,天主教经济伦理如何与儒学相适应和结合问题,是仅见的有关此类问题的研究。当耶稣会士首次向中国读者传播天主教经济伦理时,他们所面对的是一个长期受到儒学传统熏染并正在受到利益关系严重腐蚀着的晚明社会。耶稣会的"适应"策略指引他们走上了与中国传统思想相协调的道路,他们充分利用了先秦儒学与宋明理学之间的差异,巧妙地周旋于西学与中学当中,一方面继承了中世纪禁欲主义传统,主张"弃绝财货",另一方面则发挥了近代早期的人文主义精神,强调"物尽其用",在消费观上糅合中西,倡导中庸之道,并大胆传播天主教的爱德,呼吁"广施博济"。文章最后指出,由于中国传统的经济伦理具有纯世俗的性质,晚明来华耶稣会士便难免要面对一个完全陌生的世界。然而,正是中国文化的这种世俗倾向,给耶稣会士传播天主教财富观提供了不少便利,因为从理论上说,早期儒学在有关拯救与来世永福等神学目的论领域中所留下的空白,基督教是有可能去加以填补的,神父们常常可以借助先秦儒学的一些话语来证明天主教经济伦理,并反过来赋予前者某种神学的功能。不过,从总的方面看,耶稣会神父们为协调天主教经济伦理与儒学间的关系所做出的一系列努力,仍然是有一定成效的。[①]

汤开建研究明清天主教多年,他利用中西文各方面之罕见材料,对明清之际天主教会所有可能的经费来源进行了较为深入的探讨,显示在不同时期,教会经费包括各教会宗主国及教廷的资助、澳门各界支持、国内教友资助、中国政府的赏赐、任职传教士的俸禄、传教士所从事的借贷收租、参与经贸活动所得收益等多种渠道。文章指出,在中国天主教史研究中,关于教会经济的研究是极为薄弱之一环,究其原因,一是缺乏系统的材料,二是研究者本身对教会经济的不重视。天主教虽然是一种表现在精神层面上的宗教活动,但是,我们知道,在人类社会生活中,不管是什么

[①] 参见林中泽《晚明来华耶稣会士的经济伦理及其对儒学的调适》,《世界宗教研究》2008年第1期。

样纯粹的精神活动，都需要相应的物质基础作保证。没有经济资源作后盾，根本无法展开任何有成效的传教。文章利用大量尚未公布或未经研究的档案，勾勒出明清之际中国天主教的主要经费来源渠道为四个方面：（1）各教会宗主国及教廷的资助，是教会经费的主要来源。（2）澳门各界及国内教友的支持。由于澳门是中国天主教传教的基地，葡萄牙国王又拥有整个亚洲地区的保教权，葡萄牙人以天主教为国教，故澳葡政府与商人对支援中国教区表现了很大的热诚，澳门的经济支持成为中国教区经费的重要来源。（3）中国政府的赏赐与传教士的俸禄，这一笔来源仅局限于在明清政府供职的传教士。（4）借贷收租，参与经贸活动。尽管在华传教会介入的商业、借贷、房地产活动规模不大，且受到许多的限制，但由于这一经济活动具有相对的普遍性，如果不是中国政府的查禁，这一经济活动应具有相对的长期性与稳定性。因此，这一经济活动所获之利润亦成为中国天主教会传教经费之重要来源。①

王中茂的《晚清天主教会在内地的置产权述论》讨论了外国列强及教会都签过多个不平等条约及协议，确立了天主教会在中国内地的置产权的过程。文章指出，有学者认为，1860 年的中法《北京条约》确立了天主教会在晚清内地置产的特权。其实，《北京条约》只是为法国"正式"向清政府索取内地置产权提供了借口。而比《北京条约》诈欺性质更为恶劣的 1865 年《柏尔德密协议》和对中国土地管理主权严重削弱的 1895 年《施阿兰协议》，才最终确立了天主教会在中国内地的置产权。文章认为，天主教会在中国内地置产权的确立，并非一蹴而就，而是有一个逐渐形成的过程。在近代中国，传教士霸占公地、强夺民田的案件时有发生。教会非法置产，激化了民教矛盾，成为近代教案频繁发生的不可忽视的原因之一。②

有关教会参与经济活动问题的研究，在天主教方面，顾卫民分析了 16—17 世纪耶稣会士在参与长崎以及澳门之间的贸易活动的历史，讨论了耶稣会士参与贸易的方式的同时，其内部对此事的不同看法以及与耶稣

---

① 参见汤开建《明清之际中国天主教会传教经费之来源》，《世界宗教研究》2001 年第 4 期。
② 参见王中茂《晚清天主教会在内地的置产权述论》，《清史研究》2007 年第 3 期。

会同在远东传教的托钵僧会士（方济各会士以及多明我会士）之间的争议。①

二 基督新教经济活动

在基督教方面，林立强通过对西方传教士与福州茶港开埠以及与茶叶贸易及商务的相互关系与影响等做一探讨，以期引起学术界对传教士与中国近代经济活动关系问题研究的重视。文章指出，福州成为近代五口通商口岸之一，是与西方列强对茶叶的大量需求以及要急于展开对福建的茶叶贸易分不开的。在福州开埠前后，基督教传教士发挥了重要的作用。传教士是最早把茶叶介绍给西方的来华人士之一，茶叶在西方被称作一种"新奇的中国饮料"。总而言之，茶叶贸易与福音传播是相辅相成的，在福州开埠前，西方传教士曾为西方列强打开对华茶叶贸易提供服务，而茶叶贸易的兴起和发展，又反过来促进了传教士的事业。与此同时，传教士的身份也出现了微妙的变化：从"助手"——开埠前为列强的茶山探险活动提供帮助，到"合作者"——分别在商业活动和传教事业两个不同领域中共同为列强利益服务，再逐渐发展为"一家人"——有部分传教士参加到具体的茶叶商务活动中来。可见，传教士与福州外国茶商间的关系随着福州茶市的日益兴盛已越来越密切。虽然究竟有多少传教士从事茶叶商务活动目前尚无确切的统计数字，传教士经商也不是很普遍的现象，但在日益繁荣的通商口岸福州，小部分传教士的触角从单纯传播福音开始延伸至外国茶商的经济活动已经是不争的事实，我们在研究近代中国经济史和基督教传播史时应对此现象引起足够的重视。②

林立强的另一篇文章《来华基督教新教传教士实业活动初探》指出，近代西方新教差会派遣来华传教士的目的是传播福音，从事经营性实业活动等所谓"世俗化倾向"长期以来是传教士讳莫如深的话题。但事实上自1807年新教入华以来，亦有相当部分的新教传教士因种种原因从事此类活动。他们一方面直接涉及地产、酒店、百货、商业贸易等领域，赚取

---

① 参见顾卫民《16至17世纪耶稣会士在长崎与澳门之间的贸易活动》，《史林》2011年第1期。

② 参见林立强《西方传教士与十九世纪福州的茶叶贸易》，《世界宗教研究》2005年第4期。

高额利润，另一方面以自养方式从事经营性活动，拓宽了教会的收入来源。此外，部分传教士还尝试将实业活动作为一种传教手段来使用，认为"实业工作将大力推进在华传教事业"。林氏的两篇文章是国内学术界较早发表的有关基督教参与经济活动的论文，也是迄今少数几篇论文之一。①

有关教会与中国鸦片贸易、烟草产业和毒品问题态度与关系的研究，是学术界相对讨论较多的问题。甘开鹏的《美国来华传教士与晚清鸦片贸易》对美国传教士对西方对华鸦片贸易的看法进行了探讨。文章认为，美国传教士的反鸦片贸易观对美国国内舆论及《望厦条约》的签订产生了不可忽视的影响，同时影响了美国对华鸦片贸易政策。然而，《天津条约》签订前后，美国传教士鸦片贸易观的转变扭转了美国对华鸦片贸易政策，在一定程度上加速了鸦片贸易的最终合法化。② 陈才俊的《早期美国来华传教士与美国对华鸦片贸易政策》则强调了在《望厦条约》签订过程中，由于传教士居间态度的影响，美国政府当时禁令本国商人从事对华鸦片走私活动。但对后来传教士鸦片贸易观的变化没有涉及。鸦片战争前后发生在中国的鸦片贸易，有悖人类的基本道德，更为基督宗教伦理所禁止。文章指出，鸦片在中国的出现，无疑引起中国人对西方人的普遍反感和愤怒，并严重阻碍福音的在华传布。早期美国来华传教士反对鸦片贸易，因为这种贸易违反上帝的意志，违反基督宗教伦理；更重要的原因还在于，这种贸易有碍"让基督征服中国"终极目标的实现。美国传教士们关注的是福音的传布，并不关心鸦片贸易商人的经济利益，所以，当传教利益受到鸦片贸易的阻挠时，他们便在言论上和行动上极力反对这种贸易。这些传教士的言行，不仅得到母国传教组织的积极支持，而且获得美国民众的普遍认同，甚至引起美国政府的高度重视，并最终对美国政府反对鸦片贸易政策的确立起到了决定性的作用。③ 此外，东人达的《西南基督教教会"不吸鸦片"戒律探讨》也指出，随着西方列强对中国的殖民侵略浪潮，大批传教士来到西南民族地区。其中以柏格理、党居仁为代表

---

① 参见林立强《来华基督教新教传教士实业活动初探》，《世界宗教研究》2009 年第 4 期。
② 参见甘开鹏《美国来华传教士与晚清鸦片贸易》，《美国研究》2007 年第 3 期。
③ 参见陈才俊《早期美国来华传教士与美国对华鸦片贸易政策》，《世界宗教研究》2011 年第 1 期。

的出身英国劳动阶级和少数民族族群的循道公会、内地会的基督教新教传教士，明显地表现出反对鸦片荼毒的态度与举动。清末、民国期间组建的各民族基督教教会，在这些传教士的启发下，都自主制定了禁除鸦片的戒律，并付之于严格的实施。形成的戒烟传统，今天仍然被西南民族区域的众多教会所继承并发扬。其族群与宗教因素所发挥的作用，为我们提供了可资借鉴的群众性禁毒经验。①

邓杰的《基督教与川康民族地区的禁毒努力（1939—1949）》研究了教会禁止吸食鸦片的个案。川康地区是近代中国烟毒泛滥的重灾区，在该地区从事传教活动的基督教传教士，不仅致力于禁烟的宣传工作，还采取积极措施劝导边民及协助政府禁烟。传教士不仅帮助政府对边地烟毒屡禁不止的原因进行深入分析，积极参与到禁烟的具体行动中，而且还帮助政府处理与禁戒烟毒有关的善后事宜。传教士的禁烟措施改变了边地民众吸食大烟的恶习，促进了边民的身体健康，有利于边地社会的稳定和发展；改善了政府与边地的紧张关系，使边民对政府的信任度增强；密切了边民与基督教的关系，便于基督教会各种活动的开展。②

李传斌的《医学传教士与近代中国禁烟》讨论了在华基督教医生对禁烟的态度与行为。文章指出，19世纪以来，鸦片的大量输入给中国造成了极大的危害。因此，它遭到了中国持续不断的禁烟活动的反对。在近代禁烟活动中，往往有传教士参与其中。作为传教士中的特殊群体，医学传教士在行医过程中对鸦片的危害有深入的体察，因此他们当中有许多人都积极投身禁烟的宣传和实践，在禁烟运动中扮演了重要角色。医学传教士在禁烟宣传、探索戒烟方法和助人戒除鸦片等方面取得了一定成效。然而，近代中国特殊的社会现实决定了禁绝毒品是相当困难的。因此，医学传教士不可能从根本上改变中国的鸦片吸食状况。而且，他们从事禁烟还有传教上的考虑，这是与其他人从事禁烟活动的一个重要的不同点。不过，他们毕竟在客观上对近代中国的禁烟起了一定的积极作用。③ 朱守云的《抗日战争时期的南京毒品问题剖析：以贝德士的调查为切入点》则

---

① 参见东人达《西南基督教教会"不吸鸦片"戒律探讨》，《世界宗教研究》2007年第1期。

② 参见邓杰《基督教与川康民族地区的禁毒努力（1939—1949）》，《世界宗教研究》2011年第1期。

③ 参见李传斌《医学传教士与近代中国禁烟》，《中国社会经济史研究》2010年第2期。

通过贝德士调查所供的素材,分析了导致毒品在南京地区迅速泛滥的原因。①

三 基督教乡村建设

20世纪30年代,乡村建设运动蓬勃发展,中国本土基督教人士及组织积极投身乡村建设运动,在传播基督教的同时,关注农村经济的发展、农业生产的改进等问题。刘家峰的专著《中国基督教乡村建设运动(1907—1950)》,对基督教深入乡村建设进行了研究。作者围绕中国基督教乡村建设如何在中国起源、理念如何发展、乡村建设运动对中国近代基督教运动有何意义这三个主线问题展开,为读者呈现了基督教社会福音派处理当时中国社会灾荒的具体措施,以及这些措施的宗教理论背景和意义。近代中国的巨大社会变迁,为国家行政体系之外的社会力量提供了生长的空间,也丰富了灾荒治理、改造乡村的手段。②

由华北基督教农村事业促进会文字部主办,于1934年8月1日在山东济南创刊的《田家半月报》,作为面向农村、服务农民的基督教报刊,就其所设栏目和内容来看,它在传播基督教的同时,还相当关注农村经济的发展、农业生产的改进、农民生活的改善,成为基督教团体参与乡村建设的组成部分。文章认为,《田家半月报》对乡村建设的积极参与,实质上属于乡村文化建设,它通过文字和知识向农村广传,为重建农村提供帮助和指导,使农村民众能获得生产生活方面的科学知识。正如其编辑所言:《田家半月报》是根据民族需要而产生的文化幼儿,其使命是替农村大众之福利做代言人。就现实意义而言,《田家半月报》参与乡村建设之举可为当今农村社会的文化发展提供一定的借鉴,以利于"三农"问题的解决、促进新农村建设。《田家半月报》是近代中国基督教历史上,由中国人主办的、出版时间最长的、针对农村地区的基督教刊物,对其研究可以说刚刚起步。③

在其他领域,熊月之研究了郭实腊所著的《贸易通志》,认为该书是

---

① 参见朱守云《抗日战争时期的南京毒品问题剖析:以贝德士的调查为切入点》,《衡水学院学报》2008年第3期。
② 参见刘家峰《中国基督教乡村建设运动(1907—1950)》,天津人民出版社2008年版。
③ 参见王京强《20世纪30年代中期的〈田家半月报〉与乡村建设》,《宗教学研究》2009年第3期;《张雪岩与抗战时期的节约献金救国运动》,《社会科学研究》2010年第2期。

鸦片战争以前传教士所写中文读物中，介绍西方商业制度、贸易情况最为详尽的一部。在熊文之前，学术界对此虽有述及，但无专门研究。① 陈伟明的《清代澳门的宗教消费（1644—1911）》以澳门为对象，讨论了宗教消费这一涉及宗教经济学、经济学史和中国基督教史的交叉课题，除本篇外，尚未见到此类针对其他地区的历时性研究文章。②

从以上分析我们可以看出，在大陆地区作为一门交叉研究的中国基督宗教史研究方面，有关经济专门史的研究还亟待发展，相关研究者仅有数人，与中国基督宗教史整体研究的方兴未艾形成了一个鲜明的对照。

第二节 基督宗教与社会服务

提倡各项社会服务，是基督教教义的要求之一，也是基督宗教最受社会关注的一项事业。基督宗教进入中国以后，开展社会服务，是其传教的重要辅助手段之一。其中所提倡的慈善、救济思想，对中国社会产生了重大影响。与中国传统救济活动相比较，基督教组织所开展的工作更加系统、规范。中国学术界从社会角度所开展的研究，与针对基督宗教其他领域的研究一样，基本上是在1978年以后开始的。

一 基督教与灾荒

深入研究传教士参与赈灾活动始末、动因与社会影响，对于更全面地考察近代中国荒政制度的变革历程、更确切地了解西方在华传教事业的历史真貌，乃至更细致地把握近代中国社会改革思潮的运行轨迹，都将不无裨益。在针对基督教慈善事业概述性研究中，夏明方的《论1876至1879年间西方新教传教士的对华赈济事业》以19世纪70年代后半叶发生于华北五省的"丁戊奇荒"为背景，重点分析了以基督教传教士为主体的西方对华赈灾参与。指出这些赈灾活动，标志着具有近代文明特质的新型赈灾机制和救荒意识在中国诞生。必须指出的是，这种新型的救灾活动，除引人注目的江浙绅商的义赈外，还应包括活跃于灾区的另一支救灾力量，

---

① 参见熊月之《郭实腊〈贸易通志〉简论》，《史林》2009年第3期。
② 参见陈伟明《清代澳门的宗教消费（1644—1911）》，《世界宗教研究》2010年第1期。

即以基督教教传教士为主体的西方对华赈灾事业。具体地揭示其始末、动因与社会影响，对于更全面地考察近代中国荒政制度的变革历程、更确切地了解西方在华传教事业的历史有重要的意义。在参与救灾的传教士中，来自英国浸礼会的李提摩太最为突出。除李提摩太成为维新派心目中"一位良师""善人"外，是李提摩太的改革思想所具有的独一无二的现实内涵和理论指向，即从中国饥饿频仍的灾荒现状出发，以根治灾荒、改善民生为目标。由于李提摩太自始至终把他的改革计划与灾荒问题密切联系起来，就比单纯强调"御侮"、强调"自强"的言论，更进一步、更深刻地阐释了在中国进行近代化改革的必要性和紧迫性。以李提摩太为代表的西方对华救济事业，堪称晚清传教史上"社会福音运动"的一部强有力的发动机和推进器，只是中国的改革者们并没有亦步亦趋地按照他们设计的轨道走下去。①

张大海的《互动与博弈：李提摩太"丁戊奇荒"青州赈灾分析——以〈万国公报〉为中心的考察》指出，"丁戊奇荒"期间，在华传教士通过自办的《万国公报》对灾荒情况进行报道，李提摩太等传教士建立了赈灾关系网络进行赈灾，并与官方等赈灾力量展开了互动与博弈。通过参与赈灾，李提摩太等人对于中国社会有了更深刻的体验，意识到只有通过广西学、采西法才能摆脱国弱民穷的根源，开始了对中国的启蒙，促进了中国的近代化进程。② 刘招成的《华洋义赈会的农村赈灾思想及其实践》通过实际案例，分析了华洋义赈会的"建设救灾""防灾救灾"等颇有特色的指导思想与原则，指出该机构发展、完善了一套赈灾运作机制，并在农村灾区实施了一系列赈务活动，对当时的中国社会产生了积极影响。③

在西北地区，也有基督教传教士进行的社会慈善活动。民国时期，甘、宁、青地区水旱和地震等自然灾害频仍，成为阻碍社会发展的重要因素。一方面，西方传教士在着力布道的同时，密切关注该地区的自然灾害。传教士在第一时间深入灾区调查，从客观公正的角度记述灾情，撰写了详细调查报告，使外界对灾情有了明确的认识；另一方面，传教士身体

---

① 参见夏明方《论1876至1879年间西方新教传教士的对华赈济事业》，《清史研究》1997年第2期。
② 参见张大海《互动与博弈：李提摩太"丁戊奇荒"青州赈灾分析——以〈万国公报〉为中心的考察》，《宗教学研究》2010年第1期。
③ 参见刘招成《华洋义赈会的农村赈灾思想及其实践》，《中国农史》2003年第3期。

力行参与灾区的救济，他们将各地捐来的款项用以工代赈、兴办贫儿院的方式救济灾民，使灾区得到部分复苏。

二 慈善救济与社会改良

有关具体基督教机构对于慈善救济事业的参与，主要包括两类机构，一类是教会，另一类是有基督教背景的机构。有关教会机构对于慈善活动的参与，专题研究比较少。陈亚南的《英国循道会在梧州地区的慈善活动初探：以〈麦路得〉回忆录为中心》，具体分析了麦路得医生在梧州地区开展的慈善活动，如水灾赈济、卫生防疫、饥荒救助、建立医院等工作，指出循道会所开展的工作，是对广西地区政府和民间慈善事业的有力补充。19 世纪中期，随着英籍牧师俾士来到中国香港，英国循道会在华传教活动亦拉开序幕。梧州开埠通商后，在麦路得医生的带领下，循道会在梧州地区积极宣讲教义，传播福音，开展各项传教活动，取得了一定的成效。文章以慈善救助为切入点，通过考察各种具体行为，再现了这些慈善活动对教会和当地百姓的双面向影响。文章指出，循道会在麦路得医生的积极努力下，在梧州地区开展各种慈善救济活动，这些活动一方面为百姓提供了帮助，在一定程度上改善了当地百姓的生活状况，另一方面也极大地转变了当地百姓对教会的印象，从而为教会自身在地方的传播和发展争取到更多民众的认同。从这一层面来说，这一切活动都稳定了梧州当时的社会秩序，可以说，循道会的这些慈善活动是广西政府和民间社会慈善救济事业的一种有力补充。有关基督教历史研究的文章发表在神学院专业刊物上，某种意义上也代表了教会内部学术研究的一种新动向。[①]

张德明的《福音与改良：英国浸礼会在华农村社会改良活动考略》通过一些事实列举，指出英国浸会在华的农村社会改良活动，虽带有传播福音的功利动机，但却给活动地区带来了急需的西方现代文明，一定程度上改变了当地的社会面貌。[②]

目前，大陆地区学者对于教会开展慈善服务工作的评价日趋积极，但

[①] 参见陈亚南《英国循道会在梧州地区的慈善活动初探：以〈麦路得〉回忆录为中心》，《金陵神学志》2013 年第 1 期。

[②] 参见张德明《福音与改良：英国浸礼会在华农村社会改良活动考略》，《古今农业》2011 年第 3 期。

是研究也多显示,至少在1949年以前,这些活动与传教士希望达到的传教效果是不成比例的,如同前述医疗、教育活动一样。这一现象表明中国传统文化还足以抵抗外来思想的影响,同时,在中国文化"灵活性"影响下的中国民众,以相对宽容的姿态,对基督教思想及在华事业有选择地接受。

针对基督教慈善事业的研究,更多的是以有基督教背景的机构为对象,民国时期基督教在华慈善事业迄今为止是一个研究较为薄弱的领域,除沿海地区略有涉及外,内地的基督教慈善事业几乎无人问津,特别缺乏有代表性的个案研究。谭绿英的《民国时期基督教在华慈善事业:以成都中西组合慈善会为例(1921—1940)》对该机构的历史和作为进行梳理后指出,20世纪前半期,在华基督教传教士在宣教方面为了减少阻力,将基督教的教义尽可能地与中国传统伦理道德结合起来。这个时期,贫穷所带来的社会问题也日益突出,多数在华传教士在社会事业方面投入更多的精力,并在办理社会事业上,注重与地方社会的调和性;中国地方社会人士及地方政府也开始意识到有必要联合外来力量救济贫困。中西双方在办理慈善事业上的教化目的均有所淡化,救济本身逐渐上升到第一位,这就为中西双方在社会事业上的合作提供了客观可能性。20世纪20年代中西组合慈善会的出现就是这种转变的产物。[①]

中国基督教青年会和中国基督教女青年会是近代中国存续时间最长的基督教机构之一。这两个机构所开展的工作,很多都是在中国社会开先河的事业,有关这两家机构参与社会服务的研究,成为近年来基督宗教领域的研究热点之一。有关女青年会方面,非基运动和五卅惨案发生后,女青年会开始调整劳工事业的方向和内容。它在女工中开展的女青年运动,对女工的个体成长和团结精神的养成具有积极作用,表现出一个民间妇女团体对社会弱势群体的独特救助。[②]

与女青年相比,青年会无论在社会影响、服务领域还是开展活动规模

[①] 参见谭绿英《民国时期基督教在华慈善事业:以成都中西组合慈善会为例(1921—1940)》,《宗教学研究》2003年第1期。

[②] 参见钮圣妮《近代中国的民众团体与城市女工:以中华基督教女青年会的劳工事业为例(1904—1933)》,《东岳论丛》2005年第3期;周蕾《基督教女工夜校的抗战爱国活动》,《世界宗教文化》2006年第3期;周蕾《服务社会,造福人群:女青年会的劳工事业和乡村事业之历史考察(1927—1937)》,《世界宗教文化》2009年第1期。

方面都要大很多。这方面的研究所涉及领域也更为广泛。侯杰、王文斌的《基督宗教与近代中国的社会和谐：以中华基督教青年会为例》指出，中华基督教青年会为实践其社会福音的宗旨，针对近代中国民众素质低下、社会矛盾丛生等问题，重点开展了改造青年的"德、智、体、群"的四育活动和改造社会、救灾等社会服务活动。同时，作为一个有基督教背景的社会团体，青年会为了更好地融入中国社会，采取了走上层路线、影响精英人物的发展策略。青年会通过长期不懈的努力，不仅在化解近代中国社会矛盾方面做出了积极的努力，而且在一定程度上消弭了基督宗教与中国文化的冲突，为近代中国社会的和谐稳定做出了贡献。[①]

李文健以天津青年会为对象，从当地报刊寻找资料具体分析了青年会社会服务和慈善赈济的方法与实践。[②] 崔鲁威的《中华基督教青年会学生义工服务探析》讨论了青年会如何引入"义工"这种方式在中国开展社会服务。指出青年会义工服务是宗教性与社团性的结合，其主体为青年学生，通过会员直接参与和招募的方式多渠道、多形式进行服务，服务范围广、领域宽、贯通中外，具备很大的社会动员力和实际效力。义工服务最终起到了缓和中西文化冲突、推进中国社会进步、促进中国社会向近代转型的重要作用。[③] 赵晓阳的《福音与社会的契合：以中国基督教青年会与劳工问题为例》则讨论了青年会所开展的各项劳工服务。无论青年会侧重于福利方面，还是女青年会侧重于教育方面，其劳工工作始终局限于调理层面上，而没有涉及制度的改变。事实上，美国男女青年会因常常被大企业资助而在某种程度上受制于大企业而被称为"商人组织"，青年会与美国重要经济财阀麦克米克集团和洛克菲勒集团的联系，阻碍了它进一步推动社会方案。作为美国男女青年会海外分支机构的中国男女青年会，经济主要来源之一也是社会各工商实业界的捐款，如何能在让富人捐献财富的同时，又激烈地批评甚至改革他们的挣钱方法或他们企业里存在的不公

[①] 参见侯杰、王文斌《基督宗教与近代中国的社会和谐：以中华基督教青年会为例》，《史林》2007年第4期。

[②] 参见李文健《救时、救世与救心：天津青年会的社会改良实践：以〈益世报〉有关材料为中心（1917—1935）》，《金陵神学志》2013年第1期；侯亚伟、霍金《天津基督教青年会与1920年赈灾：以〈大公报〉〈益世报〉为中心》，《金陵神学志》2011年第3—4期。

[③] 参见崔鲁威《中华基督教青年会学生义工服务探析》，《河北广播电视大学学报》2011年第6期。

正呢？这些不触及深层痛痒的"小改变"就为更大的社会革命、社会改造的发生留下了足够的空间和余地。①

抗日战争是20世纪中国历史上影响最大的事件之一。李陵通过对地方青年会参与抗战的研究，分析其活动表现出战时难民救济的新特征。②邓云、刘婷婷则分析了作为一个社会服务团体的基督教青年会参与救助青年学生的工作，讨论了其工作的特点及意义。上述研究都是中国传统抗日战争研究中极少涉及的角度与领域，在基督教参与抗战方面，有许多空白点需要研究。③

有关基督宗教在华慈善与社会服务的研究中，大部分是针对基督教机构的，有关天主教的文章较少，针对东正教的研究更是空白。在有关天主教慈善的研究中，汤开建、张中鹏的《晚明仁会考》对晚明时期出现的天主教在华慈善组织仁会进行了研究。指出虽然仁会带有一定的中国传统善会的色彩，但不可否认其天主教的宗教色彩，同时此一特征亦可视为中国天主教慈善团体本土化过程的必然显现。④陈青松、汤开建的《明清之际天主教在华救婴事业述评》研究了明清时期天主教救婴活动，指出出于天主教宗教理念，有些传教士参与中国的救婴事业，并做出了积极的贡献，救治弃婴也成为传教事业的一个组成部分。⑤

有关在华基督宗教与慈善事业的研究，尽管仍显薄弱，但却是一个发展较快的领域。有关研究文献数量增长明显，涉及领域日趋广泛、深入。如有关东正教在华慈善事业，尽管尚未见到有期刊论文发表，但是已经有学生开始在学位论文方面涉足这一领域。

---

① 参见赵晓阳《福音与社会的契合：以中国基督教青年会与劳工问题为例》，《民国研究》2009年总第15辑。
② 参见李陵《长沙基督教青年会抗战时期的难民救济工作》，《船山学刊》2005年第3期。
③ 参见邓云、刘婷婷《试论抗战期间基督教青年会的青年救助》，《赤峰学院学报》2010年第10期。
④ 参见汤开建、张中鹏《晚明仁会考》，《世界宗教研究》2010年第6期。
⑤ 参见陈青松、汤开建《明清之际天主教在华救婴事业述评》，《江西师范大学学报》2010年第3期。

第三节　基督宗教与近代科技

自明末天主教进入中国以后，一些西方自然科学思想和技术被传教士介绍到中国，随着新教机构和传教士的大量来华，出版、翻译了多种自然科学书籍，建立起相关研究机构，各种近代以来的自然科学学科在中国逐渐建立起来。有关基督宗教与中国近代科技发展的研究结果，除发表在传统历史学刊物、社科综合刊物、社科学报外，也集中发表在科学史刊物、自然科学学报和相应学科刊物中，这部分研究成果，基本没有引起历史学者关注，在以往的历史学综述中分析不多，在本综述中也不作为重点介绍，但有零星涉及。有关社会科学学科及关于中国的研究，分散在汉学及相关章节中。

学者们强调明末清初来华耶稣会士的活动是一种正当的传教活动，利玛窦等耶稣会士向当时的中国传来了西方较先进的天文、历算、地理、医学、哲学以及军事等方面的科技知识，在一定程度上影响明清之际的社会进步。同时，作为较早深入中国、认识中国文化的西方人，来华耶稣会士还把中国及其传统文化带到欧洲，促进了西方汉学的兴起。不能将来华耶稣会士与早期殖民主义侵略简单地联系在一起，他们同鸦片战争后来华的西方传教士有着本质上的区别，不能因为他们都是传教士，就把所有来华的传教士一概而论，视为文化侵略分子、殖民主义的先遣队，应该对明末清初的天主教传教士给予客观公正的评价。[①]

在 1978 年以前，相关研究成果很少，其指导思想也与 1978 年以后学术界的主流思想有很大差异，如署名数学系理论学习小组的《徐光启和崇洋媚外思潮》的文章，对于徐氏有关科学思想的评价，与目前是大相径庭的，但在学术史上角度看还是有意义的。[②] 张子高、杨根 1964 年发表的《鸦片战争前西方化学传入我国的情况》涉及早期天主教传教士有

[①] 参见陈申如、朱正谊《试论明末清初耶稣会士的历史作用》，《中国史研究》1980 年第 2 期；冯雍《近代欧洲汉学家的先驱马尔蒂尼》，《历史研究》1980 年第 6 期；林金水《利玛窦在中国的活动与影响》，《历史研究》1983 年第 1 期。

[②] 参见数学系理论学习小组《徐光启和崇洋媚外思潮》，《北京师范大学学报》（自然科学版）1975 年第 2 期。

关近代化学知识的介绍与实践。①

一 天主教传教士与科技东传

樊洪业的《耶稣会士和中国科学》和曹增友的《传教士与中国科学》将明清入华耶稣会士的科学活动划分为几个历史时期进行了较为细致的介绍，是大陆地区学者较完整地总结耶稣会士在华科技活动的专著。从人数、科学与艺术活动以及在禁教形势下传教士的处境三个方面对乾隆朝服务宫廷的西方传教士进行考察，对他们所从事的科学传播和实践活动进行了仔细考察和叙述。②

有关天主教传教士的研究中，胡思庸的《西方传教士与晚清的格致学》指出封建社会里，中国的学术文化长期被儒家经学所笼罩，实用的科学技术被视为"形而下"的末艺，不受重视。明清以来的八股取士制度，进一步强化了这种趋势。这种情形造成了近代中国科技发展的滞缓，而传教士的到来，为科学发展带来新的思想。文章认为，在近代中国，以传教士为主，担负了最早介绍西方科学的使命，这是当时特殊的历史条件以及清朝统治者的昏聩所造成的。鸦片战争结束不久，涌入中国的除了传教士之外，只有商人、鸦片贩子、军人和政客之类的人物，科学家几乎没有。曾国藩等人号称要变法自强，"师夷之智"，却足不出国门，器识狭陋，就听凭赫德等人的推荐，任命一些传教士担任同文馆的教习和江南制造局的编译人员。这些为数不多的传教士同中国学者一起，确实做了一些开创性的工作，起到了媒介和启蒙的作用。至于夹杂在其中的牧师说教，乃至某些人的殖民主义言论，当时绝大部分士人是表示憎恶的。我们今天回顾这段历史，更要严肃地加以区别，照梁启超的话说，"当分别观之"。③

关于耶稣会传入科学知识方面的评价，学界还存在一定的分歧。还有学者从利玛窦等人回避哥白尼等近代科学知识，而仅向当时中国人介绍托勒密地心说与古老的欧氏几何这一点出发，认为传教士传入的是"旧

---

① 参见张子高、杨根《鸦片战争前西方化学传入我国的情况》，《清华大学学报》（自然科学版）1964年第2期。
② 参见樊洪业《耶稣会士与中国科学》，中国人民大学出版社1992年版；曹增友《传教士与中国科学》，宗教文化出版社1999年版。
③ 参见胡思庸《西方传教士与晚清的格致学》，《近代史研究》1985年第6期。

学"。事实上，耶稣会士从传教需要出发介绍西洋学术理论，有不少并未超出中国原有理论水平，甚至在某些方面离真理更远。① 但另一些学者认为，来华的传教士们尝试站在欧洲学术的高峰上，向中国介绍先进的科学知识，这些知识是中国没有的，形成了中国科学文化极为重要的一个时期，也为近代科学体系的建立打下了基础。② 江晓原的《通天捷径：明清之际耶稣会士在华传播的欧洲天文学说及其作用意义》，重点考察了17世纪前70年里新旧历法的争议过程，论证了耶稣会士所传播欧洲天文学说对中国天文学发展的贡献，是国内学者研究耶稣会士传入科学方面的一篇力作。③

晏路的《康熙和在华西洋传教士的科学技术活动》指出，康熙不但是一个开明的皇帝，也是一个学识渊博的学者。他通过与传教士的交往，对科学技术持有接受、包容、学习的态度。早期来华的传教士，一方面是西方国家推行海外殖民政策的工具，另一方面也传播了西方先进的科学技术。传教士在华的科学技术活动，受到康熙的鼓励和支持，他们之中的佼佼者，备受康熙的信任和重用。他们在华的科学技术活动，对促进中西文化交流、加速中国迈入近代社会都是有益的，是应当肯定的。即使是在罗马教廷利用中国礼仪问题，公然制造"教难"问题时，也没有影响康熙对传教士科学技术活动的限制，而是信任他们，派遣他们赴全国各地进行《皇舆全览图》的测绘工作。④

王维的《南怀仁学术思想剖析》则通过对南怀仁学术思想的评述，指出不同于中国文化传统的近代欧洲的物质文明、形形色色的全新的意识形态观念，以及全新的推理方法和见解，通过各种途径传播到了中国，使原本封闭的中国古老农业社会得以洞开天窗，不能不使人们为之耳目一

---

① 参见史静寰《谈明清之际入华耶稣会士的学术传教》，《内蒙古师大学报》1983年第3期；钟伟礼《基督教与中西文化交流》，《复旦学报》1987年第1期。

② 参见藏荣《明清之际来华耶稣会士的评价》，《北方论丛》1981年第4期；徐明德《明清之际来华耶稣会士对中西文化交流的贡献》，《杭州大学学报》1986年第4期；饶良伦《明末清初的西学东渐》，《求是学刊》1988年第1期；曹增友《法国在华传教士科技活动事略及其影响》，《北京社会科学》1991年第1期。

③ 参见江晓原《通天捷径：明清之际耶稣会士在华传播的欧洲天文学说及其作用意义》，载朱维铮主编《基督教与近代文化》，上海人民出版社1994年版。

④ 参见晏路《康熙和在华西洋传教士的科学技术活动》，《满族研究》1993年第3期。

新。① 秦国经的《18 世纪西洋人在测绘清朝舆图中的活动与贡献》肯定了传教士对于现代地图学在中国的发展所起到的重要作用。18 世纪是中西文化交流的一个高潮时期。来华传教士把欧洲的天文学、地理学、数学、医药、生理解剖学、机械学以及各种技艺带到中国。尤其是西方传教士传播了先进的天文地理观念，并运用先进的测绘制图方法，帮助清政府实地测绘了皇舆全图，这是西方传教士来华的最大贡献之一。当时的中国在制图学方面之所以能走到世界的前列，和西方传教士带来的先进的天文地理知识和新的绘图方法是分不开的。② 李玛利亚的《桑志华与北疆博物院》研究了法国耶稣会神父桑志华（Emile Licent）与中国最早的博物馆、科研机构之间的关系。桑志华是著名地质学家、古生物学家、考古学家。在法国政府和耶稣会会长的支持下，1914 年 3 月，桑志华神父从法国出发，开启了他的中国之旅。来到中国后，他选择天津为落脚点，由此展开了长达 25 年之久的考察活动与考古工作。1922 年，桑志华神父邀请巴黎的德日进神父一起参与研究和科学调查。1922 年，博物馆在天津建成，桑志华给它取名为"黄河白河博物院"，中文名叫"北疆博物院"。1928 年，经扩建后的北疆博物院对外开放。发展至现在，天津自然博物馆成为集动物、植物、地质、古生物、古人类等多学科为一体的综合性博物馆，是我国最大的自然博物馆之一，重点收藏中国华北、西北、东北地区及世界范围内具有代表性、典型性的自然科学标本。③ 安允儿的《王微与丁若镛：16 至 18 世纪中韩两位实学家对西洋奇器的研究与制造》涉及了天主教在东亚传播中的独特现象，即汉译天主教思想、文献在东亚的二次"东传"问题。④

二 基督教与科技传播和运用

有关新教与中国近代科技事业的关系研究方面，刘家峰的《基督教与近代农业科技传播：以金陵大学农林科为中心的研究》以金陵大学农

---

① 参见王维《南怀仁学术思想剖析》，《自然辩证法研究》1989 年第 3 期。
② 参见秦国经《18 世纪西洋人在测绘清朝舆图中的活动与贡献》，《清史研究》1997 年第 1 期。
③ 参见李玛利亚《桑志华与北疆博物院》，《中国天主教》2011 年第 2 期。
④ 参见安允儿《王微与丁若镛：16 至 18 世纪中韩两位实学家对西洋奇器的研究与制造》，《韩国研究论丛》第 14 辑，世界知识出版社 2007 年版。

林科为中心，讨论了教会与金大农林科为实现教会乡村化而进行农业教育和科技推广的过程。由于农业具有和医学、教育同样的传教价值，早期农业传教士根据中国是一个农民大国的国情，针对中国教会一贯重视城市忽视乡村的策略，提出了"教会乡村化"的主张。这一主张激起了部分教会对农业的极大兴趣。在教会乡村化和乡村基督化的背景下，农业科技成为传播基督教的媒介，基督教充当了传播农业科技的主体，对近代中国农业的进步做出了一定贡献。一是把美国农业高等院校的教学、科研、推广体制引入中国，为中国农业高等教育的发展、人才培育、作物改良及科技推广做出了杰出贡献；二是随着教会学校农科的开办，20世纪20年代前后，在部分传教士和差会中间开始出现一股以教会乡村化为目标的农业传教思潮，逐渐影响到越来越多的教会组织对农业发生兴趣，推动了农业科技向农村基层传播的过程。①

阎书昌的《中国近代心理学史上的丁韪良及其〈性学举隅〉》指出，丁韪良在1898年出版的《性学举隅》，是融入了许多西方科学心理学知识的中文心理学著作，并在登州文会馆开设了中国最早的心理学课程。阎文以丁韪良及其《性学举隅》为纽带，兼及颜永京的《心灵学》（上本）等19世纪后半叶中国近代心理学发展进程中的几个重要事件，反映出中国近代心理学的发展过程及与宗教传播的密切联系。②

在有关基督教与中国科技事业的研究中，较多涉及的是外国传教机构与传教士，对于中国本土基督教机构及基督教人士所开展的研究较为薄弱。杨天宏的《基督教与中国"边疆研究"的复兴：中华基督教会全国总会的边疆研究》以抗日战争时期边疆研究复兴为对象，讨论了中华基督教会全国总会所起到的重要促进作用以及其宗教背景对学术研究的影响，是相关领域论述较为翔实的文章之一。③

中国基督宗教与科学技术关系的研究，大多以人物为研究视角，尚缺乏系统性研究成果。由于学科特点，在发表此类研究成果较多的文献，如

---

① 参见刘家峰《基督教与近代农业科技传播：以金陵大学农林科为中心的研究》，《近代史研究》2000年第2期。
② 参见阎书昌《中国近代心理学史上的丁韪良及其〈性学举隅〉》，《心理学报》2011年第1期。
③ 参见杨天宏《基督教与中国"边疆研究"的复兴：中华基督教会全国总会的边疆研究》，《四川大学学报》2008年第1期。

《中国科技史杂志》《自然科学史研究》《自然辩证法通讯》等刊物，核心研究者以自然科学背景者为多，其论文表现形式与历史学、宗教学有较大的差异，更多的像是"科学"报告，而不是深入的历史学分析。历史学者的研究在一定程度上对"科学"行为和思想的认识也会出现不同程度的缺失。这种差异近年来有一定程度的改变，但如何将不同学科的研究特点更好地结合起来，仍是未来需要关注的一个重要问题。

第四节　基督教与近代体育

体育作为锻炼人类体质、培养健康心智的一种教育方式，已经成为衡量一个社会人文发展水平的重要指标。近代中国体育、特别是竞技体育的产生和发展，与基督新教、特别是基督教青年会等组织的提倡和努力是分不开的。许多竞技体育项目都是由青年会引入中国、制定相应规则、开展训练、组织比赛的。中国最早的竞技运动会的举办与参与，也是由青年会承担的。有关这方面的研究，多发表在体育学专业刊物，普通历史学刊物较少涉及。

在近代体育史总论方面，罗时铭的《浅谈基督教青年会在中国近代体育史上的作用》指出，近代体育在中国的传播与发展，大约开始于洋务运动，成形于戊戌变法，推广于"自强新政"。这其中，洋务运动所引进的近代体育主要是兵式体操一类，而正规的田径、球类等活动则首先是在基督教青年会和教会学校中开展起来的。基督教青年会侧重于社会体育方面，教会学校则开了近代学校体育的先河。① 赵晓阳的《强健之路：基督教青年会对近代中国体育的历史贡献》从培训体育人才、引进体育项目、介绍近代体育思想和近代体育教育、举办专业运动会和组建体育机构、推动社会体育活动、注重女子体育教育六个方面考察青年会与近代中国体育的发展历史，评价了青年会在中国近代体育发展中的地位。文章指出，基督教青年会与近代中国体育的产生和发展是密不可分的。从最初的学校体育班，到学校之间的体育比赛，到全国运动会，以及最后的国际运

---

① 参见罗时铭《浅谈基督教青年会在中国近代体育史上的作用》，《成都体院学报》1985年第4期。

动会,青年会都是率先倡导者和具体实践者,是青年会逐渐让体育职业化、专业化、社会化,向近代体育方向发展起来。①

万发达、李卫国认为,传教士对于清末民初西方体育文化在近代中国的传播起到了重要的作用,不仅推广了现代西方体育文化,特别是奥林匹克文化在近代中国的广泛传播,而且还引发了中国人体育价值观念的变化,催生了西方体育文化的中国化。②张继辉、翟林的《西方教会学校对中国近代学校体育的影响》以文化的传播和交流为视角,从介绍西方学校体育理论的形成入手,探寻在中国近代历史中,以教会学校为代表的基督教会组织在西方体育文化的传播和学校体育的引进中所采用的具体方式、途径及作用。西方先进文化在中国得到传播,体育文化就是重要的传播内容。西方体育文化在近代中国的传播,有力地冲击了中国封建社会千百年来传统的文化意识,促进了世人体育观念的转变和中国学校体育的兴起,使中国体育开始走向现代化。作者进一步认为,在这样一个历史发展进程中,西方传教士开办的基督教会组织发挥了极大的作用。当我们在回顾历史的时候,应该清楚地看到:以教会学校为代表的基督教会组织在近代中国历史中并不是一味地"文化侵略",它们也为中国社会文化带来了改革,西方体育文化就是其中之一。它们的影响更大程度上在于开风气之先,是中国体育现代化的第一推动力。③

有关近代体育人物研究方面,中国基督教青年会全国协会体育干事麦克乐是一个值得研究的重要人物,他是中国近代体育史上的一位重要人物,对中国近代体育早期的传播和发展产生了巨大的影响。④

有关体育项目和地区体育发展的研究方面,郑利群的《从游泳事业看 30 年代前后广州基督教青年会的体育社会化及其特点》指出游泳运动作为广州地方性体育项目,也曾是 30 年代前后广州青年会最具体育社会

---

① 参见赵晓阳《强健之路:基督教青年会对近代中国体育的历史贡献》,《南京体育学院学报》2003 年第 2 期。

② 参见万发达、李卫国《传教士与清末民初西方体育文化传播》,《体育学刊》2009 年第 6 期。

③ 参见张继辉、翟林《西方教会学校对中国近代学校体育的影响》,《湖北体育科技》2004 年第 2 期。

④ 参见马进、田雨普《麦克乐对中国近代体育的推广及其历史贡献之研究》,《南京体育学院学报》2009 年第 3 期。

化的运动。文章通过对广州青年会开展游泳活动的多视角考察，认为广州青年会举办游泳事业的方式从本质上说是在西方科学文化指导下的活动，正是极具科学性的现代管理方式导致了广州青年会游泳事业走向社会化的真正成功。①

有关中国传统体育与西方竞技体育关系的研究，马廉祯的《略论中国近代本土体育社团对外来社团在华发展的借鉴：以精武体育会对基督教青年会的模仿为例》，以中国近代影响最大的民间体育社团之一精武体育会为对照，发现精武会的早期运作在许多地方模仿了基督教青年会在华发展的经验。精武会通过借鉴获得巨大发展动力的同时，加速了体育社团在国内的崛起与社团发展格局的本土化，同时也顺利完成了与近代民族主义的发展目标达成共识。②

第五节　西方宗教传入与中外人士生活变化

有关基督宗教与中国人社会生活的影响研究，部分论文集中在对清皇室的影响上，董建中的《传教士进贡与乾隆皇帝的西洋品味》认为，通过进贡赢得中国最高统治者的好感，是利玛窦开创的传教策略的重要组成部分。文章总结出乾隆朝西洋传教士的三种进贡类型：一是通过地方官员的进贡，二是新到京传教士的进贡，三是在京传教士以臣下身份在节庆时的进贡，进而指出进贡是传教士的一种集体行动，并探讨了传教士在乾隆朝特殊环境之下进贡时的憎恨、企盼，甚至感激的心理。该文利用《宫中进单》中的传教士进单，总结出乾隆朝西洋传教士的三种进贡类型，结合其他材料，通过进贡透视了乾隆皇帝的西洋品味，着重探讨了三个方面的内容：（1）对西洋奇物的好奇；（2）对西洋器物的广泛兴趣；（3）对西洋绘画的持久兴趣。进贡是一种交往形式，进贡中传教士与乾隆皇帝各怀目的，但进贡本身已注定不是一种平等的交往，一切都由乾隆

---

① 参见郑利群《从游泳事业看30年代前后广州基督教青年会的体育社会化及其特点》，《体育世界》2012年第2期。
② 参见马廉祯《略论中国近代本土体育社团对外来社团在华发展的借鉴：以精武体育会对基督教青年会的模仿为例》，《搏击（武术科学）》2010年第3期。

皇帝所决定。传教士通过进贡，希冀赢得并扩大其生存乃至传教空间，但在乾隆皇帝眼中，西洋传教士的进贡只是满足其西洋品味的绝好的物品来源罢了。①

邹振环的《光绪皇帝的英语学习与进入清末宫廷的英语读本》考证出光绪皇帝学习英语的时间、所用的教材，并分析了光绪皇帝学习英语对于皇族外语教学和整个社会外语学习的影响与意义。文章通过中外文献中零星的记述，考证出光绪皇帝学习英语的准确时间是在光绪十七年（1891）十月二十五日（11月26日）前开始的。留美学生颜永京曾作为光绪英语教师的候选人，1891—1894年正式担任光绪英语教师的是京师同文馆的毕业生张德彝和沈铎。光绪的英语自学过程一直持续到1908年前后。作者分析了光绪皇帝当年在宫廷中使用过的英语辞典《华英音韵字典集成》和《英华大辞典》、英语读本《华英进阶全集》等，并就光绪皇帝学习英语对于皇族外语教学和整个社会外语学习的影响与意义，提出了初步的看法。文章认为，中国历史上有学习与了解域外语言的传统，明朝和清朝都曾设立过"四夷馆"和"四译馆"，但对于域外语言的态度，朝野均秉承一种居高临下的态度，即将域外语言视为蛮夷所用的"低俗语言"（low variety），直至明末清初西学东渐，很多著名的西学家，如徐光启、李之藻、杨廷筠等都没有认识到学习西方语言的重要性和紧迫性。康熙时期虽然也曾设立过俄罗斯文馆，康熙本人也推动过拉丁语的学习，但均没有真正把外语视为可以和汉语与满语等量齐观的"高雅语言"（high variety）。②

对于普通中国民众的研究，梁元生的《创造"文化新天地"：清末民初广东基督教徒对上海城市文化的冲击和改造》，透过清末民初居住在上海的，创办和经营百货公司、以新技术印刷图书画报的文化人和出版商人两部分广东人基督教群体，以察看及分析其中两组人对上海城市文化所作的贡献。集中探究上海广东人中间的一小撮边缘人（不到十分之一的在沪粤人），即广东籍的基督教徒在这方面的表现。他们来自广东和香港以及信仰基督教多半是华侨的背景，构成了他们兼容中西、融合新旧的性格

---

① 参见董建中《传教士进贡与乾隆皇帝的西洋品味》，《清史研究》2009年第3期。
② 参见邹振环《光绪皇帝的英语学习与进入清末宫廷的英语读本》，《清史研究》2009年第3期。

特质，使其在近代上海的"海派文化"的氛围中有施展的余地和发挥的空间。这两组人中，其一是创办和经营百货公司的基督徒，如永安公司的郭乐、郭泉，先施公司的马应彪，大新公司的蔡家和南洋烟草公司的简家等，都是民初上海有名的粤商。其二是以新技术印刷图书画报的文化人和出版商人，他们许多也有基督教的背景，特别是由岭南及培英学堂出身的一群。他们或者为了升学深造，又或为了寻找发展的机会而来到上海，集结在一起，成为"良友"集团，对上海的新兴文化和流行文化有相当大的影响。文章尝试从其基督教的背景探讨这批广东人在上海所扮演的角色，作为民国时期上海城市文化发展中的一个不大为人注意的侧影。①

徐有威的《"在土匪魔爪中，亦在上帝手中"：传教士与民国土匪关系初探（1918—1937）》则讨论了一个比较特殊的问题，即传教士与土匪的关系。从20世纪第一个十年末起，至1937年抗战全面爆发止，在全国范围内，传教士曾经和民国土匪发生过激烈的正面冲突，大批传教士被杀、被奸或被绑架。遭到土匪绑架的传教士多被杀，只有少数历经种种磨难后得以生还，此外大量的教产（包括教堂和传教士的个人财产）被抢或被毁。在如此险象环生的情形之下，传教士曾作出过相应的回应。文章进一步探讨了传教士眼中的民国土匪世界，包括土匪的组织结构和活动特点，土匪与其周围世界的关系，土匪对外国人和外国文明的态度；传教士与民国农村社会的关系；由传教士案引发的外交纠纷等。该文的研究为我们提供了一个以往被中国学者所忽略的领域，为探讨近代中国官民、中外关系提供了一个新视角。②

史静寰、熊志勇的《文化边缘人物的困惑与思考：中国出生的美国传教士子女与二十世纪前半期的中美关系》分析了在中国出生的传教士子女的"中国意识"及回国后所遭受的文化差异影响，这部分"边缘人"成年后的中美观及对中美关系所产生的影响。"文化边缘人物"仅仅表明人的一种心态、一种精神状况。它的形成虽然具有主观因素，但最根本的原因是不同质文化相遇之后所自然发生的冲突、矛盾与融合过程对人的影

---

① 参见梁元生《创造"文化新天地"：清末民初广东基督教徒对上海城市文化的冲击和改造》，《史林》2012年第4期。
② 参见徐有威《"在土匪魔爪中，亦在上帝手中"：传教士与民国土匪关系初探（1918—1937）》，《韩国研究论丛》第5辑，中国社会科学出版社1998年版。

响,特别是那些曾长期处在不同文化环境之中,并且在精神上有较高追求的人最容易形成这种心理感受与状态。在中国出生的美国传教士子女虽然并不是一个有明确定义的群体,但这批人的确有很多共同特点。他们出生在中国,在这里度过自己的童年时代,了解和接受了中国文化。同时又通过他们的父母以及西方人的生活圈子建立起与遥远母国的文化联系。他们独特的经历以及所形成的素质使他们在20世纪前半期中国社会急剧变化、中美关系风云变幻的历史时期,能以一种比较理性、客观而现实的态度看待中国,处理涉及中美关系的一些敏感问题。如何看待共产党、如何处理国共内战时期或共产党掌权之后的中美关系是个非常复杂的问题。其复杂程度远远超出"中国出生"所赋予传教士子女了解中国社会、对中国发展前景认识比较清楚的素质范围。而一般传教士所特有的精神追求和宗教理想主义色彩浓重等特点又阻碍了他们真正理解和接受共产党人的观点。对他们中的许多人来说,在历史的某一特定时期和事件中完全能够容纳共产党,甚至成为他们的合作者和朋友。①

张国刚从地理位置与民族区别、风俗与物产、火炮制造、钟表机械等几方面,叙述了耶稣会士向中国人介绍了欧洲的各类情况和技术。虽然把五湖四海、钟表园林介绍给中国人,但并没有改变中国皇帝和官僚士大夫的天朝意识和天下观念,中国并没有真正进入"世界的范围"。② 欧阳哲生指出在18世纪欧洲文艺复兴时期出现的"中国热"与法国耶稣会士在他们的书简、报告中,对他们的"北京经验"的浓重渲染,有着直接的关系。这些"北京经验",即以北京为基地加强对整个中国的认识和认知,成为西方传教士汉学的重要组成部分,也是西方对中国最早的认识,构成了西方中国学的最早谱系的主要来源。这些源源不断流向欧洲的"域外资源",对18世纪法国的启蒙运动、基督教根基的动摇,乃至整个近代欧洲的文化想象和思想变革,都有着不可忽视的重要影响。而在中国,这些西方的思想和器物的交流,始终严格限制在京师,甚至是清宫廷之中,影响范围和深度都非常有限,基本上是将西方科技视为把玩的技

---

① 参见史静寰、熊志勇《文化边缘人物的困惑与思考:中国出生的美国传教士子女与二十世纪前半期的中美关系》,《美国研究》1994年第4期。

② 参见张国刚《耶稣会传教士与欧洲文明的东来:略述明清时期中国人的欧洲观》,《世界汉学》2005年第1期。

艺。这些交流的结果是，西方从中借鉴到了"升级意义"的资源，而中国仍然维持着帝制体制内的相对平衡和社会繁荣。这些使中国错失了许多良机，也造成了百余年后以鸦片战争为事件的整个民族国家的更大危机。①

外来宗教对中国的城市风格和城市特色的创建也有着相当重要的作用。20世纪早期哈尔滨的外来宗教现象，不仅在中国宗教史甚至世界宗教史上也是不多见的，东正教是其中的典型代表。东正教在宗教思想观念上对哈尔滨影响不大，其影响主要表现在哈尔滨的城市设计理念、建筑艺术风格、刺激中国传统文化复兴、冰雪文化等方面。东正教对形成哈尔滨东西兼容的国际性、多元性城市文化品格具有较大影响。②

从以上几篇不易归类的文章可以看出，有关基督宗教与中国社会文化关系史的研究，还有非常多的空白点，即便是其他几类研究，在研究广度、深度上也需要继续扩展提高。基督宗教对于中国近代社会生活的影响，超过了古代数千年外来文化的影响。进一步加强这一领域的研究，具有非常重要的历史和现实意义。

---

① 参见欧阳哲生《十八世纪法国耶稣会士的"北京经验"：以〈耶稣会士中国书简集〉为中心的讨论》，《中国文化》第34期。
② 参见王志军、姜玉洪《论20世纪早期东正教对哈尔滨城市文化品格的影响》，《西伯利亚研究》2010年第1期。

第九章

基督宗教与艺术

作为以传教为主要特征的世界性宗教，基督宗教几乎从一开始就越出民族的范围进行传教活动，想要使世界各民族的异教徒皈依基督宗教的信仰和基督徒的生活方式。各地人民在接受基督信仰的同时，除学习移植模仿基督宗教的经典艺术形式外，还运用本民族文化中独特的艺术形式，让已知和潜在的基督徒产生亲切和认同之心，创造演绎出许多新的宗教艺术形式。在经年累月的宗教生活中，帮助本地区信徒理解宗教和坚定信仰，寄托信徒对于信仰的赞美之情和精神愿望，发展民族的历史和传统。基督宗教的中国本土化是保证基督教继续生存和发展的捷径与必由之路，本土化的基督宗教必须表达中华民族的精神思想和情感，否则不能植根于中华民族的土壤中，也就没有了生命力。

欧洲基督宗教艺术史的著述可谓汗牛充栋，但是对于基督教艺术在欧洲以外地区的发展演变，中外学术界关注甚少。作为中西方主体文化相遇再生的新型艺术形式，中国基督宗教本土化艺术在世界基督宗教艺术史上占有独特的位置。中国基督教艺术本土化一般分为五个历史时期：即唐至元的景教时期，元天主教时期，明末清初天主教时期，鸦片战争至1949年时期，20世纪80年代以来的新时期。对于前三个时期，顾卫民的《中国基督宗教艺术史》有比较详尽的研究，这也是由中国人写作的第一部基督宗教艺术在华发展史。其内容包括唐、元两代景教在中国各地的石刻、壁画和寺院建筑；元代天主教方济各会士在北京、扬州、泉州等地的教堂和石刻遗存；明清时期耶稣会士带来的西方宗教绘画，他们在澳门和北京创作的油画及刻印的具有中国风格的木刻版画；耶稣会画家在中国宫廷艺术的活动以及西方绘画透视法的东传；明清时期澳门、北京、南京、上海、杭州等地一些古老的教会建筑，包括教堂、会院、炮台、墓地等。

书中大部分资料来自作者的实地考察和拍摄，力图系统地整理这些珍贵史料，将其呈现在读者的面前。通过本书，读者可以了解到来华的传教士艺术家和中国基督徒独特的智慧与技艺、西方化的基督教艺术是如何在东方中国发生演变的，这种融合东西方特点的艺术既是中华民族的宝贵历史遗产，也丰富了世界基督宗教艺术史的宝库。①

然而，对于近代和当代中国基督宗教艺术本土化的研究，尚未有比较完整的研究。本章综述了近年来中国学术界对近代中国的基督宗教本土化，即第四时段的艺术本土化，希望能呈现给读者一个比较全面的图景，为今后进一步研究提供线索。

第一节 建筑艺术

"教堂"一词来源于希腊文 Kryiakon，意为"主的居所"，它是基督宗教最重要的物体承载形式，是一种功能独特的公共建筑。西方教堂主要产生了罗马式、哥特式、文艺复兴式、巴洛克式、折衷主义式、拜占庭式等为代表的教堂建筑风格。

随着基督宗教的传播，这些建筑风格在中国大地均有其代表性建筑。因受不同特定时期政治、经济、文化背景的影响，逐渐形成了中西建筑理念与元素互补的"东方特色"教堂建筑，体现了中西文化从冲突到相容的不同意味和历程。这些保存至今的各类建筑样式的教堂已经成为广义"中国建筑"中最富有特色的一部分。② 中国现存完好的近代基督宗教建筑近485座，其中绝大多数都已经列入全国和省市县级的文物保护单位。有的教堂甚至成为当地著名景观或地标性建筑，如澳门圣保罗教堂（巴洛克式）、上海徐家汇天主教圣依纳爵堂（歌特式）、北京宣武门天主教南堂（罗马式）、哈尔滨东正教索菲亚教堂（拜占庭式）等。③

---

① 参见顾卫民《中国基督宗教艺术史》，上海书店出版社2005年版。
② 参见董黎《岭南近代基督教堂建筑艺术》，《世界宗教研究》2008年第4期；董黎、杜诚《清末教堂建筑的风格与类型研究》，《华中建筑》2009年第11期。
③ 参见徐敏《中国近代基督宗教教堂建筑概述：中国近代建筑不可忽视的重要遗产》，《南京艺术学院学报》2012年第6期；李晓丹、张威《16—18世纪中国基督教教堂建筑》，《建筑师》2003年第4期。

一 中国教堂建筑

在基督宗教本土化观念下,中国的绝大部分教堂建筑都采用了中西合璧样式。或主体采用翘檐式大屋顶,立面采用中国传统建筑横向三段式构图,使整个建筑定位于中式,塔楼具有西式教堂的特征,细部配有西式装饰元素,如连续拱券、柱廊、拱券、古典柱式、尖券、凹凸线脚和涡卷等,如苏州黎里天主教堂、成都平安桥天主堂。一些在少数民族地区的教堂,甚至还拥有了民族建筑风格,如大理天主教堂、贵阳天主教堂。或主体采用西方竖三段式构图,建筑整体造型比例与建筑方式定位为西式,细部装饰及施工做法夹杂中国元素,如清水砖砌墙、传统梅兰菊荷龙牡丹式砖雕、中式楹联字匾、木本色门窗等,使之拥有了与欧洲教堂不同的中国本土特色,如北京王府井天主堂(罗马式)、广州天主教圣心堂(哥特式)、延安桥儿沟天主教教堂(罗马式)、银川天主教堂(哥特式)、西安五星街天主教堂(巴洛克式)。[1]

基督新教是自天主教分裂出的教派,为了完全摆脱罗马天主教的阴影和约束,以及经济财力方面的原因,在建筑理念和样式上都进行了改变。教堂建筑平面纷纷放弃了拉丁十字形平面以及传统天主教堂铺张华丽的形式,多采用简单朴素的长方形或"T"字形平面形式。相对天主教的教堂而言,基督新教的教堂都更趋平民化,更为朴素简约。由于基督新教传入时间较天主教更晚,近代大多数基督新教堂选择了19世纪末20世纪初欧美更为流行的折中主义样式,如上海基督教圣三一堂、厦门鼓浪屿协和礼拜堂等。民族地区的教堂还带有鲜明的民族特色,如云南澜沧县糯福拉祜族教堂。从建筑学的角度分析,新教教堂的艺术力不如天主教堂,建筑水平和细节也略逊一筹,故而从建筑学角度的研究相对少些。[2]

这些引用新观念、新技术、新材料、新形式的中西合璧样式建筑,基

---

[1] 参见王莉、张微俊《中西文化交融下的延安桥儿沟天主教教堂》,《中外建筑》2008年第7期;王莉《中西建筑文化交融下的陕北天主教教堂建筑》,《山西建筑》2007年第28期;李荣、鲁丹《云南少数民族地区基督教教堂的文化诠释》,《华中建筑》2009年第7期;高彩霞、田棋《中西建筑文化碰撞下的宁夏天主教教堂》,《中外建筑》2008年第4期;许政、陈泽成《入世精神的出世建筑:澳门的天主教教堂》,《新建筑》2009年第2期。

[2] 参见朱慧雯《广州基督新教教堂建筑考察与调研》,《南方建筑》2004年第1期;杨豪中、陈新《西安基督教文化建筑》,《新建筑》2004年第6期。

本上都是当地最早出现的含有西式风格的建筑,对当地建筑的现代转型起到了借鉴和引领作用。民国年间后,西式建筑做法和装修手法被吸纳到公共建筑、民居、商铺上,成为一时之尚,如北京前门的大栅栏地区多处含有西式风格的建筑就是一例。

二 教会大学建筑及中国传统建筑的复活

遍布中国各地的17所教会大学建筑,是基督新教附属机构中最具代表性的优秀建筑。因其规模大、建筑质量高、数量众多、功能多样,也成了当地近代优秀建筑的经典代表。多年以来,它们也是基督宗教建筑中研究最为深入和丰富的内容,其中以董黎的研究尤为专业和系统。

教会大学建筑基本都在20世纪以后得以建立,这时"本土化教会"呼声更为高涨,从神学思想上去除西方文化色彩,力求基督宗教的教义、礼仪、文字、表达方式与中国传统文化相结合,消除基督宗教的"洋教"名号。教会大学建筑群首先倡导了中西合璧新样式,基督宗教建筑与中国文化的融合达到了前所未有的程度。他们采用当时西方建筑的新型工程技术和建筑材料,平面设计符合西方建筑的功能主义设计理念,外部造型则模仿或挪用中国宫殿寺庙建筑构图元素,辅之以西方建筑外观和技术上的装饰,形成了一种中西方建筑风格相糅合的新建筑式样。整体建筑从传统的全部采用木构架结构为主,逐渐转变为砖木混合结构或多钢筋混凝土结构等建筑方式。有些建筑还结合了所在当地的地域性风格,如江南民居样式,或将西方正在流行的复古主义与中国传统建筑样式相结合。这种折衷主义的建筑理念和创作,在整个教会大学建筑中占据了主流。①

教会大学建筑通过使用西方建筑设计手法来处理中国传统建筑语言,使之产生变异,构成中西融合的建筑形式,颇富有启示价值。随着20世纪20年代国民意识逐渐觉醒,这些夹杂着中国传统风格的新式建筑,被视为弘扬和发展中国传统文化的表象参照物,成为追求近代化建筑的样板,并进一步促进了中国传统建筑艺术在现代的复兴和转型。中国传统建

---

① 参见董黎《中国教会大学建筑研究》,珠海出版社1998年版;董黎、杨文滢《从折衷主义到复古主义:近代中国教会大学建筑形态的演变》,《建筑》2005年第4期;董黎《教会大学建筑与中国传统建筑艺术的复兴》,《南京大学学报》2005年第5期;汪晓茜《移植和本土化的二重奏:东吴大学近代建筑文化遗产对我们的启示》,《新建筑》2006年第1期。

筑复兴的探索历程，促进了在建筑行业推行中国本位文化政策，影响到民国年间建立的博物馆、图书馆、体育馆等公共建筑的风格，并涌现出吕彦直、刘敦桢、梁思成等努力探索并弘扬中国传统建筑艺术的著名建筑师，使探索建筑"民族形式"在20世纪30年代达到高潮。①

西洋建筑风格传入中国的同时，中国建筑尤其是中国的园林建筑艺术也通过天主教传教士传入了欧洲。对欧洲建筑来讲，这些中式建筑几乎成为当时欧洲园林最时尚、影响最深远的外来文化。在充分利用原有自然环境，改造和改善地形地貌，建筑物与自然环境的协调，尤其在体现中国传统"天人合一"哲学理念方面，中国山水型园林已经形成系统的造园理论和丰富的造园艺术手法，这些理论和技艺拓展和丰富了欧洲园林建筑，对欧洲造园史发生巨大变革与获得新成就起到了非常重要的作用。②

第二节 音乐艺术

一部欧洲音乐史不可能离开宗教音乐，不可能离开基督宗教音乐。基督宗教是音乐性极强的宗教，其音乐生活比世界上任何其他宗教都更为密切和普及。在传播教义教理时，将许多深奥、抽象的教义和宗教思想，常常通过赞美诗的形式，转化为普通民众都能领受的通俗易懂的道理，再通过教堂音乐的渲染，使宗教特有的神圣、肃穆的性质得以彰显。我们甚至可以说，基督宗教孕育出了欧洲音乐文明。

一 天主教音乐

天主教会是以圣事礼仪为核心的基督宗教，圣乐是其圣事礼仪的灵魂，圣乐在弥撒礼仪中是不可或缺的。宗教音乐与本土民间音乐的结合和变异，则起到增强宗教信仰者对神圣物的某种内心感受和精神体验的作用。在本土化理念的指导下，中国天主教会采用了多种中国本土音乐方式

---

① 参见张复合《中国基督教堂建筑初探》，《华中建筑》1988年第3期；杨秉德《关于中国近代建筑时期史时期民族形式建筑探索历程的整体研究》，《新建筑》2005年第1期。
② 参见纪宗安《明清之际入华耶稣会士与中国造园艺术在欧洲的影响》，《世界宗教研究》1998年第1期。

来传播宗教。他们或借用改编中国民间乐曲，或以人们熟悉的民歌曲调填写上宗教内容的唱词，或研究分析如何使用中国传统乐器演奏中国圣乐和圣歌，以便民众从感情上接受教仪教理，而且容易记忆背诵，借用古调音乐为多，民间小调不够严肃，缺乏庄严感而被禁止使用。天主教会不但组织教会作曲家专门创作圣乐和圣歌，还邀请一般社会音乐家如黄自、江文也等参与其中工作。通过对上海土山湾的仪式音乐和音乐文本的仔细梳理与分析，可知天主教音乐在中国的本土化是西方文化在中国文化语境中与本土文化互动的结果，发展出了独具特色的圣乐作品，而这些将圣乐中国化、民族化的活动，乃是真正本土化意义的"三自"（自传、自治、自养）。①

二 基督新教音乐

我国近代西乐东渐的历史是从传教士和教会音乐开始的。它从单纯的教会音乐、教会学校的音乐教育，逐渐向非宗教领域的音乐发展，融入成为近代新音乐发展史的重要组成部分。传教士是最早介绍西洋音乐传入中国的人，也是最早将中国音乐介绍到西洋的人，起到了中西音乐文化的交流作用。

新西兰国立尤尼坦理工学院（UNITEC）宫宏宇撰写了有关传教士与近代音乐发展、音乐教育的系列论文，对这方面研究具有开拓性和奠基性。他的研究都建立在大量中外文史料基础上，在深入了解音乐学专业知识的基础上进行深入学习研究和讨论。他从中西音乐文化交流的角度，详细叙述了教会学校不同历史时期音乐教学历史、传教士与学校音乐的制度化，以及传教士、教会学校对中国近代音乐教育的影响，对传教士的开创之功给予了充分的梳理和肯定。他还对著名的传教士音乐家李太郭（George Tradescant Lay）、郝路义（Louise Strong Hammand）等进行了深入的个案研究。如德国传教士花之安（Ernst Faber）和他的《中国音乐

---

① 参见赵晓楠《民族音乐中的天主教音乐：贾后瞳村天主教音乐会调查》，《中国音乐》1994年第3期；南鸿雁《内蒙古中、西部天主教音乐的历史和现状》，《天津音乐学院学报》2001年第4期；南鸿雁《本土化：杭州天主教音乐文化述略》，《人民音乐》2002年第12期；南鸿雁《沪宁杭地区的天主教音乐：民国时期相关仪式音乐与音乐文本的个案研究》，《南京艺术学院学报》2007年第4期；楚卓、谭景团《广西天主教弥撒仪式及其音乐研究》，《艺术探索》2009年第6期。

理念》为 19 世纪下半叶的仅有几部介绍中国音乐理论的英文著述之一，几乎是最早向西方详细地介绍了中国传统音乐的五音、七音、三分损益律、十二律体系的构成、音阶形式、调式等。传教士李太郭不仅是西洋音乐的传播者，而且也是中国传统民间文化的吸收者，他积极观察记录中国民间乐器和民间音乐，在创作中吸收民间音乐，并将中国音乐介绍到外国。英国传教士穆瑞（William Murray）不但创造了中国最早的盲文，而且还开创了中国残疾人音乐教育。正是这些非常细小个案的基础性研究，才开始了对中国基督宗教音乐的研究，值得倡导。①

教会主办的大学、中小学是最重视音乐教育和发展的机构，也是西洋音乐中国化的创造和传播机构。它们重视普通音乐教育和音乐社团的建立，创建了中国最早的专业音乐教育，培养了最早认识并掌握西洋音乐的杰出音乐人才。袁昱以燕京大学音乐系入学要求与课程设置为切入点，叙述了燕大音乐的历史，指出教会学校的音乐教育是西方音乐传入近代史的重要途径，它在西洋音乐在近代的普及和音乐人才的培养方面具有不可低估的作用。燕大音乐系 32 个春秋的历史，便是这个例证。② 南鸿雁、金世余等人进行了这方面的最早研究，都充分肯定了教会学校的音乐在西乐东传、首开中国新式学校的音乐教育方面的奠基之功。它们不仅为中国带来了西方音乐的教育模式，更为中国后来新式学校的音乐教育提供了准备。③

中华民族自古就有编撰史书的良好传统，历代王朝都设立了史官记录历史事件，也包括有关音乐的记录。晚清以来，中国音乐受到西洋音乐的

---

① 参见宫宏宇《基督教传教士与中国学校音乐教育之开创》，《音乐季刊》2007 年第 1 期、第 2 期；《基督教新教传教士与中国音乐：以李太郭为例》，《中国音乐》2013 年第 1 期；《杨荫浏的传教士老师：郝路义其人、其事考》，《中国音乐学》2011 年第 1 期；《基督教传教士与晚清中国的盲人音乐教育：以安格妮丝、郭士立、穆瑞为例》，《中央音乐学院学报》2012 年第 1 期；《传教士与中国音乐：以苏维廉为例》，《武汉音乐学院学报》2008 年第 1 期；《传教士与晚清时的中西音乐交流：花之安与他的〈中国音乐理论〉》，《武汉音乐学院学报》2010 年第 1 期。

② 参见袁昱《燕京大学音乐系发展历史与教学研究》，《天津音乐学院学报》2012 年第 1 期。

③ 参见南鸿雁《民国时期沪宁杭地区教会中小学校音乐教育管窥》，《美育史论》2011 年第 2 期；金世余《我国近代教会学校音乐教育影响管窥》，《西安音乐学院学报》2008 年第 1 期；孟维平《北京历史上的教会学校音乐教育》，《人民音乐》2010 年第 11 期。

影响进行了许多改革，记录和研究中国音乐史的理念与方法都有很大改变，中国音乐史学也开始了现代转型。具体到宗教音乐的研究，首推中国宗教音乐（含道教音乐、佛教音乐、基督宗教音乐）、中国民族音乐和古代音乐研究的奠基人杨荫浏先生。多篇论文从其生平、学术源流、学术活动、研究贡献等方面进行了深入的研究，肯定了杨荫浏博采众长、视野开阔的研究方法和内容，在充分继承民族音乐的基础上，吸收了现代音乐研究和创作的精华，再融入发展中华宗教音乐中去，做出了开拓性贡献。此外，作为一名基督徒，他还具体参与了《普天颂赞》赞美诗音乐的编辑和创作，对基督新教音乐贡献巨大。[1]

在少数民族基督教音乐研究方面，当数中央音乐学院的杨民康教授。他对云南不同少数民族和地区的天主教和基督新教的音乐进行了研究，对怒江地区的傈僳族、滇中和滇东北的苗族和彝族、临沧思茅地区的佤族和拉祜族、德宏地区景颇族、西双版纳地区傣族的天主教和基督新教的宗教仪式音乐文化进行了实地调查，记录了多民族的赞美诗记谱法及音乐形态和分布模式。在基督宗教的影响下，少数民族运用由传教士创制的民族文字来记录赞美诗歌，用五线谱作为记录音乐的载体，音乐演奏中明显更多采用了西洋乐器。尤其受基督新教影响最深的傈僳族和拉祜族，西洋乐器吉他已经演变成了民族基本乐器。虽然直至20世纪中叶传教士离开中国时，仍然未能改变这些地区传统社会的基本性质，但他们带来的基督宗教文化，对整个原有社会文化产生了前所未有的影响和分化。[2]

东正教是基督宗教三个分支中在中国传播面最窄的一支。东正教在哈尔滨地区的俄国侨民中有极大影响，它的音乐和建筑等艺术方式都融入当

---

[1] 参见秦序《杨荫浏先生在音乐文学史研究方面的若干重要贡献》，《中国音乐》1999年第4期；田青《杨荫浏与中国宗教音乐》，《音乐研究》2000年第1期；孔培培《杨荫浏著〈中国音乐史纲〉和〈中国古代音乐史稿〉比较研究》，《中国音乐学》2003年第3期；王明风、刘新红《民族音乐学的宗师：简述杨荫浏先生的艺术业绩》，《中州大学学报》2005年第4期；林苗《重识杨荫浏的基督教音乐实践观》，《艺术探索》2008年第6期；翟风俭《杨荫浏：中国宗教音乐研究的拓荒者》，《中国宗教》2009年第1期。

[2] 参见杨民康《本土化与现代性：云南少数民族基督教仪式音乐研究》，宗教文化出版社2008年版；《云南少数民族基督教音乐文化初探》，《中国音乐学》1990年第4期；《云南怒江傈僳族地区的基督教音乐文化》，《中央音乐学院学报》1991年第4期；《云南少数民族基督教赞美诗的文字记谱法研究》，《音乐研究》2005年第3期；《云南少数民族基督教仪式音乐的新变异》，《世界宗教文化》2011年第5期。

地文化形态中，成为当地文化的主流特色之一。经过本土的改造和发展，逐渐形成具有独特风格特色的哈尔滨都市音乐文化和建筑风格。哈尔滨成为融会不同国家、宗教音乐特色的"西方音乐"的表演场所，基督宗教音乐文化已将这个城市深深地浸润和熔铸。东正教的影响是理解哈尔滨城市风格的关键因素。①

第三节 美术绘画

基督宗教美术绘画研究成果以明清和民国年间天主教美术为主，一方面是天主教更强调美术绘画对传教的作用和意义，另一方面因为基督新教在美术上不够重视导致其缺乏著名作品和杰出画家。

明清天主教传教士的美术绘画以为宫廷服务为主，传播了铜版画、油画、珐琅画、玻璃画、瓷器画，大大丰富了清代美术的品种，改变了绘画的技巧，也扩大了绘画的题材和内容。产生了如朗世宁（Giuseppe Castiglione）这样创造了以西方油画为本、中国绘画为辅的中西结合的著名天主教画家。对美术绘画的研究，也是围绕着传教士在宫廷中的服务和贡献展开的。②

但西洋绘画的技法和理念完全不同于中国传统绘画，其技法理念流传至民间的很少，使中国人也难于了解更多的细节，这种局面直到19世纪末的土山湾画馆建立才得以改变。上海土山湾画馆是19世纪后天主教传教士在华艺术活动的缩影和场所，也是中国最早的西洋美术传授机构，被徐悲鸿赞誉为"中国西洋画的摇篮"。它虽然以绘制宗教题材的圣像画为主，但将西洋油画与中国传统绘画技艺进行了充分的结合，使得欧洲油画以完整的技术体系第一次进入了中国社会，培养了中国最早的西洋画画家，如周湘、徐悲鸿、刘海粟等。通过对土山湾画馆存世画作的美学分析，呈现出土山湾画家们独特的艺术意识，即以"线描"重置西方油画

---

① 参见关杰《基督宗教音乐与哈尔滨都市音乐文化的形成》，《哈尔滨工业大学学报》2012年第4期；徐凤林《东正教音乐浅释》，《世界宗教文化》2011年第3期。

② 参见杨伯达《十八世纪中西文化交流对清代美术的影响》，《故宫博物院院刊》1998年第4期。

的"空间意识"。中国自古就有传统美术绘画，但西洋美术绘画的传入并促成传统美术的现代转型，却与传教士的努力有密切联系。①

民国年间，罗马教廷驻华宗座代表刚恒毅（Celso Benigno Luigi Cardinal Costantini）亲自施洗的天主教徒陈缘督（辅仁大学教授、中央美术学院教授），对中国天主教绘画本土化起到了巨大作用，并以此培养了一批美术人才，如陆鸿年、王肃达等。他用一定的西方写实法表现完全中国化的服饰、陈设及外景，运用中国传统白描、工笔重彩等绘画手法进行了大量创作，其天主教圣画作品充满了中国年画、版画的民间气息，使中国天主教圣画创作达到了最高的境界和位置，影响至今。梵蒂冈罗马教廷还以他的圣母圣子题材作品出版过一套纪念邮票。②

基督宗教在世界各地的发展道路，本土化（indigenization）是一条沿袭不变、更为丰富和更有生命力的道路，由此呈现出经时空人文而整合的蕴含民族精神情感的新基督宗教文化和形式。本土化的蜕变是否形成新型文化也是衡量基督宗教对世界文化发展作用的标志。正如在少数民族地区传教至死的柏格里（Samuel Pollard）讲，"我们并不想让这些人欧洲化，而是要在他们自己的环境中去产生他们的基督徒形态"。③ 这些演绎更新的基督宗教新型艺术形态，成为拓展中国人社会生活的一种渠道，成为中华文化的新组成部分。

---

① 参见李超《土山湾画馆：中国早期油画研究之一》，《美术研究》2005 年第 3 期；李超《消失的摇篮：土山湾画馆》，《中国天主教》1998 年第 6 期；褚潇白《圣像的修辞：耶稣基督形象在明清民间社会的变迁》，中国社会科学出版社 2011 年版；褚潇白《土山湾画馆：中国西洋画的摇篮》，《中国宗教》2011 年第 3 期；褚潇白《聆听苦难：土山湾天主教绘画艺术中的空间意识及其宗教精神》，《宗教学研究》2012 年第 2 期。

② 参见燕飞《陈缘督与民国时期天主教美术》，《中国天主教》2012 年第 3 期。

③ 柏格里、邰慕廉等：《在未知的中国》，东人达、东旻译，云南民族出版社 2002 年版。

第 十 章

基督宗教史研究的学术史

　　基督宗教在中国文化及社会生活中一直没有摆脱"边缘化"处境，其原因很大程度上在于，基督教尚未能从理论上和实践上根本解决在华之"普世性"宣称和"本土化"意识的关系问题，基督教在华宣道是一种"独白"和"宣称"，缺乏对中国文化的"体认"和"倾听"，虽然历史也展示了中国基督教会应该走"文化融入"的道路，但这种"融入"的突破尚未出现，仍需要寄希望于将来。如同世界上其他那些历史悠久的大宗教一样，基督宗教一直都不专属某一国家或某一民族，从一开始，它就向全球逐渐传播，传教士世世代代梦想的让非基督教地区"基督化"的过程，也就是让基督教在这些地区"本土化"的过程。

　　基督宗教传入中国的历史，尤其基督新教传入中国的两百余年的历史，正是中国社会由传统转型到现代的时间，基督教历史因其与近代以来社会变动、中西关系结合更为密切，深入研究基督宗教历史将会有助于从世界的眼光来看待中国，有助于理解全球化进程中中国的求变和努力，有助于理解中国如何从"从此站起来了"到"伟大复兴梦想"的进程。这个边缘性的研究价值或正在于此。

　　30余年来，中国基督宗教历史的研究取得了长足的进步。中国基督教史研究产生了重要变化，最重要的原因是，不再只强调基督教传播是帝国主义侵华事业的一部分，而是有了新的思考。研究的重心由单线转为多角度，由纯粹的政治考虑扩至社会、文化、经济多面相的关怀，由全盘否定到一分为二的理性考虑。

　　如果说，改革开放给中国学者带来了全球化的价值倾向和学术视野的话，它给中国基督宗教研究带来更多的是"本土化"的反省思想。中国学者从一开始就明白，"基督宗教研究"并不是为基督宗教在中国的传播服务，它是中国学术界必须发展的一门学问，因为这是中国人历史中不可缺少的一部分。通过基督宗教借鉴西方，反省中国历史，了解中国文化的困境，理解中国人的处境，从而关心本土的根本问题。越来越多的学者加入这方面的研究中，在学界带来了许多意想不到的成果。最大的问题还在于如何把"基督宗教研究"有机地融入中国学术体系，让各方面的学者看到：基督宗教研究是中国学术不可缺少的一环。直到今日，主流学术界仍然将基督宗教研究看作一门"非主流"学科，这或许也给我们带来更多的鞭策和期待。让大家贡献更多的优秀成果，把这门学科从"边缘"引向"中心"。所以学者们还需要突破一个"瓶颈"，就是将"西学"变成"中学"，把"教会史""中国基督教史"的研究融合到"中国文化史"的学术大背景中来，融合到"中国社会近代转型"的大背景中来，融合到"转型中奋起的民族复兴"的大背景中来。

西方学者用"中国中心观"看中国，是帮助西方人理解中国；中国学者用"普世主义"看中国，是帮助中国人理解世界。这是一场在东、西方两端进行，双方共同来消除各自"他者"偏见的自我战争。我们应该保持"开放"和"反省"的意识，仍旧实施"自我批评"，同时虚怀若谷地接受他人的"批评"。

作为优秀文化的继承者，中国学者几乎是已经天然的"中国中心主义"，如果没有"西方""外来"的参照，我们还会用天然的"中国中心主义""民族主义"的观点来看待问题，反而不能看清楚中国的问题。从前面所叙述的研究综述来看，我们可以看到：当代中国的基督宗教史研究确实结合了"开放"和"反省"的时代精神，既有"全球视野"，又有"本土意识"。而且，随着越来越多的学者加入这项研究，研究学科也逐渐细化，做到了各个方面和方向的突破。

第一节　文史资料和基督宗教史研究

在中国近代史研究，包括近代基督宗教史研究中，各类文史资料对于研究者而言，是一类不可替代的研究资料。各类文史资料数量巨大、涵盖领域十分广泛，在中国国家图书馆以"文史资料"为主题进项检索，检索结果达到21473条。[①] 自1960年1月全国政协编辑《文史资料选辑》

---

① 国家图书馆联机目录查询系统，2013年9月15日查询。

(第一册）出版以来，至 1966 年"文化大革命"爆发为止，全国、省、自治区、直辖市、地区、市、县各级政协文史资料委员会征集到的文史资料达到 5.4 万篇 3.15 亿字，编辑出版了文史资料选辑 80 种（册）。改革开放以后，各地政协文史委把最大限度地抢救和征集"三亲"史料作为历史使命，努力争取把"十年动乱"丢失的时间夺回来，先后征集了 80 多亿字的文史资料文稿，编辑出版了 50 多亿字的文史资料选辑和专题史料图书，各级政协共有 30 多万人次通过各种形式参与过文史资料工作。① 从一定意义上说，中国的文史资料征集活动，是世界近代历史上一项最为独特的"历史叙述"活动，具有重要的历史意义。

以基督宗教研究为例，涉及此领域的文史资料不仅数量多，而且包括了基督宗教各主要派别及主要事业领域。笔者根据李永璞主编的《全国各级政协文史资料篇目索引（1960—1990）》② 一书，针对 1960—1990 年发表的文史资料统计进行分类计算，各类有关基督宗教的文章达到 1867 篇，涉及全国大部分省区、绝大部分基督教派别和由基督教开展的各项事业（见表 10-1、表 10-2）。由于笔者尚未见到有关 1990 年以后出版的各类文史资料的索引文献，无法对这一时期的基督宗教的文章进行统计，但是笔者认为其数量仍然是巨大的。

表 10-1　　文史资料中基督宗教文章汇总表（1960—1990 年）

（按照教派、地区分类）　　　　　　　　单位：篇

	合计	华北地区	东北地区	华东地区	中南地区	西南地区	西北地区
1. 合计	1275	200	80	380	311	218	86
2. 天主教	505	124	33	118	102	99	29
3. 基督教	763	72	44	262	209	119	57
4. 东正教	7	4	3	—	—	—	—

资料来源：根据李永璞《全国各级政协文史资料篇目索引（1960—1990）》（中国文史出版社 1992 年版）整理。

---

① 《新时期人民政协的文史资料工作（摘要）》，转引自中国人民政治协商会议广州市委员会网站（http://www.gzzxws.gov.cn/wszsyd/xx138/201103/201109/t20110906_21874.htm）。

② 参见李永璞主编《全国各级政协文史资料篇目索引（1960—1990）》第三分册社会、地理篇，中国文史出版社 1992 年版。

表 10-2　　文史资料中基督宗教教会事业与教案文章汇总表
（1960—1990 年）　　　　　　　　　　　单位：篇

项目	数量
一、教会事业	450
1. 慈救	24
2. 学校	299
3. 医院	127
二、教案	142
1. 华北地区	9
2. 华东地区	65
3. 中南地区	30
4. 西南地区	26
5. 西北地区	12
合计	592

资料来源：根据李永璞《全国各级政协文史资料篇目索引（1960—1990）》（中国文史出版社 1992 年版）整理。

文史资料中有关基督宗教的文章，从历史研究的角度看，具有重要的史料价值，其基本判断是周恩来倡导开展文史资料工作的初衷所决定的。[①] 同时，政协文史资料委员会所制定的"三要、四不、三给"的征稿原则，对稿件类型提出了特殊的要求：（1）记述本人亲身经历的回忆录；（2）向其他有亲身经历的人士进行调查访问的记录；（3）个人或集体根据亲身经历和调查访问对某一历史事件、某一历史人物或某一专题所写的比较系统完整的资料；（4）依据本人的亲身经历对各种文献资料所做的补充、订正和考证。这些征集原则都最大限度地保证了相关文献的历史意义和真实性。[②] 对于文史资料的性质与作用，全国政协在培训和原则中认为：政协文史资料本身不是写史，它是政协委员及其所联系的各方面代表

[①] 参见周恩来《把知识和经验留给后代》，《周恩来选集》下卷，人民出版社 1984 年版；章同《周恩来与政协文史工作》，《文史精华》2009 年第 2 期。

[②] 参见中国人民政治协商会议全国委员会文史资料研究委员会《关于文史资料工作若干问题的意见》，1963 年 1 月，转引自中国政协文史馆网站（http://www.zgzxwsg.com/2012/09/14/ARTI1347584650184282.shtml）。

人物对"三亲"事件的记述，一般而言它是比较具体的、直观的或片段的、专题性的史料，是记述下来的亲历亲见亲闻的史料，文史资料允许多说并存。它不是撰写历史书，而是对历史事件某些片段、某个过程的具体情况的记述。因此，文史资料不能代替党史、国史、军史、地方志的作用。同时，反过来讲，文史资料的特殊作用也是其他史学研究不可替代的。这种特殊的作用就在于它可以"匡史书之误，补档案之缺，辅史学之证"[①]。

在中国近代、当代基督教历史研究中，1949—1977年，基本上是一个断层，是研究文献的空白时期。而这些数十亿计的文史资料，可以说是除大部分尚未公开的档案资料以外，最为重要的研究依据，是未来史家研究中不可替代的资料。从史学理论的角度看，有学者认为，文史资料就是另一种形式的口述史。[②] 抛开意识形态的因素，文史资料的史学意义确实没有得到应有的评价，这在基督宗教研究中则显得尤为突出，希望将来引起学者们的关注。

第二节　方志与基督宗教史研究

中国自古就有修志的传统，在中国历史研究中，各类志书具有不可替代的作用。对于基督宗教研究来说，各类志书、特别是宗教专志，可以为之提供详尽、有用的信息引证资源。20世纪中国特定的历史发展，造成了中国各类志书的编纂、修订、出版在相当长时期内处于一种停滞、断裂状态，对近代中国基督宗教历史的研究有相当大的影响。进入20世纪80年代以后，国家政治、文化逐渐进入一种理性、宽松的状态，经济的发展也为志书的编纂、修订提供了必要的经济保证，各类方志编纂机构逐渐建立，各类志书的编纂、修订、出版工作逐步展开。

据国家图书馆目录检索数据统计，1985—2013年共出版各类宗教志书90种，其中最早的是中共晋中地委统战部编《晋中宗教志·初稿》，

[①]《新时期人民政协的文史资料工作（摘要）》，转引自中国人民政治协商会议广州市委员会网站（http://www.gzzxws.gov.cn/wszsyd/xx138/201103/201109/t20110906_21874.htm）。

[②] 参见舒乙《四个伟大的标志》，《纵横》2006年第9期。

由中共晋中地委统战部于 1985 年内部发行。① 最新出版的是 2012 年由陕西人民出版社出版，张宁岗主编、陕西省地方志编纂委员会编的《陕西省志》②，记述了陕西省境内主要宗教及宗教事务管理的历史与现状。1949—1985 年没有综合性宗教通志或地县志、专志出版。统计 1985—2012 年的志书出版状况，1985—1990 年有 11 部出版，占全部志书比例 12.22%；1991—2000 年有 47 部，比例为 52.22%；2001—2010 年有 29 部出版，比例为 32.22%；2011—2012 年有 2 部出版，占全部志书 2.22%；另有 1 部志书出版时间不详，占全部志书 1.11%（见表 10-3）。

表 10-3　　　　　　中国宗教地方志编纂出版统计表　　　　　单位：种

	省级通志	地、市级方志	县级方志	合计
1985—1990 年	—	7	4	11
1991—2000 年	14	23	10	47
2001—2010 年	11	12	6	29
2011—2012 年	1	1		2
出版时间不详	—	1	—	1
合计	26	44	20	90

资料来源：据中国国家图书馆联机公共目录查询系统统计（http://opac.nlc.gov.cn），2013 年 8 月 27 日至 9 月 1 日查询。

在 90 种志书中，由出版社正式出版 60 种，占全部志书的 66.67%；非正式出版或内部出版 30 种，占 33.33%。省级宗教通志全部为正式出版物。地市级志书中，正式出版物为 25 部，占全部志书 56.82%。在非正式出版志书中，县级行政机构占的比例较高，约占全部出版物的 55.00%。

在 90 种宗教志书中，省志多为省级通志的宗教卷、民族宗教卷等，如《北京志·民族宗教卷·宗教志》和《黑龙江省志·宗教志》等。③

---

① 参见中共晋中地委统战部编《晋中宗教志》，中共晋中地委统战部，1985 年，内部发行。
② 参见张宁岗主编《陕西省志·宗教志》，陕西人民出版社 2012 年版。
③ 参见北京市地方志编纂委员会编著《北京志·宗教志》，北京出版社 2007 年版；黑龙江省地方志编纂委员会编《黑龙江省志·宗教志》，黑龙江人民出版社 1999 年版。

在地市级志书中，有市、州志中的宗教专志，如《朝阳市宗教志》。但大部分是将民族和宗教合并在一起的民族宗教志，如《南京民族宗教志》。① 在县志中，多为民族宗教志，如《漾濞彝族自治县民族宗教志》和《扎兰屯民族宗教志》。②

省级宗教志共 26 部，涉及 25 个省、直辖市和自治区，占全国 34 个省级行政单位的 73.53%③，还有 1/4 以上的省区尚未出版宗教志。地市级宗教志 44 部，涉及 20 个省区，占全国省区的 58.82%，占全国 333 个地市级行政单位的 13.21%，近 1/10 的地市尚未编写完成宗教志。在 20 个编有地市宗教志的省份中，云南省最多，有 5 部。辽宁、江苏、河南分别有 4 部，9 个省份只有 1 部出版。有地市宗教志占所在省全部地市志书的比例最高的 6 个省份，依次为云南（31.25%）、江苏（30.77%）、辽宁（28.57%）、山西（27.27%）、河南（23.53%）和福建（22.22%）。地市级宗教志书的编写未来空间很大，即便是比例最高的云南省，出版宗教志的地级行政单位也不到全部地市的 1/3。

11 个省、直辖市和自治区出版有县级宗教志书，占全部省份的 32.35%，不到 1/3。20 个出版有志书的县级行政机构，仅占全国 2858 的县级机构的 0.70%，从一定意义上说，县级行政机构宗教志书的出版可以说是接近空白。出版有宗教志书的行政单位占所在省份比例最高的依次为云南（4.65%）、重庆（2.50%）、甘肃（2.33%）、浙江（2.22%）、四川（1.66%）和福建（1.18%）。比例最高的省份也不到全省县级行政机构的 1/20，大部分省市的比例均为 0。在县级宗教志中，云南省大理市已经编写并正式出版了 5 本，是所有省区中最多的。正式出版的县级宗教志，除一部是浙江的《临海宗教志》外，其他均为西部少数民族集中地区。④ 其中，甘肃省出版的蒙古文《肃北蒙古族宗教志》是迄今唯一一本

---

① 参见杨荣良、朱淮宁主编《南京民族宗教志》，南京出版社 2009 年版；朝阳市宗教事务局主编《朝阳市宗教志》，宗教文化出版社 2010 年版。
② 参见苏丽萍主编《漾濞彝族自治县民族宗教志》，云南民族出版社 2005 年版；陈鹤龄编《扎兰屯民族宗教志》，文化艺术出版社 1996 年版。
③ 本书中国行政区划数据均以中华人民共和国民政部编《中华人民共和国行政区划简册 2010》（中国社会出版社 2010 年版）为准。
④ 参见徐三见、马曙明主编《临海宗教志》，宗教文化出版社 2001 年版。

少数民族文字宗教志书。① 而《永安市基督教志》尽管为内部发行图书，但也是唯一一部区域基督教地方专志。②

以中国境内总体基督宗教为研究对象的专门志书，目前仅见卓新平撰写的《基督教犹太教志》一书，该志上编分为基督教的传入与历史沿革、教派组织和教义礼仪、重要经籍和汉译《圣经》、著名传教士和教会代表人物以及文物与教堂五章，记述了基督宗教在中国的传入与流布过程。③

张先清、赵蕊娟主编的《中国地方志基督教史料辑要》，采用分地区、按年代顺序编排的方式，辑录了纂修于清至民国年间现存各地通志、府志、县志及乡镇志等各级地方志中基督教的相关内容，是第一本以基督教为主题的地方志史料，非常有意义。④

作为一种广义的志书，年鉴也部分承载着记述史实的功能，目前中国大陆地区尚未出版基督宗教年鉴。但由曹中建主编、中国社会科学院世界宗教研究所编纂的《中国宗教研究年鉴》自1998年出版第一卷后，至今已经连续出版了8卷，这部年鉴的出版为包括基督宗教在内的宗教研究提供了翔实的背景资料。该年鉴试图对年度中国宗教研究领域的研究成果进行全方位的回顾和学术评估，忠实地记录中国宗教研究学科的历史发展过程。它具有以下几个特点：一是学术权威性；二是统计性，以数据分析见长；三是实用性；四是兼容性，力图搭建一个公开、透明的高水平学术交流平台。⑤

各类方志、专志和年鉴的编纂，对于记载、保存历史资料，深入开展各种历史现象的研究具有重要的意义。从事中国古、近代历史的研究，离不开志书，特别是地、县级志书资料。由于历史的原因，中国20世纪上半叶大部分地区的方志或专志编写都不够完善，进入20世纪80年代以后，新志书的编纂工作在中国各级逐步展开，但是各地工作还不平衡，部

---

① 参见克那木格（kinamayai）编《肃北蒙古族宗教志》，内蒙古人民出版社2000年版。
② 参见永安市基督教三自爱国运动委员会、永安市基督教协会编《永安市基督教志》，永安市基督教协会2001年，内部发行。
③ 参见卓新平《基督教犹太教志》，上海人民出版社1998年初版、2010年2版。
④ 参见张先清、赵蕊娟主编《中国地方志基督教史料辑要》，东方出版中心2011年版。
⑤ 中国宗教学术网（http://iwr.cass.cn/zj/zjxz/czj/zz/201201/t20120105_9293.htm），2013年9月15日。

分省级宗教通志尚未出版，地、市级方志处于起步状态。而县级宗教志书，绝大部分地区没有开展。针对包括基督教在内的单一宗教专志、以民族或族群为对象的基督宗教专志基本上是空白。而作为省级单位的台湾、香港、澳门的宗教志书编纂工作，就公开的信息资料而见，尚未被有关机构提上编纂日程。

另外，作为志书具有一定的延续性，需要有新版本进行修订、补充。就目前已经出版的各类志书而言，定期修订基本上处于预期状态。

对于历史研究来说，广泛、完备、准确的基层资料、数据，是展开研究的最基本条件。以近代基督宗教研究为例，目前已经出版的宗教志书，远远无法满足研究的需要。未来需要史志工作者在力所能及的条件下，应加快各类宗教志书的编纂进程。

第三节 国家社科基金项目分析

设立于 1991 年，由全国哲学社会科学规划办公室管理的国家社会科学基金，设有 23 个学科和 3 个单列学科、6 个类别的立项资助体系，面向全国，是资助人文、社会科学基础研究的最主要渠道之一。随着国家财政支持能力的提高，基金总量不断扩大，管理制度逐步健全和严格，使得国家社科基金在我国人文、社会科学研究领域的导向性、示范性和权威性作用越来越明显。

以中国基督宗教历史研究为例，我们也能感觉到这种导向性作用的存在。本书根据国家社科基金立项数据资料，整理出与中国基督宗教历史相关联的立项 134 项。从时间上看，有关中国基督宗教历史的研究，从获批准立项的数量上，呈现出逐渐增长趋势，特别是 2005 年以后，相关立项大幅度增加，2011 年至 2013 年 3 年获批准立项数，比基金设立初期的 1991 年至 1995 年 5 个年度的批准数量，增加了近 4 倍。这种趋势与从其他指标中所观察到的基本一致，基督宗教相关研究成为学术界的新研究"热点"之一。在学者兴趣与国家学术导向上表现出一种互相影响的局面。

从立项类型看，一般项目所占比重最高，超过立项总数的一半，达到 51.49%，其次为青年项目占 28.36%，西部项目占 6.72%，这三种资助类型是国家社科基金对中国基督宗教历史研究的主要资助形式。在基金重大项目、重点项目立项中，2010 年以前仅有 1 个重点项目立项；2011 年以后批准了 2 项重大项目、6 项重点项目。反映出国家社科基金审查机构与学者，对于与中国基督宗教史相关联的研究态度与预期目标的变化。

中国基督宗教历史研究是一项交叉研究，涉及多个学科。在 134 个立项中包括了 14 个学科，其中宗教学（44.03%）和中国历史学（26.87%）比重最高，2 门学科立项数占全部立项数的 70.90%，表明传统型历史研究与宗教学研究相结合，仍是中国基督宗教历史研究的主要方式，其学术关注领域也更多体现在这两个学科的交叉上。

国家社科基金的"国家级"前提，决定了对所批准项目的质量要求是最重要的指标，项目负责人的学术水平是保证研究质量的基本前提之一。在全部 134 个项目中，在有标明的项目中，负责人职称为正高级的比例最高，达 37.71%，副高级其次，中级职称研究人员比例最低，这种比例在正常条件下，可以保证研究项目的基本质量。从 2011—2013 年立项中可以看到一个新现象，即副高级项目负责人人数超过了正高级人数，这种情况一定程度上可以认为是国家社科基金对于青年研究者的倾斜，表明了国家鼓励青年学者研究的一种积极态度。

表 10-4　　与中国基督宗教史相关的国家社科基金项目统计表　　单位：项

项目	合计	比重（%）	1991—1995 年	1996—2000 年	2001—2005 年	2006—2010 年	2011—2013 年
一、按项目类型统计	134	100.00	11	9	18	44	52
1. 重大项目	2	1.49	0	0	0	0	2
2. 重点项目	7	5.22	0	1	0	0	6
3. 一般项目	69	51.49	7	6	15	21	20
4. 西部项目	9	6.72	0	0	0	5	4
5. 青年项目	38	28.36	3	2	3	15	15
6. 后期资助项目	8	5.97	0	0	0	3	5
7. 其他	1	0.75	1	0	0	0	0

续表

项目	合计	比重（%）	1991—1995年	1996—2000年	2001—2005年	2006—2010年	2011—2013年
二、按立项专业分类	134	100.00	10	8	19	45	52
1. 党史党建	1	0.75	0	0	0	1	0
2. 教育学	3	2.24	0	0	0	1	2
3. 考古学	1	0.75	0	1	0	0	0
4. 民族问题研究	4	2.99	0	0	1	2	1
5. 世界史	1	0.75	0	0	0	0	1
6. 体育学	2	1.49	0	1	0	1	0
7. 图书馆情报	1	0.75	0	0	0	1	0
8. 外国文学	6	4.48	0	0	2	1	3
9. 新闻传媒	2	1.49	0	1	0	1	0
10. 艺术学	7	5.22	1	1	2	2	1
11. 语言学	7	5.22	0	0	1	4	2
12. 中国历史	36	26.87	4	2	4	14	12
13. 中国文学	4	2.99	0	1	0	2	1
14. 宗教学	59	44.03	5	1	9	15	29
三、按项目负责人职称分类	134	100.00	10	8	19	45	52
1. 正高级	50	37.31	0	2	12	17	19
2. 副高级	38	28.36	0	0	2	16	20
3. 中级	25	18.66	0	0	3	10	12
4. 不详	21	15.67	10	6	2	2	1

资料来源：据全国哲学社会科学规划办公室项目数据库、文化部相关数据整理，2013年9月5日查询。

从表10-4可以看出，全部项目涉及79个执行机构，平均每个机构为1.7个项目。立项最多的单位为福建师范大学（7项）、上海大学（7项）、华中师范大学（6项）、四川大学（6项）和中国社会科学院世界宗教研究所（5项）。立项在3项以上的机构共12家，立项数为54项。这些机构占全部机构数的15.19%，但被批准的立项数占全部立项的40.30%。

从中国基督宗教历史研究机构分布看，有以下几个特点：（1）研究机构集中，15%的研究机构执行着40%的研究项目。（2）大学占执行机构比例最高。在最主要的12家研究机构中，大学占83.33%，其次为中国社会科学院各研究所及地方社会科学院。（3）研究机构地域色彩明显，与历史上基督教在各地的分布有密切的关系。从12家机构看，福建、上海、湖北、四川、广东和浙江在历史上受基督教影响较大，而北京、天津又是天主教较为活跃的地区。在这些机构中，福建师范大学、华中师范大学、四川大学、中山大学、北京大学、华东师范大学和浙江大学，都有与历史上教会大学的存续关系，而这几所学校数量占全部项目的执行机构高达60%。历史上受基督教影响较大区域或机构，对中国基督宗教历史研究的热情和投入相对较高。从不同时期的机构分布状况看，也基本符合这一规律。

表10-5 与中国基督宗教史相关的国家社科基金项目统计表
（按执行机构统计） 单位：个

时间	项目数	机构数	项目机构分布
1991—2013	134	79	福建师范大学、上海大学各7项，华中师范大学、四川大学各6项，中国社会科学院世界宗教研究所5项，南开大学、中山大学各4项，北京大学、华东师范大学、暨南大学、上海社会科学院、浙江大学各3项，13个机构各2项，54个机构各1项
1991—1995	10	9	南开大学2项，8个机构各1项
1996—2000	6	6	6个机构各1项
2001—2005	20	15	华中师范大学3项，福建师范大学、上海大学、暨南大学各2项，11个机构各1项
2006—2010	46	39	上海大学、四川大学各3项，华中师范大学、华东师范大学、复旦大学各2项，34个机构各1项
2011—2013	52	44	中国社会科学院世界宗教研究所、福建师范大学各3项，上海大学、四川大学、北京大学、南京大学各2项，38个机构各1项

资料来源：据全国哲学社会科学规划办公室项目数据库、文化部相关数据整理，2013年9月8日查询。

从表 10-5 可以看出，立项单位分布在全国 25 个省区，平均每个省区项目数为 5.36 项。从区域分布的角度来看，基督教史研究表现更为集中，以前 10 个省区为例，立项项目数共计 104 项，占省区分布的 40.00%，占总项目数的比例高达 77.61%。造成这种现象的主要原因，第一是与机构分布相似，受历史上基督教在华分布特征的影响；第二是前十个省区多为经济较发达地区，如上海、北京、广东、浙江等地，本身科研、教学活动比较活跃；第三是与国家科研布局有关，如北京、上海等地。中央级机构，如中国社科院、教育部属大学等数量较多，这些机构的科研实力构成了中国人文社会科学研究的中坚力量。

表 10-6　与中国基督宗教史相关的国家社科基金项目统计表
（按执行机构所在地区统计）　　　　单位：个

时间	项目数	地区分部数	地区分布
1991—2013	134	25	北京 23 项，上海 21 项，四川 12 项，湖北、广东、福建各 8 项，浙江 7 项，云南、江苏各 6 项，河南 5 项，天津 4 项，新疆、陕西、山东、湖南、安徽各 3 项，黑龙江、甘肃各 2 项，7 个省区各 1 项
1991—1995	10	7	北京 3 项，天津 2 项，5 个省区各 1 项
1996—2000	7	6	北京 2 项，5 个省区各 1 项
2001—2005	20	10	上海、湖北各 4 项，广东 3 项，北京、福建各 2 项，5 个省区各 1 项
2006—2010	45	19	上海 9 项，北京、四川各 5 项，云南、江苏各 3 项，湖北、广东、浙江、河南、山东、安徽各 2 项，8 个省区各 1 项
2011—2013	52	18	北京 11 项，上海 7 项，四川、浙江各 4 项，江苏、河南、福建、陕西各 3 项，云南、湖北、广东、湖南各 2 项，6 个省区各 1 项

资料来源：据全国哲学社会科学规划办公室项目数据库、文化部相关数据整理，2013 年 9 月 15 日查询。

从项目负责人角度观察中国基督教历史研究的国家社科基金项目立

项，也一定程度上呈现出集中趋势。从 122 位项目负责人看，有 10 人承担过两项或以上基金项目，他们分别是林金水（1991、1998、2002、2013）、杨天宏（1991、2002）、李喜所（1993、2001）、顾卫民（1994、2003）、吴义雄（1998、2001）、陈建明（2000、2010）、汤开建（2001、2005）、康志杰（2001、2013）、陶飞亚（2005、2012）和朱峰（2005、2013）。这些核心研究者占全部立项学者的 8.20%，所承担项目占全部立项的 16.42%。从社科基金立项的人员分布来看，一方面这些核心研究者大多数是中国基督宗教历史研究领域较为公认的知名学者，具有较高的学术研究和管理水平；另一方面也说明，中国基督宗教史研究还是一个专业、研究人员相对较为集中的领域，从事此项研究的学者在数量上还比较少，有待未来的进一步发展。

第四节　研究专著的出版分析

1978 年以来，我国各类基督宗教图书的出版呈现逐年增长的趋势。据不完全统计，仅国家图书馆入藏的大陆、台湾和港澳地区 1949 年至 2013 年出版的基督宗教类书籍就达 6127 册。① 如果仅对我国大陆地区出版的基督教学术图书进行一项全面的分析，也是一项浩繁的工作，这不是本综述所能承担的，需要另文研究。

我们试图通过一些典型数据，勾勒出我国有关中国基督宗教史研究著作的大致特征。利用国家图书馆书目系统，以"基督教史"为主题进行检索，共检索出 1949 年至 2013 年 8 月前出版、编目的有关中国基督宗教史类图书 141 种。以这部分图书为代表，对我国大陆地区基督宗教史研究著作的出版状况进行讨论，并归纳出其主要的研究特征。

从表 10 - 6 可以看出，大陆地区基督教史著作呈现出逐年增长的趋势。特别是 1996 年以后，研究性专著增长更为迅速，这与我国学术界对于基督宗教及在华基督宗教史研究的整体发展态势是一致的，这种趋势同样也可以从国家社科基金、学位论文写作等方面看出。在出版图书中，原创性作品（包括港澳台地区、海外华人及外国作者直接使用中文撰写的

---

① 根据基督宗教等 10 个关键词查询国家图书馆馆藏目录，2013 年 9 月 17 日查询。

作品）比例为82%，译著占18%，其中译著的出版基本保持一个平稳的状态。因为分析样本是以国家图书馆藏书目录主题搜寻而来，由于编目者的分类判别差异，使得部分有关中国基督宗教史研究的专著和译著并没有标注"基督教史"关键词，事实上，在我国基督宗教及中国基督教史研究方面，译著的数量与其他学科相比较还是较多些。主要原因是许多被翻译的有关基督宗教史研究的外国图书，都是超出版权保护期限的，即作者已经去世50年以上。这也说明基督宗教翻译更为强调经典的翻译。即便受到版权保护的学者，由于宗教研究的特殊意义和作用，多数也愿意授权将其作品翻译成中文。

在出版图书中，绝大部分为中文书籍，也有少部分中外文合璧书籍，外文部分主要是英文的论文集。① 苏德毕力格主编的《准格尔旗扎萨克衙门档案基督宗教史料》一书所刊布的蒙古文中有关基督教档案资料，是大陆地区第一次集中刊布少数民族文字的基督宗教资料，为中国基督宗教史研究提供了全新的素材。②

从研究图书形式类别上看，学者个人专著比例最高，约占全部图书的79%，基本呈现逐年增长的趋势。史料汇编的比例占11%，这其中既有对中文史料的编辑，也有对外文史料的翻译。史料编纂工作在近些年来受到越来越多的学者的重视，资料汇编形式也日渐多样，为未来中国基督宗教历史研究的进一步深化，提供了更多的研究素材，具有极高的学术价值。论文集部分占全部书籍的9%，主要以会议论文集为主，随着近年来国家对于包括基督宗教史研究在内的社会科学研究的资助力度的加大和资助渠道的增加，学术会议在数量上也保持着一种稳定的态势，但是由于大陆地区对于研究人员学术评价体系的日益严格与僵化，游离于主流学术评价体系外的会议论文集，在文章质量上有下降的趋势。

---

① 参见古伟瀛、赵晓阳主编《基督宗教与近代中国》，社会科学文献出版社2011年版。
② 参见苏德毕力格主编，内蒙古大学蒙古学研究中心、内蒙古自治区档案馆、准格尔旗档案局合编《准格尔旗扎萨克衙门档案基督宗教史料》，广西师范大学出版社2011年版。

表 10 –7　　大陆出版的中国基督宗教史图书统计表　　单位：种

	合计	比例（%）	1949—1977年	1978—1980年	1981—1985年	1986—1990年	1991—1995年	1996—2000年	2001—2005年	2006—2010年	2011—2013年
一、图书总数	141	100	3	1	4	3	9	15	36	43	27
1. 著作	116	82	2	1	2	3	8	11	27	37	25
2. 译作	25	18	1	0	2	0	1	4	9	6	2
二、著作类别分类	141	100	3	1	4	3	9	15	36	43	27
1. 专著	111	79	1	1	3	3	7	14	26	34	22
2. 论文集	13	9	0	0	0	2	0	1	2	6	2
3. 史料	15	11	0	0	1	0	0	0	8	3	3
4. 其他文集	2	1	2	0	0	0	0	0	0	0	0
三、图书按教派分类	141	100	3	1	4	3	9	15	36	43	27
1. 基督宗教	36	26	0	1	2	1	3	7	4	10	8
2. 基督教	46	33	1	0	0	0	4	5	13	12	11
3. 天主教	53	38	0	0	2	1	2	3	18	18	7
4. 东正教	4	3	0	0	0	1	0	0	1	2	0
5. 景教	0	0	0	0	0	0	0	0	0	0	0
6. 圣经研究	0	0	0	0	0	0	0	0	0	0	0
7. 其他教派	2	1	0	0	0	0	0	0	0	1	1

资料来源：根据国家图书馆馆藏书目"基督教史"关键词查询整理，2013年9月14日下载。

在我国大陆地区出版的中国基督宗教历史研究著作中，不分宗派针对基督宗教历史的综合性研究书籍占26%；有关天主教历史的研究占38%；有关基督教的研究占33%；有关在华东正教历史研究史是大陆地区基督宗教领域较为薄弱的环节，占全部图书的3%。其他教派研究指有关太平天国宗教的研究，占全部图书的1%，这方面的研究尽管数量不多，但是研究质量较高，样本中的2本书，分别为夏春涛的《太平天国的宗教》（南京大学出版社1992年版）和《天国的陨落：太平天国宗教再研究》（中国人民大学出版社2006年版），另外周伟驰的专著《太平天国与启示录》（中国社会科学出版社2013年版），在学术界都曾产生过较大的影响。

由于样本数量较少,我们没有看到有关《圣经》在中国流布历史研究的专著。《圣经》被翻译成为中国境内多种语言文字,对近、现代中国文化产生过多重影响,如同佛经被翻译成汉语后对中国文化所带来的影响一样,有非常重要的研究意义。但是不可否认,有关《圣经》在中国的历史研究,是中国基督宗教历史研究中最为薄弱的领域之一。其中一个重要原因就是对研究者语言能力的要求。《圣经》在中国境内被翻译成数十种语言和文字,涉及汉语、蒙古语、藏语、维吾尔语、满语、景颇语、傈僳语、苗语、朝鲜语等数十种语言;使用汉字、拉丁字母民族文字、蒙文、藏文、自创民族文字等多种文字书写形式。在汉语中又有汉字、拉丁字母、注音字母、盲文等多种书写形式,涉及汉语普通话和多种方言,文言与白话等多种语体。有关早期版本或教派圣经文献研究,还需要了解或乃至掌握古希伯来文、古希腊文、拉丁文、教会斯拉夫文、阿拉米文、古叙利亚文、回鹘文、突厥文等多种古典语言。中国各种版本的圣经翻译多是在外国传教士主导下开展的,其背景资料除汉语外,还有许多是用传教士所属地区的语言书写的,且多为原始手写文档,对于非母语人员来说,阅读难度很大。众所周知,语言学习与文献学训练是一项极为耗时的过程,在大陆地区现有教育体系、就业方式和学术评价制度下,很难保证有足够数量的、经过综合训练的研究者为此开展长期、系统的学习与研究。这也就决定了中国大陆地区学者有关《圣经》在中国流布史研究深度不够的局面,在相当长时期不会有明显的改变。

景教研究一直是中国古代史研究中传统而不活跃的领域之一,其研究成果大多被归入历史研究范畴,而没有从宗教学角度进行分析。景教在中国的传播已经成为历史,但是现代景教组织(东方亚述教会),仍然希望与中国发生联系,并曾经在香港举行过宗教活动。[1] 在一定意义上说,中国特别是大陆地区是各种基督教组织最为关注的地区之一,加强对各种基督宗教在华历史的研究,对解决和解释现实问题也具有重要的意义。

在141种基督教史图书中,有关天主教研究著作多于基督新教,这主

---

[1] 香港基督教文化研究所资讯报道,http://www.iscs.org.hk/Common/Reader/News/ShowNews.jsp?Nid=1615&Pid=1&Version=0&Cid=3&Charset=big5_hkscs,2013年9月5日查询。

要受样本数量少的影响。通过对实际研究的观察，在20世纪90年代之前，特别是1978年之前，由于研究重点集中于教案、早期中外文化交流（如耶稣会等修会组织在华活动）等，这些活动中天主教组织的影响更大，因此相关研究成果数量较多。进入20世纪90年代以后，研究重点更多针对教会事业、教会与社会之间，其活动更多由基督新教组织参与，基督新教的研究专著与日俱增。同时，这一时期也是中国学术出版业走向繁荣的时期，直至今天，中国基督宗教史研究中，有关基督新教的研究也是各宗派中最多的。同时，跨宗派的综合性研究也逐渐增加。

从图书样本中可以看出，针对整个中国地区的整体性历史研究著作占17%，不分区的专题研究占47%，以行政区划大区为对象的研究占5%、以省、自治区、直辖市为对象的著作占31%。在行政区划大区研究中，包括华东地区、华南地区和西南地区；有关省区的个别性研究包括了15个省市，仅占全国省级区域的44%。从区域研究看，还有许多空白点需要填补。

从中国基督教史研究图书的出版地来看，其分布特点既与所在地出版社数量多少有关，也与基督宗教的区域分布有联系，出版相关图书较多的地区，基本上是历史上或现实中基督教影响较大的地区。全部图书的出版地分布在20个城市，其中在北京（41%）、上海（21%）、郑州（7%）、昆明（6%）、成都（5%）、桂林（5%）和广州（4%）这七个城市出版的图书占全部图书的89%，表明中国基督宗教史研究著作的出版在地域上非常集中。

141种宗教史图书的出版分布在56家出版社，也表现出一种集中趋势。其中，宗教文化出版社（7%）、社会科学文献出版社（7%）、上海古籍出版社（7%）、大象出版社（7%）、中华书局（5%）、上海人民出版社（5%）、广西师范大学出版社（5%）、商务印书馆（3%）、五洲传播出版社（3%）、中国社会科学出版社（3%）、四川人民出版社（3%）、云南大学出版社（3%）、人民出版社（2%）、上海书店出版社（2%）和广东人民出版社（2%）15家机构出版的书籍就占全部图书的64%。其中除宗教文化出版社以出版宗教类图书为主、五洲传播出版社出版对外宣传性图书较多外，笔者通过日常的观察和整理，认为中国大陆地区的出版社对于出版包括学术性图书在内基督宗教图书的偏好差异还是明显的，数据分析结果基本能说明这一现象。

第五节　重点期刊论文分析

　　学术期刊是人文科学、社会科学学术研究结果的主要产出渠道。自1978年以来，中国地区大陆的学术期刊大幅度增加，为学者研究创造了更为广泛的展现空间。高质量的学术期刊，多数具有较为严格的审稿程序，在一定程度上保障了所刊发文章的学术质量。学术期刊文章对于学科发展的代表意义越来越大。2012年以后，国家社科基金先后资助了两批学术期刊，以期让这些在高质量期刊上发表的文章，能成为中国人文科学、社会科学发展的代表。

　　每种学术刊物的发文偏好，在一定程度上影响着相应学科的发展。目前中国学术期刊对于发表与基督宗教有关的研究论文，表现出越来越浓厚的兴趣，越来越多的刊物开始发表相关论文。以广义状态下的基督宗教史研究为例，在受国家社科基金资助的200种人文、社科期刊中，有131种刊物发表过相关论文，占全部刊物总数的65.50%。论文刊发数量达到1842篇，观察不同时段，多数研究领域都呈现出增长的趋势（见表10-8）。针对不同宗派的研究，在整体增长的大趋势下，各有不同的特点。基督教新教史研究是中国学术界的研究重点，论文数量最多。天主教史和基督宗教史综合性研究基本保持稳定。有关《圣经》在中国流布历史的研究逐渐引起越来越多的学者关注。而有关其他教派，主要指太平天国的基督教衍生性信仰，由于受中国史学整体研究重点变化的影响，越来越远离学术研究重点，至今只有不超过个位数的活跃研究者。早期研究者如王庆成等人，由于年龄原因，已经罕有成果发表。目前最有代表性的研究者为夏春涛，其他如赵晓阳等人的研究，零散不成系统。我们在此重点指出这一现象，主要原因是基督教各教派以外的衍生性信仰，有些已经发展成为具有相当影响力的宗教派系，如美国的摩门教等，这些教派逐渐在特定地区成为影响政治、经济和社会生活的重要力量。太平天国所信仰的宗教是唯一产生于中国本土的基督教衍生性信仰。认真研究这类信仰产生和发展变化过程，不仅有历史意义，而且也有重要的现实意义。这一点，值得研究者和期刊编辑者认真考虑。

表10-8　　　　　中国基督宗教史研究分领域论文量统计表　　　　单位：篇

序号	派别	合计	1949—1977年	1978—1980年	1981—1990年	1991—2000年	2001—2010年	2011—2013年
1	合计	1842	23	14	166	446	891	302
2	东正教	25	2	0	2	5	12	4
3	基督教	780	7	4	41	183	386	159
4	基督宗教	408	10	1	63	88	201	45
5	景教	61	0	0	6	19	23	13
6	其他教派	48	1	6	10	13	16	2
7	圣经研究	30	0	0	0	4	16	10
8	天主教	490	3	3	44	134	237	69

资料来源：通过中国知网对1949年10月至2013年8月底全国社科基金资助刊物数据进行主题检索整理，2013年12月20日查询。

我们以年均发表论文数来观察学术期刊不同时期发表论文状况，变化趋势与特点表现得更为充分（见表10-9），1949—1977年，年均发表中国基督宗教史论文仅为0.79篇，1978年以后这一指标迅速增长，2011—2013年年均论文发表量已经上升到100.67篇，增长了100多倍。1991年以后中国学术研究进入迅速发展的阶段，我们考察这20余年的年均论文发表量可以看出，2011—2013年中国基督宗教史年均论文量比1991—2000年增长了125.72%。大多数宗派史研究也都成倍增长，发表数量增加最多的是圣经史研究，增长732.50%；其次是新教史研究，增长189.62%；东正教史研究，增长166.00%；景教史研究，增长127.89%。而天主教史研究（增长71.64%）和基督宗教史综合研究（增长70.45%）则处于一种相对平稳状态。而唯一下降的是针对其他教派的论文，下降了48.46%。上述结论与我们在实际研究中的感受大体一致。其中圣经史研究在1990年以前没有任何论文发表，现在也只有很少的学者展开此项研究，但是由于其作为圣典对于中国文化和社会所产生影响的重要性，对此关注的学者越来越多，也为学术期刊提供了更多的选择性。

增长率反映出事物的一种变化趋势，从这一点看出，新教史是研究者和编辑关注的重点，天主教和基督宗教史综合研究不会成为学术界研究重点，这一格局未来不会有太大变化。至于东正教和景教研究由于研究者提供成果有限，尽管增长较多，但给各类期刊的选择和判断余地不大。在中国基督教史研究领域，学术期刊对于不同教派史选择的不均衡性会长期存在，一定程度上也是一种现实的无奈。以当前社科期刊所采用的各类匿名审稿为例，中国大陆从事圣经史、东正教史和景教史研究的"历史学者"基本上都是个位数，如果采用本领域审稿人，这些人实际上是处于一种"实名"状态。如果采用政治史、文化史、思想史、宗教学、神学、语言学、文学领域的审稿人，由于学科差异，这些学者的判断思路与研究者思路之间往往会产生较大差异，而这种矛盾又会对编辑取舍产生重要影响。这种局面必须随着中国的历史研究整体发展才有可能变化。

表 10-9　　中国基督宗教史研究年均发表论文数统计表　　单位：篇

序号	派别	合计	1949—1977 年	1978—1980 年	1981—1990 年	1991—2000 年	2001—2010 年	2011—2013 年
1	合计	1842	0.79	4.67	16.60	44.60	89.10	100.67
2	东正教	25	0.07	0	0.20	0.50	1.20	1.33
3	基督教	780	0.24	1.33	4.10	18.30	38.60	53.00
4	基督宗教	408	0.35	0.33	6.30	8.80	20.10	15.00
5	景教	61	0	0	0.60	1.90	2.30	4.33
6	其他教派	48	0.05	2.00	1.00	1.30	1.60	0.67
7	圣经研究	30	0	0	0	0.40	1.60	3.33
8	天主教	490	0.10	1.00	4.40	13.40	23.70	23.00

资料来源：通过中国知网对 1949 年 10 月至 2013 年 8 月底全国社科基金资助刊物数据进行主题检索整理，2013 年 12 月 15 日查询。

从表 10-10 中，我们可以看出这些期刊所发表的各类基督宗教史研究文章所占比例，从 60 年总体情况看，新教史研究论文比例最高，达到 42.35%，其次为天主教史（26.60%），再依次往下为基督宗教（22.15%）、景教（3.31%）、其他教派（2.61%）、圣经研究（1.63%）和东正教（1.36%），这个分布比例也与前面的分析能够相互印证，反映出当前中国基督宗教史研究的现状。我们可以看出，针对新教的研究比例越来越高，到 2011—2013 年，已经占了总论文量的一半以上。有关圣经和景教的论文比例也增长明显，但是天主教和基督宗教研究所占比例下降。天主教研究只有一个时段的比重较高（1991—2000 年），高于新中国后 60 年平均值，达到了 30.04%。中国基督宗教史这种研究格局的形成，有着多种原因。其中中国学术研究中的"功利性"和"实用性"偏好，是重要因素之一，这种影响体现在选题、评价和资助的方方面面。由于新教和天主教传教方针的差异和入华时间不同，新教传教士对中国人的社会生活变化产生了更多影响。

随着近 30 年以来中国社会和学术界对于外国传教行为评价的巨大变化，学术界对于新教与近代中国的关系产生了浓厚的兴趣，随之开展的各种研究，更容易被学术界所关注，也可能会产生更大的社会影响。天主教进入中国时间较早，与中国近代社会、文化的衰败过程有着相当多的交集，影响到人们对天主教的印象。同时，由于天主教制度因素，对中国社会的影响没有新教大，而与中国政治之间的关系又更错综复杂，影响到人们对天主教的研究投入。此外，中国学术培养体系，也对中国基督教史研究格局的形成有重要影响。作为一种外来宗教，除一些本土小宗派以外，外语是从事基督宗教史研究的必要工具。在中国学术培养体系中，对于英语的强调远远高于其他语言，很多时候这种强调并不是基于学术研究本身的需要。在此体系下，中国学者大部分只能使用英语这一种语言工具。如果从事天主教、东正教、景教历史的研究，对研究者有更多的语言要求，仅此一点，就限制了很多学者的进入。反之，在华新教各差会主要来自英国、美国、加拿大、澳大利亚、爱尔兰等英语系国家，各种资料以英语为主，使得研究者相对容易进入。实际上，对近 800 篇新教史研究文章展开分析，有关德语系国家、北欧国家等非英语地区新教组织在华传教活动的研究文章也寥寥无几。

表 10 – 10　　　　　　　中国基督宗教史研究分论文比重表　　　　　　单位:%

序号	派别	合计	1949—1977 年	1978—1980 年	1981—1990 年	1991—2000 年	2001—2010 年	2011—2013 年
1	合计①	100.01	100.00	100.00	99.99	99.99	100.01	99.99
2	东正教	1.36	8.70	0	1.20	1.12	1.35	1.32
3	基督教	42.35	30.43	28.57	24.70	41.03	43.32	52.65

① 合计数误差原因为分项数四舍五入。

续表

序号	派别	合计	1949—1977年	1978—1980年	1981—1990年	1991—2000年	2001—2010年	2011—2013年
4	基督宗教	22.15	43.48	7.14	37.95	19.73	22.56	14.90
5	景教	3.31	0	0	3.61	4.26	2.58	4.30
6	其他教派	2.61	4.35	42.86	6.02	2.91	1.80	0.66
7	圣经研究	1.63	0	0	0	0.90	1.80	3.31
8	天主教	26.60	13.04	21.43	26.51	30.04	26.60	22.85

资料来源：通过中国知网对1949年10月至2013年8月底全国社科基金资助刊物数据进行主题检索整理，2013年12月10日查询。

在前面的章节中，我们谈到中国大陆地区的基督宗教史研究具有明显的地域色彩。从表 10 - 11 中可以看出，学术期刊论文发表数据印证了这一现象。在 131 种刊载基督教史研究论文的刊物中，北京地区出版的有 51 种，占全部载文期刊数的 38.93%，其次是上海和江苏地区的刊物，各占 6.11%，这三个地区出版的期刊数就占了全部期刊的一半以上（51.13%）。而从发表论文数量上看，在全部 1842 篇文章中，北京（31.00%）、上海（14.71%）和四川（11.35%）三个省区所发表论文数就占全部论文数的 57.06%，达到了一半以上。这种集中现象，与我国期刊出版整体分布特征有关，北京和上海地区拥有中国数量最多的专业期刊出版机构，大陆地区仅有的 2 份受资助的专业宗教学研究刊物（《世界宗教研究》和《宗教学研究》）分别位于北京和四川。

表 10 - 11　　　　　不同地区期刊发表基督宗教史论文统计表

地区	载文期刊种类（种）	占全部载文期刊比例（%）	刊登文章数（篇）	占全部文章比例（%）	地区	载文期刊种类（种）	占全部载文期刊比例（%）	刊登文章数（篇）	占全部文章比例（%）
北京	51	38.93	571	31.00	辽宁	2	1.53	15	0.81
上海	8	6.11	271	14.71	黑龙江	2	1.53	16	0.87
江苏	8	6.11	53	2.88	河北	2	1.53	19	1.03
山东	6	4.58	102	5.54	广西	2	1.53	8	0.43

续表

地区	载文期刊种类（种）	占全部载文期刊比例（%）	刊登文章数（篇）	占全部文章比例（%）	地区	载文期刊种类（种）	占全部载文期刊比例（%）	刊登文章数（篇）	占全部文章比例（%）
湖北	6	4.58	63	3.42	福建	2	1.53	24	1.30
吉林	5	3.82	79	4.29	云南	1	0.76	16	0.87
四川	5	3.82	209	11.35	西藏	1	0.76	9	0.49
天津	3	2.29	11	0.60	青海	1	0.76	8	0.43
浙江	3	2.29	71	3.85	内蒙古	1	0.76	17	0.92
湖南	3	2.29	24	1.30	宁夏	1	0.76	8	0.43
广东	3	2.29	94	5.10	江西	1	0.76	17	0.92
甘肃	3	2.29	34	1.85	贵州	1	0.76	36	1.95
河南	3	2.29	75	4.07	安徽	1	0.76	12	0.65
新疆	2	1.53	18	0.98	重庆	0	0	0	0
陕西	2	1.53	13	0.71	海南	0	0	0	0
山西	2	1.53	12	0.65	合计	131	100.00	1842	100.00

资料来源：通过中国知网对1949年10月至2013年8月底全国社科基金资助刊物数据进行主题检索整理，2013年12月13日查询。

我们进一步分析，居刊发基督教史研究文章前10位的11种刊物共发表文章759篇（见表10-12），占全部文章数的41.21%，在期刊数量上所占比重仅为8.40%。《世界宗教研究》（177篇）和《宗教学研究》（143篇）作为单个期刊发表文章最多，占全部文章数的17.37%。从这几种刊物出版地看，北京和上海最多，各有3种，四川、河南、广东、浙江和贵州各有1种。从刊物性质看，历史学刊物和综合社会科学期刊最多，各有3种，宗教学刊物2种，大学学报1种。从中可以看出，宗教学和历史学刊物是中国大陆地区基督宗教史研究的主要发表渠道，刊物分布地区相对分散，但是发文数量集中在北京、上海和四川。

表 10-12　　发表中国基督宗教史论文最多的刊物统计表
（1949—2013 年）　　　　单位：篇

序号	刊物名称	所在区域	文章数量
1	世界宗教研究	北京	177
2	宗教学研究	四川	143
3	史林	上海	63
4	史学月刊	河南	58
5	复旦学报	上海	53
6	历史研究	北京	53
7	学术研究	广东	52
8	近代史研究	北京	50
9	学术月刊	上海	38
10	浙江学刊	浙江	36
11	贵州社会科学	贵州	36
12	11 种刊物合计	—	759
13	其他刊物合计	—	1083
14	总计	131	1842

资料来源：通过中国知网对 1949 年 10 月至 2013 年 8 月底全国社科基金资助刊物数据进行主题检索整理，2013 年 12 月 26 日查询。

通过上述分析，从学术史研究的角度可以看出，目前中国大陆地区学术界对于宗教研究持续保持较浓兴趣的大背景下，中国基督宗教史研究正如统计表中所反映出的数据变化态势一样，在今后一定时期内会出现持续增长的局面，并会逐渐扩大在主流史学研究中的影响。但是研究领域会更加分化，研究目标会更为丰富。有关基督教新教历史的研究成为基督教史研究的主流。随着中国学术界研究资助形式的转变，如国家社科基金资助力度的增加，中国社会科学院"创新工程"的实施，外语培养环境的改变等，天主教、基督宗教史综合性研究在保持平稳发展的状态。对《圣经》在华翻译史及对中国社会文化影响的研究与评价会得到进一步加强。东正教、景教研究会有较快的发展，但是研究总规模不会增加太多。各类学术期刊对于基督宗教史研究表现出更高的关注度。研究者会更多关注到历史与现实的关系、不同宗教在华历史的比较研究、基督宗教在华发展及衍生影响过程，对历史、现实、政治、文化诸方面的映射意义。

第六节　博硕士学位论文分析

　　博士、硕士研究生的培养，是衡量高等教育水平和学术研究潜力的重要标志之一。自1978中国大陆地区恢复招收研究生以后，基督宗教研究方向的研究生就是最早开始招生的研究领域，如中国社会科学院研究生院1978级硕士研究生中，就有3名基督教研究方向的学生。① 但中国基督宗教历史的研究生在数量上一直比较少，1990年以前，中国大陆唯一一篇以中国基督宗教历史为题材的博士论文，是史静寰的《登州文会馆与燕京大学：近代西方传教士在华教育活动研究》（1988年获北京师范大学教育学博士学位），整个历史学专业在1990年以前，没有以中国基督宗教史为研究方向的博士学位获得者。②

　　考察博士、硕士论文的选题方向、培养机构、指导教师和获得学位的时间情况，是分析一个学科领域现状、研究热点、发展方向和学术机构学术重点的重要方法之一。对研究生论文状况的撰写情况进行研究，也是一项专业课题，本书仅就中国基督宗教史研究中不同教派历史在不同时期的变化特征进行一个简要分析，作为判断我国有关中国基督宗教史研究现状的旁证指标。

　　在我国，博士、硕士论文的指定收藏单位为国家图书馆，同时中国知网也是刊布各类学位论文最重要数据库。这两个数据库在收藏方面都有遗漏，有待未来进一步充实完善。为方便起见，我们以中国知网为依据，进行主题词关联检索，所得出的结论之间会互有交叉，同时因为一篇论文有多个主题词，因此有些论文在严格意义上不是基督教史论文，但是我们在此是讨论一个趋势，故这部分论文没有剔除。同时，我们在汇总数据时没有区分博士、硕士论文。

---

　　① 参见院庆筹委会编《桃李芬芳：中国社会科学院研究生院同学录》，院庆委员会，内部出版物。

　　② 参见梁桂芝主编《中国博士人名辞典》，江西高校出版社1992年版。

表 10-13　　中国基督宗教史研究博硕士学位论文统计表
（按学位授予年度统计）　　　　　　　　单位：篇

主题	数量合计	比例（%）	1980—2000年	2001—2005年	2006—2010年	2011—2013年8月
合计	3075	100.00	16	632	1598	829
基督教+历史+中国	902	29.33	5	198	482	217
传教士+历史+中国	651	21.17	2	121	330	198
教会+历史+中国	574	18.67	5	152	287	130
传教+历史+中国	343	11.15	3	70	176	94
天主教+历史+中国	260	8.46	1	37	142	80
圣经+历史+中国	247	8.03	0	38	127	82
基督宗教+历史+中国	33	1.07	0	5	19	9
景教+历史+中国	32	1.04	0	4	19	9
东正教+历史+中国	31	1.01	0	6	15	10
其他教派（太平天国）+历史+中国	2	0.07	0	1	1	0

资料来源：据中国知网（CNKI）硕博士学位论文库数据整理，2013年9月17日查询。

从表 10-13 可以看出，我国各研究机构有关中国基督宗教历史研究，逐渐成为研究热点，增长趋势明显。1980—2013 年[①]，共授予中国基督宗教历史论文 3075 篇，其中 1980—2000 年，此类论文只有 16 篇（其中有数据库收录不完全问题）。2001—2005 年为 632 篇，2006—2010 年为 1598 篇，比上一个五年增长 1.5 倍。2011 年至 2013 年 8 月，有关论文已达到 829 篇，增长趋势非常明显。上述情况表明，我国学术界对与基督教有关的研究兴趣日渐浓厚，在某种意义上已成为一种"时髦"。各学科都在某种程度上开展与在华基督教历史挂钩交叉的研究，涉及历史学、文学、教育学、社会学、艺术学、建筑学、语言学、哲学等各个领域。

从基督教宗派来看，有关基督新教的研究数量最多，占全部论文的 29.33%，此外有关传教士（21.17%）、教会（18.67%）和传教（11.15%）的研究也占有较高比重。这三部分中，尽管也包括其他基督

[①] 据中国知网数据整理，2013 年 8 月 31 日查询。

教派内容，但实际涉及基督新教的文章比重最高。这四项占了全部论文的80.32%，重视基督新教历史研究，是中国基督宗教历史研究的主要特征。中国大陆地区的基督宗教研究多侧重于教会的社会事业研究，如教育、医学、文化传播等，重视对传教士个人传记式的研究。在早期研究中，教案研究是一个重要领域，但对教会史、传教士宗教行为的研究一直不是重点。现在，在大陆地区学位论文中，有关基督教本身宗教行为和人物的研究，逐渐成为研究对象，这部分研究所占的比例和涉及题材大大高于期刊论文和图书。

在华天主教历史的学位论文在数量上仅次于基督新教。天主教进入中国的时间虽然大大早于基督教，但是由于其传教特点所致，特别是在近代以后，对中国社会、经济、文化、教育生活的影响要小于基督新教。中国普通百姓对于天主教的认知程度要低于基督新教。同时，如果进行天主教研究，对语言知识和能力的要求较高，除一般常见的英语外，还需至少懂得法语、西班牙语、拉丁文、葡萄牙语等。因为基督新教来华传教士以英、美两国为主，而天主教传教士则以法国、意大利、西班牙、葡萄牙为主。以上因素造成大陆研究生在天主教研究的选题上，与基督新教研究相比时，更为慎重，甚至是主动避免选择对天主教史的研究。加强对天主教的研究，特别是针对相关区域（如澳门、河北、北京、上海等地区）研究、相关人群研究（如葡萄牙人、法国人、西班牙人和意大利人等在华外国人的天主教信仰），在中国近代天主教史研究方面，都是薄弱之处，有待更多的研究生参与研究。

东正教在中国基本上是一种外侨宗教，信徒以俄罗斯人、乌克兰人、塞尔维亚人和希腊人等为主，中国籍信徒很少。在相当长的时间内，没有引起中国大陆地区学者和研究生的重视，以东正教神学、俄罗斯东正教为题的论文选题远远多于其在华历史的研究。但近年来增长较快，涉及了东正教与中国社会生活的相互影响。但是与基督教、天主教研究相比，还处于起步阶段，有更多的领域需要开拓。除俄罗斯东正教以外，近代在华曾经出现的其他正教团体也有必要开展相关研究，如曾经在中国生活过的多个小型东正教教徒群体。

针对《圣经》的流布历史及对中国社会、文化影响的研究，在近十年内有大幅度增加，出现了多篇以此为题材的博士论文。但是正如前述所言，有关圣经在华历史的研究，在深入性方面还需要大力加强。需要更多的研究生参与其中，进行多角度、多领域的研究，才能使圣经史的研究趋于成熟、完善。

对在华景教历史的研究，近年来也有较大幅度的增加，完成了若干博士论文。这一领域是中国基督教历史研究中，唯一全部属于古代史范畴的，学位论文大多属于传统的历史学研究范畴，可喜的是，越来越多的人开始注意多种语言文献的利用。

关于与基督宗教有关联的类基督宗教教派的研究，只有关于太平天国宗教的相关学位论文完成。与针对太平天国的各项研究一样，太平天国宗教的研究不是学术研究重点。其他类基督教（如摩门教等）在1949年以前与中国的联系过程尚未见到相应的研究论文。

基督宗教在华部分教派综合性历史研究的学位论文，近年来也有所增加，但是总量还比较少。至于曾经在中国历史上出现的其他基督宗教宗派（如亚美尼亚教会等），因信徒多为外国侨民，在学位论文方面完全是空白状态。

此外，还有一项特别的学位论文也是值得注意的，就是神学研究生的论文选题，这些论文在中国基督宗教历史研究中有一定的特殊性。这些神学研究生从事教牧工作的比例较高，对我国基督宗教的现实发展影响更大，探讨分析他们的选题取向、态度与思想，对观察我国基督宗教会整体神学思想的脉络变化，有着重要的意义。在我国，金陵协和神学院是基督新教中唯一开展神学研究生阶段教育的高等教育机构，我们对该校神学研究生若干年的毕业论文进行了简单统计（见表10-14），并据此数据做一简要讨论。

表10-14　　金陵协和神学院神学硕士学位论文选题统计
（2004—2011年）　　　　　　　　　　　单位：篇

年份	论文数	与基督教史相关论文数	占总论文数比例（%）
2004	10	2	20.00
2005	10	1	10.00
2006	15	1	6.67
2007	13	0	0
2008	6	2	33.33

续表

年份	论文数	与基督教史相关论文数	占总论文数比例（%）
2009	8	2	25.00
2010	5	0	0
2011	7	1	14.29
合计	74	9	12.16

资料来源：根据各年度《金陵神学志》公布数据汇总，2013年9月13日查询。

从8个年度合计看，历史的研究论文占全部论文的比重超过1/10。年度增长趋势不是很明显，但在个别年度比例很高，分别达到1/3（2008年）、1/4（2009年）和1/5（2004年）。在论文选题上，神学学生更重视对近代中国基督教历史上重要宗教人物基督教思想与活动的探讨，涉及的人物有刘廷芳、吴耀宗、赵紫宸、陈金镛和谢扶雅等，同时侧重于对基督教组织本身历史的研究（如金陵神学院神学科历史）和教会发展（如本色化问题）的讨论，与一般学术界所关注的问题还是有差异的。

第七节 学术史研究综述现状

从学术史角度而言，对于特定学科或研究领域进行系统的总结，具有促进学科发展、提升研究水平的积极意义，其中学术性综述的撰写是一种积极而有效的方式。以美国人文、社会科学领域研究为例，一些著名的社会科学期刊都将撰写学科性综述作为一项重要的内容，定期发表由所在领域著名学者撰写的学科性研究综述，以期对学科发展状况进行系统的梳理与评价。这其中一些是在其相关领域被公认的学术期刊，如《美国社会学杂志》（*American Journal of Sociology*）、《美国社会学评论》（*American Sociological Review*）、《美国政治学评论》（*American Political Science Review*）、《公共行政学评论》（*Public Administration Review*）和在英国出版的《中国季刊》（*China Quarterly*）等，都起到了重要的示范效应。另外，一些学术团体和研究机构也将撰写发表综述性研究专著，用以分析整个学科领域及子领域发展的现状及对未来所面临挑战的探讨。①

在中国大陆地区人文和社会科学学界的现实中，研究综述的专著和论文的实际意义上没有得到应有的承认。这一方面是由于撰写者学术水平所致，另一方面也与大陆地区人文社会科学界对于综述性的专著和论文的撰写上，在方法论和评价体系方面缺乏相应的支撑有关。以历史学科而言，综述撰写是一种传统的内容，甚至有以专门发表研究综述为主的刊物，如《中国史研究动态》等，但是也存在着相关文章被其所在领域认同度不高的问题。这些现实状况导致综述论文撰写者与撰写理论性、实证性研究文章相比，无心进行更加深入细致的研究、分析和讨论。在中国历史学界，综述论文在一定程度上主要由各类研究生或初级研究者撰写。综述性专著在撰写者权威性上略高于综述性文章。

中国基督宗教史研究作为中国历史研究中一个相对冷僻、专门的领域，研究者总体数量较少，这在一定程度上使得综述撰写者中，高层次、知名研究者参与撰写的比例反而较高，对学科发展所产生的正面促进意义较为明显。

笔者以中国知网（CNKI）为对象，以"综述"为主题，分别以"基督宗教""基督教""天主教""东正教""景教"和"圣经"等词汇进行配对检索，整理出有关中国基督宗教史的综述性研究论文117篇②，依次为关于基督宗教综合研究60篇，基督教29篇，天主教11篇，圣经研究7篇，东正教5篇，景教4篇，其他教派1篇。综述内容涉及教案、教派、组织、区域、教会事业、圣经等多方面内容。

太平天国宗教问题，有学者认为属于基督教。笔者认为，其宗教尽管与基督教有密切关系，但与基督教差别较大，将其归入一种类基督宗教更为合适，与美国摩门教同基督宗教关系相似，本文暂且将其归入其他教派统计。

从综述的作者看，当前中国基督宗教和基督宗教史研究的著名学者多有论文发表，按照姓氏笔画为序，如陈建明（2篇）、段琦、房建昌、耿昇、郭熹微、何光沪（2篇）、乐峰（2篇）、李天纲、梁工、刘家峰、马敏、龙秀清、牛汝极、汤开建、唐晓峰（2篇）、陶飞亚（3篇）、杨富学、张西

---

① 参见刘杉《美国社会科学研究重视学科性的研究综述》，《中国社会科学报》2011年3月15日第13版。

② 根据中国知网数据整理，2013年8月27日至9月1日查询。

平、张先清、赵晓阳、钟志邦、卓新平（4篇）、左芙蓉（2篇）。

刊发这些文章的书刊包括71种期刊、2种学术辑刊、2种学术年鉴和1种专著，共计76种文献。其中历史学刊物有《近代史研究》《史学月刊》《世界历史》《史林》《历史教学问题》《中国史研究动态》等；宗教学刊物有《世界宗教研究》《宗教学研究》《世界宗教文化》《中国宗教》等；综合性社科期刊有《北京社会科学》《江汉论坛》《晋阳学刊》《宁夏社会科学》《社会科学战线》《求索》等；其他学科期刊有《西北民族研究》《文艺研究》《上海翻译》和《俄罗斯中亚东欧研究》等；大学学报有《福建师范大学学报》《四川大学学报》和《首都师范大学学报》等；教会学术刊物有《金陵神学志》等；专业学术辑刊有《基督宗教研究》《圣经文学研究》等；专业学术年鉴有《中国宗教研究年鉴》等；专著有《当代中国宗教学研究（1949—2009）》。[①]

共有15种书刊发表2篇以上综述，其中《中国宗教研究年鉴》15篇，《宗教学研究》7篇，《世界宗教研究》和《世界宗教文化》各5篇，《中国史研究动态》和《基督宗教研究》各3篇，《北京社会科学》《江汉论坛》《金陵神学志》《历史教学问题》《上海翻译》《圣经文学研究》《世界历史》《西北民族研究》和《徐州师范大学学报》各2篇，其余文章刊登在61种书刊上。

表10－15　　　　　中国基督宗教研究综述统计表
（1988—2013年）　　　　　　　　单位：篇

时间	基督宗教	基督教	天主教	东正教	景教	其他教派	圣经研究	合计
1988—1990	2	0	0	0	0	0	0	2
1991—1995	2	2	0	1	0	0	0	5
1996—2000	6	3	2	1	1	0	2	15
2001—2005	9	5	1	0	2	0	0	17
2006—2010	23	11	6	2	0	1	2	45
2011—2013	18	8	2	1	1	0	3	33
合计	60	29	11	5	4	1	7	117

资料来源：根据中国知网数据整理，2013年8月31日查询。

[①] 参见卓新平主编《当代中国宗教学研究》，中国社会科学出版社2011年版。

这些研究综述中，最早的是常润华的《近代中国教案史研究述评》。①截至 2013 年 8 月已经刊发研究综述为 6 篇，从表 10 – 15 中可以看出，中国基督宗教史的研究综述，逐年增多趋势明显，表明中国基督宗教史研究从研究成果产出数量上看，已经日益丰富，研究领域已趋多样，研究人员在数量和配置上也逐渐形成规模。需要通过适当的学术史总结，分析、评估研究现状，探讨未来学术的发展趋向。

在基督宗教全面分析方面的代表性综述有：陈建明的《中国基督教通史编撰述评》（《四川大学学报》2005 年第 2 期）；龙秀清、王兴昀的《近百年来的基督教入华史研究》（《中国宗教研究年鉴（2005—2006）》，宗教文化出版社 2008 年版）；陶飞亚的《中国基督教史研究的新趋向》（《史林》2013 年第 2 期）；陶飞亚、杨卫华的《改革开放以来的中国基督教史研究》（《史学月刊》2010 年第 10 期）；汤开建、曾金莲的《中国西北地区天主教及基督新教史研究现状与史料》（《西北民族研究》2011 年第 4 期）；唐晓峰的《2008 年大陆学界基督宗教研究综述：兼及 2000 年后中国基督宗教研究概况》（《中国宗教研究年鉴（2007—2008）》，宗教文化出版社 2010 年版）；卓新平的《当代中国基督宗教研究》（《基督宗教研究》第一辑，社会科学文献出版社 1999 年版）、《基督教发展研究》（《当代中国宗教学研究（1949—2009）》，中国社会科学出版社 2011 年版）；于光的《十五年来我国基督教学术会议活动综述》（《中国宗教研究年鉴 1996》，中国社会科学出版社 1998 年版）；乌兰其其格的《内蒙古基督教史国内 20 年研究综述》（《昭乌达蒙族师专学报》2004 年第 4 期）；刘泱泱的《建国以来教案研究述评》（《求索》1995 年第 2 期）等。

在基督教研究方面的代表性综述有：马敏的《近年来大陆中国教会大学史研究综述》（《世界宗教研究》1996 年第 4 期）；郭熹微的《中国基督教史研究》（《中国宗教研究年鉴（1996）》，中国社会科学出版社 1998 年版）；李天纲的《近 20 年中国基督宗教史研究综述》（《中国宗教研究年鉴（2007—2008）》，宗教文化出版社 2010 年版）；刘家峰的《近代中国基督教与伊斯兰教互动关系的研究回顾与前瞻》（《世界宗教文化》

---

① 参见常润华《近代中国教案史研究述评》，《北京社会科学》1988 年第 3 期。

2011年第3期);聂资鲁的《百余年来美国的基督教在华传教史研究》(《近代史研究》2000年第3期);诸炜的《近二十年来中国国内基督教音乐文化研究文献综述》(《飞天》2010年第9期);严锡禹的《浅谈中国基督教史的研究及史源问题》(《金陵神学志》2004年第1期);左芙蓉的《北京基督教青年会的历史研究现状与档案资料综述》(《北京社会科学》2004年第3期);李传斌的《20世纪基督教在华医疗事业研究综述》(《南都学坛》2006年第4期)等。

在天主教方面的代表性综述有:张先清的《1990—1996年间明清天主教在华传播史研究概述》(《中国史研究动态》1998年第6期);张西平的《百年利玛窦研究》(《世界宗教研究》2010年第3期);荆世杰的《50年来中国天主教研究的回顾与前瞻》(《南京晓庄学院学报》2007年第1期)等。

在圣经史研究方面的代表行综述有:段琦的《〈圣经〉翻译综述》(《中国宗教研究年鉴(1996)》,中国社会科学出版社1998年版);梁工的《20世纪八九十年代中国基督教—圣经文学研究综述》(《中国宗教研究年鉴(1999—2000)》,宗教文化出版社2001年版);赵晓阳的《圣经中译史研究的学术回顾和展望》(《晋阳学刊》2013年第1期)等。

在东正教研究方面的代表性综述有:苑一博的《中国学界的东正教研究》(《世界宗教研究》1994年第3期);乐峰的《新中国成立以来的东正教研究》(《中国宗教研究年鉴(2005—2006)》,宗教文化出版社2008年版)等。

在景教研究方面的代表性综述有:耿昇的《中外学者对大秦景教碑的早期研究综述》(《中国宗教研究年鉴(1999—2000)》,宗教文化出版社2001年版);杨富学的《回鹘景教研究百年回顾》(《敦煌研究》2001年第2期)。

第八节 活跃研究学者的分析

对于任何学科领域而言,对其活跃研究者的状况进行分析,都具有十分重要的学术意义。大陆地区这方面的研究,在自然科学领域已经十分普遍，分析方法也越来越多样化，从传统的定性化分析，发展到采用多种定量化手段及综合分析方法，发表、出版了大量的文献。在社会科学、人文科学领域，已经开始有学者进行研究，但从数量上看，研究成果还比较少。以宗教史为例，定性化分析在一些综述性文献中有所涉及，但定量分析尚未见到有关研究。中国基督教史作为一个更为专业的、涉及多个领域的综合性研究，只有对研究者的分散性评述，没有针对研究者整体状况的系统性研究。

在此，我们以国家社科基金资助的两批学术性期刊为对象，对大陆地区中国基督教史研究学者的状况进行一个初步分析。之所以选择以国家社科基金资助刊物为对象，是因为这部分期刊最大限度上代表了所在学科领域的研究水平和发展趋势，基本上具备代表性。针对大陆地区或大中华地区中国基督教历史学者的全面分析，由于文献先期整理量巨大，留待将来进行。

本书仅从发文数量上讨论基督教史研究领域的活跃作者，至于衡量研究者意义的其他指标，如被引用、下载、自引等，也拟另文分析。分析一个学科领域的活跃作者或者称为核心作者，具有明确的学术史意义。[①] 对于分析学科发展的现状、特点、研究重点、研究偏好和发展趋势，有重要的参考价值。

我们以历史学、宗教学期刊为重点，检索所有期刊上刊载的涉及中国基督宗教史的研究文章，单一作者文章，每人为1篇，合作者文章，每位作者为1/n篇，即二人合著，每人0.50篇，三人合著，每人0.33篇，以此类推。我们共检索出各类涉及中国基督宗教历史的研究文献1842篇，合并后作者数为1317位。其中1篇以上的作者为1024位，占全部作者数的77.75%。

为简单起见，仅将分值最高的前50位（52人）作为活跃作者的代表（但不局限于52人）进行讨论（见表10-16）。52位作者在数量上占全部作者的3.95%，其作者篇数占全部总篇数的22.41%。这些中国基督宗教史研究者，其研究重点除狭义基督宗教史外，涉及基督宗教在华的多个领域，包括政治、经济、文化、社会和宗教等方面，与文学史、艺术史、教育史、医学史、民族史、语言学史等专史研究互有交叉。在位序前10

---

① 参见丁学东编《文献计量学基础》，北京大学出版社1993年版，第198—220页。

位的学者中，除杨剑龙主要研究基督教与中国文学关系、张西平主要研究汉学史与天主教关系外，其他几位学者，如陈建明、吴义雄、陶飞亚、杨天宏、刘家峰、张先清、赵晓阳、康志杰、邓杰等人，都是以狭义基督教史研究为基础，对在华基督教机构、人员、宗教行为进行研究，探讨基督宗教与中国政治、经济、文化和社会的相互影响。从数据中我们也可以看出，中国基督宗教史研究中，活跃研究者呈现出非常集中的现象，如前10位研究者在人数上只占研究者人数的0.76%，论文篇数（144.33篇）却占全部论文数的7.84%。而前52位研究者在人数上只占3.95%，文章篇数（413.33篇）比例已达到22.44%，超过了1/5。这说明中国基督教历史研究在中国大陆地区还是处于发展中的领域，活跃的研究者规模较小，这批小规模的活跃研究者对学科研究现状和未来发展有着重要的影响。此外，如前面章节所述，中国大陆地区基督教历史研究，与中国佛教史、道教史和伊斯兰教史研究比较，基督宗教教会内部机构、人员参与较少，尽管近年来已有所进入，但是还十分薄弱，在前50序位的研究人员中，没有任何教会背景的研究人员。

通过对这些活跃研究人员的研究重点，在一定程度上可与前面章节叙述相互验证。在52位研究者中，侧重新教史的占51.92%，其次为天主教史，占30.77%，从事基督宗教历史研究的占11.54%，东正教（1.92%）、景教（1.92%）和元代基督教（1.92%）史研究学者非常少。这种比例大致反映出目前我国大陆学者研究兴趣的现实状况。

这些活跃研究人员分布在内地12个省市区和澳门、新西兰。其中北京和上海各有12位，将近占全部人数的1/2（46.15%），其他较多的省份有广东（5位）、四川（5位）、浙江（4位）和山东（3位）。其他11位分布在湖北（2位）、江苏（2位）、新疆（2位）、福建、天津、重庆和澳门、新西兰等地。从上述分布来看，大陆地区的基督教史研究呈现出明显的地域特征，北京、上海集中了大部分研究者，比例远远高于其他省区，再加上广东、四川、浙江和山东，人数上占了近80%。[①]

[①] 本节有关研究人员所在机构、地域分布，以中国知网所载相应作者最新发表基督教史论文所标注机构为依据，未标注者参考百度资料中所列最后供职机构。

表 10-16 中国基督宗教史的活跃研究者：基于期刊文章数量统计
（1949—2013 年） 单位：篇

序位	研究者姓名	文章数量
1	陈建明	21.33
2	吴义雄	18
3	陶飞亚	14
4	张西平、杨剑龙、杨天宏、刘家峰	12
8	张先清、赵晓阳	11
10	康志杰、邓杰	10.50
12	王立新、汤开建、孙邦华、宋莉华、牛汝极	10
17	肖玉秋、胡卫清	9
19	肖朗、顾卫民	8.50
21	李天纲、陈才俊	8
23	谭树林	7.50
24	许苏民、刘耘华	7
26	赵晓兰、吴莉苇、戚印平、段琦	6.50
30	邹振环、周蜀蓉、张晓林、王庆成、王本朝、刘丽霞、郭卫东	6
37	卓新平、朱幼文、袁进、王美秀、舒新城、邱树森、秦和平、木拉提·黑尼亚提、刘建平、林中泽、计翔翔、宫宏宇、陈喆	5
50	刘天路、段怀清、程歗	4.50

资料来源：针对全国社科基金资助刊物，通过中国知网对 1949 年 10 月至 2013 年 8 月底数据进行主题检索整理，2013 年 12 月 26 日查询。

这些研究者所在机构性质以大学为主，占全部机构总数的 86.54%，其次为中国社会科学院（9.62%），此外还包括地方社会科学院（新疆社科院）和其他机构（《辞海》编辑委员会）。由于样本数量的影响，大学所占的比例似乎高了一些。从所在具体机构看，52 位研究者分布在全国和澳门、新西兰的 32 家机构中，其中 2 位以上的单位分别为复旦大学（4）、华东师范大学（3）、上海师范大学（3）、四川大学（3）、浙江大学（3）、中国社科院世界宗教研究所（3）、中国社科院近代史研究所（2）、中国人民大学（2）、北京大学（2）、中山大学（2）、暨南大学（2）、南京大学（2）和山东大学（2）。虽然北京和上海地区的人数一样，但在分布上，上海更为集中，只有 4 家机构，北京相对分散，有 7 家机构。从这些学者所从事的研究看,北京地区的研究多侧重于研究基督宗教本身历史及与中国政治、社会的相互影响。而上海有多位学者重点围绕基督教与文学的关系展开研究,从历史研究的角度看,显得更为广义一些。

从 1949 年到 2013 年的 60 余年的时间跨度中,不同时期具有不同的学术活跃研究者,从表 10-17 中可以看出,从 1949 年至 1985 年的 35 年间,发表有关基督教史研究论文的作者总数为 102 位,占全部研究者人数的 6.30%。活跃研究者只有舒新城(5 篇)、王庆成(2 篇)和王守中(3 篇)几位。同时在上述时期,合作研究的比重较高,文章发表渠道较少,研究人员显得相对分散。

表 10-17 中国基督宗教史的活跃研究者统计:基于期刊文章数量(1949—2013 年)

时间	研究者人数	主要活跃研究者
1949—1977	22	舒新城(5 篇),另有 11 位为 1 篇研究者
1978—1980	16	有 12 位为 1 篇研究者
1981—1985	64	王庆成(3 篇)、王守中(2 篇),另有 46 位为 1 篇研究者
1986—1990	122	顾长声(2 篇)、宋剑华(2 篇)、路遥(2 篇)、邹明德(2 篇),另有 89 位为 1 篇研究者
1991—1995	161	李天纲(5 篇)、顾卫民(3.50 篇)、陶飞亚(3 篇)、杨天宏(3 篇)、康志杰(3 篇)、王本朝(3 篇)、郭熹微(3 篇)、刘泱泱(3 篇),另有 122 位为 1 篇以上研究者
1996—2000	231	康志杰(5 篇)、杨剑龙(5 篇)、胡卫清(5 篇)、王立新(5 篇)、卓新平(4 篇)、吴义雄(4 篇)、沈定平(4 篇),另有 181 位为 1 篇以上研究者
2001—2005	305	吴义雄(6 篇)、汤开建(5.5 篇)、陶飞亚(5 篇)、邱树森(5 篇)、牛汝极(4 篇)、陈建明(4 篇)、张西平(4 篇)、木拉提·黑尼亚提(4 篇)、戚印平(4 篇),另有 233 位为 1 篇以上研究者
2006—2010	416	陈建明(10.33 篇)、张先清(9 篇)、吴义雄(8 篇)、杨天宏(8 篇)、刘家峰(6.5 篇)、肖玉秋(6 篇)、赵晓阳(6 篇)、邓杰(5.5 篇)、宋莉华(5 篇)、陈才俊(5)篇,另有 306 位为 1 篇以上研究者

续表

时间	研究者人数	主要活跃研究者
2011—2013①	281	许苏民（5篇）、赵晓阳（5篇）、邓杰（5篇）、陈建明（4篇）、陈喆（4篇）、肖清河（4篇）、宋莉华（3篇）、刘丽霞（3篇）、刘建平（3篇）、聂志军（3篇）、张德明（3篇），另有193位为1篇以上研究者

资料来源：通过中国知网对1949年10月至2013年8月底全国社科基金资助刊物数据进行主题检索整理，2013年12月26日查询。

1986年以后，中国基督宗教史研究进入了持续发展阶段，我们以5年为考察基准段，由于每个时间段的研究者人数有变化，因此不同的活跃作者选取标准略有差异。其中1990年以前的活跃作者没有再进入后来时期的研究中，原因之一是研究者年龄因素的影响。由于1966年至1976年，中国大陆地区学术人才的培养处于一种停止状态，1977年以后，大陆逐步恢复和开展大学及研究生教育，研究人才的培养和训练需要相应的时间积累，1990年以后，大量年轻的研究人员开始进入各种学术研究领域，中国基督教史研究也不例外。前述52位活跃研究者中，除舒新城、王庆成等少数人外，绝大多数人的学术研究都开始于20世纪80年代，90年代以后逐渐进入发展、成熟阶段。进入20世纪90年代以后，学术界对于基督宗教史研究的兴趣越来越强，这一点从不同时间段活跃度最高的学者所发表论文数的变化可以看出。从1991年开始，每个时间段最活跃作者的发文量不断增加，如李天纲（5篇）、康志杰（5篇）、吴义雄（6篇）和陈建明（10.33篇），许苏民在两年半的统计期内发论文已有5篇。这种发文趋势首先可以解释为，学术期刊对于基督宗教类文章的接受程度大幅度增加，学术界对于基督宗教史的研究兴趣不断增强；另外，也基于研究条件的改善，包括学术刊物数量的增加，各级研究经费及相应资助的保证，文献检索和获取技术的改进，相关档案和文献的不断刊布。所有这些因素，使得学术界对于基督宗教研究的成果产出率迅速提高。

从上述9个统计时段可以看出，吴义雄、陈建明3次成为相应时段活跃作者，陶飞亚、杨天宏、康志杰、赵晓阳、宋莉华和邓杰2次成为时段

---

① 截至2013年8月底数据。

活跃作者。表明这些研究者的活跃程度持续时间较长，逐渐成为这一领域的重要学者。

以上我们对中国基督宗教史研究活跃研究者进行了简要的讨论。有关研究者的分析，还可以从多个角度展开。同时也可以将分析样本扩大，包括更多的期刊、专著、译著和学位论文等。样本数量越大，种类越丰富，可以提供出更多的分析结果，为判断学术发展现状，制定学术规划，完善学术资助制度，提供更多、更准确的判断依据。至于学者本身对于数据分析结果的接受程度，确是一个仁智互见的问题，就人文科学、社会科学研究而言，多样性和长尾现象往往正是其研究意义的所在，正像有学者指出的那样，被修平了的"平均数"和对于"团结性"之类概念的核算，往往是失去意义或无法操作的。① 另外，定量分析往往产生一定程度的误差，不同的分析指标和结果，对于事物的判断和解释也存在差异。这在一定程度上需要学者利用数据分析的结果，配合定性分析方法，自行展开判断。

第九节　学术合作与未来展望

在前述章节中，我们以学术论文、图书为对象，以 1978 年到目前为研究重点，对 1949—2012 年（部分资料涉及 2013 年 8 月）中国基督教教历史研究的基本状况进行了基本梳理和分析，进而对大陆地区的中国基督宗教历史学这一交叉研究性学科的现状及未来发展方向有一个相对清晰的理解。在本章，我们从学术史的角度，进一步对中国基督宗教历史进行分析，希望能使学术界对这一学科的发展的理解更加充分。

以上我们从学术史角度对中国基督宗教史进行了总结分析。现在我们针对中国基督宗教史研究中存在的一些细节问题与不足，再做一些探讨。

一　区域和人群的研究存在不均和空白

针对不同区域、人群基督教教文化事业的研究，已经发表和出版了大量的研究成果，但是还存在着一些研究空白，主要表现在以下几个方面。

---

① 参见左凤荣、冯筱才、王绍光等《统计与政治（上）》，《开放时代》2014 年第 1 期。

首先是研究所涉及区域分布不平衡。在有关不同区域基督教文化事业研究中，有关北京、上海、浙江、四川、福建、广东地区的研究，在数量上相对集中，研究也较为深入，而其他地区的研究则较为薄弱。

其次是针对台湾、香港、澳门和海外华人聚居地区基督宗教文化事业、出版物、出版机构和出版界人物的研究成果较少。由于历史原因，大陆地区学者对于我国港澳台地区基督宗教文字事业的研究，在大多数领域还是空白状态。港澳台本土的基督宗教研究非常活跃和深入。这种局面的后果就是大陆地区学术界对于基督宗教在这些地区的历史发展进程缺乏了解，进而对其所产生的现实影响和作用缺乏系统性评估。从狭义基督教文化事业角度看，港澳台地区基督教文献对于研究基督宗教在华整体历史甚至中国近代文化史方面，具有不可替代的意义。其中针对台湾地区使用方言罗马字连续出版时间最长的报纸；澳门地区丰富的葡萄牙文基督教图书和报刊；香港早期基督教出版物等，都是需要开展研究的领域。

再次是对近代中国大陆地区外国人基督宗教信仰、文化事业和外文基督教文献出版领域的研究尚未见到有大陆地区学者涉及。目前大陆地区学术界针对在近代在华用外文出版的书籍、报刊等，已经有相关研究文献发表，但是有关基督宗教出版物的研究非常薄弱。据不完全统计，1949年以前在大陆地区以外文出版的基督宗教出版物涉及文种繁多，有英文、法文、德文、拉丁文、意大利文、西班牙文、葡萄牙文、俄文、意地绪文、波兰文、日文、韩文等。这些出版物少部分是面向华人读者，大部分是针对特殊群体出版，出版量相差悬殊。有些报刊连续出版数十年，有些只有数年，甚至数月。所面向群体，除部分英文、法文读物外，基本上是面向特殊族群。针对这些出版物和相关信仰人群的研究是大陆地区学术界的一个空白领域之一。

此外，有关基督宗教在中国少数民族地区所开展的文化事业成果也不多见。而其中有关使用少数民族语言文字所开展基督教文化活动，研究成果更为稀少。

二　教派、宗派、人物的研究不够均衡

在基督宗教在华文化事业的研究中，不同教派、宗派分布不均衡，有关基督新教的研究在数量上最多，所涉及领域也最为广泛，天主教次之。许多研究领域尚有待充实和提高。

在景教文本研究方面，大陆地区学术界对景教文献所开展的研究，已经出现一批研究成果。但尚未见到包含已发现不同语言景教文献的集成性文献出版。而完善的文献资料集，是编纂中国景教通史的基本前提。

有关东正教机构出版物及相应机构、人物研究有待展开。尽管目前大陆地区有关东正教文化事业的研究已经有专著和论文出现。但与基督教、天主教相比，还显薄弱。如针对东正教教会机构在中国所办刊物《中国福音报》等出版物，尚未见到大陆地区的研究文献。东北地区、上海、北京地区的东正教文化、出版机构及中文、俄文出版物也有待研究。对东正教在华文化事业人物所开展的研究，散见于部分有关俄国侨民文学的研究论著中，系统研究基本没有开展。

中国本土基督教教派及在华小教派所开展文化事业的研究基本也是空白。从目前有关基督宗教文化事业的研究看，对外国差会、外国传教士、在华机构所从事文化、文字事业的研究较多，但是有关中国本土基督教派别出版事业的研究还比较少见，如中国本土基督教派别所办出版机构、出版书籍、刊物和人物的研究。一些相对较小基督教宗派，如救世军、安息日会等开展的文字事业的研究也有待进行。一些类基督宗教派系在华工作也无人研究。

在华人基督教文化、出版著名人物的系统研究方面，也分布极为不均，在基督教方面，有关赵紫宸、刘廷芳等人的研究相对较多。对吴耀宗、诚静怡、张钦士、张仕章等人较为缺乏。在天主教研究，除马相伯、英敛之等人外，大部分都是空白。对东正教文化、出版人物的研究则处于起步状态。

三 《圣经》及其他典籍研究

中国大陆地区学者对于《圣经》翻译史的研究，无论从研究深度还是研究广度上看，仍然处在上升的趋势。但是在《圣经》翻译过程中，还有许多空白领域需要学者研究分析，仍然有许多问题等待着我们深入探究，如早期盲文版《圣经》的翻译问题，在盲文《圣经》翻译方面，既有汉语国语版，也有方言版，还有少数民族语言盲文版《圣经》，目前尚未见到任何研究文章。东正教的汉语《圣经》翻译史，目前也基本上是一项研究空白，东正教的圣经翻译由于采用的原始文典差异，神学术语选择与翻译，与天主教和基督新教存在着差别，这些都是值得学者认真讨论的。

基督教典籍翻译与其他宗教典籍翻译史比较研究：在有关中国境内几大传入性宗教典籍翻译历史的研究中，多为单一性宗教研究（如佛教、伊斯兰教和基督宗教等）。中国的佛经翻译和西方的《圣经》翻译都是古代翻译活动的主流，有着悠久的历史和深远的影响。通过对比发现，中国的佛经翻译和西方的《圣经》翻译都经历了直译、意译、直译意译有机结合的有关翻译策略和翻译方法的争执与演变。这些相似的演变历程反映了翻译的种种困难与矛盾，揭示了与语言和文化紧密联系而又超越不同语言和文化系统差别的翻译的本质问题和基本规律。但这些研究主要比较了中文佛经翻译与西方《圣经》翻译，并没有涉及中文佛经与《圣经》翻译的比较。有关这一领域，尚需学者们开展更深入的研究。

东正教的汉语《圣经》及基督教读物翻译史：目前大陆地区学术界关于东正教《圣经》汉译史的研究，也基本上是一项空白。东正教的《圣经》翻译由于依据的原始文典不同，神学术语选择与翻译，与天主教和新教存在着差别，这些都是值得学者认真讨论的。此外，有关东正教其他汉语基督教文献的研究也尚未见到研究文献。

汉字文化圈《圣经》翻译问题：韩国、日本、越南、中国。早期日文、韩文《圣经》翻译大量借鉴汉文版《圣经》，这种借鉴以及各自翻译特点、翻译历史的比较，有人已经在学位论文中涉及，但正式发表的研究文献较少。此外，越南文《圣经》及基督教文献的翻译分为罗马字本和喃字本，这两种译本与汉文相关译本关系的研究，也未见到研究论文。

基督教类宗教《圣经》典籍及文献研究：摩门教、耶和华见证人、基督教科学派等。针对一些与基督宗教有渊源关系的新兴宗教派别，如摩门教、耶和华见证人、基督教科学派等派别所翻译、出版《圣经》典籍文献、神学读物的汉语译本及翻译历史，大陆也没有学者研究。

基督宗教传入中国后，随着《圣经》及其他宗教典籍被翻译成汉语，逐渐形成一套完整的汉语基督宗教话语体系。目前尚未看见大陆学术界从历史学及交叉研究角度针对基督教汉语话语体系的形成过程所开展的研究。

四 多外语学科合作研究

前文我们曾经提到，在华基督宗教历史研究中，大陆地区学者语言工作掌握上的不足，外国文献运用以英文占据绝大部分，有意无意造成研究上的"趋同"和"扎堆"的现象。与其他人文和社会科学研究有所差异，中国基督宗教历史研究恰恰需要多种语言工具支撑，才能全面、翔实、完善。

据笔者不完全统计，涉及中国基督教历史研究的外文文献资料涉及的文种有英文、德文、法文、俄文、西班牙文、葡萄牙文、意大利文、荷兰文、芬兰文、丹麦文、瑞典文、挪威文、波兰文、匈牙利文、捷克文、斯洛伐克文、斯洛文尼亚文、立陶宛文、法罗文、拉丁文、古希腊文、教会斯拉夫文、古希伯来文、阿拉米文、古叙利亚文、日文、朝鲜文、越南文、蒙古文、克钦（景颇）文等30余种。包括传教士所翻译《圣经》、撰写图书、信函、档案资料、回忆录、出版报刊等多方面内容，也有不同地区学者出版、发表的相关研究图书、文章等。这其中除英文资料外，大部分资料未被中国大陆地区学者翻译、利用。从翻译角度来说，要求译者具有较高宗教与历史知识，某些语言在中国大陆地区能胜任翻译的学者，不到两位数。

我国基督宗教史学者的基督教在华历史研究主要集中在美英国家，以英文文献为主，但是对于德国、荷兰、瑞典等国家在华传教活动的研究，也大量引用英文文献，就显得有欠缺了。在中国开展传教活动的基督教组织涉及多个国家，除英美地区外，针对许多问题的研究都是空白，如早期荷兰在台湾的传教活动、日本基督教组织在华活动、韩国基督教组织在中国东北、山东的传教活动等，都未见大陆学者以荷兰文、日文和朝鲜文档案、资料开展的深入研究。在天主教研究方面，需要接触拉丁文、葡萄牙文、西班牙文和法文资料，也使得一些学者的研究"知难而退"，成为"二传手"。东正教研究对俄文的要求，也导致了研究者的"曲高和寡"，只能集中在少数学者身上。此外，景教研究需要丰富的语言考据训练，除牛汝极、杨富学等少数学者外，一些考证工作都是一些语言学家进行的，如耿世民的有关突厥文景教文献，段晴针对古叙利亚文景教的考释等。①

虽然大陆地区学者在基督宗教史研究方面，存在着一定的史料运用缺陷，但学者们对于外文史料在基督教史研究中的意义还是非常明了的。1949年以来，一直有一些学者编撰、翻译、整理相关文献。特别是在天主教、东正教研究领域，对非英文外文文献的引用和翻译是相对广泛的。

尽管这部分学者人数不多，但是包括了老、中、青各年龄段学者，涉

---

① 参见耿世民《古代突厥语扬州景教碑研究》，《民族语文》2003年第3期；段晴《敦煌新出土叙利亚文书释读报告（续篇）》，《敦煌研究》2000年第4期。

及多种语言，为基督宗教史研究做出了不可替代的贡献。这其中如耿昇①对于法文天主教文献的译介，朱静②对法文天主教档案的翻译与研究；任延黎、刘国鹏等利用意大利文、拉丁文史料所开展的中梵关系、天主教史研究③；金国平、吴志良④、崔维孝⑤、李长森⑥、董少新等利用葡萄牙文资料进行的有关澳门天主教、清明天主教历史和人物的研究；张铠⑦利用西班牙文资料开展的有关早期天主教传教士研究；肖玉秋、闫国栋、陈开科利用俄文资料所开展的东正教史研究⑧；张振辉利用波兰文资料翻译和撰写有关卜弥格的研究等⑨；丛林、李梅等关于严嘉乐的译作⑩；杨武能、张硕利用德文资料开展的对卫礼贤和花之安的研究等⑪；李颖利用芬兰文资料开展的有关近代芬兰传教士与中国关系研究⑫；陈贻绎有关古希伯来文圣经的研究等。⑬

---

① 参见耿昇《传教士与远征军：法国传教士艾嘉略第二次鸦片战争亲历记》，《杭州师范学院学报》2005年第4期，以及多篇论文及译著。
② 参见朱静《罗马天主教会与中国礼仪之争》（《复旦学报》1997年第3期）等多篇论文。
③ 参见任延黎《中梵关系研究》，国家社科基金一般项目，1994年；刘国鹏《刚恒毅与中国天主教的本地化》，社会科学文献出版社2011年版。
④ 参见金国平、吴志良《汤若望私生活之争议考》，《学术研究》2004年第9期。
⑤ 参见崔维孝《明清时期方济会与耶稣会在华传教客体对比分析》，《历史档案》2007年第2期。
⑥ 参见李长森《研究澳门土生葡人的珍贵史料：若尔热·福尔加斯〈澳门土生葡人家庭〉评介》，载纪宗安、汤开建主编《暨南史学》第1辑，暨南大学出版社2002年版。
⑦ 参见张铠《庞迪我与中国：耶稣会"适应"策略研究》，大象出版社2009年版。
⑧ 参见肖玉秋《试论俄国东正教驻北京传教士团文化与外交活动》，《世界历史》2005年第6期等论文；陈开科《1850年以前俄罗斯北京布道团的内部整顿及其经济情报收集情况》，载中国社会科学院近代史研究所编《中国社会科学院近代史研究所青年学术论坛·2005年卷》，社会科学文献出版社2006年版。
⑨ 参见张振辉《卜弥格与明清之际中学的西传》，《中国史研究》2011年第3期；卜弥格著，爱德华·卡伊丹斯基波兰文翻译，张振辉、张西平中文翻译《卜弥格文集：中西文化交流与中医西传》，华东师范大学出版社2013年版。
⑩ 参见严嘉乐《中国来信》，高马士、丛林、李梅译，大象出版社2000年版。
⑪ 参见杨武能《卫礼贤：伟大的"德意志中国人"》，《德国研究》2005年第3期；张硕《花之安在华传教活动及其思想研究》，博士学位论文，北京大学，2008年。
⑫ 参见李颖《架起中芬文化交流的桥梁：以王为义研究为中心》，硕士学位论文，北京外国语大学，2009年；李颖《20世纪上半叶芬兰人认识的中国》，载北京外国语大学欧洲语言文化学院编《欧洲语言文化研究》第7辑，时事出版社2013年版。
⑬ 参见陈贻绎《希伯来语圣经：来自考古和文本资料的信息（至公元前586年）》，昆仑出版社2006年版。

在我国基督教史研究领域，许多研究者都是研究对象国相关语言教师，其中一些年轻教师在攻读硕士、博士学位过程中，选择了与基督教在华历史研究相关的题目，这些人员是未来拓展中国基督宗教史研究广度的重要人力资源。根据中国教育部统计，在我国综合性大学、外语学院和民族类学校开设的各类外语专业达60多种①，如果部分与中国基督教历史有关地区的"小语种"语言教师能与历史学者合作，开展系列翻译、编纂、写作工作，将会使中国的基督教史研究迈向一个新的高度。

五 民族语言文献中的基督宗教史料

基督宗教在中国的传播，除汉族地区外，还涉及多个少数民族。《圣经》被翻译成藏文、蒙古文、满文、傣文、苗文、傈僳文等20余种少数民族文字。除《圣经》外，部分文字还出版过其他的基督宗教读物，但由于历史原因，这些文字资料散失严重，留存民间或图书馆、档案馆的资料基本上缺乏系统整理。由于这些文献或印刷质量较差，或为抄本，随着时间的流逝，这部分文献基本上会自然毁灭。

基督宗教在晚明再次进入中国，进入中国后的各种汉文信息，在不同时期或多或少都有记载。随着近年来大陆地区学术研究条件的进一步改善，汉文基督教文献、档案的整理逐步加强。但是中国少数民族文字档案中有关的基督宗教文献的整理和研究还只是起步，如苏德毕力格主编的《准格尔旗扎萨克衙门档案基督宗教史料》对所存地方衙门蒙古文档案中有关基督教档案进行了整理，非常有意义。

在我国几种主要少数民族文字中，满文作为清朝的国书，留下了浩瀚的满文档案资料，仅中国第一历史档案馆就藏有两百余万件②，各省区市县档案馆、各类图书馆、台港澳地区和海外流散档案还不包括在内。③ 作为满文档案存留最丰富的康熙、雍正、乾隆时期，也是基督宗教（天主教）与中国政教关系最复杂的时期。从近百年对满文档案整理看，尚未

---

① 详见《教育部关于印发〈普通高等学校本科专业目录2012〉、〈普通高等学校本科专业设置管理规定〉等文件的通知》及附件，教高〔2012〕9号，2012年9月14日。另见部分大学相关科系介绍。

② 参见吴元丰《清代新疆历史满文档案概述》，《满语研究》2010年第2期。

③ 参见赵彦昌、王红娟《中国流失海外的满文档案文献及其追索研究》，《山西档案》2010年第6期。

整理翻译任何与天主教有关的档案专辑。① 尽管满文文献对"新清史"研究的意义尚可存议②，但是以满汉文互为参照，对加强研究天主教对中国影响的意义是毋庸置疑的。

除满文档案外，蒙古文档案中有关基督教资料也是一项有待开发的领域。由于蒙古文是一门"活的"语言，从人力投入的角度而言，比满文资料整理要相对容易。藏文也是留存档案资料较多的语言，藏区地方政权的藏文档案是否有关于基督教方面的记载，因未见任何刊布信息，笔者还不敢妄下评论。

朝鲜与近代中国有着复杂的关系，朝鲜族民族主体的形成也在这一时期。基督教、天主教与近代朝鲜民族运动的关系非常密切，朝鲜族基督徒和组织在中国境内的互动也十分活跃，其中一部分人成为中国朝鲜族的一部分。朝鲜族内各种基督宗教活动一直与生活地周边的其他民族交流密切，直到今天依然如此。韩国是目前世界上基督宗教信仰和传教热情最高的地区之一，有关中国朝鲜族基督教历史的研究，具有很强的现实意义，但是迄今未见到较深入的学术性研究成果。

由传教士参与创立的中国少数民族文字，主要分布在西南地区，大部分文字除宗教功能外，在其他领域应该作用非常有限。这其中创制近110年的景颇文的活力相对较高，这种文字在国内和国外有近100万人使用。在中国，每年都有景颇文图书、报纸、杂志出版。最早一批现代景颇族文化人士，也多为接受过景颇文教育，与基督教关系密切的人士。开展对景颇族等跨境民族基督教历史的研究，在一定意义上也关乎国家的安全与稳定。目前有关景颇文基督宗教文献的收集、整理和研究，还没有看到相关研究文献。开展这项研究，需要熟悉景颇文的学者参与，在内地高等学校和科研院所中，这部分学者多从事语言和景颇族传统文化研究，未来有关基督教历史研究需要年轻学者特别是本民族的学者参与进来。

在我国，除少数民族文字基督教原始文献以外，还有一部分是以民族文字发表的基督宗教历史研究文献。这类研究在前述章节中已经间或论

---

① 参见吴元丰《近百年来满文档案编译出版综述：以中国大陆为中心》，《满语研究》2011年第2期。

② 参见欧立德《满文档案与新清史》，《故宫学术季刊》第24卷第2期（2006年冬季号）。

及,在此再进行一下综合叙述。我国以少数民族文字开展的在华基督宗教研究在数量上并不多,笔者对近年来部分少数民族文字学术刊物进行的查阅显示,基督宗教在华历史的文章只有十余篇(见表10-18)。

表10-18　　　　　少数民族文字基督教研究文章目录

序号	文种	年份	作者及文章
1	维吾尔文	2011	阿布力孜·木汗买提赛热米:《唐代名医秦鸣鹤生平探索》,《新疆维吾尔医学专科学校学报》(维吾尔文版)2011年第4期
2	维吾尔文	2012	努尔买买提·托乎提:《景教文化及其在西域的传播》,《新疆社会科学》(维吾尔文版)2012年第2期
3	蒙古文	2008	乌·托亚:《西方基督教徒的蒙文书籍出版活动》,《中国蒙古学》(蒙古文版)2008年第4期
4	蒙古文	2010	明·额尔敦巴特尔:《察哈尔万户八大鄂托克之一:乃蛮及其宗教》,《内蒙古社会科学》(蒙古文版)2010年第4期
5	蒙古文	2010	贾宝维、包春喜:《蒙古帝国的建立与基督教的再度东传》,《内蒙古社会科学》(蒙古文版)2010年第6期
6	蒙古文	2010	包金玲:《19世纪末至20世纪初影响满蒙问题的国外因素》,《中国蒙古学》(蒙古文版)2010年第5期
7	蒙古文	2011	佟双喜:《关于金丹道"反洋教之说"之我见》,《内蒙古大学学报》(哲学社会科学蒙古文版)2011年第4期
8	蒙古文	2011	斯琴青和勒:《蒙古地区西方基督教传教士的跨文化传播》,《内蒙古社会科学》(蒙古文版)2011年第3期
9	蒙古文	2012	斯日古楞、乌云贺喜格:《近代蒙古族天主教信仰的演变之研究》,《内蒙古民族大学学报》(蒙古文版)2012年第2期
10	景颇文	1982	张么弄:《驻进陇川的天主教人士》,《文蚌》(景颇文版)1982年第3—4期
11	藏文	2010	罗布:《试论近代西方列强侵略西藏的方式与途径》,《西藏大学学报》(藏文版)2010年第2期

资料来源:笔者收集整理。

在这些文章中,蒙古文论文涉及领域较广,从元代的也里可温,到近代基督宗教在蒙古族地区的传播都有所涉及。刊发这些文章的刊物包括我国最重要的几份蒙古文学术刊物，如《内蒙古社会科学》《中国蒙古学》《内蒙古大学学报》和《内蒙古民族大学学报》等。维吾尔论文都是关于景教历史和人物的，有关近代基督宗教与维吾尔民族的相遇问题，尚未见相关研究。针对少数民族文字基督教文化、文字事业的研究中，通晓民族文字的学者的参与是非常重要和必需的。乌·托亚的《西方基督教徒的蒙文书籍出版活动》是仅见的一篇用蒙古文撰写的关于基督教蒙古文出版物的论文。乌·托亚的《蒙古文出版史》[①] 一书则是目前仅见涉及基督宗教出版物的蒙古文学术研究专著。除蒙古文外，尚未见到其他少数民族文字有涉及在华基督教文化事业的研究文献。

讨论基督宗教与藏族和藏区历史关系的多为汉文，藏文没有专论发表，仅简单提及相关因素。发表景颇文论文的《文蚌》杂志，是我国唯一出版的、以文学和文化为主的景颇文刊物，已经连续出版30余年，从世界范围看，也是该语言连续出版时间最长的文献之一。张么弄的文章是笔者检索到的仅有的一篇以景颇文介绍天主教在景颇族地区传播情况的文章。景颇族基督宗教信仰以基督新教为主，天主教仅在个别地区流传。由于景颇族内部支系分布不同，我国景颇族基督教徒比例要少于境外缅甸的克钦人，从文献角度观察，即便是本民族学者对基督教历史研究的关注度也不是很高。

我们还未见到使用民族文字出版的中国基督教史研究图书，只有少数蒙古文专著中对基督宗教事项进行了相对细致的论述和研究，如乌·托亚的《蒙古文出版史》。尽管用少数民族文字发表的研究文献在总量上不多，但是这部分学者的学术研究意义应得到相应的承认[②]，并且他们在有关民族文字基督宗教基础性文献整理工作中，也会发挥其特有的作用。

六　内地外文基督教史研究及非汉字基督宗教文献

与台湾、香港、澳门地区及其他海外华人聚居地区不同，外文文献不存在成为内地主流学术研究语言的可能。但是在人文和社会科学研究领

---

① 参见乌·托亚《蒙古文出版史》（蒙古文版），内蒙古教育出版社2009年版。
② 参见张志一《民族文字学术论文应进入主流学术评价体系》，《中国民族报》2013年2月8日第6版。

域，以外文发表的学术研究论文会保持一定的规模，并且会在不同的学科领域存在一定的差异。在内地的人文和社会科学领域出版物中，中国学者使用最多的外文是英文，笔者所见还有法文、德文、俄文、日文、韩文、越南文、波兰文等，但是数量极少，且没有涉及中国基督宗教史研究领域的文章。

目前发表过中国基督宗教史研究的内地英文学术刊物为 Social Sciences in China（SSC）和 Journal of Modern Chinese History（JMCH）两种。其中 SSC 发表过王立新（2篇）、陶飞亚（1篇）和陈贻绎（1篇）等人有关在华基督教史研究方面的论文。JMCH 发表过一篇赵晓阳有关《圣经》在华翻译历史的文章。这些文章的一个特点是多数为其原创中文论文的翻译版本。随着中国内地机构对英文学术刊物的支持力度加强，中国学者原创性论文发表数量会不断增加。同时，随着中国地区英文学术刊物影响力的增加，会吸引更多海外学者的直接投稿，这样对所在学科的整体发展有很大的促进作用，这也是笔者提及内地地区英文中国基督教是研究论文的重要原因之一。

近代以来，传教士在汉族地区所开展的文字工作，还涉及除汉字以外的多种文字形式，用以拼写官话和当地方言。其中少数方言性文字，如闽南话罗马字，至今在闽南和台湾还有使用者。目前针对这些非汉字形式书写的基督教相关文献，大陆地区出现了一些相关研究论文，但是对基础性文献、档案资料没有系统整理，也是需要亟待开展的工作之一。

中国盲文体系的早期建立和完善工作主要是由传教士进行的，对此项工作，郭卫东已经发表了若干研究论文。但是中国早期盲文读物的实体存在尚有多少，却是一个不得而知的问题，笔者曾经询问过国家图书馆、盲童学校等机构，均不了解这部分读物的现实存在方式。因此，开展这方面的查询研究工作，不仅仅是中国近代基督宗教史研究的需要，也是评鉴中国残疾人事业发展状况的重要标志之一。

七 重视史料档案的整理出版

从前几节的分析中，我们可以看到这样一种现象，即基督教文献整理成为学术界工作的一个热点，国家社科基金最近几年对文献整理性项目的资助增加较多，如陶飞亚教授主持的汉语基督教文献整理工作。对于基督宗教史研究学者来说，能够看到各级机构对于史料整理工作的大力支持，是一件值得欣慰的事情。每一个史学研究人员都明白,史料是历史学研究的基础,具有不可替代的地位。但是由于各种原因,在中国基督宗教历史研究方面,史料整理、研究成为一个薄弱环节。随着国家相关部门对于学术研究与现实之间所持态度日渐客观,中国基督宗教历史研究的基础资料整理逐渐展开,随着一些基督教刊物如《益世报》等影印出版,《东传福音》一类跨教派基督教图书合集的影印出版,为开展基督教史研究提供了更多便利之处。

中国大陆地区基督宗教研究界,应针对现存中国基督宗教档案、文献展开系统普查与研究。历史学研究的基础,就是对档案、文献的掌握。深化基督宗教史研究,一个必需的环节就是对现存的基督宗教文献现状进行调查统计,在全面调查的基础上,编制出中国现存基督宗教文献目录,在条件成熟后,出版文献合集。这些文献应包括景教、天主教、基督教(新教)、东正教和其他与中国有关的基督宗教派别或类基督教等新兴宗教。调查范围首先为中国大陆地区,其后逐步扩展到香港、澳门、台湾、海外华人地区。调查文献应包括中国境内出版的汉语基督宗教文献、汉语方言文字基督宗教文献、少数民族语言基督教文献、各类外文基督宗教文献、特种语言文字文献、海外出版汉语基督宗教文献等。这些基础性研究所需出版物的出版时间应首先以1949年为节点,随着条件允许逐步扩大到当代。

在开展全面文献调查统计的基础上,全面掌握传教士汉学家的研究成果,结合不同地区和语言文献的特点,编制出海外汉学家外文基督宗教存目,并在条件允许时,按照地区、语言、学者出版相应作品集。

从目前研究看,基督宗教档案、史料出版工作呈现出一种发展局面,但是史料整理、编辑和翻译工作成为制约"瓶颈"。史料工作是一项耗财、耗时,且相对单一枯燥的工作,需要参与人员较长的时间付出,有时会与现实学术评价机制产生矛盾,需要学术主管机构在未来的规划中,认真考虑其与狭义学术研究之间的共性与差异,制定出相对合理、系统的制度设计。

未来涉及中国基督宗教史研究的档案史料收集和整理工作,大致可包括如下几个方面。

第一,汉语基督宗教史料:按照基督新教、天主教、东正教、景教和其他派系,分类编辑相关史料,主要包括以下几方面:

（1）人物文集：收集整理有代表性的基督教宗教人物的文集；非基督宗教代表性人物有关基督宗教言论集，如吴耀宗集、刘廷芳集、民国文化名人谈基督宗教等。

（2）在华天主教差会和修会档案史料收集和整理。

（3）基督宗教在华事业档案收集和整理等，如在华教育、卫生事业等。

（4）基督宗教在华出版物，如代表性图书、报纸、期刊的整理、影印等。

第二，中国基督宗教历史研究外文文献的收集和整理：按照不同教派，依不同国家、地区和语言分类进行整理，主要分为以下几类：

（1）来华传教士个人著作和档案资料。

（2）来华天主教差会和修会档案的收集整理。

（3）来华基督教机构创办事业档案收集整理。

（4）在华出版图书、图册、报纸、期刊的收集整理。

对于各类外文基督宗教史料主要可以采用编辑后、影印出版的方式，再对重点史料进行翻译出版。

第三，有关中国基督宗教史研究的少数民族文字史料，其收集、整理、出版和翻译方式与外文资料大致相似。但内容以档案资料为主，语言涉及满文、蒙古文等几种主要文字。

主要参考书目

1. ［波兰］卜弥格：《卜弥格文集：中西文化交流与中医西传》，张振辉、张西平译，华东师范大学出版社2013年版。
2. ［加］秦家懿、［德］孔汉思：《中国宗教与基督教》，吴华译，三联书店1997年版。
3. ［美］卢茨：《中国教会大学史（1850—1950）》，曾钜生译，浙江教育出版社1988年版。
4. ［美］叶维丽：《为中国寻找现代之路：中国留学生在美国（1900—1927）》，周子平译，北京大学出版社2012年版。
5. ［英］柏格里等：《在未知的中国》，东人达、东旻译，云南民族出版社2002年版。
6. 北京市地方志编纂委员会编著：《北京志·宗教志》，北京出版社2007年版。
7. 蔡鸿生：《俄罗斯馆纪事》，广东人民出版社1994年版。
8. 曹增友：《传教士与中国科学》，宗教文化出版社1999年版。
9. 朝阳市宗教事务局主编：《朝阳市宗教志》，宗教文化出版社2010年版。
10. 陈鹤龄编：《扎兰屯民族宗教志》，文化艺术出版社1996年版。
11. 陈建明：《近代基督教在华西地区文字事工研究》，巴蜀书社2013年版。
12. 陈开科：《巴拉第与晚清中、俄关系》，上海书店出版社2008年版。
13. 陈林：《近代福建基督教出版事业考略》，海洋出版社2006年版。
14. 陈贻绎：《希伯来语圣经：来自考古和文本资料的信息（至公元前586年）》，昆仑出版社2006年版。

15. 陈月清、刘明翰：《北京基督教发展述略》，首都师范大学出版社1998年版。
16. 陈支平、李少明：《基督教与福建民间社会》，厦门大学出版社1992年版。
17. 褚潇白：《圣像的修辞：耶稣基督形象在明清民间社会的变迁》，中国社会科学出版社2011年版。
18. 崔维孝：《明清之际西班牙方济会在华传教研究（1579—1732）》，中华书局2006年版。
19. 邓杰：《医疗与布道：中华基督教会在川康边地的医疗服务研究》，中国社会科学出版社2011年版。
20. 丁光训：《丁光训文集》，译林出版社1998年版。
21. 丁学东编：《文献计量学基础》，北京大学出版社1993年版。
22. 东人达：《滇黔川边基督教传播研究（1840—1949）》，人民出版社2004年版。
23. 董丛林：《龙与上帝：基督教与中国传统文化》，三联书店1992年版。
24. 段琦：《奋进的历程：中国基督教的本色化》，商务印书馆2004年版。
25. 樊洪业：《耶稣会士与中国科学》，中国人民大学出版社1992年版。
26. 方豪：《方豪六十自定稿》，学生书局1969年版。
27. 冯祖贻主编：《教案与近代中国》，贵州人民出版社1990年版。
28. 龚缨晏：《浙江早期基督教史》，杭州出版社2010年版。
29. 古伟瀛、赵晓阳主编：《基督宗教与近代中国》，社会科学文献出版社2011年版。
30. 顾卫民：《基督教与近代中国》，上海人民出版社1996年版。
31. 顾卫民：《中国基督宗教艺术史》，上海书店出版社2005年版。
32. 顾卫民：《中国天主教编年史》，上海书店出版社2002年版。
33. 顾卫民：《中国与罗马教廷关系》，东方出版社2001年版。
34. 顾学稼：《中国教会大学史论丛》，成都科技大学出版社1995年版。
35. 顾裕禄：《中国天主教的过去和现在》，上海社会科学院出版社1989年版。
36. 顾长声：《传教士与近代中国》，上海人民出版社1981年版。
37. 顾长声：《从马礼逊到司徒雷登》，上海人民出版社1985年版。
38. 关雪玲：《清代宫廷医学与医学文物》，紫禁城出版社2008年版。

39. 郭卫东：《中土基督》，云南人民出版社2000年版。
40. 韩军学：《基督教与云南少数民族》，云南人民出版社2000年版。
41. 郝平：《无奈的结局：司徒雷登与中国》，北京大学出版社2002年版。
42. 何凯立：《基督教在华出版事业（1912—1949）》，陈建明译，四川大学出版社2004年版。
43. 何绍斌：《越界与想象：晚清新教传教士译介史论》，三联书店2008年版。
44. 何小莲：《西医东渐与文化调适》，上海古籍出版社2006年版。
45. 何晓夏、史静寰：《教会教育与中国教育的近代化》，广东教育出版社1996年版。
46. 黑龙江省地方志编纂委员会编：《黑龙江省志宗教志》，黑龙江人民出版社1999年版。
47. 胡卫清：《苦难与信仰：近代潮汕基督徒的宗教经验》，三联书店2013年版。
48. 胡卫清：《普遍主义的挑战：近代中国基督教教育研究（1877—1927）》，上海人民出版社2000年版。
49. 黄心川：《沙俄利用宗教侵华简史》，辽宁人民出版社1980年版。
50. 季玢：《野地里的百合花：论新时期以来的中国基督教文学》，中国社会科学出版社2010年版。
51. 江文汉：《明清间在华的天主教耶稣会士》，知识出版社1987年版。
52. 江文汉：《中国古代基督教及开封犹太人》，知识出版社1982年版。
53. 乐峰：《东正教史》，中国社会科学出版社1999年版。
54. 李楚材编：《帝国主义侵华教育史资料：教会教育》，教育科学出版社1987年版。
55. 李传斌：《条约特权制度下的医疗事业：基督教在华医疗事业研究（1835—1937）》，湖南人民出版社2010年版。
56. 李宽淑：《中国基督教史略》，社会科学文献出版社1998年版。
57. 李时岳：《反洋教运动》，山东人民出版社1962年版。
58. 李时岳：《近代中国反洋教运动》，人民出版社1958年版。
59. 李天纲：《中国礼仪之争：历史、文献和意义》，上海古籍出版社1998年版。
60. 李晓晨：《近代河北乡村天主教会研究》，人民出版社2013年版。

61. 李永璞主编：《全国各级政协文史资料篇目索引（1960—1990）》（第三分册：社会、地理篇），中国文史出版社1992年版。
62. 李跃森：《司徒雷登传》，中国广播电视出版社2004年版。
63. 林金水：《利玛窦与中国》，中国社会科学出版社1996年版。
64. 林金水主编：《台湾基督教史》，九州出版社2003年版。
65. 林立强：《美国传教士卢公明与晚清福州社会》，福建教育出版社2005年版。
66. 林孟熹：《司徒雷登与中国政局》，新华出版社2001年版。
67. 林悟殊：《唐代景教再研究》，中国社会科学出版社2003年版。
68. 刘大年：《美国侵华史》，人民出版社1951年版。
69. 刘国鹏：《刚恒毅与中国天主教的本地化》，社会科学文献出版社2011年版。
70. 刘华俊：《天风甘雨：中国基督教领袖丁光训》，南京大学出版社2001年版。
71. 刘家峰、刘天路：《抗日战争时期的基督教大学》，福建教育出版社2003年版。
72. 刘家峰：《中国基督教乡村建设运动（1907—1950）》，天津人民出版社2008年版。
73. 刘丽霞：《中国基督教文学的历史存在》，社会科学文献出版社2006年版。
74. 马佳：《爱释真理：丁光训传》，基督教文艺出版社2006年版。
75. 马佳：《十字架下的徘徊：基督宗教文化和中国现代文学》，学林出版社1995年版。
76. 马敏主编：《跨越中西文化的巨人：韦卓民学术思想国际学术研讨会论文集》，华中师范大学出版社1995年版。
77. 莫法有：《温州基督教史》，建道神学院1998年版。
78. 莫小也：《17—18世纪传教士与西画东渐》，中国美术学院出版社2002年版。
79. 南史编：《天津教案：一八七〇年天津人民反洋教斗争》，天津人民出版社1962年版。
80. 牛汝极：《十字莲花：中国元代叙利亚文景教碑铭文献研究》，上海古籍出版社2008年版。

81. 牛汝极：《维吾尔古文字与古文献导论》，新疆人民出版社 1997 年版。
82. 潘旭澜：《太平杂说》，百花文艺出版社 2000 年版。
83. 齐鲁书社编辑部：《义和团运动史讨论文集》，齐鲁书社 1982 年版。
84. 钱宁主编：《基督教与少数民族少数民族文化变迁》，云南大学出版社 1998 年版。
85. 秦和平、申晓虎编：《四川基督教资料辑要》，巴蜀书社 2008 年版。
86. 秦和平：《基督宗教在四川传播史稿》，四川人民出版社 2006 年版。
87. 秦和平：《基督宗教在西南民族地区的传播史》，四川民族出版社 2003 年版。
88. 阮仁泽、高振农主编：《上海宗教史》，上海人民出版社 1992 年版。
89. 尚智丛：《传教士与西学东渐》，山西教育出版社 2000 年版。
90. 史静寰：《狄考文与司徒雷登在华教育活动》，珠海出版社 1999 年版。
91. 司徒雷登：《在华五十年：司徒雷登回忆录》，程宗家译，北京出版社 1982 年版。
92. 四川省近代教案史研究会、四川省哲学社会学会联合会合编：《近代中国教案研究》，四川省社会科学院出版社 1987 年版。
93. 四川哲学社会科学联合会编：《近代中国教案研究》，四川省社会科学院出版社 1987 年版。
94. 宋家珩、李巍：《加拿大传教士在中国》，东方出版社 1995 年版。
95. 苏德毕力格主编，内蒙古大学蒙古学研究中心、内蒙古自治区档案馆、准格尔旗档案局合编：《准格尔旗扎萨克衙门档案基督宗教史料》，广西师范大学出版社 2011 年版。
96. 苏丽萍主编：《漾濞彝族自治县民族宗教志》，云南民族出版社 2005 年版。
97. 苏萍：《谣言与近代教案》，上海远东出版社 2001 年版。
98. 孙继南：《中国近现代音乐教育史纪年》，山东友谊出版社 2000 年版。
99. 孙尚扬：《基督教与明末儒学》，东方出版社 1994 年版。
100. 孙顺华：《基督教传播与近代青岛社会文化研究》，中国社会科学出版社 2010 年版。
101. 唐晓峰：《赵紫宸神学思想》，宗教文化出版社 2006 年版。
102. 唐晓峰主编：《赵紫宸先生纪念文集》，宗教文化出版社 2005 年版。
103. 陶飞亚、刘天路：《基督教会与近代山东社会》，山东大学出版社

1995 年版。
104. 陶飞亚：《中国基督教乌托邦研究：以民国时期耶稣家庭为例》，人民出版社 2012 年版。
105. 陶亚兵：《中西音乐交流史稿》，中国大百科全书出版社 1994 年版。
106. 特木勒主编：《多元族群与中心文化交流：基于中西文献的新研究》，上海人民出版社 2010 年版。
107. 王本朝：《20 世纪中国文学与基督教文化》，安徽教育出版社 2000 年版。
108. 王建平：《近代陕甘宁伊斯兰文化老照片：20 世纪 30 年代美国传教士考察纪实》，上海辞书出版社 2010 年版。
109. 王建平：《近代上海伊斯兰教文化存照：美国哈佛大学所藏相关资料及研究》，上海古籍出版社 2008 年版。
110. 王晴佳、陈兼主编：《中西历史论辩集》，学林出版社 1992 年版。
111. 王立诚：《美国文化渗透与近代中国教育：沪江大学的历史》，复旦大学出版社 2001 年版。
112. 王立新：《美国传教士与晚清中国现代化》，天津人民出版社 1997 年版。
113. 王列耀：《基督教文化与中国现代戏剧的悲剧意识》，上海三联书店 2002 年版。
114. 王列耀：《基督教与中国现代文学》，暨南大学出版社 1998 年版。
115. 王林：《西学与变法：〈万国公报〉研究》，齐鲁书社 2004 年版。
116. 王庆成：《太平天国的历史和思想》，中华书局 1985 年版。
117. 王雪：《基督教与陕西》，中国社会科学出版社 2009 年版。
118. 王毓华：《北京基督教史简编》，北京基督教三自爱国运动委员会 1995 年版。
119. 王志成、赖品超：《文明对话与佛耶相遇》，社会科学文献出版社 2012 年版。
120. 王治心：《中国基督教史纲》，青年协会书局 1940 年初版、上海古籍出版社 2007 年再版。
121. 翁绍军：《汉语景教文典诠释》，三联书店 1996 年版。
122. 吴飞：《麦芒上的圣言：一个乡村天主教群体中的信仰和生活》，宗教文化出版社 2013 年版。

123. 吴金钟主编：《近代中国教案新探》，黄山书社1993年版。
124. 吴孟雪：《明代欧洲汉学史》，东方出版社2000年版。
125. 吴梦麟、熊鹰：《北京地区基督教史迹研究》，文物出版社2010年版。
126. 吴义雄：《在宗教与世俗之间：基督教新教传教士在华南沿海的早期活动研究》，广东教育出版社2000年版。
127. 吴梓明：《基督教大学华人校长研究》，福建教育出版社2001年版。
128. 伍昆明：《早期传教士进藏活动史》，中国藏学出版社1992年版。
129. 伍雍谊：《中国近现代学校音乐教育》，上海教育出版社1996年版。
130. 夏春涛：《太平天国宗教》，南京大学出版社1992年版。
131. 夏春涛：《天国的陨落：太平天国宗教再研究》，中国人民大学出版社2006年版。
132. 肖玉秋：《俄国传教团与清代中俄文化交流》，天津人民出版社2009年版。
133. 萧静山：《天主教传行中国考》，献县天主堂1937年版。
134. 谢和耐：《中国与基督教：中西文化的首次撞击》，上海古籍出版社2005年版。
135. 熊月之：《西学东渐与晚清社会》，上海人民出版社1994年版。
136. 徐三见、马曙明主编：《临海宗教志》，宗教文化出版社2001年版。
137. 徐以骅：《教会大学与神学教育》，福建教育出版社1999年版。
138. 徐以骅：《教育与宗教：作为传教媒介的圣约翰大学》，珠海出版社1999年版。
139. 徐永志：《融溶与冲突：清末民初边疆少数民族与基督宗教研究》，民族出版社2003年版。
140. 徐宗泽：《明清间耶稣会译著提要》，中华书局1949年初版、1989年再版。
141. 徐宗泽：《中国天主教史概论》，上海圣教杂志社1938年版。
142. 严嘉乐：《中国来信》，高马士、丛林、李梅译，大象出版社2000年版。
143. 杨大春：《晚清政府基督教政策初探》，金城出版社2004年版。
144. 杨代春：《万国公报与晚清中西文化交流》，湖南人民出版社2002年版。

145. 杨凤岗：《皈信同化叠合身份认同：北美华人基督徒研究》，民族出版社 2008 年版。
146. 杨国标、刘汉标、杨安尧：《美国华侨史》，广东高等教育出版社 1989 年版。
147. 杨剑龙：《旷野的呼声：中国现代作家与基督教文化》，上海教育出版社 1998 年版。
148. 杨民康：《本土化与现代性：云南少数民族基督教仪式音乐研究》，宗教文化出版社 2008 年版。
149. 杨荣良、朱淮宁主编：《南京民族宗教志》，南京出版社 2009 年版。
150. 杨天宏：《基督教与近代中国》，四川人民出版社 1994 年版。
151. 杨天宏：《基督教与民国知识分子：1922—1927 年中国的非基督教运动研究》，人民出版社 2005 年版。
152. 杨天宏：《救赎与自救：中华基督教会边疆服务研究》，三联书店 2010 年版。
153. 杨彦杰：《荷据时代台湾史》，江西人民出版社 1992 年版。
154. 姚民权：《上海基督教史（1843—1949）》，基督教三自爱国运动委员会 1994 年版。
155. 姚兴富：《儒耶对话与融合：〈教会新报〉（1868—1874）》，福建教育出版社 1999 年版。
156. 叶再生：《中国近代现代出版通史》，华文出版社 2002 年版。
157. 尹文涓主编：《基督教与中国近代中等教育》，上海人民出版社 2007 年版。
158. 永安市基督教三自爱国运动委员会、永安市基督教协会编：《永安市基督教志》，永安市基督教协会 2001 年版。
159. 游汝杰：《西洋传教士汉语方言学著作书目考述》，黑龙江人民出版社 2002 年版。
160. 余三乐：《早期西方传教士与北京》，北京出版社 2001 年版。
161. 喻天舒：《五四文学思想主流与基督教文化》，昆仑出版社 2003 年版。
162. 张国刚等：《明清传教士与欧洲汉学》，中国社会科学出版社 2001 年版。
163. 张铠：《庞迪我与中国：耶稣会"适应"策略研究》，大象出版社

2009 年版。

164. 张铠：《庞迪我与中国》，北京图书馆出版社 1997 年版。
165. 张力、刘鉴唐：《中国教案史》，四川省社会科学院出版社 1987 年版。
166. 张宁岗主编：《陕西省志·宗教志》，陕西人民出版社 2012 年版。
167. 张绥：《东正教和东正教在中国》，学林出版社 1986 年版。
168. 张坦：《"窄门"前的石门坎：基督教文化与川滇黔边苗族社会》，云南教育出版社 1992 年版。
169. 张先清、赵蕊娟主编：《中国地方志基督教史料辑要》，东方出版中心 2011 年版。
170. 张先清：《官府、宗族与天主教》，中华书局 2009 年版。
171. 张先清编：《史料与视界：中文文献与中国基督教史研究》，上海人民出版社 2007 年版。
172. 章博：《近代中国社会变迁与基督教大学的发展：以华中大学为中心的研究》，华中师范大学出版社 2010 年版。
173. 章开沅主编：《中西文化与教会大学》，湖北教育出版社 1991 年版。
174. 赵春晨、雷雨田、何大进：《基督教与近代岭南文化》，上海人民出版社 2002 年版。
175. 赵晓兰、吴潮：《传教士中文报刊史》，复旦大学出版社 2011 年版。
176. 赵晓阳：《基督教青年会在中国：本土和现代的探索》，社会科学文献出版社 2008 年版。
177. 中共晋中地委统战部编：《晋中宗教志》，中共晋中地委统战部 1985 年版。
178. 中国基督教三自爱国委员会编：《回忆吴耀宗先生》，中国基督教三自爱国委员会 1982 年版。
179. 中国基督教三自爱国委员会编：《吴耀宗生平与思想研讨》，中国基督教三自爱国委员会 1995 年版。
180. 中国基督教三自爱国委员会编：《吴耀宗先生逝世十周年纪念文集》，中国基督教三自爱国委员会 1989 年版。
181. 中国科学院山东分院历史研究所编：《义和团运动六十周年纪念论文集》，中华书局 1961 年版。
182. 中国社会科学院近代史研究所：《沙俄侵华史》，人民出版社 1978

年版。
183. 周东华:《民国浙江基督教教育研究:以"身份建构"与"本色之路"为视角》,中国社会科学出版社 2011 年版。
184. 周伟驰:《太平天国与启示录》,中国社会科学出版社 2013 年版。
185. 周燮藩:《中国宗教纵览》,江苏文艺出版社 1992 年版。
186. 朱谦之:《中国景教》,东方出版社 1996 年版。
187. 朱维铮主编:《基督教与近代文化》,上海人民出版社 1994 年版。
188. 朱维铮主编:《马相伯传略》,复旦大学出版社 2005 年版。
189. 卓新平:《基督教犹太教志》,上海人民出版社 1998 年初版、2010 年第 2 版。
190. 卓新平主编:《当代中国宗教学研究》,中国社会科学出版社 2011 年版。
191. 邹振环:《晚明汉文西学经典:编译、诠释、流传与影响》,复旦大学出版社 2011 年版。
192. 邹振环:《西方传教士与晚清西史东渐:以 1815 至 1890 年西方历史译著的传播与影响为中心》,上海古籍出版社 2007 年版。
193. 左芙蓉:《基督教与近现代北京社会》,巴蜀书社 2009 年版。
194. 左芙蓉:《社会福音、社会服务与社会改造:北京基督教青年会历史研究(1906—1949)》,宗教文化出版社 2005 年版。

后　　记

　　在中国历史学研究中，中国基督宗教史一向处于边缘的地位。基督徒在中国总人口微小的比例，很可能是造成其历史被忽视的重要原因。它一方面反映了基督宗教在社会生活中的边缘性，另一方面也是主流学界对边缘社会群体的认知和疏离。

　　这种情况在20世纪80年代改革开放后有了很大变化。1997年的《中国政府白皮书》中提到，中国信仰各种宗教的人口已经达到1亿之众，这种现实使得研究者不应该忽视对宗教的研究，其中也包括基督宗教在内的研究。据2010年《中国宗教蓝皮书》公布，中国基督新教信徒已达2305万，还有一些未在政府注册的家庭教会的信教人数未统计入内；天主教徒达600万人。这或可说明，基督宗教已经成为中国宗教之一。

　　基督宗教传入中国，历史已长达千余年，最早可追溯到唐朝，前后共有四次传入。中国是一个疆域广大、主体文化悠久稳定、地域风俗不同、民族多样的国家，异域宗教信仰在不同地域呈现出的差异蜕变形态，在不同岁月对中国社会引起的"冲击与反应"差异颇大，对整个中国基督宗教史进行宏观和微观的描述并非易事。

　　本书是中国基督宗教史研究历史上第一本研究综述，按系列丛书的总体要求，以中国大陆地区的汉语研究为限。希望它对学术研究，能带来一点"一叶知秋"的启示，能起到一点"见微知著"的效果。

赵晓阳
2014年4月6日